KB083428

불평등한 선진국

대한민국의 불평등을 통계로 보다

불평등한 선진국

박재용 지음

INEQUAL
DEVELOPED
COUNTRY

북루덴스

일러두기

1. 통계를 조사하다 보면 동일한 대상에 대한 통계가 서로 다른 예가 있다. 이 경우 정부 자료를 기준으로 택했다.
2. 별도 출처 표기가 없으면 통계청 통계포털사이트의 데이터를 인용한 것이다.
3. 시계열 통계에서 2020년은 코로나19로 인한 특수한 상황을 고려해야 한다. 따라서 필요하면 2020년 데이터 대신 2019년 데이터로 갈음했다.

눈부신 대한민국에서
불평등한 삶을 사는 이들

본격적으로 자료를 조사하기 시작한 건 2021년 1월이었습니다. 대략 구상을 세우고 그에 필요한 자료를 여기저기서 찾았습니다. 자료를 찾다 보면 애초의 구상과 다른 그림이 그려지는 예는 흔합니다. 이 책도 마찬가지였습니다. 노인 문제와 가족 문제에 관한 자료를 찾는 과정에서 주거불안계층 문제가 눈에 밟혔고, 청년 문제와 관련해서는 여성 문제에 대해서도 해야 할 이야기가 늘어났습니다. 반대로 처음에는 할 이야기가 많을 것 같았던 대한민국의 불평등 과정에 대한 역사적 추적, 전 세계적인 불평등 심화 문제는 기존에 나온 책들에도 잘 정리된 측면이 있었고, 또 이 책의 성격상 깊게 다룰 필요가 없겠다는 생각이 들었습니다. 그렇게 자료를 찾고 기획을 변경하기를 몇 차례 반복하면서 지금과 같은 모습이 되었습니다. 소위 선진국에 들어선 대한민국에 살면서도 행복하기보다는 힘들고 불안한 이들이 누구인지, 그들의 불안한 현재와 불안하게 된 이유를 데이터를 통해 찾아보는 것이 이 책의 주된 목적입니다.

이 책은 대한민국이 이미 선진국이 되었음을 확인하는 것으로 시작합니다. 또한 전 세계적으로 불평등의 심화는 1980년 이래 지속하고 있는 과정이고 선진국이라고 다르지 않음을, 대한민국 또한 거기서 벗어나지 않음을 살펴보고, 대한민국의 불평등한 현실을 전체적으로 확인해봅니다.

이어 불평등의 가장 중요한 요인이라고 생각되는 노동시장 이중구조의 다층적 성격을 살펴봅니다. 그 과정에서 대기업과 중소기업, 정규직과 비정규직 등의 대립항들이 현재 어떤 모습을 보이는지 밝혀보며, 새롭게 떠오르는 플랫폼 노동에 대해서도 알아봅니다.

다음으로는 현재 가장 중요한 문제로 떠오르고 있는 가족 구조의 변화와 노인 문제, 지방 소멸 문제가 어떻게 연결되는지를 파악합니다. 이 문제는 또한 청년 문제가 왜 구조적인 문제인지로 확장됩니다. 더불어 우리 사회의 소수자, 결혼 이주 여성과 이주 노동자, 장애인, 여성 그리고 노인에 관해 경제적 측면을 중심으로 바라봅니다.

글을 쓰는 내내 가정에서 제가 해야 할 일의 많은 부분을 맡아준 아내에게 고마움을 전합니다.

차례

1부

불평등한 선진국,
대한민국

눈부신
대한민국

저처럼 21세기보다 20세기에 살았던 흔적이 더 많은 사람은 선진국이란 단어에 복잡한 감정을 가집니다. 한편으로 동경의 대상이기도 하지만 그렇게 선진국과 중진국, 후진국으로 나누는 것 자체에 불편함을 넘어 차별을 느끼기도 하지요. 언젠가 한국이 선진국이 될 순 있겠지만 지금은 좀 먼 이야기라고 생각했던 기억도 선명합니다.

어느덧 한국은 몇 가지 기준으로 선진국이 되었습니다. 외국에서 바라보는 대한민국의 위상 또한 선진국에 가깝습니다. 한류, K열풍으로 표현되는 현상은 그 실체가 무엇이건, 그 현상에 대해 각자가 느끼는 감정과 해석이 무엇이건 대한민국의 위상이 이전과 달라졌음을 보여줍니다.

일단 선진국이냐, 아니냐를 나누는 것 자체에 회의를 느낍니다만 이 책은 대한민국이 몇 가지 기준에서 선진국임을 인정하는 것으로 시작합니다. 6·25 전쟁이 끝난 폐허에서 출발한 대한민국은 1960년 초 아시아에서 가장 가난한 나라 중 하나였습니다. 일본은 물론 북한에도 뒤지고 필리핀이나 말레이시아, 인도네시아 등 동남아시아 국가보다도 가난했지요.

하지만 지난 60년간의 성장은 누가 봐도 눈부셨습니다. 흔히 '한강의 기적'이라고 이야기하지요. GDP는 421배 커졌고, 수출액과 정부 예산 규모는 1만 배 이상 늘어났습니다. GDP 규모는 이제 전 세계 10위 안에 들어가고, 1인당 소득GNI도 서유럽 국가들과 어깨를 나란히 하는 수준입니다. 과학기술 투자액은 미국, 중국, 독일, 일본 다음인 세계 5위입니다.

또한 대한민국 시민 평균소득도 매우 증가했습니다. 2019년 기준 대한민국 국민의 1인당 평균소득은 3,528만 원입니다. 1960년 133만 원보다 26배가량 증가한 수치입니다.[*] 세계은행 자료에 따르면 43,430 달러로 전 세계 27위입니다. 현재 한국의 1인당 소득 수준은 일본, 이탈리아와 비슷하며 2017년 기준으로 OECD 평균의 94% 수준입니다. 2009년의 89.1%보다 격차가 많이 줄었습니다.[**] OECD 국가들이 모

---

[*] 1960년의 1인당 명목 국민총소득은 1만 원이며, 물가지수를 참작한 1인당 실질 국민총소득이 133만 원임.

[**] 국가지표체계 1인당 국민총소득, https://www.index.go.kr/unify/idx-info.do?idxCd=4221

두 선진국 수준의 경제력을 가진 것은 아니지만 이 정도면 최소한 선진국이라 불러도 무방합니다.

GDP 421배 성장

1960년 대한민국의 GDP는 39억 달러 수준이었습니다. 당시 미국의 GDP보다 불과 0.7% 수준이었으며 일본과 비교하면 9%였습니다. 세계은행 자료로 보면 63위였죠. 약 60년이 지난 2019년의 대한민국은 어떨까요? 대한민국의 2019년 GDP는 1조 6,423억 달러입니다. 1960년에 비해 약 421배죠. 같은 기간 미국, 프랑스, 영국 등은 30~50배 증가했으며, 일본은 115배 증가했습니다. 가파르게 성장했다는 중국 또한 235배 성장에 머무르고 있습니다. 2019년 기준으로 대한민국 GDP는 미국의 7.7%, 일본의 32%까지 따라잡았습니다. 제2차 세계대

연도	한국	비	미국	비	일본	비	독일	비	프랑스	비	영국	비	중국	비
1960	39		5,433		443				622		732		597	
1970	90	2.3	10,200	1.9	2,028	4.6	2,158		2,158	3.5	1,307	1.8	926	1.6
1980	653	7.3	28,570	2.8	11,050	5.4	9,503	4.4	7,013	3.2	5,649	4.3	1,911	2.1
1990	2,833	4.3	59,630	2.1	31,330	2.8	17,720	1.9	12,690	1.8	10,930	1.9	3,609	1.9
2000	5761	3.5	102,500	1.7	48,880	1.6	19,430	1.1	13,620	1.1	16,580	1.5	12,110	3.4
2010	11,440	2.0	149,900	1.5	57,000	1.2	33,960	1.7	26,430	1.9	24,750	1.5	60,870	5.0
2019	16,423	1.4	214,390	1.4	50,818	0.9	38,462	1.1	27,080	1.0	28,271	1.1	140,140	2.3
60년간 증가율		421		39		115				44		39		235

지난 60년 동안 주요 국가 GDP 변화(단위: 억 달러, 자료: 세계은행)

전 이후 가장 급속도로 GDP가 증가한 나라로 대한민국을 꼽는 것은 전혀 무리가 아닙니다. 그 결과, 2020년 기준 대한민국은 GDP 규모로 세계 9~10위권입니다. 전문가 대부분이 몇 년 안에 8위권이 될 것으로 점치고 있습니다.

수출액 1만 6,950배 성장

대한민국은 수출로 먹고사는 나라입니다. 내수시장 증가세보다 무역의 증가세가 훨씬 더 가파르지요. 수출액 증가는 대한민국의 성장을 보여주는 또 다른 지표입니다. GDP 성장보다 수출액 증가는 훨씬 더 두드러집니다.

1960년에는 3,200만 달러에 불과했던 수출이 1970년 8억 3,900만 달러, 1980년 약 174억 달러, 1990년 약 678억 달러, 2000년 약 1,722억 달러, 2010년 약 4,663억 달러 등을 거쳐 2019년 5,424억

연도	수출액(달러)	비율(10년 전 대비)
1960	3,200만	
1970	8억 3,900만	26.22배
1980	174억 3,900만	20.79배
1990	678억 1,400만	3.89배
2000	1,722억 6,800만	2.54배
2010	4,663억 7,700만	2.71배
2019	5,424억 1,000만	1.16배 (1960년 대비 16,950배)

대한민국 수출액 시계열표

1,000만 달러가 되었습니다. 2019년 수출액은 1960년 대비 1만 6,950 배에 달합니다. 무서운 증가세입니다. 그 결과, 한국의 수출액 순위는 중국, 미국, 독일, 일본, 네덜란드 다음인 6위입니다. 물론 수출이 느는 만큼 수입도 늘었지요. 2019년 기준 한국은 세계 9위의 수입국입니다. 수출과 수입을 합하면 전체 무역 규모는 1조 달러를 넘습니다.

국가 예산 1만 배 성장

이러한 변화는 국가 예산에도 나타납니다. 1961년 정부 예산은 5,050억 환이었습니다. 원으로 환산하면 대략 505억 원이었지요. 이후 1970년 4,327억, 1980년 5조 8,040억, 1990년 22조 6,894억, 2000년 92조 6,576억, 2010년 292조 8,000억을 거쳐 2020년에는 지출 기준 527조 2,000억 원을 기록합니다. 2020년 국가 예산을 1961년 예산과 단순 비교하면 1만 배로 규모가 커졌습니다.

연도	예산(원)	비율(10년 전 대비)
1961	505억	
1970	4,327억	8.57배
1980	5조 8,040억	13.41배
1990	22조 6,894억	3.91배
2000	92조 6,576억	4.08배
2010	292조 8,000억	3.16배
2020	527조 2,000억	1.80배 (1960년 대비 10,439배)

연대별 대한민국 예산

부문	금액(원)	비율	증가율
보건복지 고용	180.5조	35.1%	12.1%
일반 지방행정	79.0조	15.4%	3.2%
교육	72.6조	14.2%	2.8%
국방	50.2조	9.8%	7.4%
R&D	24.2조	4.7%	18%
산업 중소 에너지	23.7조	4.6%	26.4%
SOC	23.2조	4.6%	17.6%
환경	9.0조	1.8%	21.8%

2020년 대한민국 정부 재정 세부 항목별 지출

한국재정정보원의 〈2020 재정통계 BRIEF〉를 통해 2020년 대한민국 정부의 재정 상황을 더 자세히 보도록 하지요. 2020년 대한민국 정부 총수입은 481.8조, 총지출은 512.3조입니다. 적자인데요, 이는 OECD 기준으로 봤을 때 건전하다 할 만합니다.

지출을 세부 항목으로 보면 일반 회계가 296조 원이고 특별회계 55.1조 원, 기금 161.1조 원입니다. 쓰임새별로 보면 보건복지 고용 부문에 총 180.5조 원으로 전체의 35.1%를 쓰고 있고, 그다음이 일반 지방행정으로 79조 원으로 15.4%이며, 교육이 72.6조 원으로 14.2%, 국방이 50.2조 원으로 9.8%입니다. 이 네 부문이 전체의 74.5%를 차지하지요. 4분의 3이 됩니다.

　대한민국의 GDP와 국가 예산이 증가함에 따라 국방비 또한 급속히 늘었는데, GFO 세계 군사력 순위 사이트에 따르면 2021년 국방 예산은 러시아나 프랑스 등보다 많아 전 세계 8위를 기록하고 있습니다. 우리나라의 지정학적 특성상 20세기 중후반에도 국방비 순위는 경제력에 비해 높은 순위를 기록하고 있었죠. 박정희 정부가 쿠데타로 들어선 1963년에 GDP는 전 세계 36위였으나 국방비는 28위였고, 전두환 정부가 쿠데타로 들어선 1980년 GDP는 전 세계 26위였으나 국방비는 15위였으며, 김영삼 정부가 들어선 1993년 GDP는 14위였으나 국방비는 9위였습니다. 21세기 들어 GDP의 성장이 국방비 증가보다 높아 이명박 정부가 들어선 2008년 GDP는 13위, 국방비는 12위였고, 현재 GDP는 전 세계 10위권이며 국방비는 8위권을 유지하고 있습니다. 그리고 국가 예산 전체에서 국방비가 차지하는 비율도 1980년 5.70%에서 2000년 이후 2%대로 절반가량 감소합니다. 지정학적 요소를 고려하면 국방비의 비율은 다른 나라와 비슷한 수준이라고 볼 수

연도	국방 예산	전체 예산 대비 비율
1980	2조 2,465억 원	5.70%
1990	6조 6,378억 원	3.36%
2000	14조 4,390억 원	2.27%
2010	29조 5,627억 원	2.34%
2020	50조 1,527억 원	2.4%

대한민국 국방 예산 추이(출처: 대한민국 국방부, 한국은행 경제통계시스템)

있습니다.

북한과 비교해보면 1975년 무렵에는 한국 9.48억 달러, 북한 9.1억 달러로 비슷하였으나 1990년 한국 93.8억 달러인데 북한 19.9억 달러로 차이가 5배 가까이 커졌고, 2000년 한국 128억 달러인데 북한 13.7억 달러로 약 9배, 2010년 한국 255.7억, 북한 8.1억 달러로 약 31.5배로 급속히 차이가 벌어졌고, 2020년에는 한국 440억 달러, 북한 16억 달러로 북한의 27.5배가량 됩니다. 이렇게 30년 이상 현격한 차이가 나타남에 따라 핵을 제외한 재래식 군사력으로는 한국이 북한을 압도하고 있다고 봐도 무리는 아닙니다.

대한민국 R&D 총 89조 원

과학기술정보통신부가 2020년 12월 발표한 보도자료에 따르면, 우리나라 2019년 연구개발 투자는 정부와 민간을 합쳐서 총 89조 471억 원(764억 달러)입니다. 이는 OECD 국가 중 세계 5위이며, 국내 총생산GDP 대비 연구개발비 비중은 4.64%로 세계 2위입니다. GDP 대비 연구개발비 비중은 2016년 이래 계속 세계 2위를 유지하고 있습니다. 정부와 공공 분야가 19조 995억 원으로 21.4%를 차지하고 민간이 68조 5,216억 원으로 76.9%를 차지합니다. 이 또한 몇 년 동안 비슷한 비율을 유지하고 있습니다. 공공 부문으로 한정하면 1998년 정부 연구개발 예산이 2조 9,452억 원이었던 것*에 비해 약 20년 만에 10

배 가까이 증가했습니다. 또 공공 부문 연구개발비 증가세가 낮은 편은 아니지만 기업의 연구개발 비중 증가가 훨씬 더 큼을 알 수 있습니다. 한편, 2019년 기준 총연구원 수는 53만 8,136명이고 이 중 연구개발에만 전념하는 상근상당 연구원 수는 43만 690명으로 세계 5위 수준입니다. 연구원 수가 우리보다 많은 나라는 중국, 미국, 일본, 독일입니다. 주요 국가를 비교해보면 민간 재원 비중은 일본만 79.1%로 우리나라와 비슷하고 독일은 66.0%, 미국 62.4%, 영국 54.8%로 대부분 우리나라보다 낮습니다.

보건복지 예산 40년간 256배 증가

대한민국 정부의 보건복지 예산의 연도별 추이를 봅시다. e-나라지표 조회에 따르면 1982년 중앙정부의 보건복지 예산은 2,000억 원이었습니다. 이후 빠르게 증가하여 2020년 중앙정부의 보건복지 예산은 51.2조 원까지 증가합니다. 규모로 따지면 약 40년 동안 256배 증가했습니다. 같은 기간 중앙정부의 재정 총규모는 12.3조 원에서 481.4조 원으로 약 39배 증가했습니다. 재정 총규모 증가세에 비해 보건복지 분야 예산 증가세가 훨씬 높아 중앙정부 재정 규모 대비 보건복지 예산 비중은 1982년 1.6%에서 2020년 9.4%로 높아졌습니다. 물

---

* 〈1998년도 국가연구개발 조사 분석 평가보고서〉, 한국과학기술기획평가원.

연도	보건복지 예산(조 원)	증가율
1982	0.2	
1990	1.2	600%
2000	5.3	442%
2010	19.5	368%
2020	51.2	263%
1982~2020 증가율		25,600%

연도	사회복지 지출	GDP 대비 비율
1990	5조 7,570억	2.8%
2000	33조 5,540억	5.10%
2010	111조 3,960억	8.50%
2018		11.1%
2030 후반		20.1%
2060		28.6%

연도별 보건복지 예산 사회복지 지출

론 다른 나라와 비교해서 아직 복지 예산의 비율이 낮기는 하지만 20세기 후반에서 21세기 전반에 이르는 사이 우리나라 중앙정부의 보건복지 예산 증가세가 전체 예산 증가세를 압도합니다. 전체 사회복지 지출은 크게 공공 부문과 법정 민간 부문으로 나눌 수 있는데, 공공 부문의 비율이 90% 이상이므로 정부 예산 편성만을 가지고 비교해도 큰 무리가 없습니다.

보건복지부 예상대로라면 복지 제도를 새로 만들거나 혜택을 늘리지 않고 지금 수준을 유지해도 인구 고령화와 저성장으로 인해 복지 지출 절대액과 GDP 대비 비율이 지속해서 늘어나리라 봅니다.

대한민국 1인당 GNI를 살펴보겠습니다. 예전에는 1인당 GNP
나 GDP를 주로 사용했지만 1995년 이후 1인당 GNI를 사용합니다.
GNI는 국민총소득으로 한 나라의 모든 경제 주체가 생산한 총 부가가
치를 시장 가격으로 평가하여 합산한 소득 지표인데, 이를 통해 국민
의 전반적인 소득 수준을 파악할 수 있습니다. 아래 표에서 보듯 대한
민국의 1인당 GNI는 10년마다 꾸준히 2배 정도 올라서 2019년 1인
당 GNI는 1960년보다 26배가량 증가했습니다.* 2019년 기준 대한민
국 국민의 1인당 GNI는 3,521만 원입니다. 세계은행 자료에 따르면
43,430달러로 전 세계 27위입니다. 일본, 이탈리아와 비슷하며 2017

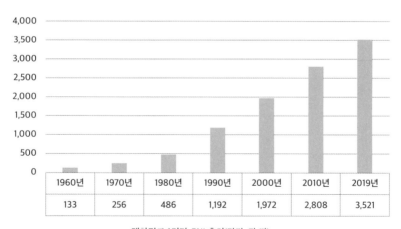

	1960년	1970년	1980년	1990년	2000년	2010년	2019년
	133	256	486	1,192	1,972	2,808	3,521

대한민국 1인당 GNI 추이(단위: 만 원)

---

* 1960년의 1인당 명목 국민총소득은 1만 원이며 물가지수를 감안한 1인당 실질 국민총소
득이 133만 원임.

년 기준으로 OECD 평균의 94% 수준으로 2009년 89.1%에 비해 격차가 많이 줄었습니다. 아랍에미리트, 카타르, 브루나이 등의 산유국을 빼면 20위입니다. 서유럽 14개국과 미국, 캐나다, 오스트레일리아, 일본, 싱가포르가 우리나라보다 위인 거지요. 우리 아래로는 뉴질랜드, 스페인, 몰타, 체코, 슬로베니아 등 나머지 유럽 국가들이 포진해 있습니다. 2021년 기준 한국의 1인당 국민총소득 수준은 일본, 이탈리아, 뉴질랜드, 스페인과 비슷합니다.

1. 2019년 GDP는 1960년 대비 몇 배 증가했습니까?

    ① 221배

    ② 321배

    ③ 421배

    ④ 521배

2. 2019년 수출액은 1960년 대비 몇 배 성장했을까요?

    ① 1만 6,920배

    ② 1만 6,930배

    ③ 1만 6,940배

    ④ 1만 6,950배

3. 2020년 국가 예산은 1960년 대비 어느 정도 성장했을까요?

    ① 100배

    ② 1,000배

    ③ 10,000배

    ④ 100,000배

4. 2020년 대한민국의 국방 예산은 북한의 몇 배일까요?

   ① 27.5

   ② 37.5

   ③ 47.5

   ④ 57.5

주관식 5. "과학기술정보통신부가 2020년 12월 발표한 보도자료에 따르면, 우리

나라 2019년 연구개발 투자는 정부와 민간을 합쳐서 총 89조 471억 원

(764억 달러)입니다. 이는 OECD 국가 중 세계 5위이며, 국내 총생산

(GDP) 대비 연구개발비 비중은 4.64%로 세계 _____위입니다."

6. 2020년 보건복지 예산은 1982년 대비 얼마나 증가했나요?

   ① 256배

   ② 356배

   ③ 456배

   ④ 556배

   ⑤ 666배

불평등의
일반화

앞에서 살펴본 대로 대한민국은 이미 선진국이라고 해도 잘못된 건 아닐 겁니다. 물론 서유럽 등이 100년 이상에 걸쳐 일구어낸 성장을 불과 60년 만에 집약해서 이루어내면서 발생한 많은 문제점이 있습니다. 이를 근거로 우리나라가 아직 선진국이 아니라고 주장하는 분들도 있지만, 선진국의 조건을 1인당 국민소득과 국민총생산으로 한정해보면 우리나라는 이미 선진국입니다. 그런데 10년 전부터 우리나라 경제성장률이 낮은 것을 많은 분이 우려하고 있습니다. 하지만 이는 어찌 보면 당연한 일입니다. 1960년대부터 2010년까지 50년간 세계에서도 손꼽히는 고도 성장기를 보냈고 어느 나라도 이렇게 오랜 기간 높은 경제성장률을 기록한 적이 없습니다만, 선진국 대열로 들어선

것 자체가 이미 성장률에 한계를 가진다는 점이 중요합니다.

선진국들의 성장률이 낮은 이유

다음의 표는 1960년부터 2010년까지 대표적인 선진국과 개발도
상국의 평균 성장률입니다. 미국은 1970년대 이후 줄곧 3% 내외의 경
제성장률을 보이다가 2000년대 들어와서 2%대로 낮아졌습니다. 프랑
스도 1980년대 이후 2% 내외의 경제성장률을 보이며, 독일과 영국 또
한 1970년대 이후 2%대를 오가고 있습니다. 일본만이 1980년대까지
4%대의 성장률을 보이다가 1990년대부터는 1%대로 주저앉습니다.
이에 비해 개발도상국이라 볼 수 있는 홍콩, 중국, 인도네시아는 상대
적으로 경제성장률이 높습니다.

이 기간 전 세계의 경제성장률은 3%대를 유지하고 있습니다.
1960년대와 1970년대에 각각 5.38%와 4.08%로 높게 나타났는데, 이

평균 성장률	미국	프랑스	독일	영국	일본	이탈리아	한국	홍콩	중국	인도네시아	전 세계
2010년대	2.27%	1.38%	1.93%	1.87%	1.28%	0.26%	3.31%	2.91%	7.70%	5.42%	3.00%
2000년대	1.91%	1.48%	0.77%	1.83%	0.53%	0.54%	4.92%	4.22%	10.35%	5.11%	2.82%
1990년대	3.22%	2.02%	2.17%	2.23%	1.52%	1.51%	7.30%	3.64%	9.99%	4.31%	2.66%
1980년대	3.12%	2.35%	1.96%	2.67%	4.33%	2.55%	8.88%	7.43%	9.74%	5.77%	3.03%
1970년대	3.19%	4.10%	2.91%	2.75%	4.25%	4.02%	10.52%	9.00%	7.39%	7.21%	4.08%
1960년대	4.16%	5.74%			9.44%	5.72%	9.56%	8.93%	4.96%	0.48%	5.38%

주요국 10년간 평균 성장률 추이(자료: Macrotrends LLC, 전 세계 자료: 세계은행)

는 제2차 세계대전 이후 전후 복구 과정에서 나타난 현상으로 보아야 할 것입니다. 세계 전체 경제성장률이 3%대를 유지하는 가운데 개발도상국은 상대적으로 조금 더 높은 경제성장률을 보이고 선진국은 더 낮은 경제성장률을 보이는 것이니 선진국으로서 3%대는 일정한 한계라고 볼 수 있습니다. 마치 시험에서 50점을 받다가 80점을 받는 건 쉽지만 80점에서 90점을 받기는 더 어렵고, 90점이 95점이 되는 것이 더 어려운 것과 비슷하다고 할까요? 다른 선진국보다 대한민국이 현재까지도 3%대의 경제성장률을 유지하는 것은 오히려 높은 편이라고 볼 수 있지요.

선진국의 경제성장률이 낮은 것에는 몇 가지 요인이 있습니다. 먼저 감가상각입니다. 제3세계는 농업과 같은 1차 산업이 주를 이룹니다. 그래서 따로 감가상각을 할 일이 별로 없습니다. 그러나 경제가 발전하면서 2차 산업이 활발해지면 이야기가 달라집니다. 공장을 세우고 기계를 돌려야 합니다. 이들 공장과 기계는 시간이 지나면 낡고 고장이 나서 다시 짓거나 교체를 해야지요. 산업이 고도화될수록 감가상각은 늘어만 갑니다. 기업의 매출에서 이런 감가상각을 위해 묶여 있는 금액이 많을수록 투자되는 돈은 줄어들 수밖에 없습니다.

두 번째로 선진국이 될수록 연구개발에 투자되는 비용이 커집니다. 1차 산업 위주의 구조에서는 연구개발비 자체가 얼마 되질 않습니다. 그러나 제조업이 발달할수록 그를 뒷받침할 연구개발 비용이 커지기 시작합니다. 선진국에 올라서면 이제 연구개발 비용은 이전에 비할 바가 안 됩니다. 우리나라가 1970년 공업화를 본격적으로 시작해서 어느 정도 산업 구조를 갖춘 1990년대 무렵부터는 패스트 팔로어fast follower 전략을 썼습니다. 즉 선진국이 만든 제품을 재빠르게 베껴 비슷한 제품을 더 싼 가격에 파는 방식이었습니다. 베끼는 것도 물론 실력이 있어야 하지요. 1990년대가 되면서 그 정도 실력을 갖춘 거지요. 우리는 이 전략을 전 세계적으로 가장 잘 쓴 나라 중 하나입니다. 그러나 2000년대를 지나면서 이제 퍼스트 무버First mover가 되어야 할 위치에 섰습니다. 퍼스트 무버는 새로운 제품이나 기술을 만들어 새로운 시장을 여는 존재입니다. 물론 현재도 많은 부분에서 아직 패스트 팔로어 위치에 있습니다만, 우리나라 중심 산업은 퍼스트 무버가 된 지 한참 되었습니다. 대표적인 것이 반도체와 가전 부문이지요. K-pop도 그런 위치가 되었고요. 자동차도 이제 퍼스트 무버까지는 아니더라도 독일이나 미국, 일본과 대등한 경쟁을 벌이는 수준이 되었습니다. 퍼스트 무버가 되려면 패스트 팔로어보다 더 큰 노력과 비용을 들여야 하는 건 당연합니다.

무엇보다도 경제의 덩치가 커지면서 각기 산업 부문에서 이전만큼 빠른 성장세를 보이기 어렵습니다. 100만 원 벌던 사람이 200만 원을 벌면 100% 성장이지만 1,000만 원 벌던 사람이 1,100만 원 벌면 10% 성장이고, 1억 벌던 사람이 1억 100만 원을 벌면 1% 성장인 것이지요. 인구 5,000만 명이 넘는 나라 중 3만 달러 이상의 1인당 국민소득을 확보한 나라는 미국, 일본, 독일, 영국, 프랑스, 이탈리아와 한국뿐입니다. 이들 나라 중 한국을 제외하면 모두 연간 3% 성장을 달성하지 못하고 있습니다.

국민소득이 높아진 것은 나쁘지 않은 변화입니다. 하지만 선진국이라는 표현이 낙원을 뜻하지는 않습니다. 선진국이 되기 이전에도 우리 사회에 많은 구조적 문제가 있었습니다. 국민소득이 높아져도 이런 문제가 저절로 해소되진 않지요. 또 경제성장률이 정체되면서 이전의 누적된 문제가 새로운 모습으로 나타나고 있습니다. 다음 장에서는 그에 관해 살펴보겠습니다.

세계는 불평등해지고 있다

어떤 이들은 인류 역사가 점진적으로 혹은 끊어졌다 이어졌다 하면서 더 나은 삶과 사회를 향해 나아가고 있다고 주장합니다. 또 다른 이는 인류의 역사가 예나 지금이나 별다른 바가 없다고 하지요. 인류 역사가 발전하고 있는지 아니면 정체되었는지는 모르겠지만 산업혁명 이후의 불평등만을 놓고 본다면 몇 시기로 나눌 수 있을 듯합니다.

산업혁명 시기 유럽의 소작농들과 소농들 중 많은 이가 자신의 터전에서 쫓겨나 도시로 유입되었습니다. 그들이 초기 산업혁명 시기 공장의 노동자가 되었습니다. 처음 아메리카 대륙을 발견하고 동남아시아와 인도, 아프리카에 진출한 유럽인들은 약탈과 약탈적 무역으로 부를 일굽니다만, 18세기 이후 식민지의 넓은 땅에 거대한 농장을 짓고

면화, 고무 등을 생산하거나 초지에 대규모로 소와 양을 키웁니다. 이 과정에서 원주민들은 자신의 토지를 잃고 쫓겨나고 대신 노예와 농업 노동자들이 그 자리를 메웁니다. 시장과 자본에 모든 것을 맡기는 야경국가들에서 노동자들은 낮은 임금에 시달렸고, 자신의 땅에서 쫓겨난 농민들은 도시 빈민이 되고 저임금 노동자가 되었지요. 이 시기 금융자본과 산업자본은 거대한 부를 축적합니다. 이전 봉건제 사회보다 가난한 자와 부자의 격차는 더 벌어집니다. 20세기 초까지는 이렇듯 불평등이 더 심화하던 시기였습니다.

이런 불평등에 분노한 사람 중 일부는 사회주의 사상을 갖고, 노동자, 농민, 도시 빈민과 함께 혁명 운동을 벌입니다. 그 결과, 제2차 세계대전 전후로 구소련과 중국, 동유럽, 동남아시아와 북한, 쿠바 등 사회주의 세력이 하나의 진영을 이루게 되었습니다. 그 외의 나라에서도 사회주의 운동이 활발해졌고, 식민지에서는 독립운동이 격렬하게 일어났지요.

결국 20세기 초중반 서유럽을 중심으로 한 국가들의 정책에 일대 변화가 일어납니다. 제2차 세계대전 이전 미국에선 뉴딜 정책이 시행되지요. 우리에게는 단지 사회간접자본에 정부가 투자를 하고, 큰 토목공사를 벌여 실업자를 흡수했던 정책으로만 알려졌지만, 사실 뉴딜은 말 그대로 일종의 딜deal, 거래였습니다. 노동자들에게 최소한의 삶의 안전판을 만들어줄 터이니 사회주의로 나가지 말라는 일종의 혁명 예방 전략이었지요. 최저임금법이 시행되고 실업보험이 도입됩니다.

유럽의 사정도 마찬가지였습니다. 흔히 '요람에서 무덤까지'로 대표되는 각종 안전망, 즉 사회복지 제도가 도입되지요. 사회주의 국가들이 대거 등장하면서 화들짝 놀란 결과라고도 볼 수 있습니다. 그 결과, 제2차 세계대전 이후 1980년대 초까지 전 세계적으로 불평등이 줄어드는 시기가 있었습니다. 미국에서 제2차 세계대전 후 30년간 소득 하위 50%와 중간 40% 집단의 성인 1인당 세전소득의 증가율은 100%를 웃돌았지만, 상위 10% 소득자의 증가율은 80%를 밑돌던 것이 대표적인 예입니다.[*]

그러나 구소련을 비롯한 사회주의 국가와 미국, 서유럽을 중심으로 한 자본주의 선진국 사이의 체제 경쟁은 1980년 초가 되자 자본주의 국가의 승리로 귀결됩니다. 사회주의 국가들이 체제를 변화시킨 건 그로부터 10년이 더 지나서였지만 이미 경제성장과 물질적 풍요 등은 70년대 중반 이후 자본주의 선진국의 손을 들어주었죠. 물론 서유럽과 미국이라고 문제가 없지는 않았습니다. 70년대 후반기가 되자 경제성장률이 정체되고 실업률이 높아지는 등의 문제가 장기화합니다. 이런 내외적 상황에서 80년대 미국의 레이거노믹스와 영국의 대처리즘으로 대표되는 신자유주의가 등장합니다. 1979년 총리가 된 대처는 복지를 위한 공공지출을 줄입니다. 쓸 곳을 줄이면서 세금도 줄이지요. 특히 기업이 내는 세금에 감면 혜택이 늘어납니다. 가스, 전기, 통

---

[*] 『세계불평등보고서 2018』, 파쿤도 알바레도 외 지음, 장경덕 옮김, 글항아리, 2020년, 108쪽.

신, 수도, 석탄, 철강, 항공, 자동차 등 국영 기업을 민영화합니다. 노동조합의 활동을 규제하고, 정치 파업을 한 노조 간부의 면책 특권을 제한합니다. 기업과 민간의 자유로운 활동을 보장하고 외환 관리를 전폐하면서 금융시장의 활성화를 도모합니다. 대처보다 2년 늦게 등장한 미국의 로널드 레이건은 레이거노믹스란 이름의 경제정책을 펼치는데 대처리즘과 유사한 내용입니다. 정부의 지출을 줄이고, 노동과 자본에 대한 소득세를 낮추고, 정부의 규제를 줄여 시장에 권한을 부여하고 인플레이션을 줄이기 위한 화폐 공급량 조절을 하지요. 이 둘로 본격화된 신자유주의neo-liberalism는 이후 1990년대 말 우리나라에도 상륙하고 이로 인해 우리나라도 불평등이 심화됩니다. 실제로 미국에서 1980년 이후 소득 하위 50%의 소득증가율은 0에 가까웠는데 이 기간 성인 1인당 평균 세전소득은 60% 늘어났습니다. 그 결과, 1995년 무렵 소득 하위 50%의 국민소득보다 소득 상위 1%의 몫이 더 커지는 역전 현상이 나타났고 이 격차는 계속 커지고 있습니다.[*]

하지만 독일과 프랑스, 그리고 스칸디나비아반도의 북유럽 국가들은 미국, 영국과는 다른 길을 걷습니다. 그렇다고 이들 나라에서 불평등이 줄어들고 있다는 뜻은 아닙니다. 이들 나라에서도 불평등은 더 커지고 있는데 다만 미국이나 영국보다는 그 속도가 느리다는 거지요. 세계 경제를 주도하는 미국의 신자유주의는 각국의 경제정책에도 영

---

[*] 『세계불평등보고서 2018』, 파쿤도 알바레도 외 지음, 장경덕 옮김, 글항아리, 2020년, 109쪽.

향을 미칠 수밖에 없기 때문입니다. 1980년 이래로 소위 모든 선진국에서 불평등이 심화하는 현상을 목격할 수 있습니다.

20세기 말과 21세기 초 전 세계 소득분배율을 보면 오히려 불평등이 약화하고 있는 게 아니냐고 반문할 수도 있습니다. 전 세계 소득 후순위 50%의 소득이 그 위보다 더 빠르게 증가하고 있기 때문이지요. 하지만 이는 착시 현상에 불과합니다. 중국과 인도, 그리고 아프리카와 중동, 남미 등의 경제가 소위 선진국보다 빠르게 성장하면서 일어난 일이지요. 이들 나라의 저소득층 소득이 증가하면서 전 세계적으로는 불평등이 줄어드는 것처럼 보입니다. 그러나 이는 국가 간 불평등이 줄어드는 것뿐이지요.

소득이 증가하고 있는 각국을 보면 소득 상위 10%와 하위 50%의 격차는 지속해서 커지고 있습니다. 서유럽은 아주 천천히, 미국은 아주 빠르게, 나머지 나라들은 그 둘 중 어딘가에 있습니다. 상위 10% 중에서도 더 빠르게 소득이 늘고 있는 것은 상위 1%이며, 상위 1% 중에서도 더욱 빠르게 소득이 늘고 있는 것은 상위 0.1%입니다. 이렇게 위로 올라갈수록 소득 증가세가 빠른 것은 노동에 의한 소득보다 자산에 의한 소득의 비율이 더욱 커지고 있기 때문입니다.

다음 자료를 보시면 확연히 드러납니다. 지니계수는 불평등한 정도를 나타내는 수치인데 1950년대부터 1980년대까지 점차 감소하던 것이 1980년대를 기점으로 점차 증가하기 시작합니다. 레이거노믹스와 대처리즘으로 무장한 미국과 영국은 OECD 평균을 훌쩍 뛰어넘어

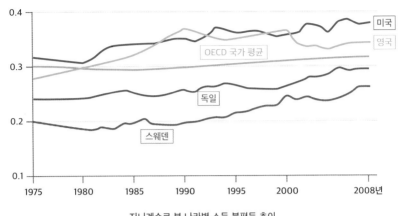

지니계수로 본 나라별 소득 불평등 추이
(출처: 〈OECD 빈부격차 30년 만에 최대〉, 동아일보, 2011년 12월 7일)

높아지고 독일과 스웨덴, 그리고 OECD 평균은 완만하게 증가합니다.

지니계수가 높아지는 이유는, 첫째로 임금 소득의 불평등이 더 심화하였기 때문입니다. 둘째로 자산에 의한 소득이 이전보다 증가했기 때문이지요. 거기에 셋째로는 미국과 영국을 중심으로 세율을 낮추고 공공복지 예산을 깎았기 때문입니다. 더 자세한 내용을 살펴보겠습니다.

상위 10%가 전체 소득 절반 차지

다음 그림에서 나타나듯이 거의 모든 국가에서 상위 10%의 소득이 전체 국민소득에서 차지하는 비율이 커지고 있습니다. 가장 가파르게는 인도가 눈에 뜨이고 미국과 캐나다도 높은 비중을 차지하고 있지요. 중국은 1980년 무렵에는 유럽보다 비중이 작았으나 개혁 개방 이후 상위 10%가 차지하는 비중은 지속해서 높아져 40%를 넘어서고 있습니다. 상위 40%를 넘지 않는 곳은 유럽이 유일한데, 유럽도 지속해서 조금씩 그 비중이 높아짐을 볼 수 있지요. 이 그래프에 나타나지는

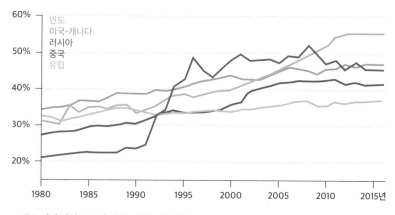

주요 나라 상위 10%의 전체 소득에 대한 비율 1980~2015년(출처: http://wid2018.wid.world)

주요 나라 상위 1%의 소득 점유율(출처: http://wid2018.wid.world)

않으나 중동은 조사가 이루어진 1990년 이래 상위 10%의 소득이 조금 낮아지기는 했지만 2015년까지 70% 중반에서 70% 초반을 유지하고 있습니다. 브라질과 사하라 이남 아프리카 지역도 상위 10%의 비중은 1990년에서 2015년 사이 줄곧 55% 이상을 유지하고 있습니다.

범위를 상위 1%로 좁힌 것이 그다음 그래프입니다. 보다시피 상위 1%의 소득 점유율도 지속해서 증가하고 있지요. 유일하게 중동 지역이 감소하기는 했지만 애초에 30%가 넘었던, 대단히 불평등했던 지역이어서 감소해도 최상위권을 유지하고 있습니다. 그리고 하나 더 눈여겨볼 것이 상위 1%의 소득이 상위 10% 소득의 절반 가까이 된다는 점입니다. 이 또한 대부분의 나라에서 마찬가지로 나타나고 있습니다. 즉 1%가 10% 소득의 절반을 가지고 나머지 9%가 그 절반을 가지는 구조입니다. 이 구조는 0.1%로 좁혀도 마찬가지입니다. 1% 소득의 절반 가까이가 0.1%에 집중되어 있습니다. 0.1%가 상위 10% 소득의 4분의 1 가까이 가져가는 구조입니다.

같은 선진국이라도 신자유주의의 본산이랄 수 있는 미국, 영국과 서유럽이 다른 길을 가고 있다는 것은 그래프로 여실히 나타나고 있습니다. 미국에 있어 1980년 상위 1%는 전체의 11%가 안 되는 소득을 가져갔고, 하위 50%는 20% 중반 정도의 비중을 차지했습니다. 그러

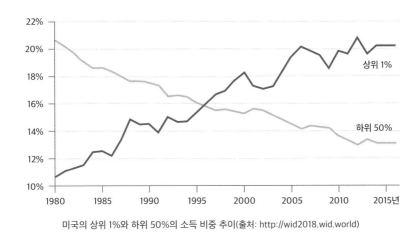

미국의 상위 1%와 하위 50%의 소득 비중 추이(출처: http://wid2018.wid.world)

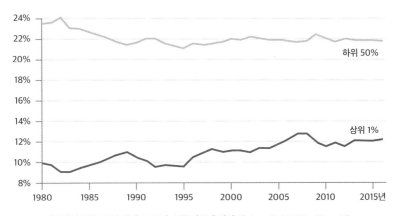

서유럽의 상위 1%와 하위 50%의 소득 비중 추이(출처: http://wid2018.wid.world)

나 1996년 이 둘의 비중이 역전되면서 2015년 상위 1%의 소득은 전체의 20%를 넘었고, 하위 50%의 소득은 전체의 13% 수준으로 내려왔습니다.

　서유럽은 조금 다릅니다. 1980년 시작은 미국과 비슷합니다. 하위 50%는 23%를 조금 넘는 비중을 가지고 있고, 상위 1%는 10%의 비중을 가지고 있습니다. 2015년에도 이런 비율이 어느 정도 유지되고 있지요. 2015년 하위 50%는 22% 비중을 가지고 있고, 상위 1%는 12% 비중을 가지고 있습니다. 전체적으로 하위 50%의 비중은 조금씩 줄어들고 상위 1%의 비중은 조금씩 늘고 있으나 이는 미국에 비하면 아주 완만한 편입니다. 미국과 서유럽이 1980년을 기준으로 봤을 때는 상위 1%와 하위 50%의 비율이 별 차이가 없었는데, 레이거노믹스를 기점으로 40년 가까이 지나면서 미국의 불평등은 서유럽에 비해 극도로 심해졌습니다. 이는 비슷한 노선을 취한 영국도 마찬가지입니다. 결국 선진국은 크게 이 둘 미·영 모델과 서유럽 모델로 나눠볼 수가 있습니다.

불평등은 심화할 것이다 – 2050년 최상위 1%가 전체 자산의 40% 차지

하지만 세계 전체를 두고 보면 2005년에서 2015년 사이 상위 1%의 소득 비중은 줄고 하위 50%의 비중은 늘어 불평등이 감소한 것처럼 보입니다. 또 세계 전체로 보면 하위 50%의 소득이 94% 증가하는 동안 상위 10%의 소득은 70%밖에 증가하지 않았습니다. 이는 중국과 인도, 중동과 사하라 이남 아프리카 등 1인당 국민소득이 아주 낮았던 나라들의 경제성장이 선진국의 경제성장보다 현격히 높아 나타난 현

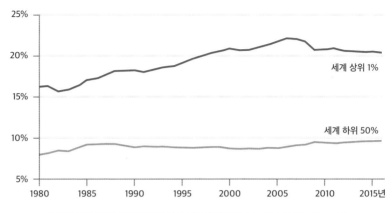

전 세계 상위 1%와 하위 50%의 자산 비중 추이(출처: http://wid2018.wid.world)

소득 그룹	성인 1인당 총 누적 실질 성장					
	중국	유럽	인도	러시아	미국-캐나다	세계
전체 인구	831%	40%	223%	34%	63%	60%
하위 50%	417%	26%	107%	-26%	5%	94%
중위 40%	785%	34%	112%	5%	44%	43%
상위 10%	1,316%	58%	469%	190%	123%	70%
상위 1%	1,920%	72%	857%	686%	206%	101%
상위 0.1%	2,421%	76%	1,295%	2,562%	320%	133%
상위 0.01%	3,112%	87%	2,078%	8,239%	452%	185%
상위 0.001%	3,752%	120%	3,083%	25,269%	629%	235%

주요 국가 계층별 소득증가율 추이(출처: http://wid2018.wid.world)

상입니다.

그림에서 봤듯이 이들 경제성장이 높았던 나라들의 상위 10%가 차지하는 비중은 각국마다 모두 늘어났습니다. 위의 아래 표는 이를 보여줍니다. 중국은 1980~2016년 사이 전체 소득증가율이 831%에 달합니다. 그런데 하위 50%는 절반인 417%밖에 소득이 증가하지 않았습니다. 중간 40%도 785%로 전체 소득 증가에 미치지 못합니다. 그리고 상위 10%는 1,316%, 1%는 1,920%, 0.1%는 2,421%, 0.01%는 3,112%, 0.001%는 3,752%의 증가세를 보입니다. 많이 버는 사람일수록 그만큼 소득이 더 높았다는 거지요. 인도도 마찬가지입니다. 전체 소득증가율이 223%인데, 하위 50%는 107%, 중간 40%는 112%로 평균에 미치지 못하는 반면, 상위 10%는 469%, 1%는 857%, 0.1%는 1,295%, 0.01%는 2,078%, 0.001%는 3,083%입니다.

러시아는 이 기간에 34%의 소득증가율을 보이고 있는데요, 중국이나 인도는 물론 선진국들이나 세계 평균에 비해서도 많이 낮은 편입니다. 그래서인지 하위 50%의 소득은 오히려 26% 감소했습니다. 중간 40%는 5% 증가에 그쳤고요. 하지만 상위 계층의 소득은 엄청나게 증가했는데, 그 정도가 중국이나 인도보다 훨씬 심합니다. 상위 0.001%는 무려 소득이 2만 5,269% 증가했네요. 이런 사정은 선진국이라 해도 다른 바가 없어서 유럽도 미국, 캐나다도 마찬가지입니다. 미국, 캐나다는 하위 50%의 소득이 단지 5%밖에 증가하지 않았습니다. 35년 동안 말이지요. 하지만 이 기간에 상위 10%의 증가율은 123%에 달합니다. 그리고 범위를 좁힐수록 더 높은 증가율을 보이죠. 상위 0.001%의 소득증가율은 하위 50%의 126배에 달합니다. 다만 유럽은 그 폭이 다른 나라들보다 적다는 것이 위안이라면 위안이겠습니다. 상위 10%보다 상위 1%에서, 그리고 상위 0.1%에서 소득 증가세가 더 빠른 것은 노동소득보다 자산에 의한 소득의 비율이 더욱 커지

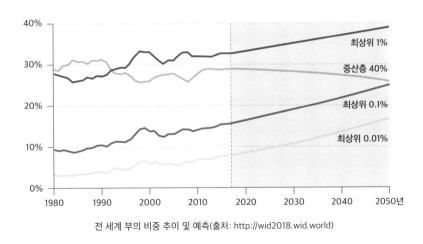

전 세계 부의 비중 추이 및 예측(출처: http://wid2018.wid.world)

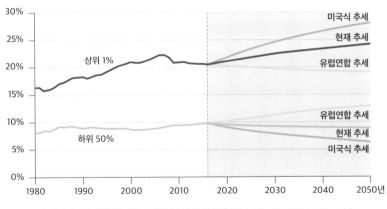

세 가지 추세에 의한 전 세계 부의 비중 추이 및 예측(출처: http://wid2018.wid.world)

고 있어서입니다.

이러한 변화가 지속하면 어떠한 결과가 나올까요? 다음의 그림을 보시지요. 2015년 기준 중산층 40%가 차지하는 자산의 비중은 약 28~29%로 추정됩니다. 그러나 현재의 추이가 지속한다면 2050년 중산층의 자산은 25%에 가깝게 줄어듭니다. 이는 최상위 0.1%가 가진 자산과 비슷해지지요. 그림에서 보이듯이 최상위 0.01%와 0.1%, 그리고 1%의 자산 비중은 계속 증가하여 2050년이면 최상위 1%가 전체 자산의 40% 가까이 가지게 됩니다. 중산층 40%가 가지는 자산보다 15%가 더 많은 거지요.

그러나 이는 모든 국가가 현재의 추세를 따른다고 했을 때 나타나는 결과입니다. 그렇다면 모든 국가가 미국과 같은 추세를 따른다면 어떻게 될까요? 더 끔찍한 결과가 나타납니다. 전 세계 상위 1%의 소득은 전체의 27%가량으로 늘어나고, 하위 50%의 소득은 7%에 불과합니다. 상위 1%가 하위 50% 소득의 4배가량 벌게 되는 거지요. 반대로 유럽연합이 보이는 추세를 따른다면 상위 1% 소득은 전체의 20%가 되질 않고, 하위 50% 소득은 13%가량으로 늘어납니다. 불만족스럽긴 하지만 미국 추세로 갔을 때보다 그나마 양호한 편이지요.

불평등의 정도가 다르다는 것은 제도와 정책에 의해 불평등의 속도 조절이 가능하다는 뜻이지만, 또 다르게는 현재의 체제를 유지하는 한 불평등이 심화되는 기조 자체는 변함이 없다는 것을 뜻합니다. 그런데 세계적인 불평등의 심화와 선진국의 불평등 기조가 지속되는 모습이 그대로 우리나라에도 투영됩니다. 다음 장에서는 바로 이 부분을 살펴보도록 하지요.

`주관식` **1. 다음의 그래프를 보고 빈칸에 알맞은 말을 넣어보세요.**

"미국에 있어 2015년 상위 1%의 소득은 전체의 ___%를 넘었고, 하위

50%의 소득은 전체의 ___%에 불과합니다. 서유럽의 경우 2015년 하위

50%는 ___% 정도 비중을 가지고 있고, 상위 1%는 ___% 정도 비중을

가지고 있습니다."

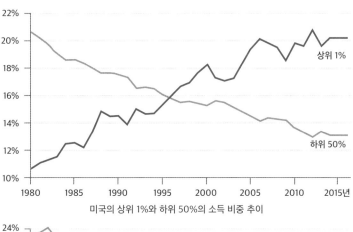

미국의 상위 1%와 하위 50%의 소득 비중 추이

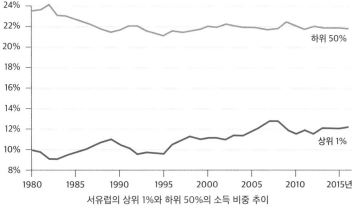

서유럽의 상위 1%와 하위 50%의 소득 비중 추이

주관식 **2. 아래 그래프를 보고 빈칸에 알맞은 말을 넣어보세요.**

"그림에서 보이듯이 최상위 0.01%와 0.1%, 그리고 1%의 자산 비중은

계속 증가하여 2050년이면 최상위 1%가 전체 자산의 ___% 가까이 가

지게 됩니다."

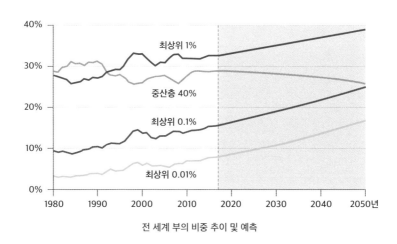

전 세계 부의 비중 추이 및 예측

대한민국의 불평등 ㅣ다
최 서소득 가구 1분위

대한민국의 불평등을 살펴보기 위해 먼저 확인할 두 자료가 있습니다. 앞서 우리나라의 GDP가 60년 동안 421배 증가했다고 했습니다. 그런데 같은 기간 우리나라의 수출액은 대략 1만 7,000배가량 증가했습니다. 즉 수출액의 증가가 GDP 증가보다 40배 더 큰 거죠. 우리나라는 전체적으로 수출의 증가가 GDP 증가를 견인한 것인데, 이는 반대로 내수는 별로 증가하지 않았다는 걸 보여줍니다.

내수란 건 우리나라 사람들이 뭔가를 많이 사야 늘어나는 것인데, 앞서 본 것처럼 우리나라 1인당 GNI는 지난 60년 동안 30배가량 증가하는 데 그쳤기 때문이지요. 물론 1960년 남한 인구는 2,501만 명이었고 현재 5,000만 명이 넘으니 그사이 인구가 2배가량 증가했고 이를 반영하면 GNI 증가량 30배에 다시 2배쯤 곱해야 합니다. 그리고 GNI 는 물가 수준을 반영한 것이니 명목소득으로 보면 더 많이 증가했지요. 하지만 그렇다 해도 전체 GDP 증가 그리고 수출액 증가와 비교하면 아주 낮은 수준이라 볼 수 있습니다. 수출이 이렇게 증가했다는 건

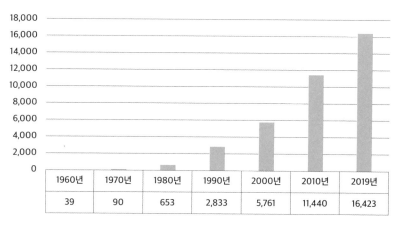

1960년	1970년	1980년	1990년	2000년	2010년	2019년
39	90	653	2,833	5,761	11,440	16,423

대한민국 GDP 증가(단위: 억 달러)

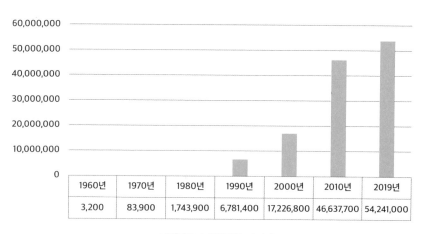

1960년	1970년	1980년	1990년	2000년	2010년	2019년
3,200	83,900	1,743,900	6,781,400	17,226,800	46,637,700	54,241,000

대한민국 수출액(단위: 만 달러)

연도	대한민국	10년 전에 비해 증가한 정도
1960	133	
1970	256	1.92
1980	486	1.89
1990	1,192	2.45
2000	1,972	1.65
2010	2,808	1.42
2019	3,521	1.25

대한민국 지난 60년 동안 우리나라 GNI 변화(단위: 만 원)

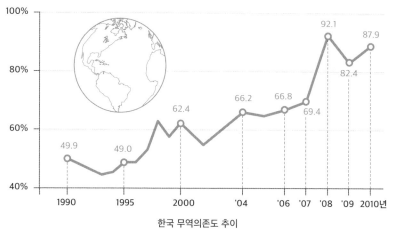

한국 무역의존도 추이
(단위: %, 출처: 〈작년 무역의존도 88%, 역대 2번째 높아〉, 연합뉴스, 2011년 5월 15일)

누군가 수출을 통해 번 돈이 이전보다 엄청나게 많아졌다는 건데 수출
이 국민들 각자의 소득 증가에 끼친 영향은 그보다 못했다는 뜻이기도
합니다. 그에 따라 우리나라 경제의 무역의존도는 나날이 증가합니다.
위의 그래프를 보면 1990년대 50%가 되지 않던 무역의존도는 2000
년 60%가 넘었고 다시 2008년 90%를 넘더니 이후 80%대를 넘는 수준을 유지하고 있습니다. 1997년 외환위기와 2004년 카드 대란 등 몇 번의 경제 위기를 거치면서 내수의 증가는 주춤해진 반면, 대기업을 중심으로 한 수출은 지속해서 증가했기 때문입니다. 대한민국은 선진국이라 불릴 정도로 경제가 성장했지만 그 대한민국에 사는 우리 시민들의 경제적 여유는 그렇게 커지지 못했습니다. 이는 우리 사회의 불평등을 더욱 심화하는 하나의 요인이 됩니다.

불평등은 소득격차다

대한민국의 불평등에 대해 살펴보자면 먼저 소득의 격차를 이야기해야겠지요. 편의상 극빈층과 빈곤층, 중산층, 중상층, 상층의 다섯 계층으로 나누어 살펴보겠습니다.

극빈층은 100만 원도 되지 않는 소득으로 두셋이 사는 10%와 월 200만 원이 되지 않는 돈으로 근근이 사는 10% 계층으로, 이 20%는 최저생계비보다 적은 돈으로 살아갑니다. 빈곤층은 최저생계비의 경계선에 있는 20%입니다. 여기까지가 대한민국 전체 국민의 40%입니다.

상층으로 소득이 연봉 1억이 넘는 10%가 있습니다. 중상층은 1억은 되지 않지만 20년 벌면 약 7억을 모을 수 있는 15%입니다. 그리고 중산층이라고 말할 수 있는 400~600만 원 사이의 월수입을 가진 35%가 있습니다.

다음의 표(월소득 10분위표)는 대한민국 가구를 소득에 따라 10개로 나눈 표입니다. 흔히 10분위라고 이야기하죠. 이 분위에 따라 자녀 학자금 대출이나 장학금 등의 조건이 정해지기도 합니다. 몇 가지 용어를 알고 넘어가도록 합시다.

구분 항목을 보면 근로자 가구와 근로자외 가구가 나뉩니다. 근로자 가구는 가구주*가 받는 임금이 주된 소득인 가구입니다. 즉 가구주가 임금을 받는 노동자인 거죠. 근로자외 가구는 가구주가 자영업자이거나 무직인 상태의 가구입니다. 무직인 상태라도 금융자산이나 부동산 자산을 통해 소득을 올릴 수 있습니다.

비소비지출과 처분가능소득(가처분소득)이란 항목도 보입니다. 비소비지출이란 쉽게 말해서 세금과 무조건 내야 할 것들입니다. 소득세나 지방세, 건강보험료, 국민연금 등을 말하는 거지요. 처분가능소득은 소득에서 비소비지출을 제외한 금액을 말합니다. 소득을 분위별로 비교하는 건 얼마나 많이 벌고 있는가를 살펴볼 때 좋고, 처분가능소득을 분위별로 비교하는 건 쓸 수 있는 돈이 얼마나 많은가를 비교할 때 좋습니다.

---

* 가구주는 가장과 의미가 다릅니다. 통계상에서 가구주란 "가족의 주된 생계를 책임지는 이"입니다. 즉 가족 중 가장 소득이 높은 사람이죠.

월소득 10분위별	가계수지 항목별	2019 4/4		
		전체 가구	근로자 가구	근로자외 가구
1분위	가구원 수(명)	2.25	2.52	2.27
	가구주 연령(세)	68.46	59.14	67.78
	가구 분포(%)	10.00	9.99	9.99
	소득(원)	856,685	1,566,425	535,547
	경상소득(원)	855,879	1,565,044	535,547
	근로소득(원)	162,402	1,138,867	18,081
	사업소득(원)	90,301	23,711	55,076
	재산소득(원)	4,514	3,438	4,361
	이전소득(원)	598,662	399,029	458,029
	비경상소득(원)	806	1,381	-
	비소비지출(원)	206,001	254,794	245,157
	처분가능소득(원)	650,684	1,311,631	290,390
2분위	가구원 수(명)	2.54	2.73	2.23
	가구주 연령(세)	60.04	51.19	69.88
	가구 분포(%)	9.99	9.99	9.99
	소득(원)	1,790,924	2,639,206	1,086,858
	경상소득(원)	1,789,874	2,638,678	1,085,201
	근로소득(원)	754,403	2,162,698	106,119
	사업소득(원)	372,621	81,473	154,820
	재산소득(원)	15,751	10,465	6,753
	이전소득(원)	647,099	384,042	817,509
	비경상소득(원)	1,050	528	1,657
	비소비지출(원)	360,031	459,989	183,313
	처분가능소득(원)	1,430,893	2,179,217	903,545
3분위	가구원 수(명)	2.77	3.01	2.40
	가구주 연령(세)	54.84	49.78	64.42
	가구 분포(%)	10.01	10.01	10.01
	소득(원)	2,608,620	3,327,745	1,610,797
	경상소득(원)	2,601,836	3,327,745	1,609,886
	근로소득(원)	1,446,717	2,824,455	297,475
	사업소득(원)	529,053	106,391	459,132
	재산소득(원)	15,327	11,188	16,757
	이전소득(원)	610,738	385,711	836,521
	비경상소득(원)	6,784	-	910
	비소비지출(원)	491,183	664,349	331,841
	처분가능소득(원)	2,117,437	2,663,396	1,278,956
4분위	가구원 수(명)	2.97	3.27	2.67
	가구주 연령(세)	52.53	46.56	60.52
	가구 분포(%)	9.99	10.01	9.92
	소득(원)	3,272,655	3,979,106	2,246,115
	경상소득(원)	3,272,655	3,977,902	2,236,817
	근로소득(원)	1,917,905	3,505,706	359,554
	사업소득(원)	792,159	109,622	950,486
	재산소득(원)	12,079	5,668	31,137
	이전소득(원)	550,513	356,907	895,640
	비경상소득(원)	-	1,203	9,298
	비소비지출(원)	661,885	763,530	505,672
	처분가능소득(원)	2,610,771	3,215,576	1,740,442
5분위	가구원 수(명)	3.17	3.41	2.88
	가구주 연령(세)	49.40	47.72	57.28
	가구 분포(%)	10.01	9.93	10.08
	소득(원)	3,962,602	4,604,429	2,884,183
	경상소득(원)	3,954,485	4,601,374	2,877,306
	근로소득(원)	2,657,759	4,157,891	603,852
	사업소득(원)	773,946	87,518	1,484,489
	재산소득(원)	35,544	4,287	14,748
	이전소득(원)	487,235	351,678	774,217
	비경상소득(원)	8,118	3,056	6,877
	비소비지출(원)	826,066	998,206	632,906
	처분가능소득(원)	3,136,536	3,606,223	2,251,277

월소득 10분위별	가계수지 항목별	2019 4/4		
		전체 가구	근로자 가구	근로자외 가구
6분위	가구원 수(명)	3.31	3.26	2.94
	가구주 연령(세)	49.26	48.27	56.60
	가구 분포(%)	10.00	10.06	9.93
	소득(원)	4,619,860	5,211,591	3,540,590
	경상소득(원)	4,615,049	5,204,838	3,537,015
	근로소득(원)	3,201,199	4,577,961	901,922
	사업소득(원)	847,146	206,300	1,700,914
	재산소득(원)	7,543	13,320	69,791
	이전소득(원)	559,161	407,257	864,388
	비경상소득(원)	4,811	6,753	3,575
	비소비지출(원)	979,283	1,069,672	767,551
	처분가능소득(원)	3,640,577	4,141,919	2,773,039
7분위	가구원 수(명)	3.29	3.29	3.15
	가구주 연령(세)	49.48	48.13	52.26
	가구 분포(%)	9.98	9.94	10.08
	소득(원)	5,356,625	5,968,976	4,274,981
	경상소득(원)	5,346,929	5,966,303	4,260,169
	근로소득(원)	3,756,403	5,349,623	1,268,513
	사업소득(원)	1,104,131	276,965	2,139,048
	재산소득(원)	12,873	15,368	22,450
	이전소득(원)	473,523	324,347	830,158
	비경상소득(원)	9,695	2,672	14,812
	비소비지출(원)	1,113,690	1,304,270	968,602
	처분가능소득(원)	4,242,934	4,664,706	3,306,379
8분위	가구원 수(명)	3.34	3.44	3.28
	가구주 연령(세)	50.59	48.92	53.64
	가구 분포(%)	10.01	10.03	9.89
	소득(원)	6,323,236	6,878,359	5,133,787
	경상소득(원)	6,311,909	6,877,056	5,112,085
	근로소득(원)	4,826,486	6,283,218	1,285,273
	사업소득(원)	966,799	226,939	3,091,062
	재산소득(원)	16,441	5,769	15,623
	이전소득(원)	502,183	361,130	720,128
	비경상소득(원)	11,327	1,304	21,701
	비소비지출(원)	1,322,612	1,545,777	1,032,822
	처분가능소득(원)	5,000,624	5,332,582	4,100,965
9분위	가구원 수(명)	3.52	3.56	3.48
	가구주 연령(세)	50.96	48.59	56.66
	가구 분포(%)	9.99	10.03	10.07
	소득(원)	7,624,619	8,095,068	6,537,187
	경상소득(원)	7,615,510	8,086,749	6,514,354
	근로소득(원)	5,736,048	7,258,099	2,347,556
	사업소득(원)	1,310,602	517,212	3,109,638
	재산소득(원)	59,695	32,373	32,560
	이전소득(원)	509,166	279,065	1,024,600
	비경상소득(원)	9,109	8,319	22,833
	비소비지출(원)	1,703,445	1,985,966	1,219,113
	처분가능소득(원)	5,921,174	6,109,102	5,318,074
10분위	가구원 수(명)	3.48	3.44	3.45
	가구주 연령(세)	51.24	50.93	54.00
	가구 분포(%)	10.02	10.01	10.05
	소득(원)	11,287,628	11,823,068	10,249,638
	경상소득(원)	11,138,536	11,702,131	10,049,237
	근로소득(원)	8,493,665	10,673,488	3,342,200
	사업소득(원)	2,126,809	533,062	5,832,728
	재산소득(원)	35,099	46,928	99,300
	이전소득(원)	482,964	448,653	775,009
	비경상소득(원)	149,092	120,937	200,400
	비소비지출(원)	2,801,336	3,244,269	1,841,442
	처분가능소득(원)	8,486,292	8,578,799	8,408,196

가장 소득이 낮은 가구 10%가 1분위입니다. 가구 구성원이 평균 2.25명이며, 가구주 연령은 68.46세로 구성원 수는 가장 작고 가구주 연령은 가장 높습니다. 노인 혼자 사는 사례도 많고, 노부부가 둘이 사는 예도 많습니다. 그 외 노부부와 아직 수입이 없는 자녀나 손주, 노인 한 명과 자녀, 손주 등으로 이루어진 경우, 노부부와 2인 이상의 자녀와 손주로 이루어진 가구가 대부분입니다.

특히 근로자외 가구는 가구주 연령이 67.78세이며 평균소득은 약 53만 원입니다. 노동을 하기 힘들 정도로 연령이 높은 사례도 많아서 근로자외 가구가 되는 거지요. 평균소득이 53만 원이라는 건 이들 가구 대부분이 자영업도 하지 못하고 자산을 통한 소득을 올리지도 못하고 있다는 걸 보여줍니다. 더 자세히 보자면 1분위 근로자외 가구의 근로소득은 평균 1만 8,000원밖에 되질 않습니다. 거기에 사업소득은 5만 5,000원이고 재산소득은 4,000원에 불과하지요. 대신 이전소득이 45만 8,000원으로 대부분을 차지합니다.

이전소득은 크게 두 가지입니다. 하나는 사적 이전소득이라고 해서 개인이 개인에게 돈을 주는 거죠. 쉽게 말해서 자녀들이 부모에게 생계비를 주는 것으로 볼 수 있습니다. 또 다른 하나는 공적 이전소득으로 노령연금 등 정부나 공공기관에서 제공하는 소득입니다. 이들 1분위 근로자외 가구는 이런 이전소득으로 생계를 유지하고 있습니다.

1분위 근로자 가구는 그나마 사정이 나은 듯이 보이죠. 근로소득은 평균 114만 원입니다. 이전소득은 40만 원입니다. 근로소득이 100만 원 조금 넘는데 이 또한 편차가 있겠지요. 가구주의 평균 연령이 60세에 가까우니 이들 중 상당수가 비정규직이면서 동시에 하루에 8시간도 일하기 힘든 사례일 겁니다. 그래서 노동을 통한 소득만으로 생계를 유지하지 못하고 이전소득이 큰 부분을 차지하고 있습니다.

평균소비성향은 가처분소득 대비 지출 비율을 말하는데, 통계청 자료에 따르면 1분위의 경우 평균소비성향은 항상 100% 이상입니다. 예를 들어 2020년 1/4분기 1분위 평균소비성향은 120.5%로 나타났습니다. 즉 수입보다 지출이 20%가량 많다는 거죠. 자세히 살펴보면 1분위 처분가능소득은 123만 4,000원이며 월평균 지출은 148만 6,000원입니다. 매달 소득보다 25만 원 더 쓴다는 이야기입니다. 살기 위해 꼭 써야 할 돈이 있는데 소득이 그를 따라가지 않으니 빚이 지속해서 늘 수밖에 없는 구조입니다. 이 빚은 월세, 전기요금, 가스요금 등의 공과금 등으로 구성되며, 빚을 감당하기 어려운 지경이 되면 보증금에서 월세가 깎이고 쪽방이나 고시원으로 가거나 노숙자가 되기도 합니다.

또 하나 1분위에서 살펴볼 것은 근로자 가구와 근로자외 가구의 비율이 다른 분위와 완전히 다르다는 점입니다. 분위가 올라갈수록 근로자 가구의 비율이 높아지는 것은 전반적인 경향이지만 1분위의 경우 근로자 가구가 30%가량이고 근로자외 가구가 70%로 압도적입니다. 1분위 근로자외 가구는 우리나라에서 가장 가난한 사람들의 모습을 그대로 보여줍니다.

팩트 토론을 위한 간단 퀴즈

주관식 1. 근로자 가구는 가구주가 받는 ____이 주된 소득인 가구입니다.

주관식 2. 근로자외 가구는 가구주가 _____이거나 ____인 상태의 가구입니다.

주관식 3. 비소비지출이란 쉽게 말해서 ____과 무조건 내야 할 것들입니다.

주관식 4. 처분가능소득은 소득에서 _____을 제외한 금액을 말합니다.

주관식 5. 1분위에 대한 도표 해설에 들어갈 알맞은 말을 넣으세요.

"1분위 ____만 원과 ____만 원"

"가장 소득이 낮은 가구 ____%가 1분위입니다. 가구 구성원이 평균 ____명이며, 가구주 연령은 ____세로 구성원 수는 가장 작고 가구주 연령은 가장 높습니다.

특히 근로자외 가구는 가구주 연령이 ____세이며 평균소득은 약 ____만 원입니다. 노동을 하기 힘들 정도로 연령이 높은 사례도 많아서 ____가

평균 성장률	가계수지 항목별	2019 4/4		
		전체 가구	근로자 가구	근로자외 가구
1분위	가구원 수(명)	2.25	2.52	2.27
	가구주 연령(세)	68.46	59.14	67.78
	가구 분포(%)	10.00	9.99	9.99
	소득(원)	856,685	1,566,425	535,547
	경상소득(원)	855,879	1,565,044	535,547
	근로소득(원)	162,402	1,138,867	18,081
	사업소득(원)	90,301	23,711	55,076
	재산소득(원)	4,514	3,438	4,361
	이전소득(원)	598,662	399,029	458,029
	비경상소득(원)	806	1,381	-
	비소비지출(원)	206,001	254,794	245,157
	처분가능소득(원)	650,684	1,311,630	290,390

구가 되는 거지요. 더 자세히 보자면 1분위 근로자외 가구의 근로소득은 평균 ＿＿원밖에 되질 않습니다. 거기에 사업소득은 5만 5,000원이고 재산소득은 4,000원에 불과하지요. 대신 이전소득이 ＿＿원으로 대부분을 차지합니다.

이전소득은 크게 두 가지입니다. 하나는 ＿＿이라고 해서 개인이 개인에게 돈을 주는 거죠. 쉽게 말해서 자녀들이 부모에게 생계비를 주는 것으로 볼 수 있습니다. 또 다른 하나는 공적 이전소득으로 노령연금 등 정부나 공공기관에서 제공하는 소득입니다. 이들 1분위 근로자외 가구는 이런 이전소득에 의해 생계를 유지하고 있습니다.

1분위 근로자 가구는 그나마 사정이 나은 듯이 보이죠. 근로소득은 평균
_____입니다. 이전소득은 40만 원입니다. 근로소득이 100만 원 조금
넘는데 이 또한 편차가 있겠지요. 가구주의 평균 연령이 60세에 가까우
니 이들 중 상당수가 비정규직이면서 동시에 하루에 8시간도 일하기 힘
든 사례일 겁니다. 그래서 노동을 통한 소득만으로 생계를 유지하지 못하
고 이전소득이 상당히 큰 부분을 차지하고 있습니다."

1. 임금   2.자영업자, 무직   3. 세금   4. 비소비지출
5. 131, 29, 10, 2.25, 68.46, 67.78, 53, 근로자외, 1만 8,000, 45만 8,000, 사적 이전소득, 114만 원

대한민국의 불평등 (2)
—가처분소득의 차이

2분위 218만 원과 90만 원

2분위의 경우 근로자 가구는 가구주 연령이 평균 51.19세이며 근로자외 가구의 경우 69.88세입니다. 근로자 가구는 가처분소득이 218만 원이고 근로자외 가구는 90만 원입니다. 1분위와 마찬가지로 근로자외 가구가 근로자 가구보다 소득은 훨씬 적고, 가구주 나이는 훨씬 높습니다. 2분위 근로자외 가구 역시 소득에서 이전소득이 차지하는 비율이 압도적입니다. 전체 소득 109만 원에서 이전소득이 82만 원을 차지합니다. 이전소득이 1분위보다 30만 원 이상 많은데, 이것이 이들을 1분위가 아닌 2분위로 만듭니다. 이전소득이 1분위보다 많다는 것은 이들 대부분이 고령자임을 고려하면, 국민연금에서 받는 노령연금의 수령액이 높거나 자녀들로부터의 생계비 지원액이 더 큰 것으로 볼 수 있습니다. 하지만 이들도 평균 가구원 수가 2.23명인데 처분가능소득은 90만 원밖에 되질 않습니다. 1분위 근로자외 가구와 마찬가지로 최저생계비에도 미치지 못하는 소득밖에 없는 것이고, 이전소득 이외의 소득 자체가 별 의미 없습니다.

2분위 근로자 가구를 보면 가족 구성원이 평균 2.73명이며 가구주 연령이 51.19세이니 이제 고령층은 별로 없습니다. 전체 소득 중에서 근로소득이 216만 원이며 이전소득이 38만 원입니다. 가구 구성원이 3명 이상이라면 이들 가구의 소득은 최저생계비 아래가 되어 정부의 공적 이전소득 대상이 됩니다. 자녀들의 교육과 관련된 비용—등록금이나 급식비 등—이 지원되니 이 부분이 이전소득의 많은 부분을 차지합니다.

1분위와 2분위 근로자외 가구는 한 달 가처분소득이 100만 원이 되질 않으며 그 대부분이 이전소득입니다. 이들은 전체 가구의 7%와 4%가량 되니 합치면 대한민국 전체 가구의 약 11%입니다. 가구 구성원 수는 2.27명과 2.23명으로 전체 평균 3.06명보다 낮지만 그를 고려한다 하더라도 대한민국 국민 중 10%는 월 100만 원이 안 되는 돈으로 둘 혹은 세 명이 한 달을 나야 합니다.

3~4분위 가처분소득은 얼마?

다음 단계로 가봅시다. 3분위 근로자외 가구는 약 128만 원의 가처분소득이 있습니다. 가처분소득의 구성 요소로는 여전히 이전소득이 가장 높아서 84만 원 선입니다. 다만 가구주 연령이 64.42세로 1, 2분위보다 조금 낮아졌고 근로소득도 30만 원가량 됩니다. 이들과 비슷한 소득을 올리는 계층이 1분위 근로자 가구로 가처분소득이 131만 원입니다. 3분위 근로자외 가구와 1분위 근로자 가구는 각기 분위의 29.7%와 41.9%를 차지합니다. 즉 전체 가구 중 3%와 4%로 이들 7%는 한 달 120~130만 원으로 2.5명, 2.4명의 가족이 살아야 합니다. 대한민국 전체 국민으로 따지면 6%가 조금 넘습니다.

4분위 근로자외 가구는 가처분소득이 174만 원입니다. 가구원 수는 2.67명이고 가구주 연령은 60.52세입니다. 여기까지가 한 달 수입이 200만 원이 되지 않는 가구입니다. 전체적으로 따지면 대한민국 국민 중 20%는 한 달 200만 원이 되지 않는 소득으로 평균 2.3~2.4명이 살아야 합니다. 2017년 생활비를 보면 2인 가구 평균 생활비는 159만 원이었고 3인 가구 평균 생활비는 228만 원입니다. 20%의 국민 중 3인 가구에 해당하는 상당수가 평균 생활비에 한참 모자라는 소득으로 살아가고 있는 것이죠. 적정생활비로 보면 더 모자랍니다. 2인 가구 적정생활비는 243만 원이고 3인 가구 적정생활비는 336만 원입니다. 적정생활비는, 가처분소득 174만 원을 기준으로 보았을 때 2인 가구는 50만 원 이상이 모자라고 3인 가구는 150만 원 이상 모자랍니다.

최저생계비 측면에서도 그렇습니다. 최저생계비는 중위소득의 60% 수준으로 정합니다. 2019년 최저생계비는 1인 가구 102만 원, 2인 가구 174만 원, 3인 가구 226만 원, 4인 가구 277만 원, 5인 가구 328만 원입니다. 지금까지 살펴본 이들은 소득이 이 최저생계비 이하입니다.

2분위 근로자 가구는 가처분소득이 218만 원, 5분위 근로자외 가구는 처분가능소득이 225만 원, 3분위 근로자 가구는 가처분소득이 266만 원, 6분위 근로자외 가구는 가처분소득이 277만 원입니다. 여기까지가 한 달 소득이 210~280만 원에 해당하는 가구입니다. 2~3분위 근로자 가구도 전체 소득에서 이전소득이 약 38만 원을 차지합니다. 상당한 부분이지요. 5분위 근로자외 가구는 사업소득이 본격적으로 나타납니다.

평균 148만 원의 사업소득이 있습니다. 소규모 자영업을 하는 이들이 여기서부터 본격적으로 포함됩니다. 그래도 여전히 이전소득이 차지하는 비중이 큽니다. 77만 원 수준이지요. 사업소득의 절반입니다. 6분위 근로자외 가구도 사업소득은 170만 원, 이전소득은 86만 원으로 이전소득이 사업소득의 절반입니다.

가구당 인원은 2.7명으로 이전 분위 가구보다 0.5명 늘었습니다. 가구주의 주 연령은 여전히 50대입니다. 자녀가 있다면 중고등학생일 확률이 높습니다. 자연히 아이들에 대한 지출이 클 수밖에 없습니다. 이들은 우리나라 국민의 한 달 평균 생활비는 벌고 있지만 적정생계비에는 모자랍니다. 소득은 늘었으나 가구당 인원도 늘었으니 살기가 팍팍하기는 같습니다. 이들 200만 원대 소득을 올리는 가구는 대략 대한민국 전체 인구의 20%가 조금 안 됩니다.

여기서 생각해볼 것이 있습니다. 우리나라에서 자기 집을 소유하고 있는 비율은 대략 60%입니다. 지방은 높고 농어촌 지역은 더 높지요. 도시는 낮고 수도권도 낮으며 서울은 더 낮아 50%가 되지 않습니다. 그리고 당연히 저소득층일수록 자기 집을 보유한 비율이 낮습니다. 최저생계비 이하의 소득을 가진 이들 중 도시에 사는 이들은 굉장히 높은 확률로 전세나 월세에 삽니다. 2019년 통계청 행정구역별 점유 형태를 보면 전국적으로 자가는 58%, 전세는 15.1%, 월세는 22%입니다. 즉 전체 가구 다섯 중 하나는 월세를 내고 있지요. 서울은 28.1%, 대전 27.1%, 부산 24.2%, 광주 24.9%로 모두 평균보다 높습니다. 대도시는 네 가구 중 한 가구가 월세를 내는 겁니다. 그리고 최저생계비 이하를 버는 이들이 매달 월세를 낸다고 생각하면 이들의 생활은 경제적으로 더 팍팍할 수밖에 없습니다. 대한민국 국민 중 40%가 사는 모습입니다.

4분위 근로자 가구의 가처분소득은 321만 원, 가구당 인원은 3.27명, 가구주 연령은 46.56세, 7분위 근로자외 가구 가처분소득은 330만 원, 가구당 인원은 3.15명, 가구주 연령은 52.26세, 5분위 근로자 가구의 평균소득은 360만 원, 가구당 인원은 3.41명, 가구주 연령은 47.72세입니다. 이제 가구당 인원은 3명을 넘어섭니다. 집마다 부모님 중 한

분을 모시고 아이 하나가 있거나, 부부 둘에 아이 둘이 있는 집이 흔해집니다. 하지만 아직 가구주 개인의 평균소득은 200만 원대입니다. 이 분위까지는 부부가 모두 일을 하는 예가 그렇지 않은 예보다 훨씬 많습니다. 둘이 일해 300만 원을 넘기는 거지요. 이 부분에 속한 이들은 전체 국민의 14%가량이 됩니다.

앞서 살핀 것처럼 3인 가구 적정생활비는 336만 원이고 4인 가구 적정생활비는 374만 원입니다. 이들이 이만큼 소득이 있는 계층입니다. 특별한 일이 없다면, 즉 가장이 실직하지 않고, 가족 중 누군가 심각한 질병이 있지 않고, 혹은 교통사고나 기타 사고가 없다면 평균적인 삶을 살 수 있습니다. 이들은 대한민국 전체 국민의 15%를 조금 넘습니다.

대한민국 중상층과 중산층

이제 반대로 가장 많이 버는 10분위, 상위 10%를 보겠습니다. 이들은 근로자 가구와 근로자외 가구가 별 차이가 없습니다. 근로자 가구는 858만 원, 근로자외 가구는 840만 원을 법니다. 1분위보다 12배 많습니다. 근로자외 가구의 사업소득도 상당하고 이전소득도 상당하기 때문입니다. 흔히 고소득이라고 이야기하는 연봉 1억을 넘는 이들이 바로 이 10분위에 소속된 이들입니다. 물론 1%를 다시 봐야겠지만 전문직─변호사, 의사, 치과의사, 한의사, 공인회계사, 세무사, 변리사 등―과 대기업 부장급 이상, 규모가 큰 자영업자 등이 이 10%의 대부분을 채웁니다.

상위 11~20%에 해당하는 9분위 근로자 가구는 611만 원, 근로자 외 가구는 532만 원이고 8분위 근로자 가구는 533만 원입니다. 전체 국민의 15%가 조금 넘습니다. 대기업에서 10년 근무한 이들과 중견기업의 부장급, 대기업 생산직에서 20년 이상 근무한 노동자들, 나름대로 규모 있는 자영업자들이 이 부분을 구성합니다. 이들과 바로 위 10분위의 격차는 월 230~250만 원입니다. 1년으로 따지면 3,000만 원 가까운 차이입니다. 이 금액이 10년 쌓이면 3~4억이 되고 20년이면 7~8억이 됩니다. 서울의 빌라나 서울 근처 경기도의 아파트 한 채 가격입니다. 그다음 7분위 근로자 가구가 466만 원을 버는데 바로 위와 70만 원 격차를 보입니다. 그 아래는 8분위 근로자외 가구와 6분위 근로자 가구로 약 410만 원을 벌어 바로 위인 5분위 근로자 가구와 50만 원 격차를 보입니다.

여기까지 흔히 말하는 중산층이라 볼 수 있겠지요. 월수입이 600만 원에서 400만 원 사이에 있습니다. 전체 국민의 30%가 조금 넘습니다.

이렇게 소득이 높은 분위를 살펴보면 그 격차에 눈이 갑니다. 10분위와 9분위의 격차는 250만 원으로 대단히 큽니다. 9분위와 8분위 격차는 92만 원, 7분위와 8분위 격차는 76만 원, 7분위와 6분위 격차는 60만 원으로 줄어듭니다. 그리고 6분위와 5분위 47만 원, 5분위와

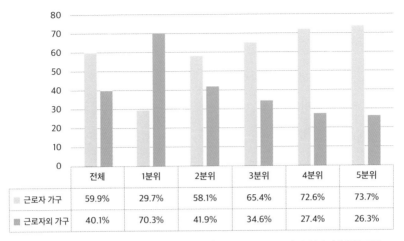

	전체	1분위	2분위	3분위	4분위	5분위
근로자 가구	59.9%	29.7%	58.1%	65.4%	72.6%	73.7%
근로자외 가구	40.1%	70.3%	41.9%	34.6%	27.4%	26.3%

전국 가구 소득 5분위별 근로자 가구 및 근로자외 가구 분포(자료: 2019년 4/4분기 가계 동향조사)

4분위 48만 원, 4분위와 3분위 50만 원으로 비슷합니다. 그러다 3분위와 2분위는 68만 원, 2분위와 1분위는 78만 원으로 다시 격차가 벌어지죠. 6분위에서 3분위까지는 촘촘하고 그 위와 아래는 갈수록 격차가 벌어집니다. 즉 불평등의 정도가 양 끝으로 갈수록 커진다는 거죠.

상위10% 1억 3,200만 원, 상위 1% 약 4억 원, 상위 0.1% 15억

상위 10%면 열 명 중 한 명을 말합니다. 그럼 100명 중 한 명은 얼마나 벌고 있을까요? 또 천 명 중 한 명의 소득은 얼마나 될까요? 다음의 표는 그걸 보여줍니다. 2019년 기준 우리나라 상위 10%는 1년에

1억 3,200만 원 법니다.

우리나라 상위 1%는 24만 명이 조금 넘습니다. "아니, 인구가 5,000만이 넘는데, 왜?" 왜냐하면 경제활동을 하는 인구 중 1%기 때문이죠. 우리나라에서 경제활동을 하는 인구는 대략 2,400만 명 정도니 1%면 24만여 명입니다. 모으면 작은 지방 도시 하나 정도가 되지요. 이들이 버는 돈은 1인당 1년에 대략 4억여 원입니다. 상위 10%가 1억 3,000이었으니 1%는 그 3배를 버는 거죠. 이들 1%의 소득은 우리나라 전체 소득의 약 11%입니다.

상위 0.1%, 즉 천 명 중 한 명은 얼마나 벌까요? 여기에 속하는 사람은 2만 4,000여 명입니다. 이들은 1인당 1년에 15억을 조금 넘게 법니다. 이들은 상위 1%의 약 4배를 버는 것이지요. 이들이 벌어들이는 소득은 우리나라 전체의 약 4.2%입니다. 상위 0.01%, 만 명 중 한 명

	2018		2019	
	인원	종합+근로소득	인원	종합+근로소득
전체	23,246,938명	824,129,036	24,149,483명	873,432,862
상위 0.1%	23,246명	34,202,256 (4.15%)	24,149명	36,623,945 (4.19%)
상위 1.0%	232,469명	92,078,588 (11.1%)	241,494명	98,015,869 (11.22%)
상위 10%	2,324,693명	303,481,835 (36.82%)	2,414,948명	319,405,029 (36.57%)
하위 50%	11,623,469명	133,094,942 (16.15%)	12,074,742명	143,717,678 (16.45%)

분위별 인원 및 통합소득 자료(단위: 백만 원, 자료: 국세청, 양경숙 의원)

은 다시 0.1%의 약 4배, 그러니까 60억 가까이 번다고 합니다만 정확한 자료가 나온 것은 없습니다.

우리나라 하위 50%, 즉 국민의 절반은 1년에 평균 1,200만 원을 법니다. 돈 안 버는 학생이나 전업주부, 노인들을 모두 빼고, 돈을 진짜 버는 이들로만 계산한 결과입니다. 물론 실업자나 부업을 하는 이들도 포함되어 있습니다만 엄청난 차이죠.

대한민국 부자가 돈을 버는 방법 – 배당과 이자, 임대소득

이들이 돈을 버는 방법은 뭘까요? 2019년 〈소득별 주요 구간 비중 추이〉를 보면, 가장 먼저 눈에 띄는 것이 배당입니다. 상위 0.1%의 주식 배당소득이 47%입니다. 절반 가까이 이들이 가져간 겁니다. 금액으로 치면 10조가 조금 넘는 돈입니다. 그리고 0.1~1% 사이가 22.3%를 가져갑니다. 또 1~10%까지가 23.8%를 가져가지요. 결국 상위 10%가 주식 배당소득의 93.1%를 가져갑니다. 하위 50%는 겨우 0.19%를 가져갈 뿐입니다.

두 번째로 이자소득을 볼까요? 상위 0.1%가 전체 이자소득의 17.43%를 가져갑니다. 나머지 0.9%가 28%가량을 가져가고, 다시 나머지 9%가 45.52%를 가져가지요. 결국 상위 10%가 이자소득의 91%를 가져갑니다. 그동안 하위 50%는 0.19%를 가져갈 뿐입니다. 임대소득은 상위 0.1%가 4.89%, 나머지 상위 0.9%가 11.39%, 나머지 9%가

31.72%를 가져갑니다. 상위 10%가 전체 임대소득의 절반을 가져갑니다. 부동산은 돈이 있다고 해도 독점하기가 힘들지요.

상위 1%는 근로소득도 높지만 이자와 배당, 임대소득이 주를 이루고 있습니다. 반면 하위 50%는 가장 비중이 큰 것이 근로소득입니다. 전체 근로소득의 20%를 가져가서 나누지요. 금융자산이 돈을 버는 것이 상위 1%, 그리고 상위 0.1%가 다른 계층보다 돈을 많이 버는 비결이었습니다. 돈이 돈을 버는 거지요.

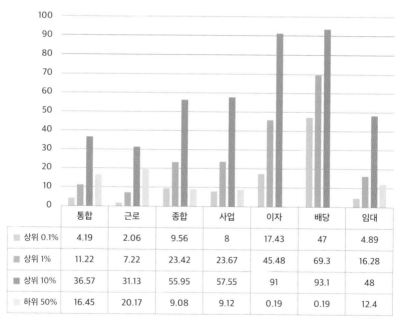

	통합	근로	종합	사업	이자	배당	임대
상위 0.1%	4.19	2.06	9.56	8	17.43	47	4.89
상위 1%	11.22	7.22	23.42	23.67	45.48	69.3	16.28
상위 10%	36.57	31.13	55.95	57.55	91	93.1	48
하위 50%	16.45	20.17	9.08	9.12	0.19	0.19	12.4

소득별 주요 구간 비중 추이

	통합	근로	종합	사업	이자	배당	임대
상위 0.1%	4.19	2.06	9.56	8	17.43	47	4.89
상위 1%	11.22	7.22	23.42	23.67	45.48	69.3	16.28
상위 10%	36.57	31.13	55.95	57.55	91	93.1	48
하위 50%	16.45	20.17	9.08	9.12	0.19	0.19	12.4

주관식 1. 표를 보면, 결국 주식 배당에서 상위 10%가 주식 배당소득의 _____%를 가져가고, 하위 50%는 겨우 _____%를 가져갈 뿐입니다.

주관식 2. 표를 보면, 결국 이자소득에서 상위 10%가 이자소득의 _____%를 가져가고, 하위 50%는 _____%를 가져갑니다.

주관식 3. 임대소득은 상위 10%가 전체 임대소득의 _____%를 가져갑니다.

소득불평등 ─ 지니계수

앞서 10분위 이야기를 할 때 일반적인 소득과 처분가능소득이 어떻게 다른지 이야기했습니다. 소득은 또 다르게 시장소득, 또는 세전소득이라고도 하는데, 각 개인 혹은 가구가 벌어들이는 수익이 얼마인지를 파악하는 데 도움이 되고, 처분가능소득 또는 가처분소득은 쓸 수 있는 돈이 얼마인지 파악하는 데 도움이 된다고 했습니다. 이 둘의 차이를 보면 국가의 공공복지정책이 불평등도를 어떻게 줄이는지를 파악하는 것도 가능합니다.

흔히 한 사회의 불평등도를 이야기할 때 지니계수를 많이 인용합니다. 지니계수는 소득의 불평등 정도를 나타내는 가장 대표적인 소득

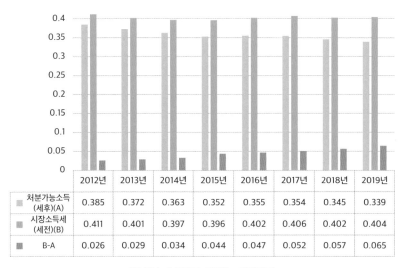

	2012년	2013년	2014년	2015년	2016년	2017년	2018년	2019년
처분가능소득 (세후)(A)	0.385	0.372	0.363	0.352	0.355	0.354	0.345	0.339
시장소득세 (세전)(B)	0.411	0.401	0.397	0.396	0.402	0.406	0.402	0.404
B-A	0.026	0.029	0.034	0.044	0.047	0.052	0.057	0.065

지니계수 추이(자료: 통계청 e-나라지표)

분배 지표로, 0에서 1 사이의 수치로 표시됩니다. 소득분배가 완전 평등한 사례가 0, 완전 불평등한 사례가 1입니다. 위의 그래프는 우리나라의 지니계수 변화 추이를 나타낸 표입니다.

일단 표를 보면 2012년에서 2019년으로 갈수록 처분가능소득 지니계수가 조금씩 줄어들고 있는 걸 볼 수 있습니다. 지니계수가 줄어든 정도는 0.046입니다. 시장소득은 2015년까지 줄어들었다가 이후 조금 늘어나서 0.404를 유지하고 있습니다. 2012년과 비교하면 0.007 줄어들었습니다. 시장소득 지니계수보다 처분가능소득 지니계수의 감소 폭이 훨씬 더 크죠. 이는 정부의 세금정책과 공공복지정책이 불평등도를 개선하는 방향으로 이루어지고 있다는 걸 보여줍니다.[*]

또 하나, 시장소득과 처분가능소득 지니계수의 차이가 정부의 세

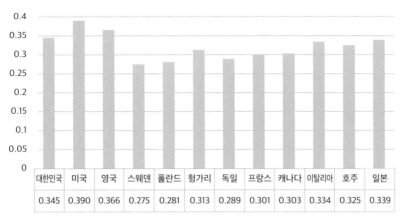

	대한민국	미국	영국	스웨덴	폴란드	헝가리	독일	프랑스	캐나다	이탈리아	호주	일본
	0.345	0.390	0.366	0.275	0.281	0.313	0.289	0.301	0.303	0.334	0.325	0.339

세계 주요 나라 지니계수(2018년)

금정책과 공공복지정책이 불평등도를 얼마나 개선하는 방향으로 이루어지는지를 보여준다고 했습니다. 이 부분을 살펴보죠. 지니계수 추이표를 보면 알겠지만 우리나라에서도 시장소득 지니계수와 처분가능소득 지니계수 간의 차이는 지속해서 커지고 있습니다. 2012년 0.026에서 시작해서 2019년에는 0.065까지 벌어졌지요.

---

* 한국의 소득분배 지표는 2014년까지 〈가계동향조사〉 자료로 작성되었으나 2015년부터는 고소득층 표본 대표성이 더 높은 〈가계금융복지조사〉 자료로 작성되고 있습니다. 또한 〈가계금융복지조사〉 자료를 국세청, 보건복지부 등의 행정자료와 결합함으로써 통계의 정확도를 높이게 되었습니다. 이러한 변화로 2015년과 2016년 지니계수는 이전 〈가계동향조사〉 자료로 작성되던 것보다 더 악화한 모습을 보입니다. 가구원 수를 고려한 균등화 처분가능소득으로 작성된 지니계수를 살펴보면, 2016년 전체 가구(전국, 1인 가구 및 농가 포함) 기준으로 〈가계동향조사〉 자료는 0.304, 행정자료로 보완한 〈가계금융복지조사〉 자료는 0.355로써 더 크게 나타납니다. 두 자료 모두 2011년 이후 지니계수가 조금씩 낮아지다가 2016년에 약간 반등하는 추이를 보입니다.

우리나라에서 최소한 2010년대는 시장소득 지니계수가 줄어든 것으로 보아 소득 부문에서 불평등도는 조금씩 개선되고 있습니다. 그리고 이에 더해 정부의 세금과 공적 소득이전에 따라 불평등도가 줄어드는 정도가 더 커지고 있다는 결론이 납니다.

우리나라의 지니계수와 세계 주요 나라의 지니계수 차이의 격차는 어떤 정도에 있는 걸까요? 표에서 보듯이 한국(0.345)은 미국(0.390), 영국(0.366)보다는 낮고, 스웨덴(0.275), 폴란드(0.281), 헝가리(0.313), 독일(0.289), 프랑스(0.301), 캐나다(0.303), 이탈리아(0.334), 호주(0.325), 일본(0.339)보다는 높습니다. 앞서 이야기했던 것처럼 선진국의 신자유주의를 강화한 미국, 영국의 방향과 나머지 서유럽의 방향으로 나뉜다고 했는데, 우리나라는 이 둘 사이에 있다고 볼 수 있지요. 특히 복지정책이 강화된 스웨덴, 독일, 프랑스와의 격차는 상당히 큽니다.

다음의 자료에 따르면 2012년 기준으로 시장소득 지니계수와 가처분소득 지니계수 사이의 격차는 0.031이었습니다. 그런데 다른 나라의 지니계수 격차와 비교해보니 우리나라는 너무 적습니다. 선진국 중 가장 불평등도가 높다는 미국마저도 둘의 차이는 0.123입니다. 대부분의 나라가 0.2에 가깝거나 그보다 높습니다. OECD 평균은 0.162입니다. 우리나라도 이 격차가 점차 커지고 있지만 이들 나라를 쫓아가려면 한참 멀었고 OECD 평균의 절반밖에 되질 않습니다.

이들 나라는 공공복지와 세금에 의한 재분배 효과가 불평등한 정

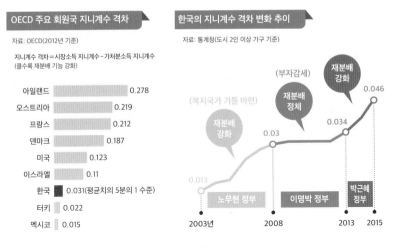

지니계수 격차 변화 추이
(출처: 〈지니계수로 따져본 소득재분배… OECD 꼴찌 수준〉, 한겨레신문, 2016년 9월 21일)

도를 30% 이상 완화되는데 우리나라의 재분배 효과는 20%가 채 되지 않고 있다는 겁니다. 이에 대해 한국노동연구원은 〈경제적 불평등 실태와 정책 대응〉이란 보고서에서 연금과 같은 공적 이전소득은 지니계수 개선 효과가 크게 올랐지만 직접세와 관련해서는 그보다 개선 정도가 못하다고 평가했습니다.

그렇다면 세금에 대해 OECD와 비교해서 한번 살펴보죠. 다음 페이지의 표를 보면 일단 개인소득세는 우리나라가 OECD 평균의 절반이 안 된다는 걸 보여줍니다. 너무 적게 걷고 있다는 거죠. 반면에 법인소득세는 소금 더 많이 걷고 있습니다. 부동산 보유세에 대해서도 말이 많지만 실제로 우리나라의 부동산 보유세는 OECD 평균의 절반이 되질 않습니다. 반면 금융자본 거래세는 OECD의 4배가 넘지요. 사회보장 기금에 대해서도 노동자는 74.5%는 되는데, 고용주는 47.1%밖에 내질 않고 있습니다. 이렇게 소득이 있는 곳에 제대로 세금을 매기지 못하니 자연스레 불평등도가 높아질 수밖에 없지요.

아래 〈조세 부담, 재정 지출, 복지 지출 및 총부채 규모〉 표를 보면 우리나라의 조세부담률은 OECD 평균보다 6%나 낮습니다. 가장 불평등 정도가 심하다는 영미형보다도 적습니다. 세금에 사회보험을 포함한 부분을 따지면 우리는 OECD 평균보다 9% 낮습니다. 즉 OECD 전체에서 직접세와 사회보험을 포함한 모든 부분에서 우리나

	소득세		재산세			소비세	사회보장기여금	
	개인소득세	법인소득세	전체	부동산보유세	금융자본거래세		노동자	고용주
한국	3.59	3.48	2.86	0.79	1.80	8.50	2.39	2.49
OECD	8.42	2.90	1.77	1.77	0.42	11.0	3.21	5.30
비율	42.6	120.0	161.6	75.2	428.6	77.2	74.5	47.1

조세 및 사회보험료 수입 구조-한국과 OECD 평균 비교(2010년)
(단위: GDP 대비 %, 자료: OECD Statistics, 〈다중격차 한국사회〉)

	조세 부담	사회보험	정부 총지출	공공복지 지출	중앙은행 총부채
북유럽	35.4	43.7	52.7	27.3	53.0
영미형	25.8	29.3	41.3	20.1	100.1
서유럽	25.7	40.5	50.8	27.8	97.3
남유럽	23.9	34.9	50.0	26.5	131.3
한국	18.7	24.8	32.7	9.6	34.7
OECD 평균	24.7	33.7	45.0	21.6	83.7

조세 부담, 재정 지출, 복지 지출 및 총부채 규모(2012)
(단위: GDP 대비 %, 자료: OECD Statistics, 공공복지 지출에서 주거, 교육 미포함, 〈다중격차 한국사회〉 재인용)

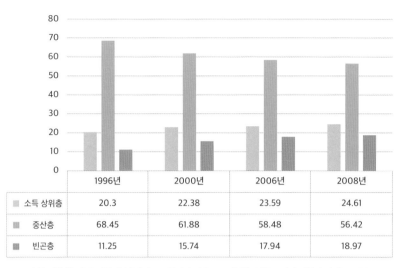

	1996년	2000년	2006년	2008년
■ 소득 상위층	20.3	22.38	23.59	24.61
■ 중산층	68.45	61.88	58.48	56.42
■ 빈곤층	11.25	15.74	17.94	18.97

소득 계층별 가구 비중 추이(출처: 〈노동시장 이중구조 개선을 위한 노사의 역할과 과제〉, 31쪽)

라는 소득이 많은 이들에게서 적게 걷고 있는 거죠. 공공지출 또한 마찬가지입니다. 정부 총지출도 OECD 평균보다 12.3% 적지만 공공복지 지출 또한 12% 적습니다. 즉 다른 부문의 정부 지출은 OECD 평균에 근접해 있는데 공공복지 지출만이 바닥인 거죠. 다른 나라 모두가 공공복지 지출이 GDP의 20%가 넘어갈 때 우리나라만 한 자리 숫자입니다. 중앙은행 총부채는 정부가 적자 예산을 편성할 때 그 여력을 간접적으로 보여줍니다. 우리나라 부채 비율은 다른 나라보다 상당히 낮습니다. 그만큼 재정 지출의 여력이 큰 거지요.

이렇게 직접세와 사회보험, 공공복지 지출 모든 측면에서 불평등도가 개선되는 비율이 낮으니 양극화가 심해집니다. 1996년에서 2008년이 되면서 중산층은 줄고 상위층과 빈곤층이 늘어나는 걸 볼 수 있습니다. 그 결과, 1990년 상대적 빈곤율은 7.1%였는데 2010년에는 12.5%가 되었고 2019년에는 16.3%입니다. 노동 환경 또한 나빠져서 우리나라는 OECD 전체에서 저임금 노동자 비중이 25.1%로 가장 높습니다.* OECD 평균은 16.1%입니다.

---

* 〈노동시장이중구조 개선을 위한 노사의 역할과 과제〉, 이수봉. 경제사회발전노사정위원회.

팩트 토론을 위한 간단 퀴즈

주관식 1. 지니계수는 소득의 _____ 정도를 나타내는 가장 대표적인 소득분배 지표로, 0에서 1 사이의 수치로 표시됩니다. 소득분배가 완전 평등한 사례가 _____입니다.

주관식 2. 도표를 보고 빈칸에 알맞은 말을 넣으세요.

연도	2012	2013	2014	2015	2016	2017	2018	2019
처분가능소득(세후)(A)	0.385	0.372	0.363	0.352	0.355	0.354	0.345	0.339
시장소득(세전)(B)	0.411	0.401	0.397	0.396	0.402	0.406	0.402	0.404
B-A	0.026	0.029	0.034	0.044	0.047	0.052	0.057	0.065

• 시장소득과 처분가능소득 지니계수의 차이가 정부의 세금정책과 공공복지정책이 _____를 얼마나 개선하는 방향으로 이루어지는지를 보여줍니다.

• 우리나라에서 최소한 2010년대는 시장소득 지니계수가 줄어든 것으로 보아 _____부문에서 불평등도는 조금씩 개선되고 있습니다. 그리고 이에 더해 정부의 세금과 공적 소득이전에 따라 불평등도가 줄어드는 정도가 더 커지고 있다는 결론이 납니다.

주관식 **3. 빈칸에 들어갈 적당한 말을 써넣으세요.**

	조세 부담	사회보험	정부 총지출	공공복지 지출	중앙은행 총부채
북유럽	35.4	43.7	52.7	27.3	53.0
영미형	25.8	29.3	41.3	20.1	100.1
서유럽	25.7	40.5	50.8	27.8	97.3
남유럽	23.9	34.9	50.0	26.5	131.3
한국	18.7	24.8	32.7	9.6	34.7
OECD 평균	24.7	33.7	45.0	21.6	83.7

- 조세 부담, 재정 지출, 복지 지출 및 총부채 규모 표를 보면 우리나라의 조세 부담률은 OECD 평균보다 ＿＿%나 낮습니다.

- 공공지출 또한 마찬가지입니다. 정부 총지출도 OECD 평균보다 12.3% 적지만 공공복지 지출 또한 ＿＿% 적습니다. 즉 다른 부문의 정부 지출은 OECD 평균에 근접해 있는데, 공공복지 지출만이 바닥인 거죠. 다른 나라 모두가 공공복지 지출이 GDP의 ＿＿%가 넘어갈 때 우리나라만 한 자리 숫자입니다.

- 중앙은행 총부채는 정부가 적자 예산을 편성할 때 그 여력을 간접적으로 보여줍니다. 우리나라 부채 비율은 다른 나라보다 상당히 낮습니다. 그만큼 ＿＿＿＿＿의 여력이 큰 거지요.

대한민국의 불평등 (4)
– 상대적 빈곤율

　　지니계수와 더불어 사회의 불평등한 정도를 살피는 데 주요한 지표가 될 수 있는 것이 상대적 빈곤율입니다. 상대적 빈곤율은 소득이 중위소득의 50% 이하인 빈곤층이 전체 인구에서 차지하는 비율입니다. 상대적 빈곤율이 높으면 가난한 국민이 많다는 의미지요. 2019년 상대적 빈곤율은 16.3%로 2010년 이후 가장 낮은 축에 속합니다. 하지만 이 역시 이전과 비교하면 아직도 매우 높습니다. 통계청 자료에 따르면, 1993년 상대적 빈곤율은 8.2%였고, 1995년도 8.3%로 비슷했습니다. 그러나 외환위기 이후인 2000년에는 10.4%로 올랐고, 2003년 카드 대란을 거친 뒤인 2005년에는 13.6%, 2010년에는 14.9%까지 올랐지요.

한국개발연구원의 자료에 따르면, 2000년 10.5%였던 상대 빈곤율은 2006년 14.2%, 2008년 14.3%로 상승했습니다. 아래 그림에서 보듯이 상대 빈곤율도 외환위기 때 15.60%까지 올랐다가 다시 10% 밑으로 내려옵니다. 그러나 2001년을 기점으로 다시 상승하기 시작해 2006년 16.22%까지 오르지요. 2010년 최고점을 찍었던 상대 빈곤율은 다시 조금 내려와 현재에 이르고 있습니다만 1990년대 초의 8%대의 2배를 여전히 유지하고 있습니다. 아래의 연합뉴스 〈상대 빈곤율 추이〉 그래프는 따라서 2006년 이전과 이후가 서로 다른 범위를 계산하고 있음을 보여줍니다.

	2011년	2012년	2013년	2014년	2015년	2016년	2017년	2018년	2019년
상대적 빈곤율	18.6%	18.5%	18.4%	18.2%	18.1%	19.3%	17.3%	16.7%	16.3%

개인 상대적 빈곤율(자료: 통계청 소득분배 지표 각 연도)

상대 빈곤율 추이(출처: 연합뉴스, 2008년 4월 7일)

여기서 하나 더 살펴보아야 할 것은 가구 빈곤율입니다. 지금까지 우리가 살펴본 것은 개인의 상대 빈곤율인데 한 가족이 이루는 가구가 경제의 실질적 기본 단위인 점을 고려하면 가구 빈곤율이 우리 피부에 더 와닿을 겁니다. 가처분소득을 기준으로 한 '가구 상대 빈곤율'은 2012년 18.5%에서 2015년 18.1%까지 조금씩 감소했지만 2016년에는 19.3%로 다시 상승했습니다. 전반적으로 개인 빈곤율에 비해 2~3%가량 더 높은 수치를 보이는 점을 볼 수 있습니다. 농림어업 가구를 포함하면 2016년 21.0%에서 2018년 20.3%로 20% 수준을 유지하고 있습니다. 우리나라 전 가구를 대상으로 빈곤율을 살펴보면 중위소득의 50% 미만 가구가 20%가량을 차지하고 있습니다. 다섯 중 한 가구가 빈곤에 시달리는 거지요.

불평등한 정도를 살펴볼 수 있는 또 다른 지표는 소득 5분위 배율입니다. 이는 상위 20% 소득의 평균값을 하위 20% 소득의 평균값으로 나눈 것으로, 부자가 가난한 이들에 비해 얼마나 많은 소득이 있는

	전체			근로 연령층(18-65세)			은퇴 연령층(66세 이상)		
	2017년	2018년	증감	2017년	2018년	증감	2017년	2018년	증감
시장소득(배)	11.27	11.15	-0.12	7.89	7.52	-0.37	45.97	41.99	-3.98
처분가능소득(배)	6.96	6.54	-0.42	6.09	5.67	-0.42	8.82	7.94	-0.88
개선 효과(배)	4.31	4.61	-	1.80	1.85	-	37.15	34.05	-

소득 5분위 배율
(출처: 〈소득 격차 줄었다…상대적 빈곤율 역대 최저〉, UPI뉴스, 2019년 12월 17일 재인용)

지를 보여줍니다. 우리나라의 소득 5분위 배율은 2018년 기준으로 시장소득 11.15배, 처분가능소득 6.54배입니다. 시장소득은 상위 20%가 하위 20%보다 11.15배 많다는 걸 보여주고, 처분가능소득은 상위 20%가 하위 20%보다 쓸 수 있는 돈이 6.54배 많다는 걸 보여줍니다.

지금의 대한민국은 OECD 회원국과 비교해 불평등이 심한 상태인 것은 분명합니다. 한국의 지니계수는 36개 회원국 중 28위이고, 상대적 빈곤율은 31위를, 소득 5분위 배율은 29위를 나타내고 있습니다. 모두 OECD 내에서 밑바닥을 기는 중입니다.

팩트 토론을 위한 간단 퀴즈

주관식 1. _____은 소득이 중위소득의 50% 이하인 빈곤층이 전체 인구에서 차지하는 비율입니다.

주관식 2. 가처분소득 기준 중위 50%를 기준으로 한 가구 상대 빈곤율은 20% 수준을 유지하고 있음을 알 수 있습니다. 우리나라 전 가구를 대상으로 빈곤율을 살펴보면 ____소득의 __% 미만 가구가 __%가량을 차지하고 있다는 결론이 됩니다.

주관식 3. 도표를 보고 빈칸에 들어갈 알맞은 말을 써넣으세요.

	전체			근로 연령층(18-65세)			은퇴 연령층(66세 이상)		
	2017년	2018년	증감	2017년	2018년	증감	2017년	2018년	증감
시장소득(배)	11.27	11.15	-0.12	7.89	7.52	-0.37	45.97	41.99	-3.98
처분가능소득(배)	6.96	6.54	-0.42	6.09	5.67	-0.42	8.82	7.94	-0.88
개선 효과(배)	4.31	4.61	-	1.80	1.85	-	37.15	34.05	-

"우리나라의 소득 5분위 배율은 2018년 기준으로 시장소득은 상위 20%가 하위 20%보다 ____배 많다는 걸 보여주고, 처분가능소득은 상위 20%가 하위 20%보다 쓸 수 있는 돈이 ____배 많다는 걸 보여줍니다."

대한민국의 불평등 (5)
─중위소득과 빈곤율

중위소득

　여기서 하나 짚고 넘어가야 할 점이 있습니다. 바로 중위소득입니다. 상대적 빈곤율을 정할 때 가장 중요한 것이 중위소득입니다. 중위소득이 높다면 빈곤율이 높아지고 중위소득이 낮으면 빈곤율도 낮아집니다. 그뿐만이 아닙니다. 중위소득에 따라 각종 복지정책의 혜택을 받는 사람의 수가 달라집니다. 우리나라 기초생활보장 제도를 비롯하여 12개 부처 73개 복지사업의 수급자 선정 기준이 바로 이 중위소득입니다. 중위소득이 높아지면 더 많은 사람이 각종 생계급여의 대상이 됩니다. 가령 교육급여는 중위 50%를 기준으로 지급하고 주거급여는 중위 45%, 의료급여는 중위 40%, 생계급여는 중위 30%를 기준으로 합니다. 하지만 정부로서는 중위소득이 오르면 그만큼 지출해야 할 예산이 커지는 문제도 있습니다.

　중위소득은 통계로 바로 처리되는 것이 아니냐고 생각하기 쉽지만 실제 정하는 것은 보건복지부 중앙생활보장위원회입니다. 예를 들어 2018년 가계금융복지조사를 통해 파악한 4인 가구 중위소득은 508만 원인데, 당시 중앙생활보장위원회가 의결한 〈기준 중위소득〉은 452만 원입니다. 50만 원의 차이는 어마어마하지요. 상대 빈곤율을 따지면 254만 원과 226만 원이 됩니다. 두 금액의 사이에 있는 사람은 〈기준 중위소득〉의 상대 빈곤율보다 높게 소득이 잡히니 받아야 할 교육급여를 받지 못합니다. 그 아래 소득에서도 마찬가지로 주거급여나 의료급여, 생계급여 등을 받지 못하게 된 이들이 늘어납니다. 또한 중위소득이 오르면 각종 급여도 오르게 됩니다. 흔히 최저생계비라고 하는 생계급여는 중위소득의 30%로 정해져 있습니다. 중위소득이 오르면 최저생계비도 오르는 것이지요. 정부도 이를 파악하고 있어 가계금융복지조사와의 격차를 2026년까지 단계적으로 해소할 예정이라고는 합니다. 2015년 이후 전년도 대비 중위소득 인상률은 2016년 4.0%, 2017년 1.73%, 2018년 1.16%, 2019년 2.09%, 2020년 2.94%, 2021년 2.68%입니다. 그런데 2000년에서 2016년까지 우리나라 가구 소득증가율은 평균 2.37%[*]입니다. 정부가 정하는 중위소득 인상률이 실제 소

---

[*]　출처: 한국경제연구원.

득증가율을 따라가지 못하는 것입니다. 이는 박근혜 정부나 문재인 정부나 별 차이가 없습니다. 살림살이가 나아지고 있다고 홍보할 때는 소득증가율이 높아지고 있다고 하면서 복지정책의 기초가 되는 기준 중위소득을 정할 때는 그를 반영하지 않고 있는 것이죠.

또한 가구 구성원이 몇 명이냐에 따른 중위소득 산출 방법도 현재 문제가 있습니다. 가구균등화지수라고해서 공동생활 시 비용 절약으로 인한 규모의 경제 등을 고려하여 가구 구성이 서로 다른 가구의 소득 및 지출 수준을 비교하기 위한 지수가 있습니다. 기초생활보장제도 등에서 이를 활용하는데, 이 지수가 1, 2인 가구를 생활실태 대비 저평가하고 있다는 지적이 있습니다. 정부도 이를 인지하고는 있어 2021년 기존 1인 가구 균등화지수를 0.370에서 0.400으로 조정했고 마찬가지로 2인 가구도 0.630에서 0.650으로 조정합니다. 그나마 이를 통해 1, 2인 가구는 중위소득이 조금 더 올라가 지원받는 범위가 넓어졌습니다.

노인, 여성 빈곤율과 식량, 교육 불평등

여기서 더 주목해봐야 할 것 중 하나가 인구유형별 상대 빈곤율입니다. 2018년 가처분소득 기준으로 우선 연령별 빈곤율을 살펴보지요. 18세 미만 빈곤율은 2018년 기준 12.3%입니다. 전체 빈곤율보다 상대적으로 적습니다. 18세에서 25세 빈곤율은 11.3%이고 26세에서 40세

연령	빈곤율
18세 미만	12.3%
18~25세	11.3%
26~40세	9.6%
41~50세	11.6%
51~65세	13.7%
66~75세	34.6%
76세 이상	55.1%

2018년 연령별 상대 빈곤율(자료: 통계청 가계금융복지조사 원자료, 각 연도, 2019년 빈곤통계연보 재인용)

는 9.6%입니다. 돈을 벌기 시작하면서 빈곤율이 점차 내려갑니다. 하지만 은퇴 시기인 65세부터는 빈곤율이 높아져 34.6%가 됩니다. 셋 중 한 명은 빈곤층인 거지요. 76세 이상이 되면 더 심해져 55.1%입니다. 둘 중 한 명은 빈곤층인 것입니다.

노인 빈곤율은 2012년 48.2%에서 2016년 46.7%로 1.5% 감소합니다. 동일한 조사지만 농업, 임업, 어업을 포함한 조사에서 2016년 빈곤율은 43.6%인데, 2018년 빈곤율은 42%로 1.6% 감소합니다. 전체적으로 약 6년 동안 노인 빈곤율은 대략 4% 감소했다고 볼 수 있습니다. 하지만 여전히 굉장히 높은 수준을 유지하고 있지요. OECD의 다른 나라와 비교해보면 이는 바로 나타납니다.

노인은 가처분소득 상대 빈곤율이 무려 42.0%에 달합니다. 쉽게 말해 노인 가구 둘 중 하나는 중위소득의 절반밖에 되지 않는다는 말이지요. 여성 가구주도 36.7%로 세 가구당 하나는 빈곤 가구입니다. 장애인 가구도 상대 빈곤율이 41.5%에 달합니다. 한부모 가구 빈곤율

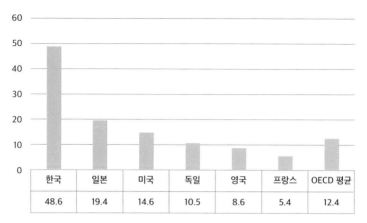

OECD 주요국 노인 빈곤율(자료: OECD, 기획재정부)

연도	2012	2013	2014	2015	2016	2017	2018
중산층 비율(농임어업 미포함)	59.3	59.6	59.2	60.6	58.8		
중산층 비율(농임어업 포함)					52.3	52.6	53.2

중산층 가구 비중

은 38.6%입니다. 1인 가구는 52.7%입니다. 물론 이는 겹쳐져 있습니다. 여성 가구이면서 한부모 가구일 수도 있고, 1인 가구이면서 노인 가구이거나 노인 가구이면서 장애인 가구일 수도 있습니다.

지금까지 빈곤층에 대해 살펴봤는데, 그렇다면 중간계층은 어떨까요? 중간계층은 OECD 기준으로 중위소득의 50~150%까지입니다. 가처분소득 기준 중간계층은 2012년 66.9%에서 2016년 66.7%까지 전체의 3분의 2를 차지하고 있습니다. 하지만 2016년부터 새롭게 통계에 적용한 대로 농업, 임업 및 어업을 포함한 기준으로 따지면 대략 58% 수준을 유지하고 있습니다.

개인이 아니라 가구를 기준으로 보면 약간 적습니다. 2012~2016년 가처분소득 기준 중간계층 가구는 대략 59% 수준이고, 2016년부터 2018년까지는 대략 52% 수준입니다. 개인보다 비율이 6%가량 줄어들었습니다. 중위소득의 위와 아래 경계에 있는 사람들이 가구로 따지면 빈곤층과 중상층으로 넘어간 것을 알 수 있습니다.

이런 중산층 비율은 OECD 중간 수준입니다. 중산층 비율이 가장 높은 곳은 이스라엘로 71.9%이고 스웨덴은 65.2%, 독일은 63.7%입니다. OECD 평균보다 낮은 곳으로 캐나다는 58.4%이고 미국은 51.2%이며 멕시코는 44.9%입니다.

먹는 것은 인간 생존의 가장 필수적인 요소입니다. 유엔식량농업기구FAO와 세계식량계획WFP이 공동 발간한 〈식량안보와 영양상태 보고서〉(2020)에 따르면, 2019년 기준으로 세계 인구 중 10%가 넘는 7억 5,000만 명이 심각한 수준의 식량 불안 상태에 있다고 합니다. 이런 이야기를 하면 남의 나라 이야기를 하는 것 같습니다. 우리나라에선 최소한 굶는 사람은 거의 없을 것으로 생각하기 때문입니다. 하지만 통계청에서 발간한 〈한국의 SDGs 이행 현황 2021〉에 따르면 2018년 식품 안정성이 확보되지 않은 가구 비율은 3.1%에 달합니다. 100가구 중 3가구는 먹고 싶은 대로 먹을 수 없다는 뜻이지요. 특히 소득 수준이 낮은 '하' 그룹은 11.5%가 식품 안정성 미확보 가구입니다. 이는 10년 전인 2008년의 29.3%에 비하면 절반 이하로 줄어든 수치이기는 합니다.

건강 유지를 위해 필요한 영양섭취 부족 인구 비율은 전체의 12.9%입니다. 여성이 17.4%로 남성 8.3%에 비해 2배가량 높고, 12~18세의 청소년기 인구가 17.6%로 높습니다. 그다음은 65세 이상의 고령층으로 14.4%에 달합니다.

교육에 있어서도 이런 불평등이 존재합니다. 만 15세 학생을 기준으로 조사한 결과, 읽기 및 수학 영역 최소 숙달 지수는 사회경제적 지위 상위 25% 집단을 1로 놓았을 때 하위 25% 집단을 보면 읽기는 0.816, 수학은 0.799를 기록하고 있습니다. 2000년에 각각 0.899, 0.870이었던 것에 비하면 격차가 더 커진 것입니다. OECD 전체를 따져보면 한국은 스페인이나 덴마크와 비슷하며, 차이가 상대적으로 덜하다고 볼 수 있습니다. 또한 정보화 수준 또한 장애인, 저소득층, 농어민, 고령층에서 취약함을 볼 수 있습니다. 일반 국민을 100으로 볼 때 장애인은 75.2%, 저소득층은 87.8%, 농어민은 70.6%, 고령층은 64.3%입니다.

지난 20년간 무급 가사노동 시간을 보면 여성은 감소하고 남성은 증가해왔습니다. 그런데도 여전히 여성이 더 많은 시간을 쓰고 있습니다. 여성은 1999년 무급 가사노동과 무급 돌봄노동을 합쳐 1일 3시간 24분을 썼습니다. 이후 조금씩 줄어 2019년에는 총 2시간 58분을 쓰고 있습니다. 약 26분 줄었지요. 남성은 1999년 29분을 쓴 데 반해 2019년에는 52분을 쓰고 있습니다. 1999년에는 여성이 남성의 7배에 달하는 무급 가사노동을 했다면 2019년에는 3배에 달하는 무급 가사노동을 하는 거지요. 통계청에서 무급 가사노동에 대한 경제적 가치를 추산한 바 있는데, 2014년 기준으로 약 320조가 된다고 합니다. 이 중 여성 노동의 경제적 가치는 245조 원이었고 남성은 76조 원이었습니다.

주관식 1. 중위소득이 높다면 빈곤율이 높아지고 중위소득이 낮으면 빈곤율도 낮 아집니다. 중위소득에 따라 각종 복지정책의 혜택을 받는 사람의 수가 달라집니다. 우리나라 기초생활보장 제도를 비롯하여 12개 부처 73개 복지사업의 수급자 선정 기준이 _____ 입니다.

2. 우리나라 인구유형별 상대빈곤율에서 빈곤율이 가장 높은 연령층을 고 르세요.

① 18세 미만　　② 41~50세　　③ 51~65세　　④ 76세 이상

3. 무급 가사노동 시간 불평등에 대한 통계에서 일치하지 않는 사실을 고 르세요.

① 1999년 여성은 무급 가사노동과 무급 돌봄노동을 합쳐 1일 3시간 24 분을 썼다.

② 1999년 남성은 29분을 썼다.

③ 2019년 여성은 2시간 58분을 썼다.

④ 2019년 남성은 2시간을 썼다.

`주관식` 1. 2021년 기준 한국의 1인당 소득 수준은 4개국 즉, _____, _____,

_____, _____ 정도와 비슷합니다.

`주관식` 2. "지니계수와 더불어 사회의 불평등한 정도를 살피는 데 주요한 지표가

될 수 있는 것이 _____입니다. 이것은 소득이 중위소득의 50%

이하인 빈곤층이 전체 인구에서 차지하는 비율입니다. 이 비율이 높으

면 가난한 국민이 많다는 의미지요."

`주관식` 3. 가장 소득이 낮은 가구 10%가 ____분위입니다.

4. 상위 0.1%의 주식 배당소득은 전체 배당소득의 몇 %일까요?

① 43%　　　② 45%　　　③ 47%　　　④ 49%

5. 소득의 불평등 정도를 나타내는 가장 대표적인 소득분배 지표로 0에서

1 사이의 수치로 표시하는 지수는 무엇일까요?

① 중위소득　　② 가구빈곤율　　③ 지니계수　　④ 상대적 빈곤율

6. 도표를 보고 빈칸에 알맞은 말을 넣으세요.

	조세 부담	사회보험	정부 총지출	공공복지 지출	중앙은행 총부채
북유럽	35.4	43.7	52.7	27.3	53.0
영미형	25.8	29.3	41.3	20.1	100.1
서유럽	25.7	40.5	50.8	27.8	97.3
남유럽	23.9	34.9	50.0	26.5	131.3
한국	18.7	24.8	32.7	9.6	34.7
OECD 평균	24.7	33.7	45.0	21.6	83.7

조세 부담, 재정 지출, 복지 지출 및 총부채 규모 표를 보면 우리나라의 조세 부담률은 OECD 평균보다 ＿＿＿%나 낮습니다. 가장 불평등 정도가 심하다는 영미형보다도 적습니다. 세금에 사회보험을 포함한 부분을 따져도 우리는 OECD 평균보다 ＿＿＿% 낮습니다. 즉 OECD 전체에서 직접세와 사회보험을 포함한 모든 부분에서 우리나라는 소득이 많은 이들에게서 적게 걷고 있는 거죠. 공공지출 또한 마찬가지입니다. 정부 총지출도 OECD 평균보다 12.3% 적지만 공공복지 지출 또한 ＿＿＿% 적습니다. 즉 다른 부문의 정부 지출은 OECD 평균에 근접해 있는데 공공복지 지출만이 바닥인 거죠. 다른 나라 모두가 공공복지 지출이 GDP의 ＿＿＿%가 넘어갈 때 우리나라만 한 자리 숫자입니다. 중앙은행 총부채는 정부가 적자 예산을 편성할 때 그 여력을 간접적으로 보여줍니다. 우리나라 부채

비율은 다른 나라보다 상당히 낮습니다. 그만큼 재정 지출의 여력이 큰

거지요.

2부

대한민국 불평등의 근원,
노동

노동의 층위

1980년대까지 노동시장은 크게 두 축이었습니다. 사무직이냐 생산직이냐. 흔히 펜대 잡는 일을 해야지, 막노동을 하면 되겠냐고 이야기하던 시절이지요. 그런데 1997년 외환위기를 거치면서 노동시장은 몇 개의 대립항들로 이루어진 다층적 상황이 되었습니다. 여전히 사무직과 생산직이라는 두 축이 있고, 여기에 정규직과 비정규직이라는 새로운 축이 추가되었습니다. 여기에 대기업과 중소기업의 틈새가 더욱 커졌지요. 그리고 전문직이 그 수를 키우며 중요한 노동집단으로 떠오릅니다. 2010년 이후에는 여기에 비전형 노동자들이 급속히 증가합니다. 그래서 지금 우리나라 노동시장은 여러 개의 대립항에 의해 몇 겹의 층위를 가지는 곳이 되었지요.

고소득 전문직 - 월평균 1,300만 원 - 8만 6,000명

제일 위에는 대기업 임원과 고소득 전문직 및 이들과 비슷한 부류들이 있습니다. 의사와 변호사, 변리사, 약사, 회계사, 세무사, 건축사, 법무사, 한의사, 관세사 등이 고소득 전문직으로 알려져 있습니다. 2019년 건강보험공단의 자료에 따르면 감정평가사와 안과 의사, 성형외과 의사, 피부과 의사, 산부인과 의사 등이 평균 월 2,000만 원 이상의 소득이 있고, 한의사, 치과 의사, 변호사들이 평균 1,000만 원 이상의 수입을 올리고 있습니다. 연간으로 환산해서 1억 이상의 소득을 올리는 직종으로는 이 외에도 약사, 변리사, 회계사 등이 있습니다. 이들 전체의 평균소득은 월 1,300만 원이라고 합니다. 이들 인원 역시 작은 수는 아니어서 총 19개 고소득 전문직종에 있는 이들은 8만 6,000명에 달합니다.*

대기업 계열사의 임원 또한 연봉 1억 이상의 소득을 가져갑니다. 부장급도 절반은 연봉 1억 이상이라고들 하고 1억이 되질 않더라도 연소득이 8,000만 원 이상은 됩니다. 30대 대기업 집단의 노동자 수는

---

* 〈의사·변호사 등 전문직 8만 6,000명…월평균 보수 1,300여만 원〉, 연합뉴스, 2019년 10월 14일.

2018년 기준 91만 2,000여 명으로 집계됩니다. 그리고 국내 100대 기업 임원 1명당 직원 수는 평균 124.5명입니다. 이를 기초로 계산해보면 임원 수는 약 7,300명입니다. 그리고 임원 1명당 부장이 2~3명이라고 하면 임원과 부장을 합쳐 약 2만 명이 된다고 볼 수 있습니다.

대학교수도 이쪽 집단에 속한다고 볼 수 있지요. 2017년 기준 연봉이 사립대 교수는 평균 9,630만 원, 부교수는 7,466만 원, 조교수는 4,918만 원, 국공립대 교수는 평균 9,557만 원, 부교수는 7,841만 원, 조교수는 6,519만 원입니다. 부교수와 조교수 중 비정년 트랙 전임교원이 있는 것을 고려하면 정년을 보장받는 교수들도 대기업 부장급과 비슷한 소득으로 볼 수 있습니다. 2017년 기준 4년제 대학은 201개교이고 전문대는 138개교입니다. 전문대는 전임교원 1인당 학생 수가 35명 조금 넘고 일반대학은 23명이 조금 넘습니다. 이를 통해 계산해보면 교수 총원은 전국적으로 약 8만 명으로 추산할 수 있습니다.

공무원 중에는 5급 이상이 이에 포함되겠지요. 2016년 5급은 3만 5,224명, 4급은 1만 322명, 1~3급은 2,687명으로 총 4만 8,000명입니다. 이는 경찰이나 소방, 검사, 교육 법관 등의 특정직 공무원을 제외한 숫자라 이들 분야를 합하면 더 늘어납니다.

이들은 자신을 중산층이라 칭합니다. 맞습니다. 몇백억 대 자산을 가진 것도 아니고 강남 등 요지에 자신의 집 한 채와 운이 좋으면 따로 집 하나 혹은 상가를 가지고 많아도 몇억의 금융 자산을 가졌으니까요. 이들이 보기에 최상층과 자신들 사이에는 메우기 힘든 간극이 있습니다. 1년에 1억의 소득이 생겨도 그중 일부는 생활비로 써야 하고 집을 장만할 때 빌린 대출도 해결해야 합니다. 이들이 60대가 되어 은퇴할 때쯤 가진 자산은 부동산 20~30억에 현금 자산 10억 대가 최선일 것입니다. 몇백억의 자산을 가진 최상층에 비하면 정말 별것 없지요. 더구나 후속 세대를 생각하면 더합니다. 최상층은 그들의 자산으로만 자녀들이 우리나라 1%를 유지하면서 평생 풍족하게 살 수 있는 데 반해 이들은 자신의 노후를 대비할 자산을 빼면 자녀들에게 물려줄 수 있는 건 최상층에 비해 얼마 없지요. 이들 중산층의 자녀들은 노력을 기울이지 않고 이렇다 할 운이 없으면 그 계층에서 탈락하게 됩니다.

하지만 이들을 바라보는 그 아래 계층에게 이들 또한 넘을 수 없는 벽 너머의 존재입니다. 공무원 9급에서 7급 혹은 6급, 중소기업의 사무직, 대기업의 생산직, 동네에서 안정적으로 가게를 운영하는 자영업자 등이 여기에 해당하겠습니다. 이들은 한 달 300~500만 원의 소득을 올리고 있습니다. 소득분위로 치면 4분위에서 7분위 그리고 8분위의 절반에 해당한다고 볼 수 있지요. 그리고 이들의 상당수는 자기 집이 없는 사람들이거나 집이 있더라도 억 단위의 대출금을 갚아야 하는 실정입니다. 전세라면 매달 50~100만 원씩 저축을 하더라도 2년에 한 번 전세보증금을 올려주고 나면 남는 게 없지요. 만약 1억의 대출이 있다면 매달 50만 원씩 20년을 갚아야 합니다. 집을 사는 시점까지는 종잣돈을 모아야겠지요. 그 대부분 전세보증금이고요. 결국 생활비를 제외한 금액 중 상당수가 주거를 얻기 위해 소모됩니다.

이들 대부분은 은퇴 시기까지 자산 대부분이 전세보증금이나 자가에 머무릅니다. 그 외 금융자산은 불과 1~2억이면 많은 편이지요. 물론 국민연금도 나름대로 들고 실손보험이나 연금보험을 들기는 합니다만 노후를 생각하면 안정적인 자금은 되질 않습니다. 이 계층에 속하는 이들 상당수가 60세가 넘어 은퇴를 한 뒤에도 지속적인 경제 활동을 해야 하는 것은 이 때문입니다.

비정규직 노동자들과 플랫폼 노동

그 아래에는 노동의 안정성도 보장받지 못하는 비정규직 노동자들이 있습니다. 근래 들어 새롭게 유행하는 용어가 플랫폼 노동입니다. 비정규직 중 비정형 노동자군에 속합니다. 기존의 노동계약과 다른 형태라는 거지요. 특정한 기업에 소속되어 있지도 않고 근무 시간도 특별히 정해져 있지 않고, 스스로 노동 수단을 소유하기도 하는 등의 모습입니다. 비정형 노동자군이 주목을 받게 된 건 아마 외환위기 직후의 대리 기사들일 겁니다. 현재는 택배 노동자와 배달 노동자들이 대표적인 직군으로 떠오르고 있지요.

하지만 비정형 노동자들이 이들만 있는 건 아닙니다. 이런 비정형 노동자를 포함한 대규모의 비정규직이 존재합니다. 현재 임금 노동자의 약 3분의 1에서 2분의 1을 차지합니다. 이 중 극히 일부는 고소득을 누리고 있습니다만 대부분은 적은 보수를 받으며, 불안정한 고용 관계를 맺고 있고, 고용보험이나 산재보험, 건강보험, 국민연금 등의 혜택을 받지 못하고 있으며, 산재의 위험에 노출되는 4중고를 겪고 있지요. 문제는 이들이 비정규직의 굴레를 벗어날 길이 별로 없으며 노동 안전망이 대단히 허술하다는 점입니다.

이렇게 노동으로 보면 우리나라는 0.5~1%의 상위 계층, 그 아래 15%의 중상위층, 그리고 다시 55%를 차지하는 중간층, 마지막으로 30%를 차지하는 하층으로 나눌 수 있습니다. 55%의 중간층은 언제라도 아래 30%로 떨어질 위험이 상존하는 계층입니다.

1970년에서 2000년 정도까지, 조금 더 확대하면 2010년 정도까지 우리나라는 꽤 가파르게 경제성장을 했습니다. 그러나 2010년 무렵 OECD 중위권이 되면서 경제성장률은 3% 수준에 머무르고 있습니다. 앞서 살펴본 것처럼 이 정도라도 꾸준히 성장률을 유지하는 것이 어찌 보면 대견하다고 할 수도 있습니다. 그러나 이 정도로는 신규 고용을 창출하기 힘듭니다. 그저 은퇴하거나 다른 이유로 퇴사하는 인원을 보충하는 차원에서 고용이 일어나지요.

흔히 4차 산업혁명이 새로운 일자리를 만들기도 하지만 그로 인해 사라지는 일자리도 많다고들 합니다. 그러나 고용 없는 성장은 4차 산업혁명이 아니더라도 이미 시작된 일이었습니다. 지금을 4차 산업혁명이라고들 하니 3차 산업혁명이 있었겠지요. 4차 산업혁명을 이르는 이들 대부분이 3차 산업혁명을 정보화 혁명이라고 얘기합니다. 개인용 컴퓨터가 보급되고 인터넷이 연결되었으며, 공장에선 산업로봇이 등장했습니다. 이 과정에서 엄청난 생산성 향상이 있었습니다. 이전에는 서류를 각자 써서 타자수에게 가져다주면 타자수가 타이프라이터로 쳐서 보고서를 제출해야 했고, 수입과 지출은 따로 수기 장부를 써서 보관해야 했지요. 멀리 떨어진 업체의 담당자와 이야기를 나누려면 전화를 하거나 직접 만나러 가야 했습니다. 서로 간의 서류도 직접 전달하거나 우편을 이용했지요. 하지만 컴퓨터와 인터넷의 도입으로 세상이 바뀌었습니다. 팩스도 관공서를 제외하곤 거의 쓰지 않지요. 워드와 엑셀, 파워포인트로 각종 문서를 작성하고 이메일로 주고받으며, 전사적 경영관리 시스템이 도입되었고 물류나 생산관리도 이제 컴퓨터로 모두 처리합니다. 회사의 부서마다 있던 타자수와 경리도 사라졌습니다.

생산현장도 마찬가지입니다. 완성차 업체들은 차체의 조립 과정에서 필요한 용접 작업을 모두 산업로봇에게 맡겼습니다. 품질관리도 초음파와 적외선, X-선을 이용하지요. 공장 곳곳에는 산업로봇이 자동화할 수 있는 모든 곳에 투입되고 있습니다. 우리나라 산업용 로봇은 2008년 1만 2,000대였던 것이 2020년에는 5만 대에 이릅니다. 노동자 1만 명당 산업용 로봇 사용량으로 따지는 로봇 밀집도는 세계 1위를 차지합니다. 세계 평균이 69대인 데 반해 우리나라는 531대로 압도적입니다. 2위인 싱가포르가 398대입니다.[*]사무실에서는 사무 자동화가, 공장에서는 공장 자동화가 1980년 이후 급속도로 진행되었습니다. 예전에 10명이 하던 일을 2~3년이 지나면 7~8명이 하고, 다시 2~3년이 지나면 5~6명이, 다시 2~3년이 지나면 2~3명이 하는 식입니다. 물론 산업 부문에 따라서 더디기도 하고, 중소기업은 대기업보다 느리게 도입되기도 합니다만 일단 흐름 자체는 그리 이어지고 있습니다. 경제성장률이 높을 때는 자동화를 감안하더라도 생산량 자체가 워낙 많이 늘어나니 노동력 투입이 증가합니다. 그러나 이제 그런 시절은 지났습니다. 3%의 성장은 자동화로 대표되는 생산성 향상으로 커버되는 겁니다. 그러니 신규 고용이 늘어날 이유가 없습니다. 지금의 성장을 '고용 없는 성장'이라고 일컫는 이유입니다. 2010년대 들어 청년 실업 문제나 고령 실업 문제가 심각해진 것에는 이런 배경이 있습니다.

괜찮은 일자리와 나머지 일자리

괜찮은 일자리 중 가장 많은 비중을 차지하는 건 대기업 계열사 정규 사무직입니다. 입사하면 초봉이 평균 월 305만 원 정도입니다. 중견기업에 취업하면 월 245만 원, 중소기업에 취업하면 191만 원 정도입니다. 대기업과 중견기업이 60만 원, 중견기업과 중소기업이 54만 원 차이가 납니다. 1년으로 따지면 720만 원, 650만 원쯤 차이가 납니

---

* 〈로봇 사용률 1위 한국…"자동화로 일자리 25% 사라질 10년이 변혁기"〉, 경향비즈, 2018년 10월 20일.

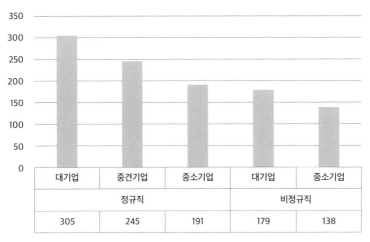

	정규직			비정규직	
	대기업	중견기업	중소기업	대기업	중소기업
	305	245	191	179	138

정규직, 비정규직, 기업 규모에 따른 초봉 차이(단위: 만 원)

다. 비정규직은 대기업 계열사가 179만 원, 중소기업은 138만 원입니다. 대기업 비정규직이 중소기업 정규직과 12만 원 차이고 다시 중소기업 비정규직과는 41만 원 차이입니다.

이 격차는 계속 커집니다. 양준석 대전세종연구원 연구위원 등에 따르면 근속연수가 1년 늘 때 시간당 임금은 대기업이 3.2%, 중소기업이 2.8% 늘어납니다. 근속연수 10년이 되면 초임 대비 대기업 직원은 37%, 중소기업 직원은 31.8% 오른 급여를 받습니다. 근속연수 20년이 되면 대기업은 초임 대비 87.8%, 중소기업은 73.7% 높은 임금을 받게 됩니다.*

따라서 초임 때 159 내 100의 차이가 10년 후에는 212 대 128이

* 『세습 중산층 사회』, 조귀동 지음, 생각의힘, 2008년.

되고 20년 후에는 290 대 169가 됩니다.

그런데 다음의 표를 보면 근속기간도 차이가 납니다. 노조가 있는 대기업 정규직은 근속기간이 13.4년인데 노조가 없는 중소기업 비정규직은 2.3년이지요. 비정규직은 전에 일한 직장의 경력이 인정되는 예가 드물다 보니 시간이 지나고 경력이 쌓이고 나이가 들어도 임금이 올라갈 생각을 하지 않습니다. 그러나 정규직은 근속기간이 길어질수록 연봉은 높아지지요. 즉 시간이 지날수록 처음의 격차가 줄어드는 것이 아니라 점점 늘어나는 겁니다.

여기에 국민연금 가입률도 99.5% 대 34.2%로 3배가량 차이가 납니다. 더구나 임금의 격차가 크니 국민연금 납입 금액도 차이가 크겠지요. 노후에 대한 대비가 차이가 날 수밖에 없습니다. 건강보험도 비정규직은 가입률이 절반이 되지 않습니다. 비정규직의 나머지는 같이 사는 가족이 다른 직장보험에 가입하지 않고 있다면 지역의보에 가입

	유노조 대기업 정규직	무노조 중소기업 비정규직	평균
월평균 임금(%)	392.0(100)	134.5(34.3)	233.4(57.0)
이동성 지표			
근속기간	13.4	2.3	5.6
사회보험 적용			
국민연금	99.5	34.2	68.4
건강보험	99.8	40.9	71.8
근로자 수(천 명)	1,363	4,852	18,397

한국 노동시장의 이중구조, 〈노동시장 이중구조 개선을 위한 노사의 역할과 과제〉
(출처: 경제활동인구 부가조사, 2014년 3월)

해야 하는데 보험료 차이가 상당합니다. 그리고 전체 노동자 중 대기업 정규직 7.4%와 중소기업 비정규직 26.4%를 제외한 나머지 66%가량은 중견기업이나 중소기업의 정규직 혹은 대기업의 비정규직이 됩니다. 이들의 평균 임금은 200만 원 조금 넘는 정도고 정규직이라고 하더라도 근속기간에 따른 임금인상률은 대기업을 쫓아가지 못합니다. 처음의 격차가 계속 커지는 결과를 낳게 되지요.

주관식 **1. 밑줄 친 부분에 들어갈 알맞은 말을 찾아 넣으세요.**

"고소득 전문직 - 월 평균 _____만 원 - ___만 6,000명입니다."

2. 2018년 30대 대기업 집단의 노동자 수는 몇 명인가요?

① 약 71만 명   ② 약 81만 명   ③ 약 91만 명   ④ 약 101만 명

3. 아래에 언급한 이들의 한 달 급여는 어느 정도일까요?

"소득분위 4~8분위 절반은 공무원 9급에서 7급 혹은 6급, 중소기업의 사무직, 대기업의 생산직, 동네에서 안정적으로 가게를 운영하는 자영업 자 등이다."

① 200~300만 원   ② 200~400만 원

③ 300~400만 원   ④ 300~500만 원

주관식 **4. 다음의 설명에 해당하는 개념은 무엇인가요?**

"기존의 노동계약과 다른 형태라는 거지요. 특정한 기업에 소속되어 있 지도 않고 근무 시간도 특별히 정해져 있지 않고, 스스로 노동 수단을 소 유하기도 하는 등의 모습입니다. 비정형 노동자군이 주목을 받게 된 건 아마 외환위기 직후의 대리 기사들일 겁니다. 현재는 택배 노동자와 배달

노동자들이 대표적인 직군으로 떠오르고 있지요."

5. 각각의 빈칸에 들어갈 적당한 비율을 〈보기〉에서 찾아 넣어보세요.

〈보기〉　　30%　　15%　　0.5~1%　　55%

"이렇게 노동으로 보면 우리나라는 _____의 상위 계층, 그 아래 ____

정도의 중상위층, 그리고 다시 ____ 정도를 차지하는 중간층, 마지막으

로 ____를 차지하는 하층으로 나뉠 수 있습니다."

비정규직(874만 명,
전체 임금 노동자의 44.5%)의 문제

먼저 비정규직에 대해 알아봅시다. 비정규직이라는 용어가 일반적으로 쓰이기 시작한 것은 2000년대 초부터입니다. 그 이전이라고 비정규직이 없었던 것은 아닙니다. 1960년대 경제개발 초기에도 10명 중 6명은 비정규직에 해당하는 노동자였는데 경제가 발전하면서 비정규직의 규모가 작아졌습니다. 가장 작았던 1980년대 초반에는 약 25%가 비정규직이었지요. 그러다 통계청 경제활동인구 조사에서 임시일용직이 전체 노동자의 절반을 넘어선 1993년경부터 본격적으로 주목을 받기 시작했습니다. 2002년 노사정위원회 비정규직근로자대책특별위원회에서 비정규 문제에 대해 논의하기 시작했지요. 그 결과, 2002년 7월 〈비정규 근로자대책 관련 노사정 합의문〉을 발표하게 됩

니다. 현재 정부의 비정규직 통계는 이 합의에 따른 비정규직 정의에 근거해서 이루어집니다.[*]

이에 따르면 우리나라 비정규직 노동자는 고용형태에 의해 정의되는데 첫 번째는 한시적 근로자이고, 두 번째는 단시간 근로자(시간제 근로자), 세 번째는 비전형 근로자입니다. 한시적 근로자는 고용의 지속성에 의한 개념으로 근로계약 기간을 정한 자(기간제 근로자) 또는 정하지 않았으나 계약의 반복 갱신으로 계속 일할 수 있는 근로자와 비자발적 사유로 계속 근무를 기대할 수 없는 자가 있습니다. 시간제 근로자는 근로 시간에 의한 개념으로 근로 시간이 짧은 시간제 근로자입니다. 비전형 근로자는 근로제공 방식에 의한 개념으로, 파견·용역 근로자, 특수고용 종사자, 가정 내 근로자, 일일(호출) 근로자를 말합니다.

이 세 개념은 서로 겹쳐질 수 있습니다. 예를 들어 편의점에서 매일 4시간씩 일하는 아르바이트생은 한시적 근로자이면서 동시에 시간제 근로자이기도 합니다. 집에서 서너 시간 인형 눈 붙이기를 하면 비전형 근로자 중 가정 내 근로자이면서 시간제 근로자이기도 하죠.

---

[*] 〈정규직이란 무엇인가: 공식적 개념과 현실 인식 간 차이에 대한 연구〉, 황세원, LAB2050 보고서, https://medium.com/lab2050/insight205005-de3dd77bbdb8

그럼 우리나라의 비정규직은 얼마나 되는 걸까요? 통계청 경제활동인구조사 근로 형태별 부가조사 결과를 살펴봅시다. 우리나라 15세이상 인구 4,454만 6,000명 중 비경제활동인구는 1,633만 명이고 경제활동인구는 2,821만 6,000명입니다. 이 중 실업자는 85만 8,000명이고 취업자는 2,735만 8,000명입니다. 취업자 중 비임금근로자 679만9,000명을 제외한 2,055만 9,000명이 임금근로자인데 이 중 앞의 조건에 따른 비정규직은 748만 1,000명으로 36.4%이고 정규직은 1,307만8,000명으로 63.6%에 달합니다. 즉 노동자 세 명 중 두 명은 정규직이고 한 명은 비정규직인 거죠. 물론 비정규직 36.4%도 적은 수치는 아니지만 조금 의아합니다. 주변을 돌아보면 비정규직이 그 정도밖에 되질 않나 하는 생각이 드는 거죠. 실제 자료를 살펴보면 함정이 있습니다. 우리나라에는 비정규직은 정의가 되어 있지만 정규직은 정의가 되어 있지 않습니다. 그저 비정규직이 아니면 정규직입니다. 그런데 법률적으로 정규직으로 분류되는 이들 중에는 스스로 정규직이라 생각하지 않는 이들이 있습니다.

혹시 2020년에 있었던 톨게이트 노동자들의 투쟁을 기억하시나요? 톨게이트에서 현금을 수납하고 기타 업무를 맡아 하는 노동자들은 원래 한국도로공사가 직접 고용한 노동자들이었지요. 그런데 도로공사가 이들의 소속을 용역업체로 바꿉니다. 2008년의 일이었습니다. 그러다 문재인 정부가 들어서면서 공기업 비정규직 정규화를 선언했고 공기업인 도로공사도 이에 따라야 했지요. 도로공사는 자회사를 설립해 이들을 고용하기로 합니다. 문재인 정부는 당연히 자회사를 설립해서 고용하는 것도 정규직이라 여겼습니다. 그러나 톨게이트 노동자들의 생각은 달랐습니다. 그들은 한편으로 현장에서 싸우고 한편으로는 법원에 소송을 걸었습니다. 회사에 가면 도로공사 정규직에게 보고하고 지시를 받고 일하는데 왜 자회사 소속이어야 하냐는 것이죠. 법원도 이들을 도로공사가 직접 고용하라고 했습니다. 하지만 도로공사는 이들에게 자회사로 가라고 밀어붙였죠. 그래서 217일간에 걸친 싸움이 이어졌고 2021년 전원 직접고용 약속을 받습니다.

노동자들이 느끼기엔 자회사나 이전의 용역회사 소속이나 실제로 근무하는 장소, 업무 지시를 받는 회사와 별도의 회사에 소속되어 있다는 건 같은 건데 말이지요. 이들에겐 용역회사나 도로공사 자회사나 같은 겁니다. 그런데 굳이 자회사를 설립해서 이들을 고용하려는 건 무슨 의미일까요? 두 가지 이유입니다. 도로공사가 직접 고용을 할 경우 이들에 대한 정리 해고나 인원 감축 등에서 자유롭지 못합니다. 특히나 이들처럼 노동조합이 있을 때는 말입니다. 앞으로 있을 구조조정—하이패스 도입률이 높을수록 톨게이트에서 필요로 하는 노동력이 줄어들 건 뻔하니까요—을 용이하게 하겠다는 게 첫 번째 의도였겠죠. 두 번째로 도로공사 정규직 직원들과 다른 처우를 하겠다는 겁니다. 도로공사에서 직고용을 해서 다른 직원들과 동일한 노동을 한다면 동일한 대우를 받는 건 당연합니다. 그러니 자회사를 따로 꾸리고 거기에서 임금이나 기타 복지 혜택 등을 차등을 두어 대하겠다는 거였죠. 실제로 많은 공기업이 기존의 비정규직을 정규직화할 때 이렇게 자회사를 두어 고용하는 방식을 사용했습니다.

또 다르게는 무기계약직이라는 것이 있습니다. 기간을 정하지 않고 계약을 했으니 법적으로는 정규직에 해당합니다. 그런데 왜 '무기계약직'이라는 용어가 도입되었을까요? 바로 차등을 두기 위해서입니다. 무기계약직이 처음 시작된 건 우리은행입니다. 보통 은행에서는 창구직에 고졸 여성들을 두고 썼습니다. 그런데 2004년 서울지방노동청 고용평등위원회에서 '남녀고용평등법'에 저촉된다고 판정되었습니다. 그러자 '무기계약직'이라는 새로운 직군을 만들어 대졸 은행원들과 다른 대우를 할 수 있는 근거를 두었습니다. KB국민은행도 2007년부터 정규직(L1)과 구분되는 L0직군을 두어 따로 선발합니다. L1은 대졸자 중심, L0는 고졸자 중심으로 선발하는 것이지요. 하나의 기업이 고용했지만 둘은 엄연히 대우도, 승진도, 임금도 다릅니다. 이렇게 은행에서 시작된 무기계약직은 기업 전반으로 확산하였습니다. 홈에버의 계산원들은 510일간 파업을 한 결과로 정규직 전환을 약속받았는데 새로 신설된 무기계약직으로 고용되었습니다. 기존 정규직과는 연봉도 업무도 차별이 있지만 법적으론 정규직이 아니라 할 순 없었습니다.[*]

실제로 공공 부문 비정규직을 정규직으로 전환한다는 문재인 정

---

[*] 〈정규직이란 무엇인가: 공식적 개념과 현실 인식 간 차이에 대한 연구〉, 황세원, LAB2050 보고서, 115쪽.

부에 들어서도 이는 마찬가지입니다. 정규직으로 전환한다고 했지만 자회사를 설립하거나 아니면 무기계약직처럼 기존 정규직과는 다른 형태로 고용함으로써 기존 정규직과의 차별은 계속 남았습니다. 학교 비정규직 노동자들도 마찬가지입니다.

이처럼 무기계약직을 포함하여 다시 통계를 내면 비정규직은 874만 명으로 전체 임금 노동자의 44.5%에 이릅니다. OECD 회원국은 대부분의 비정규직이 시간제 근로이지만 우리나라는 무기계약직 등 기간제 근로가 14.9%로 가장 많습니다. 거기다 비정규직의 96.2%(874만 명 중 841만 명)가 임시근로자이거나 임시근로를 겸하고 있어, 다른 나라보다 고용이 매우 불안정한 특징을 보입니다.* 그런데 이 분류에도 빠져 있는 노동자가 있습니다. 특수고용 노동자는 상당수가 자영업자로 분류되고 있습니다. 즉 임금 노동자가 아니라 비임금 노동자로 분류된 것이지요. 이런 노동자를 포함하면 비정규직은 전체 임금 노동자의 절반을 넘습니다.

비정규직 노동자의 고용형태

용어를 정리할 필요가 있을 것 같아 비정규직 노동자에 해당하는 몇 가지 개념을 정리해봅니다.

---

* 〈비정규직 규모와 실태〉, 한국노동연구소 이슈페이퍼, 2016년 8월.

간접고용: 원청업체가 노동자를 직접 고용하는 게 아니라, 협력업체로도 불리는 하청업체를 통해 노동자를 고용하는 비정규직을 뜻합니다. 임금은 노동력을 제공받은 원청에서 하청을 통해 지급합니다. 하청업체가 다시 하청을 주는 2, 3차 하청업체의 노동자도 있지요. 조선업, 자동차, 건설, 판매업, 청소, 경비 노동자에 걸쳐 다양하며, 같은 일을 하는 정규직보다 낮은 임금을 받고 있으며, 이에 따라 상대적 빈곤에 놓이게 되는 예가 많습니다. 더 큰 문제는 고용불안으로 정리해고가 시행되면 이들이 먼저 해고된다는 점입니다.

일용직: 월급이 아닌, 일당을 받아서 생활하는 비정규직 노동자를 말합니다. 건설 노동자, 공공기관 노동자, 목욕탕 세신사 등이 있습니다. 노동 기간이 짧을뿐더러 고용과 실업이 반복되므로 가장 불안정한 비정규직 노동입니다.

특수고용: 신분은 개별사업자지만 실제로는 회사에서 업무 지시, 임금 지급을 하기 때문에 고용 관계로 봐야 하는 비정규직입니다. 학습지 교사, 화물, 건설 중장비 기사, 용달차 기사, 우체국 위탁 택배원, 재택 위탁 집배원, 택배기사, 오토바이 배달 노동자 등이 여기에 해당합니다. 노동력을 제공하여 임금을 받는 노동자인데 근로기준법상에는 노동자로 분류되지 않습니다. 다만 노동법상에서는 노동자성이 인정되어 노조 결성 등은 가능합니다.

계약직: 기간제라고도 합니다. 고용 기간을 정해놓고 계약을 맺음으로써 고용된 노동자들입니다. 사용자가 고용계약 기간을 정하여 직

접 고용한 직접고용 비정규직이죠. 무기계약직이라고 해서 고용 기간이 없는 계약직 노동자도 생겼습니다. 1년 계약의 우체국 상시 집배원, 택배원, 기간제 교사 등이 계약직 또는 기간제에 해당합니다.

비정규직이 생기는 이유

왜 이렇게 다양한 종류의 비정규직이 생기게 된 걸까요? 일단 비정기적인 노동 수요가 있는 것은 사실입니다. 어업은 계절마다 나는 해산물이나 어류가 다르고, 양식업도 계절마다 필요한 노동력이 변합니다. 농업을 보면 가을 김장철에는 배추나 무 같은 채소의 수확에 평소보다 훨씬 많은 노동력이 필요합니다. 리조트 등은 여름에 수요가 몰리지요. 공업 쪽에서도 마찬가지입니다. 다양한 공산품이 주기적으로 수요의 들고남이 있고, 노동력의 들고남이 있습니다. 1년에 3~4개월 바짝 수요에 맞춰 일하자고 1년 내내 고용할 수 없으니 임시직을 고용하는 겁니다.

두 번째로는 일시적 수요입니다. 대표적인 예가 기간제 교사지요. 기간제 교사는 임신이나 출산 혹은 육아휴직 등 기존 교사가 일시적으로 업무를 보지 못하게 될 때 학기별로 고용하는 제도입니다. 원래 일하던 교사가 휴직을 마치고 돌아올 때까지 그 업무를 대신합니다. 이때는 원래 업무를 담당하던 교사의 휴직에 맞춰 기간을 정해 계약을 합니다. 교사가 아니더라도 기존에 일하던 사람이 자리를 비워야 할 때 그 기간만큼 일하도록 만든 제도가 기간제이지요. 또는 6개월이나 1년의 프로젝트가 생겼는데 기존 인원으로 이를 감당할 수 없고, 새로운 업무 자체가 한정적이라 정식으로 고용하기에 부담이 될 때도 기간제 노동자를 고용합니다.

기존의 관행이 굳어진 것으로는 특수고용 노동자가 대표적입니다. 화물트럭을 사서 사업자등록증을 내지만 화물차 기사들은 일정한 사업체에 사실상 고용되어 일합니다. 이런 형태를 지입차주라고 하지요. 원래는 사업체가 트럭을 여러 대 사는 것에 부담을 느끼면서 화물차를 소유한 기사들에게 조금의 웃돈을 주고 화물 운송을 부탁한 데서 시작되었는데 어느덧 업계의 대표적인 관행이 되었습니다. 포크레인 등 중장비를 소유한 이들이 자신의 장비를 가지고 일을 하는 것도 비슷한 사례입니다.

비정규직 노동자 쓰고 버리기

이렇게 보면 비정규직이 있어야 하는 이유는 분명히 있습니다. 그러나 실제 비정규직 제도는 그렇게 운영되지 않습니다.

첫 번째는 분명히 계속 일이 있고, 사업장도 원청에 속해 있는데 일부 직원들을 다른 기업 소속에서 파견받는 겁니다. 청소노동자들이 대표적입니다. 공장이나 건물에서 매일 일을 하는 청소노동자는 분명히 앞서 이야기한 비정규직의 구성 요건에 들어가지 않습니다. 즉 공장을 소유한 기업이나 건물을 소유한 기업이 직접 고용해야 하는 거지요. 그런데 청소 전문 기업에 용역을 줍니다. 표면적인 이유는 청소를 전문적으로 하는 기업이 더 효율적으로 잘한다는 거지요. 그런데 건물이나 공장 규모가 작아서 하루에 해야 할 일의 양이 1~2시간밖에 되지 않는다면 모르겠지만 20층짜리 빌딩이라든가 한 300인 이상을 고용한 공장은 사실 하루 내내 일을 해야 합니다. 그래서 청소 전문 기업에서 파견 나간 청소노동자들은 실제로는 청소할 건물이나 공장으로 직접 출퇴근을 하고, 그곳 관리자의 지시에 따라 일을 합니다. 결국 청소 노동을 파견으로 돌리는 건 직고용하는 과정에서 일어나는 부담을 덜어내려는 이유일 뿐이죠. 이렇게 되면 이제 청소 전문 회사는 자신에게 일감을 준 회사의 눈치를 볼 수밖에 없고, 단가가 떨어지겠지요. 그렇게 단가가 떨어지면 자연스레 청소노동자에게 돌아갈 몫도 줄어듭니다. 만약 직고용을 했다면 이들은 그 공장의 정규직이 되고, 다른 노동자와 같은 임금을 받게 되고, 고용 또한 다른 정규직과 마찬가지로 보장이 될 터인데 이렇게 파견노동이 되면서 상황은 노동자에게만 불리해지는 거죠.

기업들은 청소에만 이를 한정하지 않았습니다. 대표적인 것이 현대자동차와 기아자동차입니다. 같은 공장 안에서 같은 라인에서 왼쪽 바퀴는 현대자동차 소속 정규직이 조립하고 오른쪽 바퀴는 하청 소속 비정규직이 조립합니다. 2004년 고용노동부 울산 사무소는 현대자동차 울산 공장 9,234개 공정, 127개 파견업체 모두가 불법 파견이라고 판정했습니다. 2021년이 될 때까지 재판만 수십 번, 대법원에서 현대자동차 사내 하청 제도는 불법 파견 범죄라는 확정 판결만 3번 나왔죠. 그래도 아직 현대자동차 울산 공장에서 비정규직이 정규직과 함께 일하고 있습니다. 여전히 차별을 받으면서 말이죠. 대법원 판결도 아랑곳하지 않습니다. 이는 현대자동차뿐만이 아닙니다.

2018년 12월 11일, 한국발전기술 소속 계약직 노동자였던 김용균 씨는 한국서부발전 주식회사의 태안화력발전소에서 일하다 현장에서 사망했습니다. 그 전년도인 2017년 11월 15일에는 태안화력발전소 3호기에서 청소 작업 중이던 하청 노동자가 현장에서 사망한 일도 있었습니다. 둘 다 한국서부발전의 정규직이 아니라 하청업체 소속 비정규직이었던 것은 우연일까요?

그렇지 않습니다. 이후 공개된 한국서부발전이 부서별 평가를 위해 만든 문서에 따르면, 산업재해로 사람이 숨졌을 때 발전사 직원은 -1.5점, 도급자(하청 직원)는 -1점, 발전시설 건설 노동자가 숨지면 -0.2점을 깎는다고 적어놨습니다. 또 한국중부발전은 〈신분별 감점계수〉라는 제목의 문서를 제작하여, 본사 직원이 숨지면 12점을 깎지만 하청업체 직원이 사망하면 4점만 감점한다고 적시해놓았습니다.* 파견노동은 기업이 산재에 대한 자신의 책임을 하청에게 미루는 방법이기도 합니다.

---

* 〈정규직 '목숨값' 비정규직의 3배?…현대판 신분제〉, MBC, 2019년 8월 19일.

애초에 정규직화하기 힘든 노동 영역을 위해 존재하던 비정규직은 이렇게 정규직을 축소하고 기업의 노동에 대한 책임을 회피하고, 노무관리의 효율성을 높이고, 인건비를 줄이려는 방편이 되었습니다. 이런 방식이 가능했던 것은 먼저 외환위기 이후 신자유주의 정책으로 노동유연화가 도입되어서입니다. 기업이 사람을 쓰고 버리는 걸 아주 쉽게 만든 것입니다. 이런 노동유연화가 기업이 필요할 때 필요한 인원을 고용하는 걸 쉽게 해서 실업률을 줄이고 고용률을 높일 것이라는 기대도 있었습니다. 그러나 노동유연화는 파견업체를 통한 저임금 노동을 양산하고 오히려 정규직의 규모를 축소하는 결과를 낳았습니다. 물론 1980년대 고도성장 시기와 21세기 우리나라 산업 구조가 바뀌면서 노동시장이 변화한 것도 사실이지만 우리나라처럼 선진국 중에선 비교적 실업률이 낮은 나라에서 양질의 일자리는 줄어들고 비정규직이 늘어난 건 분명히 정책적 실패이기도 합니다.

주관식 1. 빈칸에 들어갈 알맞은 말은 무엇일까요?

"비정규직 노동자는 고용형태에 의해 정의되는데, 첫 번째는 _____ 근로자이고, 두 번째는 _____ 근로자, 세 번째는 _____ 근로자입니다."

"_____ 근로자는 근로제공 방식에 의한 개념으로, 파견·용역 근로자, 특수고용 종사자, 가정 내 근로자, 일일(호출) 근로자를 말합니다."

2. 무기계약직에 대한 설명 중 알맞지 않은 것은 무엇일까요?

① 기간을 정하지 않고 계약을 했으니 법적으로는 정규직에 해당한다.

② '무기계약직'이라는 용어가 도입된 이유는 차등 때문이다.

③ '무기계약직'은 구청에도 있다.

④ '무기계약직'은 일종의 자영업자다.

주관식 3. 보기에 있는 단어를 골라 해당하는 설명에 넣으세요.

〈보기〉 계약직   특수고용   일용직   간접고용

"_____은 개별사업자로 계약을 맺지만 실제로는 회사에서 업무 지시, 임금 지급을 하기 때문에 고용 관계로 봐야 하는 비정규직입니다. 학습지

교사, 화물, 건설 중장비 기사, 용달차 기사, 우체국 위탁 택배원, 재택 위탁 집배원, 택배기사, 오토바이 배달 노동자 등이 여기에 해당합니다."

"_____은 시간제라고도 합니다. 고용 기간을 정해놓고 계약을 맺음으로써 고용된 노동자들입니다. 사용자가 고용계약 기간을 정하여 직접 고용한 직접고용 비정규직이죠."

"_____은 원청업체가 노동자를 직접 고용하는 게 아니라, 협력업체로도 불리는 하청업체를 통해 노동자를 고용하는 비정규직을 뜻합니다. 임금은 노동력을 제공받은 원청에서 하청을 통해 지급합니다."

"_____은 월급이 아닌, 일당을 받아서 생활하는 비정규직 노동자를 말합니다. 건설 노동자, 공공기관 노동자, 목욕탕 세신사 등이 있습니다."

4. 노동유연화의 결과에 해당하는 것이 아닌 것은 무엇일까요?

① 저임금노동자 양산

② 정규직 규모 축소

③ 사람을 쓰고 버리는 걸 쉽게 하는 기업

④ 늘어나는 양질의 일자리

새로운 비정규직, 플랫폼 노동

새로운 비정규직이 늘어나고 있습니다. 플랫폼 노동이라고 하는데 일단 개념을 규정하는 게 필요할 듯합니다. 플랫폼은 수요자와 공급자가 모이는 일종의 온라인 장터입니다. 쉽게 말해 시장 같은 곳이죠. 옛날에는 물건을 팔든 사든 시장에 가야 했습니다. 이런 역할을 하는 곳이 플랫폼입니다. 종합시장처럼 온갖 물건이 다 있는 플랫폼—옥션, 쿠팡, 네이버 스토어 같은 곳—도 있고, 특정 분야의 상품만 모아놓은 플랫폼도 있죠. 그리고 노동력을 구하고, 노동력을 제공하는 사람들 사이의 플랫폼도 있습니다. 가령 알바몬 같은 곳은 알바를 구하려는 사업체도 모이고, 알바를 하려는 이들도 모입니다. 그러니 플랫폼 노동이란 먼저 이런 온라인 공간에서 일자리를 구하는 노동이라

할 수 있습니다.

그러나 알바몬은 오로지 중개만 할 뿐입니다. 즉 구직자의 프로필을 구인업체에 제공하고, 구인업체의 정보를 구직자에게 제공합니다. 이는 단순히 이전의 벼룩시장 같은 오프라인 매체를 온라인으로 옮겨주는 정도입니다. 플랫폼이 거래를 주관한다고 볼 수 없고 그저 게시판 역할을 합니다.

하지만 배달의 민족 앱을 이용해서 배달하는 예는 사정이 다릅니다. 배달료를 내는 음식점과 노동력을 제공하는 배달 노동자는 서로를 정할 수 없습니다. 배달의 민족 시스템이 이들을 연결합니다. 쿠팡의 정식 직원은 아니지만 쿠팡의 물건을 배달하는 쿠팡이츠 같은 경우, 쿠팡이 직접 노동력을 구매하기도 합니다. 이런 경우 노동력을 구매하려는 이들이 여럿인 것은 아니지만 일종의 온라인 플랫폼으로 쿠팡을 이용하는 것이라 볼 수 있지요. 또한 요사이 증가하고 있는 배달 대행업은 온라인 플랫폼을 제공하는 업체―인성 데이터 등―가 따로 있고, 이 플랫폼을 이용하여 배달 대행을 하는 지역 업체와 그 지역 업체에 소속된 배달 노동자가 있습니다. 이 사례도 배달의 민족과는 다르지만 일종의 플랫폼 노동이라 볼 수 있습니다. 플랫폼 노동은 이렇게 배달 하나만 보더라도 다양한 방식이 존재하기 때문에 플랫폼 노동을 규정하기란 쉽지는 않습니다. 여기서는 단순 중개를 제외하고 플랫폼을 운영하는 기업이 노동자에게 일정한 영향력을 행사하는 경우라는 정도로만 규정하겠습니다.

	15~64세 인구					
		취업자				
			플랫폼으로 일감을 구하는 사람			
			전체	전자상거래 종사자	노무제공자	
					단순앱 이용자	플랫폼 노동자
사례 수(명)	90,000	59,106	4,500	93	3,865	542
비율(%)		100	7.61	0.16	6.54	0.92
추정 규모(천 명)			1,826	38	1,570	220

플랫폼 노동자 규모 추정[*]

주: 1) 15~64세 취업자를 2,400만 명으로 보고 규모를 추정함.
    2) 이 글의 모든 표에서 사용한 사례 수에는 가중치를 적용하였음. 이 때문에 사례 수의 단순합계가 N
    과 일치하지 않을 수 있음.

일단 한국노동연구원과 고용노동부가 플랫폼 노동자의 규모와 특징을 파악하기 위해 실시한 실태조사 결과가 〈플랫폼 노동자의 규모와 특징〉이라는 보고서로 나왔습니다. 위 표를 통해서 그 결과를 살펴보시죠. 총 9만 명을 대상으로 조사한 결과 그중 542명이 플랫폼 노동자로 분류가 됩니다. 이를 기반으로 추정하자면 플랫폼으로 일감을 구하는 사람은 총 182만 6,000여 명으로 추산할 수 있고 그중 플랫폼 노동자는 22만 명으로 추정됩니다. 규모로 보면 전체 취업자의 약 0.92%, 거의 1%가 플랫폼 노동자라 할 수 있습니다.

---

[*] 〈플랫폼 노동자의 규모와 특징〉, 고용노동브리프 제104호.

그렇다면 플랫폼 노동에는 어떤 종류가 있을까요? 실제 일을 오 프라인에서 하는 경우와 온라인에서 하는 경우로 나눠보면 다음의 표 에서 보듯이 오프라인에서 일을 하는 예가 훨씬 많습니다. 특히 배달 운송 노동자가 오프라인의 67.8%를 차지하는데, 이는 전체 542명 중[*] 에서도 절반이 넘는 비중입니다. 이들은 배민 라이더스나 쿠팡이츠 등 의 배달 플랫폼을 이용하는 배달 노동자, 24시 화물이나 짐카를 이용 하는 화물 운송 노동자, 카카오T대리 등을 이용하는 대리운전 노동자 등으로 구성되어 있습니다.

온라인		오프라인	
1. IT	25(11.3)	1. 배달·운송	282(67.8)
2. 전문 서비스	19(8.7)	2. 가사	21(5.0)
3. 창작	33(15.0)	3. 전문 서비스	49(11.8)
4. 단순 작업	43(19.7)	4. 주문 제작	10(2.5)
5. 전자상거래	94(42.7)	5. 임대업	0(0.0)
6. 기타	6(2.6)	5. 기타	54(13.0)
전체	219(100.0)	6. 전체	416(100.0)
전자상거래 이외	126(57.3)	임대업 이외	416(100.0)

플랫폼 노동 종류(단위: 명, %, 출처: 〈플랫폼 노동자의 규모와 특징〉 인용)

주: 전자상거래를 포함한 상태에서 응답 결과임. 선택지의 구체적 내용은 다음과 같음. (온라인) 1. 소프 트웨어 개발 및 IT 기술지원. 2. 법률, 회계, 교육, 광고, 출판, 성우, 번역 등 전문 서비스. 3. 유튜브나 방송, 디자인, 일러스트레이트 등 창작활동. 4. 데이터 입력, 컴퓨터로 하는 단순 문서 작업 등. 5. 전 자상거래, 온라인 쇼핑몰. (오프라인) 1. 운전, 배달, 화물운송, 이사, 심부름 등 운송. 2. 청소, 수리, 돌 봄노동, 가사노동, 건설노동, 반려동물 돌봄 등 지역기반 서비스. 3. 교육, 과외, 취미생활 레슨, 지역여 행 가이드, 인테리어 등 전문 서비스. 4. 주문 제작, 세탁, 세차, 장례, 웨딩플랜, 미용 등. 5. 임대업.

---

[*] 온라인 노동자 중 전자상거래를 제외한 수치입니다.

플랫폼 노동에서 노동자가 개인사업자인가 아니면 플랫폼 기업에 종속되어 있는가는 대단히 중요한 문제입니다. 이를 살펴볼 표가 아래에 있습니다. 먼저 서비스 가격을 누가 결정하는지를 보겠습니다. 본인이 결정한다는 것이 온라인은 전체의 46.8%, 고객이 결정한다는 것이 11.5%입니다. 플랫폼이 결정하는 예는 37.5%지요. 오프라인은 플랫폼이 결정하는 예가 42.8%로 확연히 높고 본인이 결정하는 예는 23.3%로 줄어듭니다. 소속 회사가 결정한다고 하는 20.4%를 합하면 플랫폼 또는 소속 회사가 결정하는 것이 63.2%입니다. 앞서 예를 든 배달 대행은 플랫폼 운영사가 따로 있고, 지역 대행업체가 따로 있는데 이 둘에 의해 가격이 주로 결정된다는 뜻입니다.

수행해야 하는 일은 어떻게 결정하느냐는 질문에 대해서는 본인이 선택한다는 것이 온라인 59.5%, 오프라인 57.6%로 가장 높습니다. 그리고 배정하는 일을 수행하고 선택권이 없다는 대답은 온라인 9.5%

		온라인	오프라인	전체
본인	단독 결정	35(28.1)	45(10.7)	80(14.8)
	고객과 협의	23(18.7)	52(12.6)	76(13.7)
고객		14(11.5)	53(12.7)	67(12.4)
플랫폼		47(37.5)	178(42.8)	225(41.7)
소속 회사		5(3.6)	85(20.4)	89(16.6)
그 외		1(0.7)	3(0.8)	4(0.8)
N		126	416	542

서비스 가격 결정 주체

주: 질문은 '서비스의 가격은 누가 결정했습니까?'.

	온라인	오프라인	전체
본인이 선택	74(59.5)	238(57.6)	311(58.0)
배정하는 일 수행/ 선택권 없음	12(9.5)	114(27.6)	126(23.5)
본인이 제안하고 고객이 선택	38(31.0)	61(14.8)	99(18.5)
N	124	413	537

업무 배정

주: 질문은 '수행해야 할 일은 어떻게 정해졌습니까?'.

로 많이 낮은 데 비해 오프라인은 27.6%로 꽤 높습니다. 배달 대행은 앱상으로 뜨는 일 중 어떤 일을 선택할 것인지는 배달 노동자가 선택 하는 것이고, 대리운전 또한 마찬가지니 본인이 결정한다는 대답이 높 을 수밖에 없습니다.

일하는 시간을 정하는 주체는 누구냐는 질문의 답에도 본인이 결 정한다는 답이 전체의 69%로 높았습니다. 그러나 이 역시 온라인과 오프라인이 결이 다릅니다. 본인이 정하고 바꾸기도 쉽다가 온라인에 서는 77.2%로 자율성이 아주 높은 데 반해, 오프라인은 바꾸기 쉽다가 54.2%로 상대적으로 낮습니다.

		온라인	오프라인	전체
플랫폼/소속사		14(11.1)	154(36.9)	168(31.0)
본인	바꾸기 쉽다	97(77.2)	225(54.2)	322(59.5)
	일정기간 유지	15(11.7)	37(8.9)	52(9.5)
N		123	416	542

일하는 시간 정하는 주체

주: 질문은 '일하는 시간은 누가 정했습니까?'. 본인이 정한다고 하는 경우 추가 질문은 '일하는 시간을 원 하는 대로 수시로 바꿀 수 있었습니까?'.

가격을 정하고 어떤 일을 할 것인지를 정하고, 일하는 시간을 정하는 것 등은 플랫폼 노동이 플랫폼 운영사 또는 소속 회사와의 관계에서 종속적이냐, 독립적이냐를 결정하는 중요한 부분입니다. 여기서 하나 더 살펴보자면 회사에서 일하는 것처럼은 아니지만 플랫폼 운영사가 이들의 가격 결정권, 일의 선택권, 노동 시간의 선택권 등에 일정한 영향을 끼치고 있는가입니다. 플랫폼 회사들이 평가시스템을 이용하여 성과관리를 한다면 실제로 통제가 가능한 것이지요. 아래 표를 보면 이런 성과 평가 시스템이 있는 사례가 절반 조금 못 미칩니다. 여기에 성과 여부에 따라 자격을 박탈하거나 일시 정지하고, 일감의 양이 줄거나 수당이 적어지는 사례 등 성과관리가 있다는 응답 중 노동자들의 피부에 닿는 규제가 가해지는 것이 70% 가까이 차지하고 있습니다.

		온라인	오프라인	전체
없다		57(45.2)	233(56.0)	290(53.5)
있다		69(54.8)	183(44.0)	252(46.5)
	자격 박탈	4(5.5)	25(13.9)	29(11.6)
	자격 일시 정지	5(7.0)	43(23.6)	48(19.1)
	일감의 양이 줄어듦	48(69.6)	83(45.4)	131(52.0)
	건당 수당이 적어짐	12(18.0)	14(7.8)	27(10.6)
	영향을 미치지 않음	8(12.2)	37(20.0)	45(17.9)
	모름	5(7.3)	21(11.3)	26(10.2)

성과평가 여부와 활용

주: 질문은 '하신 일의 성과나 서비스 만족도에 대한 별점 같은 평가가 있습니까?'. 있다고 하는 경우, 추가 질문은 '평가가 좋지 않으면 어떻게 됩니까?'. 이 질문에 대해서는 복수응답 가능.

보고서는 이를 종합적으로 평가해서 다음의 표를 만듭니다. 자율성이 가장 높은 예에 4점을, 자율성이 전혀 없는 예를 0점으로 놓았죠. 자율성이 전혀 없는 예가 22.0%입니다. 특히 오프라인의 경우 26.2%로 4분의 1이 넘습니다. 전체적으로는 온라인 노동은 자율성이 높은 편이고 오프라인은 자율성이 낮은 편입니다. 그러나 그 편차들이 꽤 심하지요. 이는 플랫폼 노동이라는 범주 안에 상당히 다양한 노동이 모여 있기 때문입니다. 더 정확한 조사를 위해서는 각각의 노동별로 평가를 해야 할 것입니다. 그러나 한 가지 확실한 것은 오프라인을 보면 전체의 50% 가까이가 자율성에 있어 0과 1의 평가를 받고 있다는 거죠. 오프라인이 전체 플랫폼 노동의 80% 가까이 차지하고 있다고 봤을 때, 플랫폼 노동 중 상당수는 자율성이 거의 없는 플랫폼 운영사에 종속된 일이란 것을 알 수 있습니다. 현재 플랫폼 노동에 종사하는 노동자가 얼마나 되는지는 아직 정확한 통계는 없습니다. 그러나 코로나19를 지나면서 급속도로 플랫폼 노동이 늘고 있는 현실을 볼 때 전

		온라인	오프라인	전체
자율성 점수	0	10(8.0)	108(26.2)	118(22.0)
	1	12(10.1)	91(21.6)	102(19.0)
	2	19(15.4)	57(13.7)	76(14.1)
	3	28(22.3)	71(17.1)	98(18.3)
	4	55(44.3)	88(21.4)	143(26.6)
평균점수(0~4)		2.85	1.86	2.09
N		124	413	537

온·오프라인별 플랫폼 노동의 자율성 정도

체 노동자 중 상당수가 플랫폼 노동으로 흡수될 것은 누구나 짐작할 수 있는 일이지요. 하지만 플랫폼 노동에 종사하는 노동자는 현재 특수고용 노동자라는 범주로 놓여 있어 근로기준법상 노동자가 아닙니다. 물론 노동법상으론 노동자로 인정받으니 노동조합 등을 설립할 권리는 있습니다.

플랫폼 노동에서 가장 중요한 문제는 이들 중 꽤 많은 이들이 종속적으로 일을 하고 있는데 일반적인 임금 노동자와 다른 지위에 있는 것입니다. 흔히 플랫폼 기업들은 자신들이 노동을 '중개'할 따름이라고 합니다. 자신들에게는 사용자로서의 책임이 없다고 하지요. 배달 플랫폼, 대리운전 플랫폼, 가사서비스 플랫폼 모두 마찬가지입니다. 그러나 이들 플랫폼 운영 기업은 디지털 기술을 이용하여 이들 노동자의 노동 과정을 감시하고, 각종 방식으로 노동을 통제합니다.

더구나 이렇게 전통적 의미의 노동자에서 벗어남으로써 노동법이 보장하는 최저임금, 노동 시간, 유급휴가, 고용 보장 등의 기본적인 권리와 고용보험, 산재보험, 국민연금 등의 사회보장과 관련된 권리 또한 제대로 보장받지 못하고 있습니다.

플랫폼 노동과 관련하여 핵심은 누군가는 노동을 하고, 누군가는 그 과정을 통제한다는 것입니다. 그 형식의 다름에 주목하는 것이 아니라 그들의 노동자로서의 권리를 어떻게 보장할 것인가에 초점을 맞춰야 합니다. 이는 사실 간단한 문제이기도 합니다. 그들의 노동을 통제해서 이익을 보는 이들이 그 책임을 져야 하지요.

1. 플랫폼 노동에 대한 설명으로 적절하지 않은 것은 무엇일까요?

① 플랫폼 운영 기업은 디지털 기술을 이용하여 노동자의 노동 과정을 감시하고, 각종 방식으로 노동을 통제한다.

② 플랫폼 운영 기업은 사용자로서 책임이 없다.

③ 플랫폼 노동자는 임금 노동자와 다른 지위에 있다.

④ 배달 플랫폼, 대리운전 플랫폼, 가사서비스 플랫폼 등이 있다.

주관식 2. _____은 수요자와 공급자가 모이는 일종의 온라인 장터입니다.

3. 다음의 설명에 해당하는 알맞은 말을 고르시오.

"플랫폼 노동과 관련하여 핵심은 누군가는 노동을 하고, 누군가는 그 과정을 통제한다는 것입니다. 하지만 그들의 _____을(를) 어떻게 보장할 것인가에 초점을 맞춰야 합니다."

① 노동 시간

② 노동 임금

③ 노동자의 권리

④ 노동자의 인권

매일 죽는
노동자

미필적 고의에 의한 살인[*]

고의에 의한 살인은 자신이 하는 행위의 결과가 살인임을 알고, 그를 바라고 하는 것이라면, 미필적 고의에 의한 살인은 사람이 죽을 수 있다는 것을 충분히 알면서 그런 일이 일어나도 어쩔 수 없다는 생각으로 저지르는 행위를 말합니다.

이 개념을 조금 더 넓게 확장해봅시다. 확률이 말해주는데요, 2인 1조로 할 일을 혼자 하게 지시하면, 둘이 할 때보다 더 높은 확률로 사

---

[*] 필자가 SNS에 썼던 글을 재인용했다.

고가 생기고, 더 높은 확률로 죽습니다. 법이 정하고 안전 전문가가 요구하는 충분한 안전 장비를 갖추고 둘이 작업을 할 때 사고가 날 확률이 0.01%이고 그 사고로 사람이 사망할 확률이 0.01%라고 합시다. 1억 번에 한 번 누군가 사망하게 됩니다. 만약 그런 작업 라인이 10개라면 1,000만 일의 작업일 동안 1명이 사망하게 되는 겁니다. 1,000만 일이면 약 3만 년입니다. 그 공장이 문을 닫을 때까지 거의 아무도 다치거나 죽지 않고 작업할 수 있지요. 제대로 된 장비를 갖추지 못하고 홀로 작업을 하게 되면 1%의 확률로 사고가 나고 1%의 확률로 사망하게 된다고 가정해봅시다. 1만 번에 한 번은 누군가 사망하게 됩니다. 10개의 작업 라인이 있다면 열흘에 한 명이 다치고 3년에 한 명이 사망하는 결과가 나타나는 겁니다.

하지만 작업을 둘이 하면 하청업체 입장에선 한 명분의 임금과 관리비를 더 들여야 합니다. 평균 연봉이 2,500만 원에 관리비 포함 3,000만 원의 비용이 든다면 10개의 라인에 1년에 3억의 비용 지출이 들어가는 셈입니다. 3년이면 거의 10억의 비용이 더 들어가는 거지요. 만약 누군가 죽거나 다칠 때 발생하는 비용이 1억이면 기업 입장에선 9억의 차액이 발생합니다. 기업은 1억과 10억을 비교하지, 누군지 모를 사상자를 생각하지 않습니다.

미필적 고의에 의한 살인입니다. 그러나 하청 사장은 하소연합니다. 원청에서 받는 돈으론 너무나 빠듯하다고요. 사람을 둘을 고용하려면 남는 것이 없다, 남는 것이 없다면 나는 무슨 돈으로 아파트를 사고, 자가용을 몰고, 장래 더 큰 기업으로 성장하기 위한 투자금을 남길 것인가? 하는 거지요.

이 기업에 작업을 맡기는 원청은 어떨까요? 이런 하청이 열 군데 면, 그리고 라인에 한 사람밖에 고용하기 힘들 정도의 비용만 지불하면 자신이 직접 고용하여 관리할 때보다 100억의 비용을 절감할 수 있습니다. 열 곳의 하청업체에서는 3년에 10명이 죽는 것이 중요한 것이 아니라 100억의 비용을 절감하여 수익구조를 개선하는 것이 중요합니다. 더구나 하청에 작업을 넘기면서 직고용이 줄면 노동조합의 힘도 그만큼 줄어듭니다. 누군가 죽을지도 모르지만 자신의 책임이 아니라고 뻗댈 수도 있지요.

원청 기업의 미필적 고의에 의한 살인입니다. 그러나 원청의 대표도 하소연합니다. 그렇지 않아도 적자인 전기산업이라고요. 모기업 한국전력에선 수익구조 개선을 하라고 매년 닦달인데, 국정감사에서도 전기산업의 누적 적자로 난리인데 어떻게 하란 말이냐? 하는 거지요.

IMF 이후 이 나라를 점령한 신자유주의는 노동을 유연화하고, 국영기업을 민영화하고 방만한 경영으로 인한 누적 적자를 축소하고, 시장의 자율적 조정에 모든 걸 맡기라고, 그래야 경제가 성장하고, 부국강병해질 것이라고 외쳐댔고, 그의 율법대로 이 나라를 다스리고 있습니다. 신자유주의와 그를 따르는 사제들의 미필적 고의에 의한 살인입니다.

재해율은 왜곡되었다

이번에는 노동하는 과정에서 일어나는 사고에 대해 살펴보겠습니다. 가장 많이 쓰이는 통계는 재해율입니다. 1년간 노동자 100명당 발생하는 재해 건수를 말합니다. 2000년 0.73이었던 재해율은 2003년 0.90까지 올랐다가 이후 지속해서 감소해서 2017년 0.48까지 내려갔습니다만 다시 조금씩 올라가 2019년 0.58이 되었습니다. 산업재해는 기업 규모가 작을수록 많아지는 경향이 있어 정부에서도 300인 미만 사업장 재해율을 따로 통계 내고 있습니다. 2000년 300인 미만 사업장 재해율은 0.92였습니다. 2003년 1.02까지 증가했다가 마찬가지로 감소해서 2017년 0.55까지 줄어들었으나 마찬가지로 조금 증가해서 2019년 0.64를 기록합니다.

2004년까지 재해율이 늘어난 것에 대해서는 1998년 외환위기 이후 경기가 회복세로 돌아서자 제조업 가동률과 건설 수주가 증가한 것에도 원인을 돌리지만, 사실 외환위기 이후 기업 사정이 좋지 않다고 안전보건 규제를 완화하고 사업장 내 안전보건관리조직을 약화했기 때문입니다. 또 비정규직이 늘고, 외국인 노동자와 고령 노동자가 증가한 것에도 일부 이유가 있지요. 2003년 5인 미만 사업장에도 산업안전보건법을 적용하기 시작하면서 재해율이 떨어진 것은 이를 확인해 줍니다.

2017년 이후 재해율이 높아진 것은 추정의 원칙(작업 기간, 노출량 등 기준 충족 시 반증이 없는 한 업무상 질병으로 승인)을 도입하고

2018년 사업주확인 제도(노동자가 산재 신청 시 사고 발생 경위 등에 대해 사업주 확인 필요)를 폐지한 것, 그리고 산재보험 적용사업장을 확대(미등록 건설업자 시공공사, 상시근로자 1인 미만 사업장)한 것이 이유입니다. 이는 실제로 이전까지는 재해였던 것이 재해가 아닌 것으로

	일본	독일	미국	영국
사망만인율	0.15	0.14	0.37	0.04

주요 국가 사망만인율

	2000	2001	2002	2003	2004	2005	2006	2007	2008	2009
전체 재해율	0.73	0.77	0.77	0.90	0.85	0.77	0.77	0.72	0.71	0.70
전년 대비 재해율 증감률	-1.4	5.5	0.0	16.9	-5.6	-9.4	0.0	-6.5	-1.4	-1.4
300인 미만 사업장 재해율	0.92	0.97	0.92	1.02	0.96	0.93	0.91	0.85	0.84	0.84
전년 대비 300인 미만 사업장 재해율 증감률	-7.1	5.4	-5.2	10.9	-5.9	-3.1	-2.2	-6.6	-1.2	0.0
사고성 사망만인율	1.49	1.47	1.14	1.24	1.24	1.07	0.96	0.91	0.87	0.82
전년 대비 사고사망인율 증감률	-24.0	-1.3	-	8.8	0.0	-13.7	-10.3	-5.2	-4.4	-5.7
사망자 수	2,528	2,748	2,605	2,701	2,586	2,282	2,238	2,159	2,146	1,916
전년 대비 사망자 수 증감률	10.3	8.7	-	10.9	-4.3	-11.8	-1.9	-3.5	-0.6	-10.7
업무상 질병자 수	4,051	5,653	5,417	9,130	9,183	7,495	10,235	11,472	9,734	8,721
전년 대비 질병자 수 증감률	48.3	39.5	-4.2	68.5	0.6	-18.4	36.6	12.1	-15.1	-10.4
	2010	2011	2012	2013	2014	2015	2016	2017	2018	2019
전체 재해율	0.69	0.65	0.59	0.59	0.53	0.50	0.49	0.48	0.54	0.58
전년 대비 재해율 증감률	-1.4	-5.8	-9.2	0.0	-10.2	-5.7	-2.0	-2.0	12.5	7.4
300인 미만 사업장 재해율	0.83	0.78	0.70	0.69	0.61	0.58	0.57	0.55	0.60	0.64
전년 대비 300인 미만 사업장 재해율 증감률	-1.2	-6.0	-10.3	-1.4	-11.6	-4.9	-1.7	-3.5	9.1	6.7
사고성 사망만인율	0.78	0.79	0.73	0.71	0.58	0.53	0.53	0.52	0.51	0.46
전년 대비 사고사망인율 증감률	-4.9	1.3	-7.6	-2.7	-18.3	-8.6	0.0	-1.9	-1.9	-9.8
사망자 수	1,931	1,860	1,864	1,929	1,850	1,810	1,777	1,957	2,142	2,020
전년 대비 사망자 수 증감률	0.8	-3.7	0.2	3.5	-4.1	-2.2	-1.8	10.1	9.5	-5.7
업무상 질병자 수	7,803	7,247	7,472	7,627	7,678	7,919	7,876	9,183	11,473	15,195
전년 대비 질병자 수 증감률	-10.5	-7.1	3.1	2.1	0.7	3.1	-0.5	16.6	24.9	32.4

산업재해 현황, 고용노동부 산업재해 현황 분석

둔갑해서 2017년 이전 재해율이 오히려 실제보다 낮았던 것을 보여주는 것이기도 합니다.

산업재해로 인한 사망자 수는 2000년 2,528명에서 2016년 1,777명으로 꾸준히 줄어들었으나 그 이후 다시 증가하여 2,000명 수준을 유지하고 있습니다. 이를 비율로 나타낼 때 보통 노동자 1만 명당 사망자수인 사고사망만인율을 씁니다. 우리나라의 사고성 사망만인율은 2000년 1.49명이었다가 계속 줄어 2019년에는 0.46명까지 줄었습니다. 즉 노동자 1만 명당 0.5명이 해마다 산업 현장에서 사고로 사망한다는 뜻입니다. 이를 다른 나라와 비교해보면 심각성이 드러납니다. 가장 높은 미국과 비교해서도 월등히 높고 독일 일본과 비교하면 3배가 넘습니다. 그만큼 사고가 많이 난다는 거지요.

다음 표는 산업중분류별 사망만인율을 보여줍니다. 가장 높은 곳은 광업입니다. 무려 408.65입니다. 재해율도 19.02입니다. 100명 일하는데 한 해 19.02명이 다칩니다. 매년 25명당 1명씩 죽고 10명당 1명씩 다칩니다. 그것도 1960년대나 1970년대 이야기도 아니고 2018년인데 말이지요. 시설이 낡고, 안전 관리가 제대로 이루어지지 않고 있다는 이야기입니다. 이런 정도면 정말 사업주를 미필적 고의에 의한 살인으로 고발해야 하는 게 아닌가 싶습니다. 광업 노동자는 전체 노동자의 0.06%를 차지하는데 사망자는 전체의 22.3%를 차지합니다. 정부는 이런 곳을 그냥 두고 보는 이유가 뭘까요?

산업중분류 중 사망사고가 가장 잦은 곳은 건설업입니다. 2018년에만 570명이 사망했습니다. 사망만인율은 1.94로 1만 명당 약 2명 정도가 한 해에 사망합니다. 재해율은 0.94입니다. 100명당 1명꼴로 다치고 있지요. 세 번째는 제조업인데 사망자가 472명입니다. 하지만 사망만인율은 건설업의 3분의 2인 1.14입니다. 이 세 곳을 합하면 사망자가 1,520명으로 전체 사망자의 4분의 3입니다.

사망만인율로만 보면 건설업, 운수창고통신업, 어업에서 1.94, 1.80, 1.85로 높은 비율을 보입니다. 건설업에서는 현장의 추락사고가, 운수창고통신업에서는 교통사고가 주요 원인입니다. 추락사고는 안전시설 미비로 인한 것이 가장 중요한 원인이고, 교통사고는 졸음 운전 등이 주요 원인으로 보입니다. 임업과 농업도 1.45와 1.68로 대단히 높은 사망만인율을 보입니다.

산업중분류별	2018					
	사업장 수(개)	근로자 수(명)	재해자 수(명)	사망자 수(명)	재해율(%)	사망만인율(‰)
총계	2,654,107	19,073,438	102,305	2,142	0.54	1.12
광업	1,078	11,697	2,225	478	19.02	408.65
제조업	379,387	4,152,058	27,377	472	0.66	1.14
전기가스수도업	2,493	76,967	108	5	0.14	0.65
건설업	441,758	2,943,742	27,686	570	0.94	1.94
운수창고통신업	77,160	873,232	5,291	157	0.61	1.80
임업	12,105	89,751	1,041	13	1.16	1.45
어업	1,748	5,416	66	1	1.22	1.85
농업	17,449	83,540	648	14	0.78	1.68
금융보험업	41,968	778,105	358	16	0.05	0.21
기타의 사업	1,678,961	10,058,930	37,505	416	0.37	0.41

산업중분류별 재해율과 사망만인율(2018년)

그런데 이상한 것이 있습니다. 2017년 대한민국 업무상 사고 재해율은 0.5%인데요, 영국, 스웨덴, 아일랜드, 이탈리아, 네덜란드, 덴마크 등 대부분의 서유럽 국가보다 낮습니다. 다음의 그래프만 보면 우리나라는 산업재해에 관한 한 선진국 중에서도 선진국으로 보입니다.

이상한 일이지요? 사망에 관한 통계는 완전히 다릅니다. 우리나라가 OECD 산재사망률 1위라는 건 좀 틀린 것이지만 대단히 높은 수치인 건 맞습니다. 통계청의 〈OECD 국가 연도별 사망만인율 추이〉 표인데, 2015년에서 2018년에 이르기까지 한국은 줄곧 5명 이상을 기록하고 있습니다. 물론 1위는 아닙니다. 2015년에는 터키와 멕시코, 콜롬비아 등이 우리나라보다 높았고, 2016년에는 터키가, 2017년과 2018년에는 미국이 우리나라를 앞지릅니다. 하지만 저 기간 내내 우리나라는 터키, 멕시코, 콜롬비아, 미국과 함께 산재사망률 5위권을 굳건히 지키고 있지요. 반면 우리보다 산재사고가 더 잦다는 서유럽 나라들은 높아도 3명 수준입니다. 대부분 1~2명대를 기록해서 우리나라보다 한참 낮습니다.

이는 물론 통계를 산정하는 기준이 나라마다 다르기 때문이기도 합니다만 그렇다고 하더라도 우리나라의 산재에 대한 기준이 대단히 느슨하다는 걸 부정할 순 없습니다. 우리나라는 산재보험에 따라 보상을 신청하고 승인을 받은 사람을 기준으로 통계를 냅니다. 따라서 애초에 산재보험이 적용되지 않는 노동자는 여기에서 누락됩니다. 앞서 살펴봤던 특수고용 노동자들이 대표적이지요. 택배기사가 잦은 상하

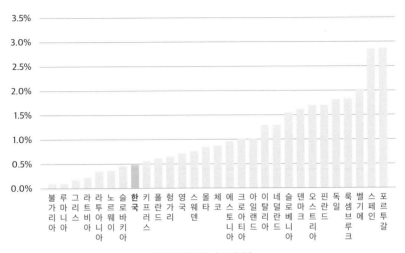

2017년 업무상 사고 재해율

(출처: 〈통계가 현실을 반영해야 하는 이유: 2019년 산업재해 발생 현황〉, 노동건강연대, 2020년 6월 12일)

차로 디스크에 걸려도 산재로 잡히지 않고, 오토바이로 배달하다 교통사고가 나도 산재가 아닙니다. 그리고 또 다쳤지만 4일 이상 요양이 필요하지 않아서 보험급여를 받지 못하는 노동자도 빠집니다. 비정규직 중에는 아파도 해고당할까 두려워 2~3일 쉬고는 그냥 일하는 분들이 많다는 걸 다들 알고 있지요. 마찬가지의 이유로 다쳤지만 산재보험 보상을 아예 하지 않는 사례도 빠집니다. 공무원과 군인은 아예 별도 법적 보상체계가 있어서 산재 통계에 잡히지 않습니다. 하지만 사망사고는 이렇게 빠져나가기가 쉽지 않지요.

이런 산재사고는 일을 하다 보면 어쩔 수 없는, 불가피한 것일까요? 아니면 충분히 예방할 수 있는 걸까요? 광업을 제외하고 업무상 사망사고 중 가장 많은 비율을 차지한 것은 건설업입니다. 그리고 건

국가별	2015	2016	2017	2018
한국(II/a)	5.3	5.3	5.2	5.1
아제르바이잔(I)	-	4.0	4.0	3.0
일본(I)	-	2.0	2.0	2.0
터키(I)	6.9	7.5	-	-
캐나다(II/c)	1.7	1.8	1.8	1.9
멕시코(I/a)	8.2	-	-	-
미국(I)	4.8	5.2	5.3	5.3
칠레(II)	-	-	3.4	3.1
콜롬비아(I/a)	18.0	-	0.0	-
오스트리아(I)	3.2	2.0	-	-
벨기에(I)	1.4	-	-	-
체코(I)	2.8	2.3	-	-
덴마크(I)	1.0	-	-	-
에스토니아(I)	2.9	4.0	-	-
핀란드(I)	1.4	-	-	-
프랑스(II)	2.6	-	-	-
독일(I)	1.0	-	-	-
그리스(I)	1.2	0.9	-	-
헝가리(I)	2.3	1.8	-	-
아일랜드(I)	2.5	-	-	-
이탈리아(I)	2.4	-	-	-
라트비아(I)	3.3	-	-	-
리투아니아(I)	3.8	4.2	-	-
몰타(II)	2.7	0.0	-	-
네덜란드(I)	0.5	-	-	-
노르웨이(I)	1.5	-	-	-
폴란드(I)	1.9	-	-	-
포르투갈(I)	3.5	-	-	-
슬로바키아(I)	2.7	2.0	-	-
슬로베니아(I)	2.8	-	-	-
스페인(I)	2.3	1.8	-	-
스웨덴(I)	0.7	1.0	-	-
스위스(I)	1.3	-	-	-
영국(I)	0.8	-	-	-
오스트레일리아(II)	1.7	-	1.6	-

OECD 국가 연도별 사망만인율 추이

설업에서 가장 많은 사망 유형은 추락사입니다. 2019년 265명의 노동자가 추락사했습니다. 전체 추락사의 76%가 건설업에서 일어납니다. 공사 규모로 보면 3억 미만의 소규모 공사에서 152명 35.5%로 가장 비율이 높습니다.* 높은 곳에서 작업할 때 발을 디딜 수 있는 튼튼한 구조물을 구성하고 난간이 설치된 곳에서 안전 고리를 걸고 작업하게 하면 99% 살 수 있는 사람들이 죽었습니다. 이걸 불가피한 사망이라고 이야기할 수 있을까요?

제조업에서 사망의 가장 많은 유형은 '끼임'으로 32%에 해당합니다. 김용균 씨의 사망 원인이기도 합니다. 2019년 66명이 그렇게 사망했습니다. 끼여 죽은 전체 노동자의 62%가 제조업입니다. 컨베이어 벨트처럼 옷이나 신체가 말려 들어갈 수 있는 기계장치에 울타리를 치고, 기계를 수리 정비할 때 기계를 멈추고, 2인 1조로 유사시 전력을 차단할 수 있게 해주면 99% 살 수 있는 사람들이 죽었습니다. 이걸 불가피한 사망이라고 이야기할 수 있을까요? 정말 많은 노동자가 이렇게 쉬운 예방책이 없어 죽었습니다. 이를 단순히 안전의식 미비로 볼 순 없지요.

다른 통계도 한번 보도록 합시다. 제조업에서 사고로 사망한 노동자 206명 중 164명이 50인 미만 사업장에서 근무하다 죽었습니다.**

---

* 〈통계가 현실을 반영해야 하는 이유: 2019년 산업재해 발생 현황〉, 남준규, 노동건강연대, 2020년 6월 12일.
** 〈통계가 현실을 반영해야 하는 이유: 2019년 산업재해 발생 현황〉, 남준규, 노동건강연대, 2020년 6월 12일.

즉 작은 규모의 사업장일수록 안전시설을 제대로 설치하지 않고, 안전 규칙도 제대로 따르지 않아 사고가 자주 일어난다는 것이죠. 이는 일부는 노동자 문제일 수도 있지만 원칙적으로는 사업주의 문제입니다. 사업주들이 설마 하는 생각과 또 사고가 났을 때 치러야 할 비용과 안전을 무시하면서 생산량을 늘리고 그 과정에서 생기는 사고로 인한 비용을 계산해봐서 안전시설을 설치하고 규칙을 지키는 것보다 싸다고 판단하는 거지요.

정규직 사망만인율 0.29명 VS. 비정규직 사망만인율 3.09명

또 다른 통계도 봅시다. 한국산업안전공단이 2001년에 발표한 보고서에 따르면 비정규직 노동자 사망만인율은 3.09명입니다. 정규직은 0.29명이고요. 비정규직의 사망률이 정규직의 10배가 넘습니다. 비정규직이 더 힘들고 위험한 일에 배치된다는 걸 생각해도 엄청나게 높은 수치지요. 이는 비정규직이 더 위험한 일을 할 뿐 아니라 정규직보다 안전 설비나 규칙의 적용을 제대로 받고 있지 못하다는 걸 방증합니다. 국가인권위원회 자료에 따르면 업무상 재해를 경험한 예가 정규직은 20.6%지만 간접고용노동자, 즉 비정규직은 37.8%입니다. 사망률보다는 격차가 적지요? 이유는 통계에서 나타납니다. 원청의 정규직은 산재를 보험 처리하는 비율이 66.1%고 자신이 부담하는 건 18.3%

뿐입니다. 그런데 간접고용 노동자의 경우 산재보험 처리가 34.4%이고 본인 부담이 38.2%입니다. 산재 처리가 굉장히 낮아졌지요. 두 통계에서 사라진 부분을 보겠습니다. 정규직에서 보험 처리와 본인 부담을 합치면 84.5%입니다. 나머지 15.5%는? 산재 처리를 하지 않고 대신 기업이 치료비를 부담하는 겁니다. 물론 원청회사가 부담하겠지요. 간접고용 노동자는 산재와 본인 부담을 합치면 72.6%입니다. 나머지가 28.4%로 이것도 정규직보다 높습니다. 이 부분은 간접 고용한 하청업체가 부담하는 거지요. 하청업체는 산재 처리가 높을수록 원청 눈치를 볼 수밖에 없고, 따라서 심각한 부상이 있을 때도 되도록 자기들이 치료비를 떠안게 되는 겁니다. 이래서 실제 통계보다 훨씬 많은 산재 사고가 나는데도 통계에는 잡히지 않게 되지요. 현대제철 당진제철소 비정규직 지회에서 자체적으로 조사한 2017~2018년 근로자 산재 통계를 보면, 총 134건 중 공상 처리(산재 처리를 하지 않고 민사상 합의로 보상)가 절반인 65건이었습니다. 이 중 23건은 8일 이상 노동손실이 발생하는 상해였지요.[*]

산재사고가 많은 이유 중 또 하나는 과도하게 긴 노동 시간입니다. 〈장시간 근로와 산업재해와의 관계〉[**]라는 논문에 따르면 사업장을 주당 평균 근로 시간이 52시간 미만과 이상으로 나누었을 때 52시간 이상인 사업장에서 산업재해가 발생할 가능성이 52시간 미만인 사

[*] 〈현대제철 비정규직 산재 절반이 ‘공상’〉, 시사저널, 2019년 2월 12일.
[**] 〈장시간 근로와 산업재해와의 관계〉, KJOHNN, 2014년.

업장보다 2.29배 더 높은 것으로 나타났습니다. 그리고 장시간 노동 자체가 사망 원인이기도 합니다. 근로복지공단에서 과로사로 승인한 건수를 보면 2013년 과로사 348명과 과로자살 20명을 합해 총 368명 입니다. 2014년에는 332명, 2015년에는 315명, 2016년은 320명이었습니다. 과로사 인정률이 신청 건수의 20%밖에 되지 않는데도 이 정도지요. 비용 절감을 위해 장시간 노동을 강요하는 기업과 낮은 기본급으로 인해 생활을 위해선 어쩔 수 없이 장시간 노동을 해야 하는 노동자가 존재하는 대한민국의 현주소지요.

OECD 34개국 중 연간 노동 시간이 1,900시간을 넘는 나라는 한국, 멕시코, 칠레, 그리스 단 네 나라입니다. 1,800시간으로 범위를 넓혀도 이스라엘과 폴란드가 추가될 뿐이죠. 그나마 2017년까지 2,000시간이 넘는 나라가 멕시코와 한국이었는데 주 52시간 근무제 이후 연간 100시간 줄어든 것입니다. 사실 현재 한국의 경제력으로 본다면 멕시코나 칠레, 그리스와 비교하는 것 자체가 문제지요. 우리가 비교할 대상이라고 한다면 일본, 캐나다, 미국, 프랑스, 독일일 텐데, 이들 나라 중 미국만이 1,779시간으로 1,700시간을 넘고 일본이 1,644시간으로 1,600시간을 넘기고 나머지 서유럽 국가들은 1,500시간대에 머무릅니다. 간단하게 연간 200~400시간을 더 일한다는 것이고 이를 주 단위로 계산하면 주당 4~8시간 더 일하는 셈입니다. 일주일에 하루를 더 일하는 거지요.

국가별	2015	2016	2017	2018	2019
한국	2,083	2,068	2,018	1,993	1,967
이스라엘	1,895	1,922	1,918	1,910	1,898
일본	1,719	1,714	1,709	1,680	1,644
캐나다	1,712	1,706	1,695	1,708	1,670
멕시코	2,140	2,146	2,148	2,149	2,137
미국	1,783	1,778	1,778	1,783	1,779
칠레	1,988	1,974	1,954	1,941	1,914
오스트리아	1,495	1,507	1,498	1,502	1,501
벨기에	1,575	1,574	1,578	1,583	-
체코	1,756	1,779	1,784	1,792	1,788
덴마크	1,407	1,412	1,405	1,382	1,380
에스토니아	1,763	1,767	1,768	1,724	1,711
핀란드	1,555	1,555	1,549	1,546	1,540
프랑스	1,519	1,522	1,505	1,495	1,505
독일	1,401	1,395	1,391	1,390	1,386
그리스	1,944	1,943	1,957	1,956	1,949
헝가리	1,746	1,760	1,747	1,729	1,725
아이슬란드	1,486	1,474	1,464	1,449	1,454
아일랜드	1,771	1,763	1,775	1,785	1,772
이탈리아	1,718	1,722	1,719	1,722	1,718
라트비아	1,694	1,694	1,680	1,692	1,661
리투아니아	1,643	1,664	1,627	1,634	1,635
룩셈부르크	1,514	1,513	1,507	1,506	1,506
네덜란드	1,426	1,437	1,435	1,431	1,434
노르웨이	1,392	1,394	1,381	1,383	1,384
폴란드	1,829	1,831	1,812	1,787	1,806
포르투갈	1,732	1,737	1,727	1,722	1,719
슬로바키아	1,754	1,740	1,714	1,704	1,695
슬로베니아	1,687	1,652	1,622	1,599	1,593
스페인	1,694	1,702	1,690	1,696	1,686
스웨덴	1,466	1,478	1,467	1,466	1,452
스위스	1,590	1,590	1,570	1,561	1,557
영국	1,527	1,541	1,540	1,535	1,538
오스트레일리아	1,733	1,740	1,726	1,723	1,712
뉴질랜드	1,751	1,751	1,752	1,754	1,779

OECD 국가 연평균 실제 근로 시간(출처: 통계청)

1. 건설업에서 가장 많은 사망 유형에 대한 설명 중 잘못된 것을 고르세요.

　① 사망 유형은 추락사이다.

　② 2019년 265명의 노동자가 추락사했다.

　③ 전체 추락사의 76%가 건설업에서 일어난다.

　④ 추락사에 대한 기업 보상이 가장 크다.

2. 한국산업안전공단이 2001년에 발표한 보고서에 따르면 비정규직 노동자 사망만인율은 몇 명이고, 정규직은 몇 명일까요?

　① 3.07, 0.27

　② 3.08, 0.28

　③ 3.09, 0.29

　④ 3.10, 0.30

3. 빈칸에 들어갈 알맞은 말을 넣으세요.

"산재사고가 많은 이유 중 또 하나는 과도하게 긴 _____입니다. 〈장시간 근로와 산업재해와의 관계〉라는 논문에 따르면 사업장을 주당 평균 근로 시간이 52시간 미만과 이상으로 나누었을 때 52시간 이상인 사업장에서 산업재해가 발생할 가능성이 52시간 미만인 사업장보다 2.29배 더 높은 것으로 나타났습니다. 그리고 장시간 노동 자체가 사망 원인이기도 합니다. 근로복지공단에서 과로사로 승인한 건수를 보면 2013년 과로사 348명과 과로자살 20명을 합해 총 368명입니다."

주관식 1. 근래 들어 새롭게 유행하는 용어가 _____ 노동입니다. 비정규직 중 비정형 노동자군에 속합니다. 특정한 기업에 소속되어 있지도 않고 근무 시간도 특별히 정해져 있지 않고, 스스로 노동 수단을 소유하기도 하는 등의 모습입니다.

2. 다음의 서술에서 어색한 문장을 고르세요.

① 플랫폼 노동에서 가장 중요한 문제는 이들 중 꽤 많은 이들이 종속적으로 일을 하는데 일반적인 임금 노동자와 다른 지위에 있다는 것이다.

② 흔히 플랫폼 기업들은 자신들이 노동을 '중개'할 따름이라고 한다.

③ 플랫폼 운영 기업은 디지털 기술을 이용하여 이들 노동자의 노동 과정을 감시하고, 각종 방식으로 노동을 통제한다.

④ 플랫폼 노동자는 고용보험, 산재보험, 국민연금을 보장받는다.

3부

불평등의 중심,
청년

네 개의
청춘

서울에서 가장 못사는 동네 중 하나에서 아이들을 가르쳐본 경험에 따르자면, 그 동네에선 전교 1등에서 10등 정도만 하면 소위 상위 10개 대학에 입학합니다. 물론 대부분 수시고 정시는 거의 없습니다. 수시도 학종(학생부종합전형)보단 내신이 더 많이 차지합니다.

서울대는 수시가 아니면 아예 갈 생각을 말아야 합니다. 정시로 서울대에 붙는 예는 그 지역 공사립 고등학교 전체를 통틀어서 1년에 한두 명일 것이라 봅니다.

지방도 사정이 다르지 않습니다. 자사고(자립형 사립고) 같은 특별한 예를 제외하고 정시로 서울대에 붙는 것은 작은 시 단위나 군 단위 전체를 통틀어서 1년에 한 명이면 많이 나오는 걸 겁니다. 대부분 수시로 가지요.

수시는 강남의 사립고나 자사고, 과학고, 외국어고 등을 제외한 나머지 대다수 학교에 다니는 아이들이 소위 명문대를 갈 수 있는 가장 유력한 방법입니다. 그게 학종이든 내신이든 불균형을 해소하는 꽤 유력한 방법으로 작용하고 있습니다.

정시에서 성적이 좋은 아이가 좋은 대학 가는 게 가장 공정한 방법이 아니냐고 하지만, 정시 자체가 기울어진 운동장에서 이뤄지는 대학 입시입니다.

초등학교 때부터 돈으로 지식을 사지요. 사교육이라고 다 같은 걸까요? 못사는 동네의 못사는 집 아이들은 학원에 다니지 못하거나 한 반에 20명씩 '때려넣는' 곳에서 국영수과사 다섯 과목에 월 20만 원의 수업료를 내면서 아주 박한 월급을 받는 학원 선생님께 수업을 받습니다. 초등만 그런 것이 아니라 중등도 그렇고 고등도 그렇지요.

반면 돈 있는 집 아이들은 과외나 소수 정예 학원에서 과목당 최소 40만 원 하는 수업을 초등학교 때부터 받습니다. 한 아이의 사교육에 들이는 비용이 10배 가까이 차이가 납니다. 언어연수도 격차를 만듭니다. 잘사는 집 아이들 중 꽤 많은 수가 초등학교 때 이미 미국 등에서 언어연수를 받고 옵니다. 이들에게 중고등 영어는 껌 씹기나 마찬가지입니다. 남는 시간에 수학만 집중적으로 공부해 중학교가 끝날 때쯤 이미 수학을 어느 정도 완성합니다.

18~19세기 유럽의 평민 아이들이 학교에서 떼로 모여 수업을 받

을 때 귀족과 부르주아지의 자녀들은 집에서 가정교사로부터 교육을 받은 것과 다르지 않습니다. 물론 수십 명씩 교육을 받아도 잘하는 아이들이 간혹 튀어나오기는 합니다. 가정교사로부터 교육을 받아도 안 되는 아이들은 안 되고요.

그러나 통계와 확률은 우리에게 그 결과를 보여줍니다. 어려서부터 비싼 돈 들여서 배운 아이들과 그렇지 않은 아이들의 평균 성적은 고등학교에 올라갈 때쯤이면 이미 꽤 많은 격차를 냅니다. 정시 혹은 수능의 어디에 공정함이 있는지 도통 알 수 없게 되는 것이지요.

물론 소위 대학의 등급이 신분 상승의 지렛대 역할을 하지 못하게 된 것은 이미 오래전 일입니다. 그러나 강북의 공립에서 공부 좀 한다는 친구들도 정시로는 서울 시내의 전문대 진학이 목표가 되는 상황 자체는 변함이 없습니다.

네 부류의 청년들

1%의 번듯한 일자리를 애써 구하지 않아도 되는 젊은이

9%의 번듯한 일자리 얻기에 성공할 가능성이 큰 젊은이

10%의 미친 듯이 공무원 시험을 준비하는 젊은이

80%의 그저 그런 일자리로 가는 젊은이

초중고에서 열심히 학업에 매진하여 상위권 대학에 입학하고, 열

심히 노력해서 우수한 성적으로 졸업하고 다른 이들이 선망하는 전문직 종사자가 되거나 대기업에 입사하는 젊은이들이 있습니다. 같은 나이 젊은이들 중 한 10% 되지요.

실제로 대기업 임원들의 학력을 조사하면 소위 명문대가 압도적입니다. 하지만 이들이 다니는 기업의 실소유주 자녀들은 임원보다 명문대 학벌 비율이 오히려 낮습니다. 실소유주 자녀들이 회사를 물려받고 사회에 진출하는 데는 명문대 학벌은 필수요소가 아니기 때문이지요. 물론 이들도 어려서부터 최상의 교육환경에서 살아왔기 때문에 당연히 명문대 진학률이 높기는 하지만 명문대에 가지 못했다고 도태되지는 않으니까요. 반면 대기업에 입사해서 임원으로까지 성장하는 과정에는 명문대 학벌은 핵심적인 배경이 됩니다.

이미 명문대 입학과 대기업 입사를 포기하고 다른 세계에 사는 이들이 있습니다. 이들 중 일부는 그보다 보수는 낮지만 안정적으로 인생을 설계할 수 있는 직장을 구하려 합니다. 대표적인 것이 9, 7급 공무원이죠. 지금 나이가 50대 이상 되는 이들은 자신의 20대에 9급 공무원은 대학을 가지 못한 인문계 고졸 졸업자가 가는 곳으로 기억하는 이들이 많습니다. 하지만 사정이 달라졌습니다. 불과 1만 명도 안 되는, 그중 대부분이 9급인 공무원 시험에 100만 명에 가까운 인원이 응시하고 응시자 중 상당수가 대졸입니다.

2~3년제 대학을 나왔거나 특성화고 혹은 지방 4년제 대학을 나온 이들은 공무원 시험과 함께 대기업 혹은 중견기업의 정규 생산직에

도전합니다. 물론 앞서 살펴본 것처럼 소득은 대기업 사무직과 그 부근의 직종에 비할 바가 아닙니다. 평균 100만 원 이상 차이가 나죠. 더구나 9~7급 시험에 합격한 공무원은 5급 이상으로 올라가기가 하늘의 별 따기이고 생산직도 승진에 한계가 있습니다. 가물에 콩 나듯 공장장이 되지요. 하지만 공무원과 정규 생산직은 안정적으로 인생을 살아갈 토대가 됩니다.

이 그룹에도 끼지 못한 이들이 있습니다. 이들은 중소기업이나 소규모 자영업체에 취업하거나 여러 비정규직을 전전하게 되지요. 이들의 노동은 경력이 되지 못하고 그저 소비될 뿐입니다.

이렇게 대한민국의 청년들은 네 부류로 나뉩니다. 부모의 자산으로 아무것도 하지 않아도 풍족한 삶을 누릴 수 있고, 더불어 일정한 사회적 지위를 얻는 것이 아주 손쉬운 상위 0.5~1%, 부모의 뒷받침 아래 자신의 노력과 재능을 합해서 상위 10%의 안정적인 소득과 사회적 지위가 보장되는 트랙을 타게 된 10~15%, 인생을 살아갈 기본 토대는 마련한 40%, 그리고 사회에 나오면서, 아니 그전부터 많은 걸 포기하고 힘든 삶을 살아가야 하는 걸 아는 나머지 부류입니다. 이 구분은 그들의 부모가 가진 자산과 소득에 의해 크게 영향을 받고 있습니다. 그래서 어떤 이들은 지금의 한국 사회를 세습 중산층 사회라고도 하지요.

주관식 1. "____는 강남의 사립고나 자사고, 과학고, 외국어고 등을 제외한 나머지 대다수 학교에 다니는 아이들이 소위 명문대를 갈 수 있는 가장 유력한 방법입니다. 그게 학종이든 내신이든 불균형을 해소하는 꽤 유력한 방법으로 작용하고 있습니다."

주관식 2. 대한민국의 청년들은 다음의 네 부류로 나뉩니다.

1%의 번듯한 일자리를 애써 구하지 않아도 되는 젊은이

10%의 번듯한 일자리 얻기에 성공할 가능성이 큰 젊은이

10%의 미친 듯이 공무원 시험을 준비하는 젊은이

80%의 그저 그런 일자리로 가는 젊은이

➔ 이 구분은 그들의 부모가 가진 ____과 ____에 의해 크게 영향을 받고 있습니다.

불공정에서
불평등으로 가는 관문,
입시

청년 문제는 대입에서 시작합니다. 먼저 부모 세대와 지금 세대 사이의 바뀐 상황 중 하나인 취학률을 살펴봅시다. 1981년부터 대학 진학률이 35%로 높아집니다. 전두환 정권이 들어서면서 졸업정원제를 시행하지요. 입학 정원을 늘리고 대신 졸업을 어렵게 하겠다는 이야기였습니다만 실제로 졸업을 하지 못하는 학생은 이전과 비교해서 큰 차이가 나지 않았고 결과적으로 대졸자를 양산하게 됩니다. 1994~1997년까지 대학 진학률이 가파르게 상승해서 1997년부터는 80년대와 90년대 중반까지의 30%대에서 60%대로 거의 2배가량 높아집니다. 이런 추세는 계속 이어져 2000년대가 되면 대학 진학률은 70%가 넘고 2000년대 후반에는 80%가 넘어갑니다. 하지만 2010년

대가 되면서 대학입학률은 다시 내려가 2011년부터는 60% 후반에서 70% 초반 사이를 유지하고 있습니다.

80년대부터 가파르게 대학 정원이 늘어나기 시작한 것은 졸업정원제 때문입니다만 그게 다는 아니었죠. 높은 경제성장 과정에서 특히 80년대 이후 대학졸업자에 대한 기업의 수요가 급증했기 때문이기도 합니다. 당시 서울 소재 대학 이공계에는 신입사원을 입도선매하려는 대기업 구애가 쏟아졌습니다.

제가 다녔던 서울 시내 모 대학 물리학과는 한 학년 정원이 60명가량이었는데 당시 가장 잘나간다는 현대, 삼성, LG, 대우 등으로부터 쏟아진 3학년 대상 장학금은 100명 규모에 이르렀던 기억이 납니다. 3, 4학년 2년 동안 기업이 장학금을 주고 대신 신입사원으로 뽑아가는 거였죠. 지금 생각해보면 격세지감이 느껴질 정도입니다. 당시만 하더라도 대학원과 교직을 빼면 정작 기업으로 가려는 학생들은 기껏해야

		1980	1985	1990	1995	2000	2005	2010	2015	2020
유치원	취학률	4.1	18.9	28.9	26	26.2	30.9	40.3	48.9	49
초등학교	취학률	97.7	-	100.5	98.2	97.2	98.8	99.1	99.1	98.4
	상급학교 진학률	95.8	99.2	99.8	99.9	99.9	99.9	100	100	100
중학교	취학률	73.3	82	91.6	93.5	95	94.6	96.5	95.3	95.7
	상급학교 진학률	84.5	90.7	95.7	98.5	99.6	99.7	99.7	99.7	99.7
고등학교	취학률	48.8	64.2	79.4	82.9	89.4	91	91.7	92.5	91.4
	상급학교 진학률	27.2	36.4	33.2	51.4	68	82.1	79	70.8	72.5
고등교육기관	취학률	11.4	22.9	23.6	36	52.5	65.2	70.1	67.5	70.4

취학률 및 진학률 현황(단위: %, 출처: 한국교육개발원 교육통계분석자료집, 통계청, 장래추계인구.
고교 졸업자 대학 진학률은 2010년까지는 합격자 기준, 2011년부터는 등록자 기준)

40명이 안 되어 담당 교수가 어느 기업에도 치우치지 않게 교통 정리 하는 데 꽤 골머리를 썩었습니다.

80년대 이후 기업의 대졸자 구애는 지속해서 이어졌고 대학마다 정원을 늘리고 또 신생대학이 늘어나는 효과까지 일어나 대학 진학 률은 2010년까지 계속 높아집니다. 이에 따라 대학 진학률은 1980년 11.4%에서 1990년 23.6%, 2000년 52.5%, 2008년 70.5%까지 높아진 뒤 2011년부터는 68~70% 사이를 유지하고 있지요. 그러나 한편으로 는 대학이 늘어나면서 소위 명문대와 그렇지 않은 대학의 차이도 벌어 지고 있습니다. 이는 뒤에서 다시 다루기로 하지요.

누구의 딸과 아들인가?

어느 대학에 입학하느냐를 좌우하는 중요한 요소 중 하나가 사교 육입니다. 매년 수석 입학자나 수능 만점자 등의 인터뷰에서 교과서를 보고 혼자서 열심히 했다는 이야기가 뉴스에 나오지만 실제로 데이터 를 보면 사교육에 얼마나 투자했느냐에 따라 소위 명문대에 진학할 확 률이 달라집니다. 현재의 사교육 체제가 시작된 것은 1992년부터입니 다. 이전에는 1980년 정권을 잡은 신군부의 과외 금지 명령에 따라 대 학생 과외를 제외하고는 중고등학생 학원 수강이 법으로 허용되지 않 았습니다. 그러다 1992년 서울 시내 중고교 재학생들의 학원 수강이 허용되고 대학 입시가 수능으로 바뀌었습니다. 이후 매년 혹은 2~3년을 주기로 대학 입시 제도가 조금씩 혹은 크게 바뀝니다. 그리고 수시 비중이 점차 늘지요. 상위권 대학을 중심으로 논술도 추가되고 다양한 수시 전형이 만들어집니다.

또 하나, 특목고와 자사고의 등장도 사교육에 일조합니다. 대입 중심의 사교육 시장이 특목고와 자사고 입학을 목표로 하는 영역으로 확대되었죠. 초등학생과 중학생 중 학력이 높은 이들을 대상으로 하는 사교육 시장이 커졌고, 이들을 위한 특화된 프로그램과 프랜차이즈도 나타납니다. 21세기 대한민국에서 사교육은 겉으로는 선택 사항처럼 보이지만 학부모 대부분에게 필수 항목이 되었습니다.

소득이 높을수록 사교육비는 늘어난다

그렇다면 부모들은 자녀 사교육비로 얼마를 쓰고 있을까요? 통계청과 교육부가 공동으로 시행한 〈2019년 초중고 사교육비 조사〉를 살펴보지요. 전국의 학교별 학부모 대상 인터넷 조사를 통해 확보한 자료입니다. 보통 고수입자는 자신의 수입과 지출을 낮추는 경향이 있다는 것을 참작하고 보셔야 합니다만 일반적인 추세는 살펴볼 수 있습니다. 조사에 따르면 전국의 학부모는 매달 평균 32.1만 원을 사교육비로 쓰고 있는 것으로 나타났습니다. 그중 일반 교과, 즉 국영수사과와 논술 등에 쓴 비용이 23.5만 원이었고 그 외 예체능이나 교양 사교육비가 8.3만 원이었습니다. 피아노 학원이나 태권도 학원 등에 다니는 비용이겠지요. 일반 교과 사교육에선 전체 23.5만 원에서 학원 수강비가 16.3만 원으로 압도적으로 높았고 예체능 또한 8.3만 원에서 학원 수강이 6.1만 원으로 압도적이었습니다.

그런데 월수입이 200만 원 미만인 경우 한 달 비용이 10.4만 원에 불과합니다. 평균의 3분의 1밖에 되질 않지요. 그중 일반 교과 사교육에 쓰는 돈은 6.4만 원이고 예체능에 쓰는 돈은 3.8만 원입니다. 200~300만 원을 버는 경우는 17.0만 원으로 평균의 절반입니다. 그중 일반 교과에 쓰는 돈은 11.5만 원이고 예체능에 쓰는 돈은 5.3만 원입니다. 300~400만 원을 버는 경우는 23.4만 원을 씁니다. 평균의 3분의 2가량이 됩니다. 그중 일반 교과는 16.3만 원이고 예체능은 6.9만 원입니다. 여기까지가 전체의 36.5%입니다.

아이들을 학원에 보내본 경험이 있는 분은 이 금액으로 가능한 곳이 어딘지는 아실 겁니다. 초등학생은 동네 공부방 정도를 보내고 태권도 도장이나 피아노 학원 한 곳을 보내는 비용입니다. 중학생이나 고등학생은 동네의 작은 보습학원에 보내는 것이 고작입니다. 중학생이면 아마 국영수에 사회나 과학을 얹은 종합반을 수강하는 것이거나 형편이 안 되면 제일 처지는 과목 한두 개를 수강하겠지요. 한 반에 10명이나 15명 들어가는 교실에서 수준별로 나누지도 못한 채 수업을 받을 겁니다. 200만 원 미만을 버는 경우를 보면, 10.4만 원이라는 돈은 실제 수강할 수 있는 금액이 아니지요. 결국 절반은 학원을 다니지 못하는 것으로 봐야 할 것입니다. 200~300만 원 버는 가정이 지출하는

17만 원도 마찬가지입니다. 그 돈으로 중학생이나 고등학생이 다닐 수 있는 학원은 거의 없지요. 그러니 절반에서 3분의 1가량은 다니질 않는다는 이야기입니다.

반대로 600~700만 원을 버는 이들은 사교육비로 40.4만 원을, 700~800만 원을 버는 이들은 46.4만 원을, 800만 원 이상을 버는 이들은 53.9만 원을 씁니다. 이들의 자녀 중에서도 사교육을 받지 않는

과목 및 유형	2019								
	평균	200 미만	200 ~300	300 ~400	400 ~500	500 ~600	600 ~700	700 ~800	800 이상
대상 분포(%)	100.0	7.1	12.4	17.0	18.2	15.7	8.9	6.6	14.1
사교육비	32.1	10.4	17.0	23.4	30.0	35.4	40.4	46.4	53.9
과목: 일반 교과 사교육	23.5	6.4	11.5	16.3	21.8	26.5	30.5	35.7	40.4
과목: 예체능, 취미, 교양 사교육	8.3	3.8	5.3	6.9	7.9	8.6	9.6	10.4	13.2
과목: 취업 관련 사교육	0.1	0.1	0.2	0.1	0.1	0.1	0.1	0.1	0.1
과목: 진로·진학 학습상담	0.1	0.0	0.1	0.1	0.1	0.1	0.1	0.2	0.2
유형: 일반 교과 사교육	23.5	6.4	11.5	16.3	21.8	26.5	30.5	35.7	40.4
개인과외	3.0	0.5	1.1	1.5	2.3	3.2	4.0	5.1	7.0
그룹과외	2.2	0.4	1.1	1.5	2.1	2.5	3.0	3.5	3.5
학원 수강	16.3	4.4	7.8	11.4	15.2	18.8	21.4	24.8	27.5
방문 학습지	1.2	0.7	0.9	1.2	1.3	1.3	1.3	1.5	1.5
인터넷 및 통신	0.7	0.5	0.6	0.7	0.8	0.8	0.8	0.8	0.9
유형: 예체능,취미,교양 사교육	8.3	3.8	5.3	6.9	7.9	8.6	9.6	10.4	13.2
개인과외	1.2	0.4	0.5	0.7	0.8	1.3	1.5	1.5	2.9
그룹과외	0.6	0.3	0.3	0.4	0.5	0.6	0.7	1.0	1.3
학원 수강	6.1	2.8	4.2	5.4	6.1	6.4	7.0	7.5	8.5
방문 수업 및 기타	0.4	0.3	0.4	0.4	0.4	0.3	0.4	0.4	0.4

가구의 월평균 소득별 학생 1인당 월평균 사교육비(단위: 만 원)

경우가 있을 터이니 이를 고려하면 실제 1명당 사교육비는 더 들겠지요. 더구나 여기에는 어학연수비 등은 해당하지 않습니다.

　다음의 표를 보면 가구소득별로 사교육을 얼마나 시키는지가 나타납니다. 전체적으로 74.8%가 사교육을 시키고 있습니다. 즉 3분의 2 이상이 사교육을 시키는 거지요. 그러나 200만 원 미만은 그 비중이 뚝 떨어집니다. 전체적으로 47%, 즉 절반이 되질 않습니다. 그중에서도 일반 교과 사교육은 27.6%이고 예체능은 27.8%입니다. 초등학생의 예를 보면 절반은 사교육을 시키지 않고, 사교육을 시키는 경우도 둘 중 하나를 선택해서 시킬 수밖에 없는 거지요. 공부방이나 보습학원에 가거나 아니면 태권도 도장에 가는 것 중 하나를 선택하는 겁니다. 그보다 소득이 높으면 일반 교과 사교육에 지출하는 비중이 높아집니다. 당연한 것이겠지요. 하지만 조금 달리 보이는 측면도 있습니다. 자료를 보면 예체능에서 개인 과외를 하는 사례가 저소득층은 0.4%, 0.5%, 0.7% 수준인데, 고소득층 중에서도 800만 원 이상으로 가면 2.9%가 됩니다. 예체능에서 개인 과외를 한다는 건 입시를 준비하는 것으로 볼 수 있지요. 물론 학원 수강의 사례도 많습니다. 미술계열은 미대 준비를 하는 학원에 많이들 다니니까요. 음대나 체대를 준비하는 예도 학원에 다니는 일이 많지요. 하지만 특히 명문대 음대를 진학하려 할 때 고액의 개인 과외를 하는 예가 많다는 건 공공연한 사실입니다. 초등생이나 중학생이 예체능 과외를 하는 예는 드물지요.

　가구의 월평균 소득과 사교육비 지출 금액을 비교한 표를 보면,

과목 및 유형	전체	200 미만	200 ~300	300 ~400	400 ~500	500 ~600	600 ~700	700 ~800	800 이상
대상 분포(%)	100.0	7.1	12.4	17.0	18.2	15.7	8.9	6.6	14.1
전체	74.8	47.0	60.4	70.7	78.0	79.8	83.6	87.0	85.1
과목: 일반 교과 사교육	56.7	27.6	40.6	49.9	59.2	62.2	66.5	72.5	71.0
과목: 예체능,취미,교양 사교육	44.0	27.8	34.1	42.2	45.4	45.6	49.3	52.1	52.4
과목: 취업 관련 사교육	0.6	0.8	0.9	0.7	0.5	0.6	0.5	0.5	0.5
과목: 진로·진학 학습상담	2.3	1.3	1.6	2.0	1.9	2.3	2.6	3.3	3.7

가구 소득 수준별 사교육 참여율(단위: 만 원)

과목 및 유형	200 미만	200 ~300	300 ~400	400 ~500	500 ~600	600 ~700	700 ~800	800 이상
받지 않음	53	39.6	29.3	22.0	20.2	16.4	13.0	14.9
10만 원	11.2	9.5	8.1	6.7	5.6	5.2	4.2	4.2
10~20만 원	15.5	17.3	16.7	15.1	12.5	11.4	9.1	7.1
20~30만 원	8.9	11.7	13.8	13.6	12.3	11.5	11.0	8.5
30~40만 원	5.3	8.3	11.1	12.3	11.7	10.3	11.4	8.0
40~50만 원	3.3	5.1	7.6	10.2	10.3	11.7	10.0	8.8
50~60만 원	1.9	3.9	4.9	7.6	8.9	9.4	11.1	9.8
60~70만 원	0.3	2.3	3.5	4.4	5.9	6.9	7.6	8.0
70만 원 이상	0.6	2.4	5.1	8.1	12.7	17.3	22.6	30.6

소득 수준별 사교육 지출 비용(단위: 만 원)

200만 원 미만일 때 사교육을 받지 않는 예가 53%이고, 10만 원 미만일 때가 11.2%, 20만 원에서 10만 원 사이가 15.5%입니다. 이들을 합치면 80% 되는군요. 10만 원 미만의 사교육이라 함은 웅진씽크빅이나 재능교육 같은 가정방문 학습지를 한두 개 할 것입니다. 53%는 그도 안 되는 것이고요. 원래 데이터를 보면 고등학생이 의외로 사교육을 받지 않는 예가 39%로 가장 높은데 그 이유 중 하나는 바로 이 때문

	평균	100 미만	100 ~200	200 ~300	300 ~400	400 ~500	500 ~600	600 ~700	700 이상
2011년	24.4	6.6	10.2	15.9	21.2	26.6	31.1	36.1	42.0
2015년	24.0	6.8	10.9	17.4	23.4	29.0	34.0	39.4	44.0

소득 수준별 학생 1인당 월평균 사교육비 및 참여율
(단위: 만 원, 〈2011년, 2015년 사교육비 조사 보고서〉, 통계청.)

일 것입니다. 고등학교는 가정방문 학습지로는 해결이 되질 않는 거죠. 학원 수강을 하기에는 비용 부담이 너무 크니 아예 다니질 못하는 겁니다. 중학교도 초등학교에 비해 사교육을 받지 않는 비율이 더 높습니다. 초등학교는 16.5%만 받지 않는데 중학생은 28.6%가 받지 않습니다. 그 이유 중 하나가 마찬가지로 비교적 싼 가격의 사교육이 없기 때문이지요. 하지만 중학교나 고등학교도 10만 원 미만이 적지만 있는데, 이는 흔히 '인강'이라고 이야기하는 인터넷 강의를 수강하는 것이라 볼 수 있습니다. 물론 학원에 다니면서 인강을 같이 듣는 예가 많지요.

표를 보면 또 다른 모습도 보입니다. 사교육을 받는 이들만 놓고 봤을 때 600만 원 이상의 소득을 올리는 세 계층이 70만 원 이상의 사교육을 받는 비율이 가장 높습니다. 17.3%, 22.6%, 30.6%로 소득이 올라갈수록 그 비율이 더 높아지고요. 흔히 말하는 유명 대형 학원, 혹은 소수 정예 학원 등을 수강하려면 이 정도 비용은 들어야 하지요. 그리고 다른 자료를 보면 사교육비에 들이는 비용은 매년 상승하고 있습니다. 2011년 조사에서는 월평균 사교육비가 24.4만 원, 2015년 조사에서는 24.0만 원, 그리고 2019년 조사에서는 32.1만 원입니다. 그리고 그 비용이 높아지는 정도는 소득이 높을수록 더 커집니다. 2011년과 2015년에 100만 원 미만 소득자와 100~200만 원 소득자의 사교육비는 각각 6만 원대와 10만 원대입니다. 2019년의 200만 원 미만 소득자의 10.4만 원과 큰 차이가 없습니다. 그러나 2011년 700만 원 이상 소득자는 42.0만 원이었는데, 2019년에는 46.4만 원(700~800만 원) 및 53.9만 원(800만 원 이상)입니다. 800만 원 이상 비율이 14.1%로 훨씬 높으니 평균을 내보면 50만 원을 조금 넘게 됩니다. 평균 6만 원 이상 상승한 거지요. 약 10년 동안 사교육에서도 양극화가 더 심해졌다고 볼 수 있습니다.

또 하나, 소득이 적으면 사교육비의 절대 금액도 적습니다만 그렇다고 부담이 되지 않는 것은 아닙니다. 200만 원 소득에서 10.4만 원이면 대략 20분의 1입니다. 더구나 이 비용에는 방과후 교실이나 EBS 교재 등은 포함되지 않은 금액이지요. 아이가 둘이면 금액은 배가 됩니다. 공교육에 들어가는 비용을 빼고도 부모는 대략 수입의 15분의 1가량을 쓰게 되는 거지요. 어찌 되었건 아이들의 사교육에 들어가는 비용이 부담으로 작용할 수밖에 없는 현실입니다. 하지만 600만 원 이상의 소득을 가진 이들이 한 달 50만 원의 사교육비를 부담하는 것은 그보다는 훨씬 수월한 일이 될 터입니다. 사교육비가 가계에 미치는 영향은 저소득층에서 훨씬 크고 그래서 한계에 도달했기 때문에 지난 10년 동안 사교육비 비용이 올라가지 못하는 것이라 볼 수 있습니다.

그럼 이런 사교육이 대학 입시에서 그 힘을 발휘하기는 하는 걸까요? 몇 가지 통계가 이를 뒷받침합니다. 서울대 대학생활문화원이 2012년 입학생 2,148명을 대상으로 조사한 바에 따르면, 월평균 가계 소득이 500만 원 이상인 고소득층 가구에 속한 신입생이 47.1%였습니다. 그리고 부자들이 많이 산다는 강남 3구 출신 신입생도 전체 합격생의 17.7%였죠. 서울대는 전국 각지에서 학생을 뽑기 위해 지역균형 선발 제도도 도입했지만 강남 3구 출신 신입생 비중은 계속 늘고 있습니다. 그리고 통계청에 따르면 강남 3구 일반계 고교 사교육비(월 56만 8,000원)는 전국 최고 수준이었으며, 읍면 지역의 5배가 넘었습니다.

또 하나 시사점으로 같은 강남 3구지만 사교육의 영향이 덜한 초등학교는 이런 정도의 격차가 나지 않는다는 것입니다. 중앙일보와 하늘교육이 강남 3구 초등학교의 2012년 학업 성취도 평가를 분석한 결과 전국 500위 안에 드는 학교는 89곳에서 단 6곳뿐이었습니다. 물론 전체적으로 서울의 다른 구보다 평균적인 학업 성취도는 높지만 대학 입시에서 보여주는 압도적인 모습은 찾아볼 수 없었던 거죠.[*]

강남 대치동으로 대표되는 고급스러운 사교육은 아이들이 학교에 입학하기 전부터 시작됩니다. 영어 유치원을 보내거나 아주 비싼

---

[*] 〈전국 순위 매겨봤더니…강남, 최고 아니더군요〉, 중앙일보, 2013년 2월 20일.

유치원에 보내지요. 이 아이들은 초등학교를 졸업할 때쯤 영어에 굉장히 익숙해진 상태가 됩니다. 미국이나 캐나다 등 영어권 나라에서 한 2년 살다 오기도 하고, 방학마다 어학연수를 가기도 하면서 말이죠. 이는 꽤 큰 장점이 됩니다. 독서 토론이나 논술 등도 틈틈이 시키고 악기도 하나쯤은 연주할 줄 알게 하지요. 이렇게 전인적 인격을 쌓으면서 큰 자녀가 아주 공부를 잘하는 모습이 보이면 국제중 같은 곳에 보낼 궁리를 하지요. 아니면 아예 외국으로 유학을 보내기도 합니다만 이런 예는 매우 드뭅니다. 그렇지 않다면 일단 관내 일반 중학교에 진학합니다.

명문대 입학을 위해 중학교에서 갖춰야 할 가장 중요한 요소는 수학과 영어 그리고 문해력 실력입니다. 그런데 이 친구들은 이미 영어에 익숙해 있고, 중학교 때도 방학 때마다 외국에 나가 익히기를 반복하니 다른 학생들처럼 영어를 죽어라 하지 않아도 됩니다. 그 남는 시간을 수학과 문해력에 투자하지요. 문해력은 다른 분야에서도 중요하지만 성적을 올리는 데도 엄청난 역할을 합니다. 일단 참고서건 교과서건 선생님 말씀이건 아니면 시험 문제건 문해력이 뛰어난 친구가 더 이른 시간에 더 정확하게 요점을 파악할 수 있으니까요. 그나마 여유가 있는 중학교 시절에 이들은 제대로 가르친다고 소문이 난 논술학원에 다니며, 또 자신의 진도와 역량을 정확히 파악해서 지도하는 소수정예 수학학원이나 개인 과외를 통해 수학 실력을 키웁니다. 요사이 중학교 학생들이 많이 보는 문제집에서 난이도가 중 정도 되는 문제를 풀 수 있으면 학교 시험은 많이 어렵지 않아 상위권이 됩니다. 물론 서울의 다른 지역으로 가면 최상위권이 되고요. 하지만 이들의 목표는 중학교 학교 성적이 아니니 수학의 난도를 더 높입니다. 그리고 선행 학습에 들어가지요. 특목고나 자사고 등을 준비하는 아주 성적이 좋은 친구들은 그쪽으로 특화된 학원에 다닙니다. 물론 일반 학원에 비해 아주 비싼 곳이지요. 이 전체를 제대로 조율하기 위해선 교육 로드맵 이 필요합니다. 모든 부모가 이런 로드맵을 짤 수 없으니 이를 전문적 으로 준비하는 전문가의 컨설팅도 들어갑니다. 컨설턴트들은 초등학 교 때부터 대학까지의 과정을 로드맵으로 짜주고 중간중간 생기는 변 수에 맞춰 이를 수정하는 역할을 하지요.

고등학교에 올라가면 이제 내신도 신경 써야 하고, 입시도 준비하 면서 동시에, 학종을 위한 스펙 쌓기에도 신경을 써야 합니다. 학생이 혼자 이 모든 걸 할 순 없지요. 따라서 컨설턴트의 역할이 더 커집니 다. 자기가 지망하는 학교와 전공에 맞춰 스펙을 짭니다. 이공계 진학 을 희망하는 이들은 올림피아드를 준비하기도 하고, 과학관이나 대학 에서 시행하는 각종 프로그램에도 참여합니다. 부모의 인맥을 통해 관 련 기업이나 연구실에서 방학을 중심으로 인턴 활동을 하기도 하지요. 또 논문을 쓰기도 하고, 연관 대중 과학서 독후감을 제출하기도 합니 다. 학교에서 시행하는 과학토론대회나 과학실험대회에도 나갑니다. 물론 이를 혼자서 준비할 수 없으니 이를 준비해주는 과학토론대회 준 비팀 등에 수강료를 지불하고 배우기도 합니다. 대치동에서나 가능한 일이지요. 그래서 지방의 과학고나 외고에 다니는 학생들은 주말을 이용해 대치동에 가서 배우기도 합니다. 이 모든 과정을 위해선 학생도 꽤 큰 노력을 해야 하지만 부모도 만만치 않습니다. 몇백만 원의 돈이 매달 사교육비로 지출되지요.

서울대와 강북

그렇다면 강북 지역에서 그저 그렇게 사는 이들의 입시 준비는 어떻게 될까요? 아이가 많은 것도 아니고 하나 아니면 둘인데 강북의 부모님들도 아이들을 제대로 가르치고, 좋은 대학에 보내려는 생각이 없진 않습니다. 그러나 부모들이 일단 명문대 출신이 아니라 입시에 대한 경험이 적고, 조언을 해주고 도와줄 네트워크를 갖추지 못한 상황에서 버는 소득이 적다 보니 치밀한 전략이라는 것 자체가 존재하지 않는 예가 대부분입니다.

일단 유치원은 경쟁이 치열하고 비용도 이것저것 들어가니 동네 어린이집을 보냅니다. 맞벌이하는 가정도 많고 또 주변에서 모두 보내니 애가 두세 살이 되면 어린이집을 가지요. 그리고 초등학교에 들어가면 조금 여유가 있는 경우 태권도장이나 공부방을 보냅니다. 형편이 어려우면 학교에서 하는 방과후 교실을 보내지요. 한 절반은 방과후 교실만 다니더군요. 초등학교 고학년이 되면 그래도 걱정이 되니 동네 작은 학원으로 보냅니다. 아니면 공부방으로 가기도 하고요. 이런 곳은 월 10만 원 조금 넘는 선에서 견딜 수가 있거든요. 조금 더 여유가 있는 집은 웅진씽크빅 같은 방문교사도 신청합니다. 역시 절반이 넘질 않습니다. 이들 지역에선 놀이터에서 초등학생들을 보는 일이 어렵지 않습니다. 학원에 다니지 않는 아이들이 많으니까요.

중학교에 올라가면 학원에 다니는 아이들이 조금 더 늘어납니다만 아직도 학원 등의 사교육을 받지 않고 학교에서 운영하는 방과후교실에 다니고는 그냥 집으로 가는 예가 꽤 됩니다. 고등학교도 특목고나 자사고를 생각하는 아이들은 그리 많지 않습니다. 혹시 신학기 초가 되면 중학교 교문 위에 걸린 플래카드를 보신 적이 있나요? 강남이라면 대여섯 명 이상의 과학고 진학 학생 이름을 포함해 작은 글씨로 외고 진학 학생 이름을 빼곡히 적은 플래카드를 볼 수 있습니다만 강북 중학교에는 과학고, 외고, 자사고를 합쳐도 플래카드에 걸리는 이름은 열 손가락을 넘기 힘듭니다. 보통 너댓 명입니다. 겉으로 드러나지는 않지만 예전에 상고, 공고로 불렸던 특성화고를 가는 아이들이 오히려 특목고를 가는 아이들보다 많지요.

일반 고등학교에 가면 학원에 다니는 비율이 늘어납니다만 한 반에 최소한 3분의 1은 여전히 학원에 다니지 않습니다. 정규 수업이 끝나면 남아 방과후 수업을 듣고 야간자율학습을 하지요. 물론 EBS나 사교육의 인강을 듣는 학생들은 부쩍 늘어납니다. 공부를 좀 잘하는 아이들은 부모들이 무리해서라도 학원을 끊어줍니다만 학교에서 중간 정도를 한다면 아이들도 별로 학원에 다닐 생각을 하지 않지요. 그래서 야간자율학습도 오히려 강남보다 참여율이 높기도 합니다. 학종까지 신경 쓰는 예는 소수고, 그저 수시로 갈 건지 아니면 정시로 갈 건지만 정하는데 대부분 수시로 가게 됩니다.

강북의 일반 고등학교에서 정시로 서울대를 가는 사례는 몇 년에 한 명에 불과하지요. 대부분 수시로 가게 됩니다. 그것도 매년 가는 건 아닙니다. 1학년 때부터 3년 내내 전교 1, 2등을 놓치지 않아야 가능하지요. 전교 3등 정도 내신으로는 서울대는 불가능입니다. 강남의 사립 고등학교가 한 해에 100명의 서울대 입학생을 만드는 동안 강북에서는 한두 명이, 그것도 수시를 통해서 그나마 서울대를 갑니다. 전교에서 한 20등 안에 드는 학생들은 그래도 서울 소재 대학을 가고, 그 범위를 넘어서면 경기권의 4년제 대학이나 3년제 대학(이전 전문대학)으로 진학을 하고, 대학을 가지 않는 학생들도 30%가량 됩니다.

1. 빈칸에 들어갈 알맞은 말을 고르세요.

"대학 진학률은 2010년까지 계속 높아집니다. 이에 따라 대학 진학률은 1980년 11.4%에서 1990년 23.6%, 2000년 52.5%, 2008년 70.5%까지 높아진 뒤 2011년부터는 _____ 사이를 유지하고 있지요."

① 68~70%　　　② 78~80%　　　③ 88~90%　　　④ 90~95%

2. 서울대 대학생활문화원이 2012년 입학생 2,148명을 대상으로 조사한 바와 맞지 않는 것은 무엇일까요?

① 월평균 가계 소득이 500만 원 이상인 고소득층 가구에 속한 신입생이 47.1%이다.

② 강남 3구 출신 신입생은 전체 합격생의 17.7%이다.

③ 강남 3구 출신 신입생의 입학 등록률이 가장 낮다.

④ 통계청에 따르면 강남 3구 일반계 고교 사교육비(월 56만 8,000원)는 전국 최고 수준이었으며, 읍면 지역의 5배가 넘는다.

스카이·강남 리그
(10분위 30%, 9분위 16%)

　　사교육에서의 양극화만 문제가 되는 건 아닙니다. 해방 후 1970년대 초반까지 고등학교는 소위 명문고와 그렇지 않은 고등학교로 나뉘었습니다. 경기고, 경복고 등 서울의 유수한 명문고와 지방의 명문고들이 똑똑한 인재들을 흡수했고, 나머지 학교들은 명문고로 진학하지 못한 학생들로 채워졌지요. 1973년 고교평준화 정책이 시행된 이후 20세기 말까지 이런 부작용은 줄어들었습니다만 2000년대 들어 다시 명문고가 부활했습니다. 단순히 부활한 것이 아니라 부모의 경제력에 따른 격차까지 더해졌지요. 새로운 명문고는 여러분도 다 아시다시피 특목고, 자사고, 강남 사립고입니다.

특목고는 원래 1973년 시행된 고교평준화에 대한 대안으로 나왔습니다만 1983년 이전까지는 주로 실업계 고등학교에만 해당하는 일이었습니다. 그러다 1983년 영재교육을 위해 경기도과학관 부설 과학고등학교가 문을 열면서 특목고 시대가 시작됩니다. 1992년 각종 학교였던 외국어학교가 정규고등학교로 편입이 되면서 외국어고등학교도 특목고에 포함이 됩니다. 1994년 입시에서 서울과학고 학생 138명 중 126명이 서울대에 합격했지요. 대원외고 188명(재수생 포함), 대일외고 85명, 한영외고 54명이 합격합니다. 더구나 외국어고에 비교내신제가 적용된 1996년 대원외고는 서울대 199명의 합격자를 냅니다. 특례 입학을 포함하면 200명이 넘었지요. 서울과학고, 한영외고, 한성과학고가 그 뒤를 잇습니다. 중간에 여러 부침이 있었습니다만 특목고는 서울대와 연고대를 중심으로 대거 합격자를 내는 모습을 꾸준히 보여줍니다.[*] 이에 힘입어 2001년 19개였던 외국어고는 2008년 30개로 늘지요.

자립형 사립 고등학교, 자사고가 등장한 것은 김대중 정부 시절인 2002년입니다. 민족사관고, 상산고, 동산고 등 자사고 또한 서울대를 비롯한 소위 명문대 입학률이 높음을 무기로 인기몰이를 합니다. 2016년에서 2019년 주요 13개 대학교 입학률은 과학고와 영재고가 20.3%,

---

[*] 특목고의 모습은 또 다르게 바뀌고 있습니다. 대원외고에서 가장 공부를 잘하는 학생들은 이제 더이상 서울대를 목표로 하지 않습니다. 이들은 미국 아이비리그 대학 입학을 목표로 하지요.

외고와 국제고가 10.0%, 자사고가 6.8% 그리고 일반고가 62.1%였습니다. 일반고 중에서는 강남 3구 명문 사립고가 3분의 1을 차지합니다. 고등학생 전체로 따지면 90% 이상이 다니는 나머지 일반고에선 소위 명문대 전체 입학생의 40% 밖에 차지하지 못하는 것이지요.

강남 3구 사립 고등학교 또한 이들 특목고나 자사고와 비슷한 모습을 가지고 있습니다. 2012년 중앙일보와 하늘교육이 공동 조사한 자료에 따르면 강남 사립 고등학교는 서울대, 연세대, 고려대 진학률이 높게는 21.6%(중동고)에서 낮게는 3.8%에 이르고 있습니다. 특목고와 자사고를 제외한 일반계 고등학교 중 SKY 진학률 순위를 놓고 보면 1~10위 중 1위에서 6위까지가 모두 강남 3구의 사립고였고, 9위 중산고까지 포함하여 10위 안에 7개교가 들어가 있습니다. 20위까지 확대해 봐도 13개교, 30위까지 중에선 21개교입니다. 압도적이지요. 진학률 10% 이상의 학교 24개교 중 강남 3구가 17개를 차지합니다. 서울대 대학생활문화원이 2012년 입학생의 출신지를 분석한 결과 강남 3구 출신이 전체의 17.7%였습니다. 당시 강남 3구의 인구가 대한민국 전체 인구의 3.34%인 점을 고려하면 인구 대비 5배가 넘는 비율이지요.[*]

이런 상황은 더 심해집니다. 2021년 서울대 자료에 따르면 서울대 입학 상위 고등학교 중 특목고와 자사고가 26위까지를 모두 휩쓸

---

[*] 〈명문 SKY대 진학, 강남 3구 명문고교 싹쓸이〉, 스카이데일리, 2012년 5월 10일.

니다. 상위 30개교 중 일반고는 서울고, 낙생고, 상문고 겨우 세 학교 밖에 없습니다. 거기다 서울고와 상문고는 서초구고 낙생고는 성남시 죠. 결국 상위 30개교 모두 특목고와 자사고 그리고 강남 3구의 학교 들입니다. 일반고 순위에서도 1위에서 10위 중 강남구와 서초구 그리고 성남시 분당과 화성시 동탄을 제외하면 7위의 한민고, 공주사대부고, 한일고 세 학교뿐이지요.*

1973년 고교평준화 이전의 명문고는 그 당시 고등학생 수의 2%를 차지하고 있었습니다. 현재 특목고와 자사고는 전체 고등학생의 약 3%를 차지합니다. 여기에 강남 3구의 명문 사립고를 포함하면 이들이 평준화의 취지를 완전히 무너뜨린 것이지요. 마치 지금 65세 이상의 분들이 기억하던 경기고-서울대 출신을 일컫는 'KS라인'처럼 특목고, 자사고 그리고 강남 사립고와 소위 명문대를 잇는 이른바 동문 네트워크가 만들어진 셈입니다. 그런데 이들 특목고, 자사고, 강남 사립고는 이전 60~70년대의 명문고와 크게 다른 점이 하나 있습니다. 다니는 데 돈이 많이 든다는 거지요.

2019년 기준 외고의 평균 학비는 1년에 1,154만 원입니다. 국제고의 사례를 보면 사립인 청심국제고는 1,812만 원, 공립국제고는 평균 902만 원이죠. 자립형 사립고(자사고)는 평균 학비가 연간 886만 원입니다. 민사고는 2,671만 원, 하나고 1,547만 원, 용인외대부고

---

* 〈서울대 합격 상위 20개교 중 일반고 0〉, 조선일보, 2021년 3월 2일.

1,329만 원 등 전원 기숙사 생활을 하는 곳이 높습니다.* 이 중 600만 원 조금 넘는 돈이 등록금입니다. 나머지는 기숙사비, 급식비, 수학여행비 등 기타 비용입니다만 대부분의 학생들이 내는 실정입니다. 이에 반해 일반 고등학교는 평균 158만 원 수준이었으며, 차상위 가구는 이를 면제하고 있었고, 또한 2021년부터 고교무상교육 단계적 확대 방침에 따라 등록금이 없습니다. 즉 자사고나 외고에 진학하기 위해서는 1년에 최소한 600만 원에서 1,000만 원의 추가 비용을 지불해야 하는 거지요. 있는 이들에게야 큰돈이 아니지만 연간 가구 소득이 4,000만 원 수준에서는 상당한 각오를 해야 하며, 연간 가구 소득 3,000만 원 이하에서는 대출을 받지 않고는 불가능한 수준입니다. 자연스레 이들 학교에는 소득분위로 따지면 10~6분위 사이의 부모를 둔 아이들이 입학합니다.**

---

* 〈사립 외고 1년 학비 평균 1천 100만 원…경기외고 가장 비싸〉, 연합뉴스, 2019년 10월 8일. 〈자사고 1년 평균 학비 900만 원…민사고는 2,700만 원〉, 연합뉴스, 2019년 10월 6일.

** 사교육 시장의 핵심 중 하나였던 특목고 자사고 진학은 문재인 정부 들어 위기를 맞고 있습니다. 문재인 정부의 교육 공약 중 하나가 특목고·자사고 폐지였습니다. 이에 따라 교육부는 2025년 고교학점제가 전면 시행되는 시점을 계기로 전부 일반고로 전환하기로 했습니다. 핵심은 학생 교사 선발과 등록금 책정 등을 일반고와 동일하게 운영해야 한다는 점이죠. 물론 특목고가 완전히 사라지지는 않습니다. 과학고는 특목고로 남아 있고 영재학교도 남아 있지요. 자사고와 특목고 학교 당국과 학부모들의 반발도 대단합니다. 헌법소원 등 모든 방법을 동원하겠다고 하지요.

그렇다면 이들에 속하지 않는 강남 3구를 제외한 나머지 지역의 일반 고등학교는 어떤 실정일까요? 〈서울시 자치구별 상위 대학 진학률에 대한 거주지 효과 분석〉* 논문을 통해 살펴보죠. 먼저 논문의 상위 대학은 중앙일보가 2006년 선정한 상위 10개교로 포항공대, 과학기술대, 서울대, 연세대, 고려대, 성균관대, 서강대, 한양대, 이화여대, 한국외대를 가리킵니다. 진학률을 보면 강남구는 0.33이고 서초구는 0.37, 광진구는 0.31입니다. 반면 중랑구는 0.11, 강북구 0.11, 동대문구 0.1입니다. 딱 삼분의 일 수준이지요. 반면 2년제 대학 진학률은 강남구 0.18, 서초구 0.15, 광진구 0.22인데 중랑구 0.4, 강북구 0.4, 동대문구 0.35입니다. 서울시 전체로는 상위 대학 진학률은 0.21이고 2년제 진학률은 0.3입니다. 이들 자치구의 평균 소득은 어떨까요? 강남구 4,800만 원, 서초구 4,900만 원, 광진구 4,200만 원입니다. 중랑구는 3,400만 원, 동대문구 3,400만 원, 강북구 3,500만 원입니다. 대략 연간 소득이 1,000만 원 조금 넘게 차이가 나지요.

이번에는 초등학생의 학력 격차를 한번 살펴볼까요? 초등학교 학력 격차를 알 수 있는 가장 좋은 자료는 중학교 1학년 때 시행하는 학력진단평가입니다. 유일하게 모든 학교가 동일한 시험을 치르지요. 다음의 표는 강남 3구와 강북 3구 중학교 1학년 학력진단평가 평균 성적

---

* 〈서울시 자치구별 상위 대학 진학률에 대한 거주지 효과 분석〉, 서울연구원.

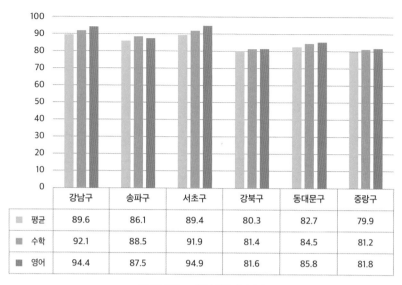

	강남구	송파구	서초구	강북구	동대문구	중랑구
■ 평균	89.6	86.1	89.4	80.3	82.7	79.9
■ 수학	92.1	88.5	91.9	81.4	84.5	81.2
■ 영어	94.4	87.5	94.9	81.6	85.8	81.8

서울시 중학교 1학년 학력진단평가

을 비교한 것입니다. 일단 전체 평균에서 강남은 평균이 89점 부근에 몰려 있지요. 반면 강북 3구는 80점 부근에 몰려 있습니다. 한 10점 차이가 나네요. 수학의 경우 강남 3구는 91점, 강북 3구는 82~83점이 평균입니다. 영어는 강남 3구가 92점, 강북 3구는 82점입니다. 이는 이미 초등학교에서 만들어진 격차인 것으로 볼 수 있습니다. 중1 학력진단평가는 대부분 입학 초, 즉 3월에 이루어지니까요.

이런 초중고의 사교육과 특목고, 자사고 등의 결과가 대학에서도 여전히 드러납니다. 한국장학재단이 2018년 장학금을 신청한 대학생들을 대상으로 분석한 자료에 따르면 가장 공부 잘하는 학생들이 간다는 서울 시내 8개 의대 중 9분위와 10분위 가구의 자녀는 전체 학생의 55%입니다. 그다음 서울대, 연세대, 고려대는 10분위가 30%, 9분위가 16%로 전체의 46%를 차지합니다. 이들 외의 대학은 10분위가 12%, 9분위가 13%를 차지해서 전체의 25%입니다. 즉 상위 대학 중에서도 최상위 대학은 우리나라에서 돈을 가장 잘 버는 20%가 절반을 차지하고 있는 거지요. 그리고 그중에서도 가장 돈을 잘 버는 10%의 자녀들이 전체의 30%를 차지하는 겁니다. 한국장학재단에서 계산한 9분위의 하한선은 월소득 903만 원, 10분위는 월 1,356만 원입니다. 연간으로 환산하면 둘 다 1억이 넘습니다. 스카이와 의대에선 우리 부모가 억대 연봉 받는다는 게 별 자랑거리가 아닌 셈입니다. 또 하나, 이 조사는 장학금을 신청한 학생을 대상으로 조사한 결과입니다. 고소득층 자녀들이 저소득층보다 장학금 신청률이 낮은 걸 고려하면 실제로 10분위와 9분위가 차지하는 비율은 더 높을 수밖에 없습니다.[*] 시간이 지날수록 부모 소득에 따른 학력 불평등은 더 심해지고 있습니다. 2018년 의대 신입생 중 55%의 부모 연 소득은 1억 이상이었습니다. 2020년에는 그 비중이 80.6%에 달하고 있습니다.

---

[*] 〈SKY 고소득층 비율 46%, 다른 대학 2배…의대는 더 높다〉, 중앙일보, 2019년 2월 14일.

1. 다음 설명 중 옳지 않은 것은 무엇일까요?

① 2012년 중앙일보와 하늘교육이 공동 조사한 자료에 따르면, 강남의 사립 고등학교는 서울대, 연세대, 고려대 진학률이 높게는 21.6%(중동고)에 이른다.

② 특목고와 자사고를 제외한 일반계 고등학교 중 SKY 진학률 순위를 놓고 보면 1~10위 중 1위에서 6위까지가 모두 강남 3구의 사립고이다.

③ SKY 진학률 10% 이상의 학교 24개교 중 강남 3구가 17개를 차지한다.

④ 서울대 대학생활문화원이 2012년 입학생의 출신지를 분석한 결과, 강남 3구 출신이 전체의 7.7%였다.

주관식 2. _____에 알맞은 말을 넣으세요.

"현재 특목고와 자사고는 전체 고등학생의 약 3%를 차지합니다. 여기에 강남 3구의 명문 사립고를 포함하면 이들이 _____의 취지를 완전히 무너뜨린 것이지요."

3. 2019년을 기준으로 각 학교의 평균 학비를 잘못 기술한 것을 고르세요.

   ① 외고 1,054만 원

   ② 청심국제고 1,812만 원

   ③ 자립형 사립고(자사고) 886만 원

   ④ 일반 고등학교 평균 138만 원

주관식 4. 보기에서 알맞은 것을 골라 빈칸에 넣으세요.

〈보기〉   16   20   30   46   55

"한국장학재단이 2018년 장학금을 신청한 대학생들을 대상으로 분석한 자료에 따르면 가장 공부 잘하는 학생들이 간다는 서울 시내 8개 의대 중 9분위와 10분위 가구의 자녀는 전체 학생의 ＿＿＿%입니다. 그다음 서울대, 연세대, 고려대는 10분위가 ＿＿＿%, 9분위가 ＿＿＿%로 전체의 ＿＿＿%를 차지합니다. 이들 외의 대학은 10분위가 12%, 9분위가 13%를 차지해서 전체의 25%입니다. 즉 상위 대학 중에서도 최상위 대학은 우리나라에서 돈을 가장 잘 버는 ＿＿＿%가 절반을 차지하고 있는 거지요. 그리고 그중에서도 가장 돈을 잘 버는 10%의 자녀들이 전체의 ＿＿＿%를 차지하는 겁니다."

명문대의
일자리 독식

　이제까지 사교육과 신흥 명문고 등에 대해 살펴봤습니다만 이렇게까지 해서 소위 명문대를 가면 무슨 이익이 있는 걸까요? 이를 이해하기 위해선 일단 우리나라의 일자리가 크게 두 가지로 나뉜다는 걸 알아야 합니다. 괜찮은, 선망하는 일자리와 그렇지 않은 일자리지요. 대기업 사무직이나 공공 부문 정규직 그리고 교사, 의사, 변호사 등의 전문직이 사회에 진입하는 청년들이 선호하는 일자리입니다. 이런 일자리는 연간 7만 2,000곳 정도 된다고 합니다. 동갑내기들 중 10% 정도가 이런 곳에 취업을 합니다.

　여기서 두 가지 문제가 있는데요, 하나는 이들 일자리와 다른 일자리들 사이의 간격이 꽤 크고 시간이 지날수록 좁아지지 않고 더 벌어진다는 것입니다. 2부 '대한민국 불평등의 근원, 노동'에서 살펴본 것처럼 이미 한국의 노동시장은 이중구조가 공고하게 자리 잡고 있습니다. 아니, 점점 그 격차가 커지고 있지요. 그리고 다른 하나는 이런 일자리로 진입하는 이들이 대부분 잘사는 집의 자녀라는 겁니다.

〈2018년 대졸자 직업이동 경로 조사 기초분석보고서〉를 살펴보겠습니다. 2016년 8월과 2017년에 졸업한 이들을 대상으로 한 조사입니다. 전체 51만 2,170명으로 이 중 2~3년제 대학은 남성 7만 4,028명, 여성 9만 6,467명이며, 4년제는 남성 17만 784명, 여성 16만 7,036명, 교육대는 남성 1,257명, 여성 2,598명입니다. 4년제 졸업생이 2~3년제 졸업생의 2배 정도 됩니다. 권역별로 보면 서울 소재 대학이 9만 8,329명, 경기·강원권이 12만 7,864명, 충청권이 8만 8,041명, 경상권이 13만 5,513명, 전라·제주권이 6만 2,423명이었습니다. 서울이 20%가 약간 안 되고, 경기·강원권은 20%가 조금 넘습니다. 경상권은 24%, 충청권은 16%, 전라·제주권은 12%를 차지하네요.

2~3년제 대학은 비경제활동인구 16.6%를 제외한 경제활동인구 중 취업자는 75%로 나타났습니다. 4년제는 비경제활동인구 19.3%를 제외한 경제활동인구 중 취업자는 72.3%로 나타났습니다. 비경제활동인구는 권역별로는 서울과 전라권이, 전공별로는 인문계열과 교육계열, 그리고 자연계열이 여타 계열보다 높습니다. 아무래도 대학원 진학률과 임용고시 준비 그리고 취업 준비 등이 영향을 끼친 것으로 보입니다.

더 자세히 살펴보지요. 앞서 대기업과 중소기업이 임금이나 여러 가지 부분에서 격차가 크다고 했습니다. 300인 이상 대기업에 취업한 비율을 보겠습니다. 남성은 24%, 여성은 17.9%입니다. 격차가 6% 이상 나지요. 대졸자 비율에서는 남녀 차이가 거의 없는데도요. 2~3년제는 14.6%, 4년제는 24.4%입니다. 10%의 격차가 나네요. 더구나 대기업 취업에서 2~3년제는 사무직이 아닌 생산직으로 가는 예가 훨씬 많으니 이를 고려하면 격차는 더 커집니다.

정규직과 비정규직에서도 큰 차이가 납니다. 정확하지는 않지만 이 조사에서는 상용직과 임시직 그리고 일용직으로 나누고 있습니다. 남성은 상용직이 임금근로자 94.6% 중 79.9%인데, 여성은 임금근로자 95.9%에서 75.8%로, 임금근로자 비중까지 따지면 5% 이상 낮습니다. 4년제 졸업생은 임금근로자 95.4%에서 78.5%가 상용근로자입니다. 2~3년제는 임금근로자 94.9%에서 상용근로자는 75.9%로 역시 3%가량 낮습니다. 그런데 여기서 상용근로자란 비정규직인 예도 있으니 이를 염두에 두어야 합니다.

정규직은 평균 67.2%였습니다. 남성은 71.5%, 여성은 63.4%입니다. 즉 앞에서 75%가량 보였던 상용직에서 상당수가 비정규직이란 뜻입니다. 4년제는 정규직이 68.8%이고 2~3년제는 63.9%로 역시 2~3년제가 4년제보다 5%가량 낮습니다. 이 또한 2~3년제는 생산직 비율이 높으니 그에 따른 차이도 나겠지요.

월평균 임금을 보면 4년제는 233.3만 원, 2~3년제는 206.5만 원입니다. 남성은 250.7만 원이고 여성은 198.8만 원입니다. 더 살펴보자면 다음의 표와 같습니다. 비임금근로가 높게 나타나는데요, 자신이 직접 가게를 차리거나 가족과 함께 일하는 사례입니다. 가족과 함께 일하는 예는 부모나 조부모가 운영하는 자영업이 대부분입니다. 직접 가게를 차린 예는 어느 정도 자본이 있어야 가능한 것이니 가족의 도움을 받은 것이지요.

일단 여기서 살펴봐도 대졸 상용 남성 노동자가 받는 임금을 1로 잡았을 때 대졸 상용 여성 노동자는 0.82, 대졸 임시 남성 노동자는 0.56, 대졸 임시 여성 노동자는 0.51입니다. 남성과 여성의 차이도 크지만 그보다는 상용이냐 임시냐의 차이가 훨씬 더 큰 걸 알 수 있습니다. 그런데 앞서 살펴본 것처럼 같은 상용 노동자라도 무기계약직은 정규직보다 임금이 더 낮습니다. 그를 생각하면 임금 수준은 대졸 정규직 남성 노동자 〉 대졸 정규직 여성 노동자 〉 대졸 무기계약직 남성 노동자 〉 대졸 무기계약직 여성 노동자 〉 대졸 비정규직 남성 노동자 〉 대졸 비정규직 여성 노동자 순이 될 겁니다.

부가 급여도 살펴보겠습니다. 남성의 사례를 보면 전체 노동자 중 퇴직금을 받는 비율은 85.4%, 유급휴가 78.9%, 시간외 수당 63.2%, 상여금 77.6%입니다만 여성의 경우 퇴직금은 80.5%, 유급휴가 76%, 시간외 수당 58.3%, 상여금 74.6%로 모두 남성보다 낮습니다. 4년제 대

	전체	남성	여성
임금근로	221.1	244.7	198.8
상용	240.0	262.8	217.1
임시	139.3	148.4	133.1
일용	109.2	128.7	87.9
비임금근로	292.0	362.4	200.1

대졸자 월평균 임금(단위: 만 원)

학 졸업생은 퇴직금 82.2%, 유급휴가 80.3%, 시간외 수당 63.1%, 상여금 77.6%입니다만 2~3년제 대학 졸업생은 퇴직금 83.9%, 유급휴가 75.7%, 시간외수당 62.5%, 상여금은 76.9%입니다. 퇴직금은 2~3년제 졸업생이 1.7% 더 높고 유급휴가는 4.6%, 시간외 수당은 0.6%, 상여금은 0.7% 낮습니다. 남성과 여성의 차이는 크지만 2~3년제와 4년제는 큰 차이가 없는 듯 보입니다. 그러나 부가 급여가 모두 월 급여와 연계되어 계산되니 급여의 차이가 부가 급여 실수령액에도 고스란히 나타날 수밖에 없습니다. 여기에서 여성과 남성의 차이가 2~3년제와 4년제의 차이보다 크게 보이는 것은 정규직으로 취업하는 비율에서 남녀 차이가 크기 때문이란 걸 알 수 있습니다.

대학 서열에 따라 월급 차이가 난다

위에서 상용근로자와 임시근로자 그리고 일용근로자의 임금이 큰 폭의 차이를 보이는 걸 확인했습니다. 그리고 4년제 대학을 나왔을 때와 2~3년제 대학을 나왔을 때 상용직 비율이 차이가 난다는 것 또한 보았지요. 그런데 4년제 대학들은 다들 비슷할까요? 우린 느낌으로 그렇지 않다는 걸 알고 있습니다. 이번에는 그걸 확인해보지요.

한국고용정보원이 2009년 8월과 2010년 2월에 대학을 졸업한 이들에 대해 조사한 내용을 살펴봅시다.* 이 보고서에서는 상위 10개 대학으로 포스텍, 카이스트, 성균관대, 고려대, 서울대, 연세대, 한양대, 서강대, 중앙대, 경희대를 꼽았습니다. 보시는 것처럼 상위 10개 대학의 월 급여는 수도권 대학 및 지방대와 약 60~70만 원가량 차이가 납니다. 상위 10개 대학보다 전국의 의대와 한의대, 약대 등은 더 높겠죠. 반면 수도권 대학과 지방대 및 전문대 2년 경력자 사이는 아주 큰 차이는 아닙니다. 또 2010년 9월 32개 대학 졸업자의 임금을 분석한 조윤서 씨의 논문도 비슷하게 나타납니다. 여기서는 상위 1~6위 대학이 274만 2,000원, 7~12위 대학이 237만 5,000원, 13~32위가 216만 8,000원입니다. 1~6위 대학과 7~11위 대학의 차이는 40만 원, 7~12위와 13~32위는 약 20만 원 차이지요. 이 두 조사를 같이 놓고 보죠. 수도권 대학의 평균 월 급여 208만 2,000원에서 수도권 상위 대학을 빼면 월 급여는 200만 원 밑으로 떨어지게 될 겁니다. 지방대도 196만 7,000원에서 포스텍이나 카이스트, 지방 의대와 한의대, 수의대, 약대, 교대 등을 빼면 180만 원보다 더 낮아질 것입니다. 상위 30개 대학 중

---

* 『세습 중산층 사회』, 조귀동 지음, 생각의힘, 2020년, 34쪽.

	월 급여	취업률
상위 10개 대학	269만 5,000원	87.7%
수도권 대학	208만 2,000원	85.2%
지방대	196만 7,000원	82.9%
2년 경력 전문대	202만 원	85.9%

대졸자의 출신학교 유형별 초봉과 취업률(2011년 기준)

많은 부분이 수도권에 속하니 이들을 제외하면 월 급여 평균이 낮아지는 정도가 지방대보다 더 커서 비슷해지겠죠. 2년 경력의 전문대졸 출신도 별 차이가 없습니다. 결국 이들이 비슷한 노동시장에 진입한다는 뜻이 될 겁니다.

고은미 미국 로체스터 공대 교수의 〈1999~2008년 한국에서 대졸자 간 임금격차의 변화〉* 논문을 보면 소위 명문대와 그렇지 않은 4년제 대학의 차이가 21세기 들어 점점 벌어지고 있음을 볼 수 있습니다. 이 논문에서는 상위 13개 대학과 14~50위 대학 그리고 4년제 전체를 비교했습니다. 남성만 따로 비교했는데 이는 앞서 보았듯이 남성과 여성의 차이가 뚜렷하기 때문이지요.

살펴보면 1999년도에는 명문대 남성 졸업자는 다른 4년제에 비해 평균 임금이 약 3.8% 높았습니다. 그리 큰 차이가 아니었지요. 그런데 2002년 10.8%, 2005년 20.1%, 2008년 23.1%로 불과 10년 사이에 3.8%에서 23.1%로 차이가 크게 벌어졌습니다. 명문대와 상위 14~50

* 『세습 중산층 사회』, 조귀동 지음, 생각의힘, 2020년, 36쪽.

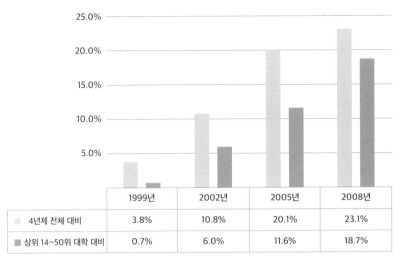

	1999년	2002년	2005년	2008년
▨ 4년제 전체 대비	3.8%	10.8%	20.1%	23.1%
▩ 상위 14~50위 대학 대비	0.7%	6.0%	11.6%	18.7%

상위 13개 대학 남성 졸업자의 임금 프리미엄(출처: 〈Changes in Wage Differentials among College Graduates in South Korea, 1999~2008〉, 고은미, 노동경제논집, 34.1. 103~138쪽)

위 대학의 차이는 1999년 0.7%로 거의 없다고 볼 수 있습니다. 하지만 이 역시 2002년 6.0%, 2005년 11.6%, 2008년 18.7%로 높아졌습니다. 그리고 이를 통해 간접적으로 14~50위권 대학과 나머지 4년제와의 차이도 살펴볼 수 있는데, 1999년에는 3.1%였는데 2002년 4.8%, 2005년 8.5%, 2008년 4.4%입니다. 차이가 2005년에 조금 벌어졌지만 전반적으로 차이가 별로 나질 않습니다. 결국 소위 상위 10여 개 대학과 나머지와의 차이가 벌어진 겁니다.

그런데 과연 같은 기업 같은 직종에 입사했을 때 받는 월급이 저렇게 차이가 날까요? 특별한 예가 아니면 차이가 있을 리가 없지요. 결국 저 차이는 전문직과 대기업 취업률의 차이와 같다고 볼 수 있습니다. 월급을 많이 주는 일자리를 상위 대학이 독식한 결과가 저렇게 나타나는 것이지요.

명문대 남성 선호하는 대기업

여기서 한번 살펴보지요. 교육부의 〈2018년 고등교육기관 졸업자 취업통계연보〉를 살펴보겠습니다. 2018년 대학과 대학원 졸업자 중 전체 취업자는 33만 2,839명으로 취업대상자 49만 1,392명의 67.7% 수준입니다. 나눠보면 일반대학이 64.2%, 전문대학 71.1%, 일반대학원 78.9%입니다. 확실히 대학원 졸업자 취업률이 높지요.

지역적으로 보면 수도권 대학 졸업자의 취업률은 69.0%이고 비수도권 취업률은 66.8%로 2.2%의 차이를 보였습니다. 수도권 대비 비수도권 취업률 차이는 몇 년간 지속해서 벌어지고 있습니다. 2015년 0.6%에서 2016년 1.6%, 2017년 2.1%, 그리고 2018년에는 2.2%가 되었지요.

성별로는 남성 졸업자의 취업률은 69.6%이고 여성 졸업자는 66.0%로 3.6% 차이를 보입니다. 남녀 취업률 차이도 해마다 벌어지고 있습니다. 2015년 2.9%에서 조금씩 높아져 3.6%까지 벌어졌지요.

취업자들의 월평균 소득은 244.3만 원이며, 학부 졸업이 227.8만 원, 일반대학원의 월평균 소득은 421.9만 원으로 나타났습니다. 대학원 졸업생들의 소득이 학부 졸업보다 194만 원 더 높군요. 이는 대학

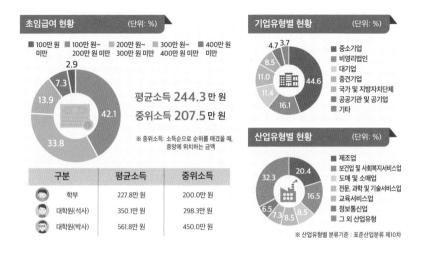

구분	평균소득	중위소득
학부	227.8만 원	200.0만 원
대학원(석사)	350.1만 원	298.3만 원
대학원(박사)	561.8만 원	450.0만 원

원 학력을 경력으로 인정한 것도 일부 있겠지만 취업한 기업의 규모에 도 일정한 영향을 받습니다.

더 자세히 살펴보자면 학부를 졸업한 취업자의 월평균 소득은 227.8만 원이며, 소득순으로 순위를 매겼을 때, 중앙에 위치하는 중위소득은 200.0만 원입니다. 대학원 졸업자의 월평균 소득은 421.9만 원이며, 중위소득은 337.1만 원입니다. 이 중 석사 졸업자의 월평균 소득은 350.1만 원, 중위소득은 298.3만 원입니다. 박사 졸업의 월평균 소득은 561.8만 원, 중위소득은 450.0만 원이 됩니다.

취업자의 초임 급여 수준별 비중을 살펴보면, 100만 원 미만은 2.9%로 아주 낮습니다. 가장 많게는 100~200만 원 사이가 42.1%이고 200~300만 원 사이가 33.8%로 이들이 전체의 75.9%를 차지합니다. 다음 300~400만 원 미만이 13.9%이고 400만 원 이상은 7.3%입니다.

다시 이를 학부 졸업과 대학원 졸업으로 구분해서 살펴보면 학부 졸업생은 100~200만 원 사이가 44.8%로 가장 많고 200~300만 원 사이가 34.4%로 그다음입니다.

구분	졸업자	분석대상자	초임 급여 수준별(분석 대상자 대비 비율)					평균소득	중위소득
			100 미만	100~200만	200~300만	300~400만	400만 이상		
전체	555,808	297,628	8,650	125,246	100,548	41,470	21,714	244.3	207.5
			(2.9)	(42.1)	(33.8)	(13.9)	(7.3)		
학부	510,806	272,352	8,183	121,983	93,768	35,453	12,965	227.8	200.0
			(3.0)	(44.8)	(34.4)	(13.0)	(4.8)		
일반대학원	45,002	25,276	467	3,263	6,780	6,017	8,749	421.9	337.1
			(1.8)	(12.9)	(26.8)	(23.8)	(34.6)		
(석사)	31,505	16,705	268	2,661	5,477	4,528	3,771	350.1	298.3
			(1.6)	(15.9)	(15.9)	(27.1)	(22.6)		
(박사)	13,497	8,571	199	602	1,303	1,489	4,978	561.8	450.0
			(2.3)	(7.0)	(15.2)	(17.4)	(58.1)		
2017	574,009	302,674	9,994	127,530	100,553	35,158	29,439	249.6	209.5
			(3.3)	(42.1)	(33.2)	(11.6)	(9.7)		
학부	527,932	276,777	9,548	124,042	93,674	30,258	19,255	231.5	202.2
			(3.4)	(44.8)	(33.8)	(10.9)	(7.0)		
일반대학원	46,077	25,897	446	3,488	6,879	4,900	10,184	442.9	336.8
			(1.7)	(13.5)	(26.6)	(18.9)	(39.3)		
(석사)	32,850	17,404	254	2,866	5,568	3,536	5,180	370.1	300.0
			(1.5)	(16.5)	(32)	(20.3)	(29.8)		
(박사)	13,227	8,493	192	622	1,311	1,364	5,004	592.0	467.8
			(2.3)	(7.3)	(15.4)	(16.1)	(58.9)		

취업자 초임 급여 현황(단위: 명, %, 만 원)

주 1) 조사기준일: 각 년도 12월 31일
   2) 계열분류는 〈2018 학과(전공) 분류 자료집(한국교육개발원, 2018)〉을 적용함.
   3) 평균소득: 전체 소득의 합을 분석대상자 수로 나눈 금액
   4) 중위소득: 소득 순으로 순위를 매겼을 때, 중앙에 위치하는 금액

대학원 졸업은 확연히 다른데 400만 원 이상이 34.6%로 가장 많습니다. 그다음으로는 200~300만 원 사이가 26.8%, 300~400만 원 사이가 23.8%로 비슷한 비중을 가지고 있습니다. 특히 박사 졸업의 예를 보면 400만 원 이상이 전체의 58.1%로 절반을 넘고 300~400만 원 사이가 17.4%이고 200~300만 원 사이도 15.2%입니다.

이를 계열별로 보면 의약계열이 284.5만 원으로 가장 높고 예체능계열이 183.7만 원으로 가장 낮습니다. 대략 97만 원 차이가 나지요. 대학원에서는 의약계열이 635.7만 원으로 급등하며, 가장 낮은 곳은 인문계열로 265.7만 원입니다. 인문, 예체능은 200만 원대, 교육과 자연계열은 300만 원대, 사회와 공학계열은 400만 원대를 나타냅니다. 대학원과 학부 졸업생의 초임 차이를 벌리는 데 가장 큰 기여(?)를 하는 곳은 의약계열과 사회계열이라 볼 수 있습니다. 이를 다시 살펴보면 석사에서는 사회계열과 의약계열의 차이가 80만 원 수준인데 박사로 가면 사회계열과 의약계열의 차이가 280만 원으로 훌쩍 뜁니다. 그래서 박사 평균 급여보다 높은 곳은 의학계열뿐이고 나머지는 사회계열을 포함하여 모두 박사 평균 급여보다 낮습니다. 특히 인문계열과 예체능계열은 박사도 300만 원대로 사회계열 석사보다 급여 수준이 낮지요. 학부와 대학원의 급여 차이가 가장 큰 곳은 앞서 살펴본 것처럼 의약계열이고 그다음은 사회계열, 그리고 교육, 공학, 자연계열 순입니다. 석사와 박사의 급여 차이가 가장 큰 곳은 여전히 의학계열이지만 2번째는 사회계열이 아니라 공학계열로 바뀝니다.

분석 대상자	고등교육 기관	학부 (A)	일반대학원 (B)	차이 (B-A)	일반대학원		
					석사(C)	박사(D)	차이(D-C)
총계	244.3	227.8	421.9	194.1	350.1	561.8	211.7
인문계열	215.9	212.1	265.7	53.6	236.4	361.1	124.7
사회계열	235.0	222.6	472.1	249.5	409.0	560.0	151.0
교육계열	211.9	199.2	355.3	156.1	306.5	430.3	123.8
공학계열	265.7	249.3	403.4	154.1	346.4	542.6	196.2
자연계열	232.8	213.1	332.1	119.0	288.6	425.1	136.5
의약계열	284.5	250.7	635.7	385.0	488.1	842.4	354.3
예체능계열	183.7	183.7	277.6	93.9	243.3	346.7	103.4

학제별·계열별 취업자 초임 급여 현황(단위: 만 원)

주: 1) 계열 분류는 〈2018 학과(전공) 분류 자료집(한국교육개발원, 2018)〉을 적용함.
   2) 평균소득: 전체 소득의 합을 분석대상자 수로 나눈 금액

이런 급여 모습은 왜 많은 학생과 부모가 가능하면 의대나 약대를 지원하는지, 그리고 가능하면 대학원을 가려고 하는지를 단적으로 보여줍니다.

학부와 대학원의 기업유형별 차이는 이를 더 확실하게 보여줍니다. 학부보다 대학원에서 취업 비중이 높은 곳은 먼저 대기업으로 학부 11%보다 4.6% 높은 15.6%입니다. 국가 및 지방자치단체도 2.5% 높은 10.8%이고, 공공기관 및 공기업도 7.5% 높은 11.6%이며, 비영리법인도 6.4% 높은 21.9%입니다. 반대로 중견기업은 약 2%, 중소기업은 약 16%, 기타는 2.8%가 낮습니다. 즉 급여 수준이 높고 고용 안정성이 보장되는 대기업, 국가 및 지방자치단체, 공공기관 및 공기업, 비영리법인(대부분이 의료법인과 학교 법인입니다)에서 학부 졸업생에 비해 대학원 졸업생의 비율이 총 21%가 더 높지요.

구분	졸업자	분석 대상자	기업 유형별(분석 대상자 대비 비율)						
			대기업	중견기업	중소기업	국가 및 지방자치 단체	공공기관 및 공기업	비영리 법인	기타
전체	555,808	297,628	33,946	32,637	132,756	25,439	14,085	47,850	10,915
			(11.4)	(11.0)	(44.6)	(8.5)	(4.7)	(16.1)	(3.7)
학부	510,806	272,352	30,003	30,365	125,163	22,714	11,164	42,316	10,627
			(11.0)	(11.1)	(46.0)	(8.3)	(4.1)	(15.5)	(3.9)
일반 대학원	45,002	25,276	3,943	2,272	7,593	2,725	2,921	5,534	288
			(15.6)	(9.0)	(30.0)	(10.8)	(11.6)	(21.9)	(1.1)

기업 유형별 취업 현황(단위: 명, %)

그러면 대기업, 일부 중견기업, 국가 및 지방자치단체, 공공기관 및 공기업, 병원이나 학교 같은 비영리법인 등의 좋은 일자리는 얼마나 있는 걸까요? 이런 곳은 거칠게 나눠서 초임 300만 원을 받는 곳이기도 합니다. 앞서 살펴봤던 취업자 초임 급여 현황표를 보면 300만 원 이상 받는 이들이 6만 3,184명으로 나타납니다. 전체의 21.2%지요. 참고로 1년 전인 2017년 조사에서는 300만 원 이상 급여를 받는 인원이 6만 4,597명으로 1,500명 많습니다만 분석 대상자도 302,674명으로 큰 차이는 없습니다. 매년 6만 5,000명이 300만 원 이상의 일자리를 얻는 셈이죠.*

---

* 『세습 중산층 사회』 39쪽을 참고로 했다. 그러나 『세습 중산층 사회』에서는 2017년 자료를 사용했으며 300만 원 이상 일자리 수를 대략 7만 2,000개로 추정하고 있다. 필자는 여기에 2018년 자료를 더했고, 2018년 자료는 전수조사에 가까워서 이를 참작하여 계산하면 6만 5,000명 정도로 추정하는 것이 더 합리적이라 판단했다. 또한 『세습 중산층 사회』에서는 고등학교 졸업생 중 이들의 비율을 측정했지만 고등학교 취학률이 전체 해당 연령대의 90% 수준이라 나머지 10%를 배제할 수 있다고 여겨 출생한 이를 기준으로 잡았다.

대략 이들이 태어났을 해를 보면 1990년에서 1995년 사이가 될 것입니다. 가장 출생아가 많을 때가 73만 명, 가장 적을 때가 64만 명입니다. 평균 약 70만 6,000명입니다. 물론 대학을 졸업하기 전에 사망한 이들도 있겠지만 전체적으로 봤을 때 이때 태어난 이들이 사회에 진출한다고 했을 때 그중 10%쯤 되는 이들만이 이런 일자리를 얻을 수 있습니다.

그런데 흔히 명문대라 부르는 학교들*과 의학계열(의대, 치대, 한의대, 약대 등)과 교육대 등을 합하면 대략 5만 명 정도 됩니다. 그리고 앞에서 명문대 프리미엄이란 걸 파악했던 표가 있습니다. 그 표에서 상위 15개 대학 남학생은 여타 4년제 대학 남학생에 비해 23.1% 이상의 급여를 받는다고 했지요. 그리고 대학 평균 급여는 244만 원이었습니다. 이 둘을 계산하면 딱 300만 원이 나옵니다. 그리고 대기업 평균 초임 또한 300만 원 조금 넘는 선입니다. 희한하게 딱 맞아떨어지지요.

결국 명문대가 독식한다

결국 명문대가 대부분의 좋은 일자리를 독식하고 있다는 결론에

---

* 흔히 10개 대학, 혹은 13개 대학 등으로 서열을 세우지만 인용한 데이터에서 그를 명시한 예를 제외하고는 따로 명시할 필요를 느끼지 않아 대학명을 거론하진 않는다.

이르게 됩니다. 물론 명문대를 나온다고 모두 좋은 직장을 가지는 것도 아니고, 명문대가 아니라고 좋은 직장에 들어가지 못하는 것도 아닙니다. 그러나 통계는 보여주죠. 이런 일자리는 우선적으로 명문대 몫이라고요. 소위 명문대의 5만 명 중 일부 좋은 일자리로 가지 않는 사람들을 생각하더라도 남은 좋은 일자리는 2만 개 이상이 되질 않는 겁니다. 명문대를 제외한 나머지 60만 명에게 남은 일자리지요.

이를 확실히 보여주는 자료가 2016년 서울과 지방 4년제 대학 출신의 취업 1년 후 소득 추이입니다. 서울 소재 4년제 대학 출신의 소득 10분위, 9분위, 8분위까지가 300만 원을 넘습니다. 약 30%입니다. 그리고 7분위의 일부가 300만 원 부근이 됩니다. 지방소재 대학과 전문대는 10분위만 300만 원을 넘습니다. 9분위 일부도 300만 원 부근이 되겠지요. 전체적으로는 대학 졸업 후 취업자의 약 20% 부근이 될 듯합니다. 그런데 취업자가 70% 조금 안 되었으니 대졸자 전체로 치면 약 14%, 대학 입학자가 85% 부근이니 동일 연령대 전체의 10%가 됩니다. 그리고 서울 소재 4년제 대학 중에서도 앞서 살펴봤던 소위 명문대와 의약계열이 10분위에서 8분위 대부분을, 지방 소재 대학 중에서는 카이스트와 포항공대 그리고 의약계열 정도가 10분위를 차지한다고 볼 수 있습니다.

시험에 많은 20대가 몰리는 데는 이런 이유가 있는 거죠. 좋은 일자리 중에서 대기업은 알게 모르게 명문대 남성 위주로 선발을 하니, 출신 학교나 성별이 아닌 성적으로만 승부를 보는 곳으로 몰릴 수밖

졸업연도	2008년	2012년	2016년
10분위	399.2	441.1	439.8
9분위	317.7	351.3	342.9
8분위	285.9	308.8	306.1
7분위	254.6	288.7	283.6
6분위	239.8	254.0	253.8
5분위	210.4	236.5	234.7
4분위	195.0	205.0	208.3
3분위	163.9	192.2	194.6
2분위	134.4	159.2	160.3
1분위	83.7	104.5	91.2

서울 소재 4년제 대학 출신의 취업 1년 후 소득 추이(출처: 『세습 중산층 사회』, 58쪽)

졸업연도	2008년	2012년	2016년
10분위	353.6	367.7	377.8
9분위	247.8	266.3	282.3
8분위	207.4	232.0	247.3
7분위	192.2	202.2	222.8
6분위	171.6	194.0	201.8
5분위	153.4	175.6	192.4
4분위	142.4	157.6	176.2
3분위	124.9	146.8	159.8
2분위	106.6	126.6	143.7
1분위	79.9	89.4	88.5

전문대 및 지방 4년제 대학 출신의 취업 1년 후 소득 추이(출처: 『세습 중산층 사회』, 59쪽)

에요. 그러니 중등 임용고시에 지역마다 과목마다 다르긴 하지만 7~8 대 1의 경쟁률이 나오고, 9급 공무원 시험에 37.2 대 1의 경쟁률이 생깁니다. 사실 9급 공무원은 앞서 이야기한 좋은 일자리에 들진 않습니다. 하지만 여러 가지 수당 등을 합치면 230~250만 원이 됩니다. 여기에 공무원 연금을 생각하면 위의 서울 소재 4년제 대학 취업자들로 따질 때 7분위나 6분위 정도입니다. 전문대나 지방 소재 4년제 대학으로 따지면 9분위와 8분위 정도 되지요. 그러니 대기업 취업이 거의 힘들다고 생각되는 이들이 몰릴 수밖에요. 2018년 9급 공무원 시험에 약 20만 명이 응시를 했고, 경찰공무원 시험에는 약 16만 3,000명이 응시했습니다. 중등임용고시에는 약 6만 명이, 피트(FEET 약학대학입문자격시험)는 1만 6,000명, 리트(LEET 법학적성시험)는 9,400명, 공인회계사는 9,000명, 세무사 약 1만 명이었습니다. 모두 합하면 46만 명이 넘어갑니다. 이외 다른 시험들을 합하면 50만 명은 넘어갈 것으로 보입니다. 이들 시험 모두가 또 경쟁률이 매우 높아서 보통 2~3년 준비해서 붙는 예가 대다수인 걸 고려하면 정말 많은 20대와 30대 초반의 젊은이들이 좋은 일자리를 위해 분투하고 있는 거죠. 대한민국 20대가 대략 680만 명인데, 그중 아직 대학을 다니고 있는 약 340만 명과 군 입대 중인 약 50만 명을 제외하면 약 300만 명이 남습니다. 이들 중이미 취업한 이들을 제외한 나머지 대부분이 저 시험을 준비하고 있는 것이죠.

지금까지 우리는 대졸자만 살펴봤습니다. 그 이유는 대졸자가 전체의 70%로 가장 큰 집단을 구성하기 때문이죠. 하지만 청년들이 대졸자만 있는 건 아닙니다. 비정규직 중 중졸 이하는 23.1%를 차지하고 고졸은 47.2%입니다. 고졸 이하 학력이 비정규직의 70.3%인 거지요. 학력별로 비정규직 비율을 살펴보면 중졸 이하는 전체의 80.5%가 비

정규직입니다. 고졸은 54.9%, 전문대졸은 33.9%, 대졸 이상은 24.1%
지요. 학력이 낮을수록 비정규직 비율이 높고 학력 간 격차는 구조화
되어 있는 것입니다.*

* 비정규직 규모와 실태, 통계청, 〈경제활동인구 조사 부가조사〉(2016. 8), 김유선, 한국노
동사회연구소 KLSI Issue Paper, 2016. 11. 22. 제 9호.

1. 〈2018년 대졸자 직업이동 경로 조사 기초분석보고서〉에 언급된 내용 중 맞는 것은 어느 것일까요?

① 남성은 17.9%, 여성은 24%이다.

② 월평균 임금을 보면 4년제는 233.3만 원, 2~3년제는 226.5만 원이다.

③ 월평균 임금을 보면 남성은 250.7만 원이고 여성은 198.8만 원이다.

④ 2~3년제 대학은 비경제활동인구 16.6%를 제외한 경제활동인구 중 취업자는 55%로 나타났다.

2. 다음 중 옳지 않은 서술을 고르세요.

① 1999년도에는 명문대 남성 졸업자는 다른 4년제보다 평균 임금이 약 3.8% 높았다.

② 학부보다 대학원에서 취업 비중이 높은 곳은 먼저 외국계 기업이다.

③ 명문대와 상위 14~50위 대학의 차이는 1999년 0.7%에서 2008년 18.7%로 높아진다.

④ 14~50위권 대학과 나머지 4년제와의 차이는 전반적으로 차이가 별로 나질 않는다.

3. 결론에 들어갈 말을 골라 넣으세요.

"대기업, 일부 중견기업, 국가 및 지방자치단체, 공공기관 및 공기업, 병원이나 학교 같은 비영리법인 등의 좋은 일자리는 얼마나 있는 걸까요? 이런 곳은 거칠게 나눠서 초임 300만 원을 받는 곳이기도 합니다. 2018년 초임 급여 현황표를 보면 300만 원 이상 받는 이들이 6만 3,184명으로 나타납니다. 전체의 21.2%지요. 매년 6만 5,000명이 300만 원 이상의 일자리를 얻는 셈이죠.

대략 이들이 태어났을 해를 보면 1990년에서 1995년 사이가 될 것입니다. 가장 출생아가 많을 때가 73만 명, 가장 적을 때가 64만 명입니다. 평균 약 70만 6,000명입니다. 물론 대학을 졸업하기 전에 사망한 이들도 있겠지만 전체적으로 봤을 때 이때 태어난 이들이 사회에 진출한다고 했을 때 그중 10%쯤 되는 이들만이 이런 일자리를 얻을 수 있습니다.

그런데 흔히 명문대라 부르는 학교들과 의학계열(의대, 치대, 한의대, 약대 등)과 교육대 등을 합하면 대략 5만 명 정도 됩니다. 그리고 상위 15개 대학 남학생은 여타 4년제 대학 남학생에 비해 23.1% 이상의 급여를 받는다는 통계가 있습니다. 그리고 대학 평균 급여는 244만 원이었습니다. 이 둘을 계산하면 딱 300만 원이 나옵니다. 그리고 대기업 평균 초임 또한 300만 원 조금 넘는 선입니다.

결국 _____가 대부분의 좋은 일자리를 독식하고 있다는 결론에 이르게 됩니다. 이런 일자리는 우선적으로 _____ 몫입니다."

4. 보기에서 골라 빈칸을 채우세요.

〈보기〉 47.2 70.3 80.5

"하지만 청년들이 대졸자만 있는 건 아닙니다. 비정규직 중 중졸 이하는 23.1%를 차지하고 고졸은 _____%입니다. 고졸 이하 학력이 비정규직의 _____%인 거지요. 학력별로 비정규직 비율을 살펴보면 중졸 이하는 전체의 _____%가 비정규직입니다. 고졸은 54.9%, 전문대졸은 33.9%, 대졸 이상은 24.1%지요."

부모의 돈이 만드는
알고리즘

학벌과 스펙은 (부모의) 돈을 이기지 못한다 – 상위
0.1%와 상위 1%

20대 중반 A씨는 10대 때 부모한테 150억 원가량을 편법 증여받았다.
당시 1,000억 원이 넘는 재산을 보유한 A씨의 부친은 배우자 명의로
페이퍼컴퍼니(서류상 회사)를 설립한 후 법인자금을 변칙적으로 A씨
에게 유출했다. 별다른 소득이 없던 A씨는 서울의 초고가 주택에 거
주하면서 법인 비용으로 슈퍼카 3대(합계 13억 원)를 구입하고 해외
여행을 다니는 등 호화스러운 생활을 했다.

30대 초반 B씨는 부모로부터 70억 원대 주식을 증여받아 법인을 운

영했다. B씨는 매출이 늘자 직원 명의로 유령업체를 설립해 허위 광고비를 지급하는 방법으로 세금계산서를 받아내고, 친인척에게 인건비를 지급한 양 꾸며내 회삿돈을 유출했다. B씨는 이 돈으로 서울에 70억 원대 주택을 취득해 거주하고 상가 건물과 골프 회원권 등을 사고 슈퍼카 2대(9억 원)를 몰고 다녔다.[*]

앞서 열심히 살펴봤던 괜찮은 중고등학교를 나오고, 사교육을 받고, 스스로 열심히 공부해서 좋은 일자리를 얻는 20% 내외의 젊은이들과는 다른 세상입니다. 간단히 생각해보죠. 부모에게 몇백억 대의 자산이 있습니다. 그중 약 100억을 20대의 자식에게 증여합니다. 물론 증여세도 내기야 하겠죠. 100억 대의 빌딩이면 거기서 나오는 임대소득을 연 2%만 쳐도 2억입니다. 이미 이 수입만으로도 이들은 우리나라 상위 0.5%의 소득을 올립니다. 대기업에 들어가 20년 이상 힘들게 일해서 무사히 부장을 달아야 연봉 1억 부근인데 20대에 벌써 그 2배의 연봉을 법니다.

우리나라 상위 0.1%의 연평균소득은 다음 표에서 보듯이 약 14억 7,000만 원입니다. 배당과 이자, 임대소득은 자산으로 얻을 수 있는 대표적인 자산소득입니다. 2019년 국세청 자료에 따르면 배당소득의

---

[*] 〈초고가주택·슈퍼카·해외여행, '반칙·특권' 영앤리치 세무조사 착수〉, 경향신문, 2021년 2월 7일.

약 47%를 상위 0.1%가 가져갑니다. 이자소득에서는 17%를 가져가지요.* 그만큼 금융자산이 많다는 방증입니다. 그러니 앞서 인용한 영앤리치 기사의 예는 어려운 일이 아닙니다. 이들은 그야말로 대물림해서도 상위 0.1%에 들 수 있는 충분한 자산을 가진 것이지요. 평범한 사람 1명이 평생 쓸 돈을 생각해봅시다. 2015년 기준 서울 1인 가구 평균 생활비는 135만 원이었습니다. 하지만 돈이 있다면 이보다 더 써도 상관없겠지요. 2배로 올리면 270만 원. 1년이면 3,240만 원입니다. 여기에 목돈으로 들어갈 것도 있으니 1,000만 원을 더 얹으면 4,240만 원입니다. 부자는 여기에서 2배쯤 더 쓴다고 하면 연 8,480만 원이겠네요. 100년을 산다고 해도 84억 원이면 충분합니다. 그러니 자산소득으로 이미 연 10억대 가까운 소득을 올리면 배당과 이자, 임대소득만으로도 평생 아무 걱정 없이 먹고 살 수 있습니다. 0.1%는 이 이상의 자산과 소득을 이미 가지고 있고, 당연히 대물림됩니다. 진정한 의미의 세습부자입니다.

상위 0.1%의 자녀들이라고 왜 고민이 없겠습니까? 이들에게도 미래에 대한 불안이 있을 수 있고, 차마 남에게 털어놓지 못한 고민이 있겠지요. 그러나 최소한 이들에게 미래의 자신을 그리는 과정에서 돈에 대한 고려는 별로 없을 겁니다. 마치 이들이 자신의 과거를 되돌아볼 때 돈에 대한 아픔이 없었을 것처럼 말입니다. 사회에 나올 때 이미

---

* 〈소득 상위 0.1%, 주식·부동산으로 자산 '쑥'…세금은 '찔끔'〉, 경향신문, 2021년 2월 26일.

구분	인원	근로+종합소득	
		금액	비중
전체 합계	23,246,938	824,129,036	100
1인당 소득	35,451,079원		
상위 0.1% 내	23,246	34,202,256	4.15
1인당 소득	1,471,317,904원		
상위 1% 내	232,469	92,078,588	11.2
1인당 소득	396,089,750원		
상위 10% 내	232,469	17,648,413	2.1
1인당 소득	75,917,275원		
상위 30% 내	232,469	9,047,345	1.1
1인당 소득	38,918,501원		
상위 34% 내	232,469	8,171,918	1
1인당 소득	35,152,721원		
상위 50% 내	232,470	5,603,743	0.7
1인당 소득	24,105,231원		
상위 70% 내	232,469	3,304,640	0.4
1인당 소득	14,215,401원		

2018 귀속년도 주요 구간별 인원 및 통합소득
(단위: 명, %, 백만 원, 출처: 〈통합소득 기준 상위 0.1%=하위 26%〉, 한겨레신문, 2020년 9월 29일)

상위 0.5%의 소득분위를 가진 이들은 충분히 그럴 만하지요.

상위 1%의 연평균 소득은 3억 9,051만 원입니다.* 앞의 기사는 상위 0.1% 안에 드는 부모를 가진 영앤리치young and rich의 예입니다. 그에 못 미치지만 상위 1% 안에만 들더라도 20대의 자녀에게 베풀 수

---

* 소득 기준은 세전소득이냐 가처분소득이냐에 따라서도 달라지고, 근로소득과 자산소득을 어떻게 합치냐에 따라서도 조금씩 달라진다.

있는 것은 많습니다. 일단 공부에 의욕을 보인다면 초중고에서부터 최대한의 사교육으로 뒷받침을 해줄 수 있고, 대학에서도 다른 것에 신경 쓰지 않고 스펙을 쌓을 수 있고, 대학원 진학이나 해외 유학도 마음껏 보낼 수 있습니다. 앞서 살펴본 것처럼 대학원까지 다녔을 때 초봉의 출발선이 다릅니다. 만약 공부 쪽이 길이 아니라 예체능 쪽이라면 그에 맞는 사교육이 가능합니다. 값비싼 악기를 다루고, 승마와 같은 고급 스포츠를 가르칠 수도 있습니다. 아예 중·고등학교를 해외로 보내 그곳에서 자리 잡게 할 수도 있죠. 그도 아니라면 몇억을 들여서 자영업을 시작하게 도와줄 수도 있습니다. 앞서 대졸 취업자 중 자영업을 시작한 이들의 평균소득이 직장에 다니는 이들보다 조금 더 높게 나타난 것 기억하시죠? 몇십억이야 어렵더라도 상위 1%면 몇억을 들여 자식에게 가게 하나 내줄 형편은 됩니다. 물론 이들의 자녀는 다른 소득 계층보다 공부를 잘하는 비율도 높지만 꼭 공부가 아니더라도 다른 길을 마음 놓고 찾아볼 수 있습니다. 예체능계열로 진로를 정해도, 자영업을 시작하더라도 성공이 쉬울 리 없습니다. 하지만 이들에게는 부모의 재력과 네트워크가 배경이 되어 성공할 확률을 높여줍니다. 설사 실패하더라도 다시 다른 길을 찾을 여유가 있습니다. 부모가 모아놓은 재산도 없고 소득도 낮을 때 그 자녀들에게 한 번의 실패는 인생을 한껏 힘들게 하지만 이들에게는 다음 번 성공을 위한 발판이 됩니다.

그리고 0.1%만큼은 아니지만 자녀들에게 물려줄 자산도 있습니다. 전체 배당소득의 70%를 상위 1%가 가져갑니다. 상위 0.1%의 몫 47%를 빼도 23%의 배당소득이 0.1~1% 사이 소득자들의 몫입니다. 이자소득에서도 45% 가까이 가져갑니다. 상위 0.15%의 몫 17%를 빼도 0.1~1% 구간이 가져가는 이자소득은 28%입니다. 이들에겐 자녀들에게 자신과 같은 상위 1%의 지위를 물려줄 자산까지는 몰라도, 자녀들이 꼭 대기업, 의사, 변호사 등 고소득 업종이 아니라도 평생 먹고 살 자산은 물려줄 수 있습니다. 물론 이들의 자녀들은 앞서 살펴본 것처럼 훨씬 유리한 조건에서 같은 연령대의 다른 젊은이들과 경쟁에 임하니 성공할 확률도 대단히 높지요. 흔히 말하듯 태어날 때 이미 3루에 서 있는 정도는 되는 겁니다.

학벌도 스펙도 (부모의) 돈이 있어야 한다

그 아래에 연봉 1억을 버는 이들이 있습니다. 부자라고 하기엔 좀 어렵습니다. 흔히 중산층, 그중에서도 중상층이라 이야기하더군요. 2020년 가계금융복지조사 결과에 따르면 상위 20%의 커트라인은 자산 5억 4,000만 원입니다. 상위 10% 커트라인은 대략 10억 정도인 것으로 보입니다. 상위 10% 소득이 1억 근방이란 걸 생각해보면 상위 10%에 들었다고 자산이 아주 많다고 볼 수 없습니다. 서울 시내 아파트 평균 가격이 10억이 넘으니까요. 물론 상위 10% 가구는 200만인데 서울 시내 아파트 소유주는 122만 명, 그중 10억이 넘는 아파트 보유

가구는 많아도 40만 명입니다.[*] 상위 10%에 속한다 하더라도 가진 자산은 자기 집 한 채와 금융자산 1억이 평균이라는 이야기입니다. 물론 같은 상위 10%라도 1%에 가까운 사람들은 훨씬 자산이 많겠지요.

　이들의 자녀는 그래도 2루에는 가 있다고 볼 수 있습니다. 자녀들에게 평생 먹고살 만한 정도의 자산을 물려주긴 힘들어도, 자녀들이 성공적으로 사회에 안착할 기회를 주는 건 가능하니까요. 앞서 살펴봤던 앞서가는 사교육을 시킬 재력은 되지요. 한 달에 몇백 정도를 사교육에 투자할 순 있으니까요. 물론 이들도 힘들긴 마찬가집니다. 1년에 연봉 1억을 번다 하더라도 아이들 교육비로 한 달에 적게는 1~2백에서 많게는 4~5백을 넣고 나면 정작 쓸 돈은 없다고 한탄하지요. 아이들이 어릴 때 맞벌이를 하기도 쉽지 않습니다. 아이들 사교육에 신경 쓰는 것도 일이거든요. 물론 이 계층에서는 1%보다 탈락자가 더 많이 발생하겠지요. 우리가 흔히 겪다시피 돈으로만 모두 해결할 수 있는 것은 아니지요. 자신의 의지도 있어야 하고, 노력도 받침이 되어야 합니다. 가정에 큰 문제가 없어야 하는 등의 전제도 있습니다. 어찌 되었건 이들의 자녀는 자신의 노력만 있으면 소위 좋은 고등학교-자사고, 외고, 과고, 강남 3구의 사립 고등학교와 명문대를 거쳐 고소득과 고용이 안정된 직장으로 안착할 가능성이 다른 계층보다 상당히 높습니다.

　상위 20% 계층을 살펴보겠습니다. 소득 9분위죠. 2018년 기준으

---

[*]　〈우리나라에서 총자산 10억이면 상위 10% 커트라인〉, 중앙일보, 2021년 2월 3일.

로 평균 767만 2,282원의 소득이 있습니다. 상위 10%는 아니라도 이들 또한 안정된 재정 상태를 기반으로 자녀들에게 일정한 금액을 투자할 여력이 있습니다. 때로는 자신의 노후를 대비할 자금까지 쓰기도 하지요. 여기까지입니다. 자녀들이 돈 걱정 별로 없이 부모가 시키는 사교육과 공교육을 지나 명문대를 거쳐서 별일 없다면 안정된 일자리를 얻을 수 있는 계층입니다. 그래서 이들에 대해 '세습 중산층'이라는 용어를 붙이기도 합니다.

이들 상위 1~20%를 구성하는 이들은 대략 공무원 7급 이상, 정규직 교사, 테뉴어 트랙의 교수, 대기업 정규직 사무직 사원, 의사·변호사 등의 전문직, 고소득 자영업자입니다. 특히 전문직과 자영업자를 제외한 임금 노동자들은 대기업과 공공 부문 화이트칼라 전체 노동자의 22.4%, 그리고 취업자의 16.5%를 차지합니다.

나머지 80%

나머지 80%라고 모두 똑같은 건 아닙니다. 21세기 대한민국은 고등학교까지는 어떻게든 졸업시킬 수 있도록 교육 제도가 갖추어져 있습니다만 약 10%가 고등학교 졸업을 하지 않거나 못합니다. 다음의 그림에서 보다시피 우리나라 고등교육 이수율은 69.8%입니다. OECD 평균인 45%에 비하면 상당히 높은 수준이지요. 이는 다시 말해 고등학교를 졸업하고 대학에 진학하지 않거나 중도에 포기하는 이들이

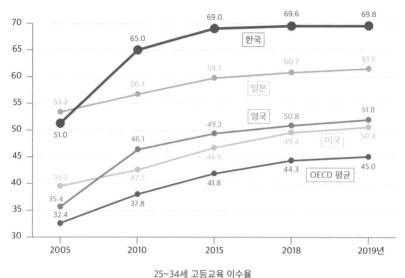

25~34세 고등교육 이수율
(출처: 〈2020년 12월 이슈통계 OECD 교육 지표로 보는 고등교육 통계〉, 교육통계서비스)

30% 있다는 이야기입니다.

다음의 표는 고용노동부 〈고용형태별 근로실태조사〉 자료의 일부입니다. 일단 학력별로 먼저 살펴보겠습니다. 고등학교 진학률이 약 92%이니 중졸 이하는 이 연령대의 8%를 구성합니다. 고등교육 이수율, 즉 대학 졸업 이상의 학력을 가진 이가 69.9%이니 고졸 이하가 약 30%인데, 그중 중졸 이하가 8%이니 고졸 혹은 대학 중퇴는 22%가 됩니다. 나머지 70% 중 전문대졸은 약 40%를 차지하니 전체의 28%가 되고, 4년제 대학 졸업은 42%입니다.

표를 유심히 보면 중졸 이하 20~24세 사이 월 급여가 2017년까지는 조금씩 오르다가 2019년에는 갑자기 50만 원 오른 것을 볼 수 있

학력별	연령	2009	2011	2013	2015	2017	2019	동일 학력 20~24세와 소득 차이	중졸 이하 연령과 동일 나이대 소득 차이	2009년과의 차이
중졸 이하	20~24	1,320	1,540	1,534	1,659	1,866	2,353	-	-	1,033
	25~29	1,524	1,796	1,900	1,896	2,227	2,392	39	-	868
	30~34	1,663	1,826	2,097	2,107	2,293	2,511	158	-	848
	35~39	1,803	1,988	2,365	2,281	2,506	2,767	414	-	964
	40~44	2,106	2,175	2,388	2,427	2,582	2,774	421	-	668
	45~49	2,247	2,369	2,455	2,459	2,715	3,117	764	-	870
고졸	20~24	1,531	1,767	1,828	1,891	1,941	2,224	-	-129	693
	25~29	1,829	2,064	2,186	2,306	2,400	2,620	396	228	791
	30~34	2,190	2,386	2,476	2,602	2,702	2,919	695	408	729
	35~39	2,393	2,552	2,691	2,787	2,954	3,199	975	432	806
	40~44	2,559	2,632	2,787	2,863	3,055	3,324	1,100	550	765
	45~49	2,563	2,743	2,874	2,785	3,100	3,387	1,163	270	824
전문대졸	20~24	1,486	1,667	1,804	1,835	1,907	2,180	-	-44	694
	25~29	1,886	2,098	2,254	2,383	2,486	2,665	485	45	779
	30~34	2,312	2,521	2,667	2,820	2,937	3,132	952	213	820
	35~39	2,752	2,882	2,964	3,131	3,299	3,544	1,364	345	792
	40~44	3,034	3,168	3,306	3,395	3,507	3,675	1,495	351	641
	45~49	3,378	3,252	3,353	3,542	3,773	3,843	1,663	456	465
대졸 이상	20~24	1,609	1,804	1,901	1,948	2,089	2,423	-	243	814
	25~29	2,283	2,403	2,556	2,618	2,767	3,022	599	357	739
	30~34	2,994	3,142	3,273	3,374	3,559	3,743	1,320	611	749
	35~39	3,816	3,906	4,044	4,276	4,291	4,544	2,121	1,000	728
	40~44	4,405	4,571	4,696	5,055	4,882	5,162	2,739	1,487	757
	45~49	4,760	5,007	5,213	5,517	5,516	5,666	3,243	1,823	906

학력별 연령별 평균 월 임금 총액(단위: 천 원, 자료: 고용노동부 〈고용형태별 근로실태조사〉)

습니다. 고졸도 마찬가지로 이 시기에 월 급여가 29만 원 가까이 오릅니다. 전문대졸도 마찬가지여서 27만 원 오릅니다. 대졸도 이때 33만 원 오릅니다. 갑자기 무슨 일이 생긴 걸까요? 바로 최저임금이 2018년, 2019년 두 해 동안 급격히 오르면서 생긴 일입니다. 20~24세 사이 연령대에선 최저임금에 맞춘 급여를 받는 이들이 많다는 방증입니다. 최저임금 상승의 효과를 저연령대가 확실하게 보여줍니다.

학력 높으면 나이 들수록 소득이 올라간다

하지만 또 다른 측면을 보셔야 합니다. 중졸 이하를 보지요. 이들이 받는 월 급여 평균은 2019년 기준으로 20~24세가 235만 원, 25~29세가 239만 원인데, 45~49세도 312만 원에 불과합니다.* 이들은 중졸이니 20세면 이미 노동시장에 진입할 나이입니다. 이들은 나이가 들어도 급여가 별로 많아지질 않습니다. 20~24세와 45~49세의 차이가 76만 원입니다.

고졸의 예를 들어 20~24세는 222만 원, 30~34세는 292만 원인데, 45~49세면 339만 원입니다. 20~24세와 45~49세의 차이는 117만 원입니다. 전문대졸의 경우 연령별 차이는 166만 원이고, 대졸 이상은 차이가 324만 원입니다. 학력이 높을수록 나이가 들면서 받는 월

---

* 천 원에서 반올림합니다.

급이 더 많아진다는 걸 알 수 있습니다. 중졸 이하와 고졸이 20~24세 일 때는 대졸 이상과 비교해서 10만 원에서 20만 원 차이밖에 없지만 35~39세가 되면 178만 원, 135만 원 차이가 나고 45~49세가 되면 254만 원, 228만 원 차이가 납니다.

바로 옆 학력 간의 소득 차는 대졸과 전문대의 격차가 가장 크고, 전문대졸과 고졸의 격차가 그다음, 고졸과 중졸의 격차가 가장 작아집니다.

학력으로만 보자면 고졸 이하 30%가 상위 20%에 속하지 않은 나머지 80%의 37.3%를 차지합니다. 이들은 나이가 들어서도 소득이 크게 오르질 않습니다. 50세 가까이 되어도 월평균 소득은 300만 원대 초반에 그칩니다. 우리가 살펴봤던 좋은 일자리의 초봉과 비슷한 수준입니다. 중견기업도 아닌 중소기업 혹은 작은 자영업체 등을 위주로 취업이 되고, 아니면 비정규직을 돌게 되지요. 그러니 경력을 인정받지 못하고 나이가 들어도 소득이 올라가질 못합니다.

전문대졸은 2009년에는 확실히 고졸 이하와 임금 격차가 있었습니다만 시간이 지날수록 고졸과 비슷해지는 경향을 보입니다. 45~49세에서 고졸과의 임금 격차가 2009년에는 80만 원이 넘었는데 2019년에는 50만 원이 되질 않습니다. 이는 부분적으로 최저임금 상승에 기인한다고 볼 수 있습니다. 최저임금 선의 소득을 올리는 비율이 고졸과 중졸 이하에서 높다 보니 최저임금이 오르면 이들 전체의 소득이 상향조정됩니다. 고졸 이하 학력 중에서도 비정규직이 아니면 전문대졸과 비슷한 소득을 올린다는 결론이 나옵니다.

어찌 되었건 이 표가 보여주는 한 가지는 분명합니다. 학력이 높을수록 나이가 들면서 소득이 올라가는 정도가 높다는 거죠. 또 경력을 인정받고 그에 대한 대우를 받는 일자리는 대졸을 중심으로 짜여 있다는 겁니다. 그러니 고졸 이하의 학력과 전문대졸 대부분은 나이가 들수록 더욱 커다란 소득 격차를 느낄 수밖에 없습니다.

그리고 이 소득으로는 안정적인 주거를 확보하기가 쉽지 않습니다. 특히 전세와 자가 부담이 높은 서울에서는 더 그렇지요. 20대와 30대 대부분의 시기 동안 연봉이 3,000만 원가량에 그치는 전문대졸 이하는 서울에서 전셋집을 구하기도 어렵습니다. 서울에 살 거면 월세를 살아야 하고, 아니면 경기도로 나가야 합니다. (이것이 서울의 인구가 줄어들고 경기도 인구가 늘어나는 이유 중 하나입니다.) 결혼을 해도 부모의 도움 없이는 서울로 재진입하기는 어렵습니다. 이들이 20대와 30대 초반 청년들의 절반 가까이 차지합니다.

그리고 나머지 30%가 4년제 대학을 나왔지만 초봉 300만 원 이상의 좋은 일자리는 아닌, 그러나 아주 박하지는 않은 곳에 취업을 해서 꾸준히 다니는 이들입니다. 초봉은 250만 원에 머물지만 나름대로 고용 안정성이 있어서 시간이 지나면 '좋은 일자리'만큼은 아니지만 조금씩 소득도 올라가는 자리지요. 표에서 대졸의 경우 20~24세에 정식으로 노동시장에 뛰어드는 경우는 드무니 주로 25~29세에 일을 시작한다고 보아야 합니다. 그렇게 보면 평균 월급이 2019년 기준으로 약 300만 원입니다. 1~2년 이상 다니면서 임금이 오른 것도 감안하고 또 앞서 이야기했던 상위 10% 몫의 좋은 일자리를 빼면 250만 원대의 초봉이 평균적인 나머지 4년제 일자리일 것입니다. 물론 연령이 높아질수록 소득이 빠르게 높아지는 이유 중 하나도 여기에 '좋은 일자리'가 포함되어 있기 때문이지만, 중견기업을 중심으로 한 '나쁘지 않은 일자리'에 다니는 이들도 있는 것이지요.

이들은 결혼하고, 맞벌이를 한다면 아이를 낳을 때까지 돈을 모아 경기도권의 교통이 나쁘지 않은 곳의 빌라를 분양받는 것은 가능한 수준입니다. 서울이라면 전세 대출을 끼고 전세를 얻을 수도 있겠지요. 하지만 역시 부모의 커다란 도움 없이는 서울에 아파트를 장만하는 것은 굉장히 힘들 겁니다. 수도권이 아니라면 이들은 도청소재지 도시라도 대출을 끼고 아파트를 장만하는 것이 몹시 어려운 일은 아닙니다만, 앞서 살펴본 것처럼 수도권 이외의 지역은 임금 수준이 수도권보다 낮아지는 것을 생각하면, 그 대출을 갚는 것이 쉬운 일은 아닐 겁니다.

이런 미래를 그리는 이들이 지금 청년의 80%입니다. 이들의 부모도 이들과 비슷한 경로를 겪었지요. 지금의 50대는 어려운 부모 밑에서 자랐지만 괜찮은 대학을 나와 괜찮은 곳에 취업을 하고 안정적인 소득을 통해 상위 20% 안에 들 가능성이 있는 사람들이 50%였다면 지금 청년 세대에서는 부모의 소득이 상위 20~30% 안에 드는 이들이 스스로 상위 20% 안에 들 가능성이 크고 나머지 계층에선 드물게 나타나는 일이 됩니다. 부모 소득이 그 아래인 70~80%는 어떻게든 4년제 대학을 졸업하고 상위 50% 안에 드는, 즉 중견기업에 취업해서 혹은 공무원 9급에 붙어서 초봉은 250만 원 정도밖에 되지 않아도 안정적인 고용을 보장받고 나이가 듦에 따라 조금씩 소득이 올라가는 트랙을 타는 것이 최선의 상황인 것이지요.

그리고 그마저도 거의 불가능한 30%가 있습니다. 고졸 이하 학력인 청년들은 나이가 들어도 소득이 더 오를 거란 기대는 거의 없이 현재의 소득 안에서 어떻게든 버텨내는 것이 최선이 되는 거지요. 이렇게 청년층이 0.1%와 1%, 20%와 나머지 80%로, 나머지 80%는 다시 50%와 30%로 나뉘는 이유는 아버지 세대와 자신 세대를 거치며 불평등이 더욱 심화했기 때문입니다.

노동시장의 다중격차 구조를 줄이지 않는 한 이 문제는 해결되기 힘듭니다. 그리고 좋은 일자리가 왜 적은지, 어떻게 하면 좋은 일자리를 늘릴지 그 해결 방안을 찾아야 합니다. 그러지 않고 이를 청년 세대의 문제로 국한시키고, 아무리 공정을 외쳐봤자 헛일이지요. 취업을 알선하는 프로그램을 만들고, 인턴을 확대하고, 청년 수당을 신설하는 등의 일은 부차적입니다.

20대 남성이 바라보는 여성

20대 남성 일부의 페미니즘에 대한 혐오에 대해서 지금껏 살펴본 청년들의 경제적 문제가 하나의 대답을 내놓고 있습니다. 상위 20%

에 속하는 20대를 보죠. 이들의 눈에 1%는 '넘사벽'의 세계에 사는 존재들입니다. 그들의 성별은 별로 중요하지 않습니다. 부모의 재력이 만든 벽은 성별의 차이를 뛰어넘으니까요. 물론 그 1% 안에서는 성별에 따른 차별이 있지만 20%의 눈에는 그게 보일 리가 없습니다. 그리고 20%들은 자신들의 부모가 확보한 이 20%에서 떨어지지 않기 위해 엄청난 경쟁에 시달리고 있습니다. 여성에겐 이미 불리한 지평입니다. 가장 많은 그리고 선망하는 좋은 일자리인 대기업은 실력 이전에 남성들에게 유리한 취업 조건을 만들어놓고 있습니다. 이 부분은 앞서 살펴봤지요. 하지만 이 대기업에 들어가기 위해선 여성을 제외하고도 남성들 내부에서 대단히 힘든 경쟁을 이겨내야 합니다. 어찌 되었건 이 대기업을 제외하면 여성들이 발군의 능력을 보입니다. 당연합니다. 대기업이란 좋은 일자리에서 가장 많은 지분을 차지하는 곳에서 능력보다 성별로 인한 불리함을 경험하게 된 20대 여성들은 성별에 의한 불평등을 겪지 않는, 오로지 시험만을 통해 쟁취할 수 있는 일자리에 매진하게 되니까요. 그래서 이들과 시험을 통해 경쟁하게 되는 20대 남성들에게 20대 여성이란 성적을 놓고 겨루는 '대등'한 경쟁자이지, 자신들 남성에 의해 피해를 받는 여성이란 생각이 잘 들지 않겠지요. 이들에겐 여성들이 맞닥뜨리는 사회적 차별보다는 경쟁자로서의 모습이 오히려 부각될 뿐입니다. 그리고 실제로 이들이 보는 여성들이란 대단히 뛰어난 능력을 시험 성적으로 증명하는 이들이지요.

그리고 나머지 80%가 있습니다. 이들의 눈엔 20%의 치열한 경쟁보다는, 20%가 1%를 보듯이 넘사벽의 세계에 사는 모습만 보일 뿐입니다. 여기에도 성별에 의한 차별보다는 20%의 부모가 만든 재력의 차이와, 그들 20% 청년들이 지나온 10대가 만든 능력의 차이가 더 눈에 띌 뿐이지요. 하지만 이들 80%에선 남녀의 차별은 더 적나라하게 드러나기도 합니다. 하다못해 배달 일을 하려고 하더라도 대부분 남자들입니다. 물류센터에서 일하더라도 남자를 더 선호하지요. 몸 쓰는 일에 남자들을 선호하는 건 예전부터 있었던 일이지요. 그리고 작은 공장이라도 들어가면 하다못해 반장을 하는 것도, 주임을 하는 것도, 공장장도 대부분 남자입니다. 이들에게 있어 남녀 차별은 대단히 공공연한 일이어서 오히려 남녀 차별이 있다는 사실 자체를 부정하진 못하는 것이 사실입니다.

남녀 차별에 눈을 감고, 페미니스트를 혐오하는 이들은 아직 여성의 경력단절 문제가 눈에 띄기 전인 20대에, 20%에 남기 위해 치열한 경쟁을 벌이는 남성들 가운데서 가장 많이 보이게 됩니다.

1. 다음의 서술에서 잘못된 것을 고르세요.

    ① 우리나라 상위 0.1%의 연평균 소득은 약 14억 7,000만 원이다.

    ② 전체 배당소득의 90%를 상위 1%가 가져간다.

    ③ 영앤리치 기사와 같은 예를 보면 0.1%는 대물림해서도 상위 0.1%에

    들 수 있는 충분한 자산을 가지고 있다.

    ④ 2015년 기준 서울 1인 가구 평균 생활비는 135만 원이었다.

2. 상위 1~20%를 구성하는 이들이 아닌 사람은 누구일까요?

    ① 대기업 정규직 사무직 사원

    ② 의사, 변호사 등의 전문직

    ③ 공무원 9급 이상

    ④ 정규직 교사

주관식 3. 아래의 글을 보고 생각할 수 있는 것은 무엇일까요?

    중졸 이하 20~24세 사이 월 급여가 2017년까지는 조금씩 오르다가

    2019년에는 갑자기 50만 원 오른 것을 볼 수 있습니다. 고졸도 마찬가지

    로 이 시기에 월 급여가 29만 원 가까이 오릅니다. 전문대졸도 마찬가지

    여서 27만 원 오릅니다. 대졸도 이때 33만 원 오릅니다. 갑자기 무슨 일

이 생긴 걸까요?

주관식 **4. 아래의 글을 보고 빈칸을 채우세요.**

"고졸의 예를 보면 20~24세는 222만 원, 30~34세는 292만 원, 35세
~39세는 320만 원, 40~44세 332만 원, 45~49세 339만 원입니다.
20~24세와 45~49세의 차이는 117만 원입니다. 전문대졸은 20~24세
는 218만 원이고 30~34세는 313만 원, 35세~39세는 354만 원, 40~44
세 368만 원, 45~49세 384만 원입니다. 20~24세와 45~49세의 차이
가 166만 원이지요. 대졸 이상은 20~24세는 242만 원이고 30~34세는
374만 원, 35~39세는 454만 원, 40~44세 516만 원, 45~49세 566만
원입니다. 20~24세와 45~49세의 차이가 324만 원입니다."

➔ 이 상황이 보여주는 한 가지는 분명합니다. ___이 높을수록 ___가 들
면서 소득이 올라가는 정도가 높다는 거죠. 반대로 이런 일자리, 경력을
인정받고 그에 대한 대우를 받는 일자리는 ___을 중심으로 짜여 있다는
겁니다. 그러니 고졸 이하의 학력과 전문대졸 대부분은 나이가 들수록 더
욱 커다란 소득 격차를 느낄 수밖에 없습니다.

주관식 **1. 소득분위의 설명으로 알맞은 말은 무엇일까요?**

"자사고나 외고에 진학하기 위해서는 1년에 최소한 600만 원에서 1,000만 원의 추가 비용을 지불해야 하는 거지요. 있는 이들에게야 큰돈이 아니지만 연간 가구 소득이 4,000만 원 수준에서는 상당한 각오를 해야 하며, 연간 가구 소득 3,000만 원 이하에서는 대출을 받지 않고는 불가능한 수준입니다. 자연스레 이들 학교에는 소득분위로 따지면 ___ ~ ___ 분위 사이의 부모를 둔 아이들이 입학합니다."

주관식 **2. 빈칸을 〈보기〉에서 골라 넣으세요.**

> 〈보기〉　　　30　　　16　　　55

"한국장학재단이 2018년 장학금을 신청한 대학생들을 대상으로 분석한 자료에 따르면 가장 공부 잘하는 학생들이 간다는 서울 시내 8개 의대 중 9분위와 10분위 가구의 자녀는 전체 학생의 ___%입니다. 그다음 서울대, 연세대, 고려대는 10분위가 ___%, 9분위가 ___%로 전체의 46%를 차지합니다."

주관식 3. 아래의 표를 보고 두 개의 차이를 설명해보세요.

		전체	남성	여성
임금근로		221.1	244.7	198.8
	상용	240.0	262.8	217.1
	임시	139.3	148.4	133.1
	일용	109.2	128.7	87.9
비임금근로		292.0	362.4	200.1

대졸자 월평균 임금(단위: 만 원)

주관식 4. 다음의 표를 통해 알 수 있는 사실은 무엇일까요?

학력별	연령	2009	2011	2013	2015	2017	2019	동일 학력 20~24세와 소득 차이	중졸 이하 연령과 동일 나이대 소득 차이	2009년과의 차이
중졸 이하	20~24	1,320	1,540	1,534	1,659	1,866	2,353	-	-	1,033
	25~29	1,524	1,796	1,900	1,896	2,227	2,392	39	-	868
	30~34	1,663	1,826	2,097	2,107	2,293	2,511	158	-	848
	35~39	1,803	1,988	2,365	2,281	2,506	2,767	414	-	964
	40~44	2,106	2,175	2,388	2,427	2,582	2,774	421	-	668
	45~49	2,247	2,369	2,455	2,459	2,715	3,117	764	-	870
고졸	20~24	1,531	1,767	1,828	1,891	1,941	2,224	-	-129	693
	25~29	1,829	2,064	2,186	2,306	2,400	2,620	396	228	791
	30~34	2,190	2,386	2,476	2,602	2,702	2,919	695	408	729
	35~39	2,393	2,552	2,691	2,787	2,954	3,199	975	432	806
	40~44	2,559	2,632	2,787	2,863	3,055	3,324	1,100	550	765
	45~49	2,563	2,743	2,874	2,785	3,100	3,387	1,163	270	824
전문대졸	20~24	1,486	1,667	1,804	1,835	1,907	2,180	-	-44	694
	25~29	1,886	2,098	2,254	2,383	2,486	2,665	485	45	779
	30~34	2,312	2,521	2,667	2,820	2,937	3,132	952	213	820
	35~39	2,752	2,882	2,964	3,131	3,299	3,544	1,364	345	792
	40~44	3,034	3,168	3,306	3,395	3,507	3,675	1,495	351	641
	45~49	3,378	3,252	3,353	3,542	3,773	3,843	1,663	456	465
대졸 이상	20~24	1,609	1,804	1,901	1,948	2,089	2,423	-	243	814
	25~29	2,283	2,403	2,556	2,618	2,767	3,022	599	357	739
	30~34	2,994	3,142	3,273	3,374	3,559	3,743	1,320	611	749
	35~39	3,816	3,906	4,044	4,276	4,291	4,544	2,121	1,000	728
	40~44	4,405	4,571	4,696	5,055	4,882	5,162	2,739	1,487	757
	45~49	4,760	5,007	5,213	5,517	5,516	5,666	3,243	1,823	906

학력별 연령별 평균 월 임금 총액(단위: 천 원, 고용노동부 〈고용형태별 근로실태조사〉)

1. 10, 6   2. 55, 30, 16   3. 남녀 차이, 정규직과 비정규직 차이
4. 학력이 높을수록 나이가 들면서 소득이 올라가는 정도가 높다.

4부

불평등으로 해체되는 대한민국,
가족 해체·노인 자살·지방 소멸

가족의 해체

가족의 해체라고 이야기들 합니다만 가족 형태가 바뀌고 있다는 것이 정확한 표현이겠습니다. 예전 1980~1990년대만 하더라도 여성 25~28세, 남성 27~32세 사이를 결혼 적령기라고 했습니다. 사회생활을 하면서 어느 정도 목돈도 모아놔서 단칸셋방이라도 얻어 결혼할 나이라는 뜻이었지요. 하지만 지금 그런 이야기를 하는 분들은 별로 없습니다. 결혼을 가장 많이 하는 시기도 30세 초반으로 올라갔고요. 그리고 꽤 많은 사람이 결혼하지 않고 있습니다. 그렇다고 분가가 일어나지 않는 건 아니지요. 자녀들이 서른 살을 넘어가기 시작하면 부모의 나이도 예순이 됩니다. 즉 은퇴 시기가 다가오지요. 자녀들은 돈을 모아 분가를 합니다만 이제 결혼이 아니라 1인 가구가 됩니다. 물론 계속 부모와 사는 자녀들도 적진 않지만요. 어찌 되었건 결혼이 늦춰지면서 1인 가구가 늘어납니다. 자녀의 나이가 마흔이 되면 부모는 일흔이 됩니다. 이때부터는 역으로 부모가 분가하는 예도 늘어납니다.

이 두 사례로 1인 가구 혹은 2인 가구가 지속해서 늘어나고 있습니다. 부모와 자녀가 같이 있는 예는 아이가 태어나서 경제적으로 독립하기 전까지의 30년이 되는 거지요. 물론 나이가 들어서도 2세대나 3세대가 같이 사는 예도 아직 드문 정도는 아닙니다. 그러나 시간이 지날수록 이런 모습은 줄어들겠지요.

그래서 많은 이들이 가족의 해체를 걱정하지만 정작 파탄을 맞는 가족은 1인 가구나 2인 가구가 아니라 경제적 폭탄을 맞은 가족입니다. 가령 월 400만 원의 안정적인 소득을 올리는 가장을 둔 가족이 있다고 칩시다. 어느 날 가족 중 한 명이 큰 병에 걸립니다. 가장이 병에 걸리는 것이 가장 타격이 크지요. 건강보험이 있다고 하지만 차상위 가구도 아닌 이 가족은 25%의 의료비를 부담해야 합니다. 직장에 질병으로 인한 휴가를 내고 병 치료에 전념해야 합니다만 쉽지 않습니다. 배우자는 줄어든 소득에 늘어나는 치료비를 감당하기 위해 이전에 나가지 않던 일자리를 찾거나, 기존에 일자리가 있더라도 주말이나 저녁에 할 수 있는 다른 일자리를 찾습니다. 아이들도 빤히 알죠. 이런저런 핑계를 대고 다니던 학원을 끊고 줄어든 용돈을 아르바이트로 보충합니다. 몇 개월 사이에 낫는 병이면 다행이지만 그런 상황이 1년, 2년 지나면 가족 모두 말 못 할 고통을 감내하며 지내야 합니다. 대학생 자녀가 있다면 휴학을 하고 일자리를 알아봅니다. 집을 팔고 전세로 바꾸거나, 전세라면 규모를 줄여 이사를 갑니다. 대출을 받기도 하지요. 월 400만 원의 소득에 의지했던 가족의 삶은 파탄이 납니다. 꼭 중병에 걸리지 않더라도 다니던 직장에서 정리해고 대상이 되어도 마찬가지입니다. 경력직을 뽑는 새로운 일자리를 찾기는 쉽지 않고 대부분 기존보다 덜 안정적이고 보수도 적은 곳으로 가게 되지요.

얼마나 허약한 구조인가요. 젊어 결혼을 한 다음 자녀들이 경제적 독립을 할 때까지, 아니, 독립한 이후라도 한 50년 가까이 어떠한 중병에도 걸리지 않아야 하고, 교통사고도 당하지 않아야 하며, 산재도 일어나지 않아야 하며, 정리해고도 당하지 않아야 하고, 다니던 직장이 망하지도 않아야 유지됩니다. 매일 '오늘도 무사히'를 염원하는 건 비단 버스나 택시 기사들만이 아니지요.

가족 생계비

우린 보통 가족을 이루고, 가족 내에서는 소득을 공유하니까 그를 살펴보는 것이 필요합니다. 2000년부터 2020년까지 20년간 최저생계비는 약 3배 조금 넘게 올랐습니다. 최저생계비가 중위소득의 60%임을 고려하면 중위소득 자체가 3배 올랐다는 이야기입니다. 중위소득은 모든 가구를 소득순으로 순위를 매겼을 때, 가운데를 차지한 가구

가구	2000년	2005년	2010년	2015년	2020년	2000년 대비 상승 비율
1인 가구	32만 원	40만 원	50만 원	62만 원	105만 원	3.28배
2인 가구	54만 원	67만 원	86만 원	103만 원	180만 원	3.33배
3인 가구	74만 원	91만 원	110만 원	133만 원	232만 원	3.13배
4인 가구	93만 원	114만 원	136만 원	198만 원	285만 원	3.06배

연 최저생계비 추이

의 소득을 의미합니다.*

　　하지만 생활비는 지역에 따라, 도시나 농촌이냐에 따라 조금씩 다릅니다. 아무래도 서울에서 살면 얼마나 드는지를 보면 대략 감이 올 수도 있겠습니다. 서울연구원이 조사한 〈2015년 서울의 가구당 한 달 생활비 및 최저생계비, 중위소득〉은 다음 표와 같습니다. 현재 가구당 가구원 수는 대략 2.5명 수준인 걸 생각하면 한 달 생활비는 대략 300만 원 언저리가 되겠습니다. 생활비 중 가장 많은 비중을 차지하는 것은 1~2인 가구는 식료품이지만 3인 가구 이상으로 올라가면 경조사와 용돈의 비중이 식료품과 비슷하거나 추월하기도 합니다. 식료품비는 인원이 늘어나는 것보다 적게 늘어나지만 용돈과 경조사비는 그렇지 않은 거지요. 그다음으로 많은 비중을 차지하는 것이 1~2인 가구는 교통통신과 세금, 사회보장비 등이지만 4인 가구 이상에서는 교육비 비중이 훌쩍 높아집니다. 어찌 되었건 생활비는 식료품과 용돈·경조사,

---

*　우리나라 기준 중위소득은 국민기초생활보장법에 따라 중앙생활조장위원회 의결을 거쳐 고시하는 국민 가구 소득의 중윗값을 의미합니다. 국민기초생활보장의 급여 기준을 정하는 지표이기도 하지요.

가구	생활비	최저생계비	중위소득
1인 가구	135만 원	62만 원	156만 원
2인 가구	230만 원	103만 원	266만 원
3인 가구	355만 원	133만 원	344만 원
4인 가구	465만 원	163만 원	422만 원
5인 가구	542만 원	198만 원	500만 원

2015년 서울시 가구당 한 달 생활비와 최저생계비, 중위소득

가구	식료품	주거	생활용품	보건의료	교육	교양오락	교통통신	용돈경조사	세금사회보장비	이자지출
1인 가구	36	27	8	7	0	5	12	28	10	2
2인 가구	58	24	12	16	1	10	25	52	24	7
3인 가구	81	28	23	14	16	15	48	76	42	13
4인 가구	97	29	28	13	60	17	58	94	54	14
5인 가구	111	33	36	16	76	14	67	112	58	18
평균	71	27	19	19	24	12	38	66	34	10

가구원 수별 생활비 지출 비중
식료품비 = 가정식비 + 외식비 + 주류 + 담배   주거비 = 월세 + 관리비 + 광열수도비
생활용품비 = 가구 + 가사용품 + 의류 + 신발   용돈·경조비 = 자녀·부모님 용돈 + 경조비 + 종교 관련비 + 기타

교통통신, 교육 등이 가장 큰 비중을 차지하고 있는 거지요.

그런데 이 비용들은 사실 줄이기가 쉽지 않습니다. 기껏해야 몇 만 원 덜 쓰는 것이 최선이 될 터이지요. 그리고 이 생활비에 못 미치는 소득을 올리는 이들이 많습니다. 다음의 표에서 보다시피 근로자 가구는 평균 구성원이 3인이 넘습니다. 대략 350만 원이 생활비인데 1~2분위에선 부족하고 3분위가 되어야 생활비와 비슷한 수입이 있습니다. 근로자외 가구는 평균 가구원 수가 약 2.87명인데 생활비는 300만 원이지요. 5분위에 가서야 겨우 간당간당하게 생활비를 맞추고 있

10분위별 월 소득	항목별 가계수지	2019 4/4		
		전체 가구	근로자 가구	근로자외 가구
전체 평균	가구원 수(명)	3.06	3.19	2.87
	소득(원)	4,771,921	5,411,583	3,815,300
1분위	가구원 수(명)	2.25	2.52	2.27
	소득(원)	856,685	1,566,425	535,547
2분위	가구원 수(명)	2.54	2.73	2.23
	소득(원)	1,790,924	2,639,206	1,086,858
3분위	가구원 수(명)	2.77	3.01	2.40
	소득(원)	2,608,620	3,327,745	1,610,797
4분위	가구원 수(명)	2.97	3.27	2.67
	소득(원)	3,272,655	3,979,106	2,246,115
5분위	가구원 수(명)	3.17	3.41	2.88
	소득(원)	3,962,602	4,604,429	2,884,183
6분위	가구원 수(명)	3.31	3.26	2.94
	소득(원)	4,619,860	5,211,591	3,540,590

1~6분위 월평균 소득(7분위~10분위 생략)

가구	통합	근로	종합	사업	이자	배당	임대
상위 0.1%	4.19	2.06	9.56	8	17.43	47	4.89
상위 1%	11.22	7.22	23.42	23.67	45.48	69.3	16.28
상위 10%	36.57	31.13	55.95	57.55	91	93.1	48
하위 50%	16.45	20.17	9.08	9.12	0.19	0.19	12.4

2019년 소득별 주요 구간 비중 추이

습니다. 그런데 생활비의 지출 내역에서 보듯이 이는 저축은 하나도 없는 그저 쓰기만 하는 비용입니다. 여러분도 아시다시피 전세 보증금을 올려주기 위해서라도 일정한 금액을 모으는 일은 현대 도시 생활의 필수불가결한 요소입니다. 2년에 1,000만 원 올라가더라도 한 달에 50만 원씩 저금을 해야 하지요. 결국 기본적인 생활비에 그 정도의 저금을 추가하게 되면 2.5인 가구 기준으로 최소 월 350만 원, 3인 가구 기준으로 400만 원의 수입이 있어야 하는데, 근로자 가구는 4분위, 근로자외 가구는 6분위가 되어야 이 정도가 됩니다. 대략 우리나라 가구의 40%가 평균 생활비 및 전세 보증금 등에 대비한 기본 저축을 할 수 없는 소득을 올리고 있는 거지요.

특히 이것보다 적으면 생존이 힘들다는 최저생계비와 비교해보면 근로자외 가구는 2분위까지가 소득이 이보다 모자랍니다. 근로자 가구는 1분위가 딱 최저생계비에 걸려 있네요.

혼인과 이혼

혼인율이 감소하고 있는 건 뉴스를 통해 익히 알고 계실 겁니다. 〈혼인 및 이혼율 추이〉 표를 보면, 감소의 정도가 대단히 가파릅니다. 인구 1,000명당 혼인율을 조혼인율이라고 합니다. 표에서 보시다시피 1970년에서 1990년 중반까지 조혼인율은 대략 9명 수준이었습니다. 그랬던 것이 2000년 7명 선으로, 2019년에는 4.7명까지 떨어집니다. 비율로 봤을 때 20세기보다 절반으로 떨어진 것이지요. 총혼인 건수도 2000년 33만 2,000건에서 2019년 23만 9,000건으로 무려 9만 3,000건이 감소하였습니나. 물론 혼인 이외에도 자녀를 낳고 둘 수 있지만 우리나라는 혼인으로 탄생하는 비율이 절대적이라 혼인율 감소는 바로 출산율 감소로 이어질 수밖에 없지요. 더구나 혼인하고도 아이를

	2000	2001	2002	2003	2004	2005	2006	2007	2008	2009
총혼인 건수 (천 건)	332.1	318.4	304.9	302.5	308.6	314.3	330.6	343.6	327.7	309.8
조혼인율 (인구 1,000명당 건)	7.0	6.7	6.3	6.3	6.4	6.5	6.8	7.0	6.6	6.2
	2010	2011	2012	2013	2014	2015	2016	2017	2018	2019
총혼인 건수 (천 건)	326.1	329.1	327.1	322.8	305.5	302.8	281.6	264.5	257.6	239.2
조혼인율 (인구 1,000명당 건)	6.5	6.6	6.5	6.4	6.0	5.9	5.5	5.2	5.0	4.7

2000년 이후 총혼인 건수와 조혼인율 추이(출처: 통계청)

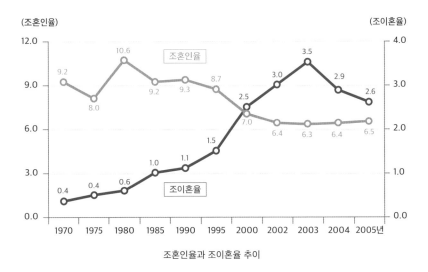

조혼인율과 조이혼율 추이

낳지 않는 경우가 더 늘고 있으니 출산율은 아주 밑바닥을 길 수밖에 없습니다.

이혼율은 1980년대 초까지만 하더라도 1,000명당 1명이 되질 않았습니다. 그러다 1985년 1명을 기점으로 지속해서 높아져서 2003년 3.5명으로 정점에 이릅니다. 그리고 다시 낮아졌지요. 21세기 들어 증감이 있지만 조이혼율은 2000년대 초기 2건 중반에서 2010년대 들어 2건 초반을 유지하고 있다고 볼 수 있습니다. 2019년으로 한정해보면 매년 인구 1,000명당 4.7명이 혼인하고, 2.2명이 이혼하는 것이 2019년이 보여주는 현실인 거지요. 2019년을 봤을 때 한 해에 23만 9,000명이 결혼하고 11만 명이 이혼하는 셈입니다.

1985년 이후 지속해서 이혼율이 높아진 것은 이전처럼 여성들이 참고만 살진 않는다는 모습이기도 하고, 또 이혼하고서도 경제적 자립이 가능해진 비율이 높아져서이기도 합니다.

평균 초혼 연령

초혼 연령이 늦춰지는 건 다 알고 있는 사실입니다. 1990년 남성 27.8세와 여자 24.8세에서 2000년대가 되면 남성 30대 초반, 여성 20대 후반이 되었다가 현재는 남성 33세, 여성 30세가 평균 초혼 나이가 되었습니다. 1990년보다 2000년대 초에 혼인 연령이 높아진 것은 대학 진학률과도 상관이 있습니다. 여성이 대학에 진학해 졸업을 하게 되면 보통 23세가량 되니 그 후 직장을 잡고 결혼을 준비하는 과정을 계산해보면 20대 초반에는 결혼하기에 어려움이 있지요. 남성은 군대를 다녀오고 대학을 졸업하면 26세 정도 되는데 다시 직장을 잡고 결혼할 준비를 하게 되면 대략 20대 후반에서 30대 초반에 결혼할 수밖에 없습니다.

실제로 20대 후반 혼인 비중은 2007년 남자 34%, 여자 48.8%에서 2017년 남자 21.6%, 여자 35.4%로 줄어들고 있습니다. 이제 20대에 결혼하는 비율이 오히려 소수가 되어버린 것이지요.

하지만 2010년 이후의 모습은 달리 해석할 필요가 있습니다. 남성과 여성 모두 초혼 평균 연령이 30대를 넘기는 것은 사회에서 일정한 기반을 쌓고 나서 결혼하겠다는 의지가 모두에게서 강하게 나타나는 모습입니다. 미국에서 결혼 연령과 노동시장의 상관 관계를 분석한 논문에 따르면 여성은 노동시장의 여건이 좋을 때, 남성은 노동시장의 여건이 나쁠 때 결혼율이 낮아진다고 합니다.[*] 간단히 말해서 남성이 구애하고 여성이 받아들이는 고전적인 결혼 모델에서 여성은 자신이 경제적 활동을 지속하는 것이 남성과 결혼하고 자식을 낳는 것보다 선호될 때 결혼을 미루게 된다는 것이고, 남성은 소득이 낮아질수록 결혼하기 힘들다는 이야기입니다. 실제로 21세기 들어 여성의 학력이 높아지고, 직장에서의 양성평등이 개선된 측면이 없지 않아 이전에 비해선 더 좋은 조건에서 더 높은 소득을 올리고 있는 것이 사실입니다. (물론 현재 상황이 양성평등이 완전히 이루어졌다는 이야기가 아니라 20세기에 비해서 상대적으로 그렇다는 뜻입니다.)

〈2005년도 전국 결혼 및 출산 동향〉에 따르면 우리나라 미혼남

---

[*] 〈저출산·인구 고령화의 원인: 결혼 결정의 경제적 요인을 중심으로〉, 이상호·이상헌, 2011년 9월 6일.

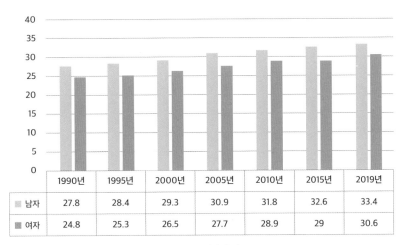

	1990년	1995년	2000년	2005년	2010년	2015년	2019년
남자	27.8	28.4	29.3	30.9	31.8	32.6	33.4
여자	24.8	25.3	26.5	27.7	28.9	29	30.6

평균 초혼 연령 추이

녀가 결혼하지 않는 이유 중 남성은 경제적 요인이 43.4%를 차지하고 있으며 특히 34세 이하는 50%대에 이르고 있습니다. 이 중 실업 및 고용 불안정성이 13.2~16.5%에 이르고 있음은 21세기 들어 증가한 고용 불안정이 남성의 결혼에 커다란 영향을 미치고 있음을 보여줍니다. 따라서 남성의 결혼 연령이 점차 높아지는 것에는 경제적 요인이 상당한 부분을 차지한다고 볼 수 있죠.

가족의 현재와 미래

통계청의 〈장래가구특별추계(시도편):2017~2047년〉을 보면 2017년 총가구는 1,958만 1,000가구입니다. 앞으로도 계속 늘어 2040

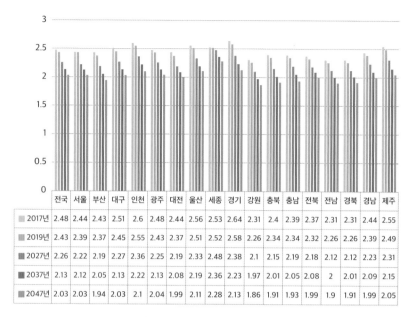

	전국	서울	부산	대구	인천	광주	대전	울산	세종	경기	강원	충북	충남	전북	전남	경북	경남	제주
2017년	2.48	2.44	2.43	2.51	2.6	2.48	2.44	2.56	2.53	2.64	2.31	2.4	2.39	2.37	2.31	2.31	2.44	2.55
2019년	2.43	2.39	2.37	2.45	2.55	2.43	2.37	2.51	2.52	2.58	2.26	2.34	2.34	2.32	2.26	2.26	2.39	2.49
2027년	2.26	2.22	2.19	2.27	2.36	2.25	2.19	2.33	2.48	2.38	2.1	2.15	2.19	2.18	2.12	2.12	2.23	2.31
2037년	2.13	2.12	2.05	2.13	2.22	2.13	2.08	2.19	2.36	2.23	1.97	2.01	2.05	2.08	2	2.01	2.09	2.15
2047년	2.03	2.03	1.94	2.03	2.1	2.04	1.99	2.11	2.28	2.13	1.86	1.91	1.93	1.99	1.9	1.91	1.99	2.05

시도별 평균 가구원 수(출처: 통계청)

년 2,265만 1,000가구까지 되었다가 이후 감소할 것으로 봅니다. 통계청의 또 다른 보고서인 〈장래인구특별추계〉에서 세종시를 제외한 전국의 인구가 줄어들 것으로 보고 있는데 가구 수가 늘어난다는 건 가구 구성원의 수가 줄어들기 때문입니다. 보고서에서는 2017년 평균 가구원 수는 2.48명인데 2047년에는 2.03명까지 줄어들 것으로 예측합니다.

2017년 우리나라 가구 유형은 부부+자녀 가구가 615만 가구, 31.4%로 가장 많습니다. 그다음이 1인 가구로 558만 3,000가구, 28.5%이고, 부부 가구가 309만 3,000가구로 15.8%입니다. 한부모 가구는 10.2%입니다. 3세대 이상이 같이 사는 전통적 형태의 가구는 95만 1,000가구로 전체의 4.9%밖에 되질 않습니다. 부부＋부모, 부부 ＋자녀＋부부형제자매, 조부모＋손자녀, 2세대 등이 섞여 있는 기타 가구가 오히려 7.6%로 더 많죠. 30년 뒤는 어떻게 변할까요?

2047년이 되면 전체 가구 중 1인 가구가 37.3%로 대세가 됩니다. 부부 가구 또한 21.5%로 증가하여 이 둘이 전체의 58.8%를 차지합니다. 부부＋자녀 가구는 16.3%로 절반 가까이 줄고, 3세대가 같이 사는 가구도 2.3%로 2017년의 절반으로 줄어들지요. 이 둘을 합치면 2017년 36.3%에서 18.6%로 줄어드는 것이죠. 한부모 가구는 10.2% 에서 9.5%로 비율은 소폭 감소합니다. 전체 가구 중 자녀가 있는 예는 셋 중 하나도 되질 않습니다. 이때가 되면 '집집마다 아이 웃는 소리' 라든가 '동네마다 아이가 뛰어노는' 같은 말은 사라지게 될지도 모르 겠습니다.

2047년에 1인 가구가 40% 이상을 차지하는 지역으로 대전 41.7%, 강원 41.9%, 충북 41.8%, 충남 40.6%, 전북 40.5%, 전남 40.0%, 경북 40.2%입니다. 1인 가구가 문제가 되는 건 혼자 살기 때문 만은 아닙니다. 이들 중 다수가 60세 이상의 고령층이기 때문입니다. 1인 가구주 연령은 2017년에는 39세 이하가 35.6%, 40~59세가 32.4%, 60세 이상이 32.0%이나 2047년에는 60세 이상이 56.8%로 절반 이상을 차지하게 됩니다. 다음의 표에서 보듯이 39세 이하는 35.6%에서 18.9%로 줄어들고, 40~59세는 32.4%에서 24.2%로 감소

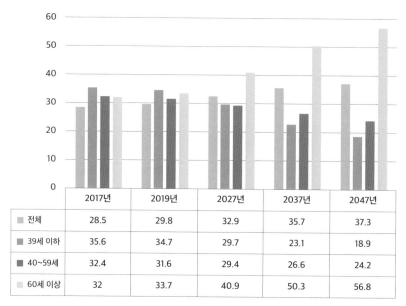

	2017년	2019년	2027년	2037년	2047년
■ 전체	28.5	29.8	32.9	35.7	37.3
■ 39세 이하	35.6	34.7	29.7	23.1	18.9
■ 40~59세	32.4	31.6	29.4	26.6	24.2
■ 60세 이상	32	33.7	40.9	50.3	56.8

1인 가구 연령별 구성비 변화

합니다. 대신 60세 이상은 32.0%에서 56.8%로 증가하지요.

더 구체적으로 살펴보자면 39세 이하 1인 가구는 2017년 198만 8,000가구에서 2027년 211만 3,000가구까지 늘었다가 감소하기 시작해서 2047년 157만 6,000가구로 2017년보다 약 40만 가구 줍니다. 이는 인구 감소 효과가 연령이 낮은 쪽부터 나타나기 때문입니다. 40~59세 가구는 2017년 181만 1,000가구에서 2037년 214만 6,000가구로 정점을 찍은 뒤 2047년에는 201만 6,000가구로 줍니다. 39세 이하보다는 약 10년 뒤에 인구 감소 효과가 나타나는 거지요. 반면 60세 이상 가구는 2017년 178만 4,000가구에서 2047년까지 꾸준히 증가해서 총 472만 9,000가구로 3배 가까이 증가하게 되지요. 2047년까지 인구 감소 효과가 크게 나타나지 않는 겁니다.

자녀 없이 부부만으로 가구를 구성하는 부부 가구도 살펴보지요. 왜 부부 가구는 증가할까요? 먼저 2017년 부부 가구는 60세 이상

			가구(천 가구)					구성비(%)				
			2017	2019	2027	2037	2047	연평균 변화	2017	2019	2027	2037	2047
전국		계	19,571	20,116	21,648	22,600	22,303	91	100.0	100.0	100.0	100.0	100.0
	친족가족	계	13,680	13,798	14,128	14,144	13,612	-2	69.9	68.6	65.3	62.6	61.0
		부부	3,093	3,280	4,022	4,684	4,794	57	15.8	16.3	18.6	20.7	21.5
		부부+자녀	6,150	5,962	5,180	4,373	3,638	-84	31.4	29.6	23.9	19.3	16.3
		부(모)+자녀	2,000	2,061	2,197	2,213	2,108	4	10.2	10.2	10.2	9.8	9.5
		3세대 이상	951	912	759	624	505	-15	4.9	4.5	3.5	2.8	2.3
		기타	1,487	1,584	1,970	2,251	2,567	36	7.6	7.9	9.1	10.0	11.5
	1인 가구		5,583	5,987	7,114	8,076	8,320	91	28.5	29.8	32.9	35.7	37.3
	비친족 가구		307	330	405	379	371	2	1.6	1.6	1.9	1.7	1.7

주요 유형별 가구 및 구성비(2017~2047년)

	전체(천 가구)							39세 이하(천 가구)						
	2017	2019	2027	2037	2047	'17년 대비 '47년		2017	2019	2027	2037	2047	'17년 대비 '47년	
						증감	증감률(%)						증감	증감률(%)
전국	5,583	5,987	7,114	8,076	8,320	2,737	49.0	1,988	2,080	2,113	1,866	1,576	-413	-20.7

연령별 1인 가구 및 구성비1(2017~2047년)

	40~59세(천 가구)							60세 이상(천 가구)						
	2017	2019	2027	2037	2047	'17년 대비 '47년		2017	2019	2027	2037	2047	'17년 대비 '47년	
						증감	증감률(%)						증감	증감률(%)
전국	1,811	1,892	2,093	2,146	2,016	205	11.3	1,784	2,015	2,908	4,064	4,729	2,944	165.0

연령별 1인 가구 및 구성비2(2017~2047년)

가구주가 전체의 59.9%로 가장 많고, 40~59세 28.5%, 39세 이하가 11.7% 순입니다. 자녀가 성인이 되어 분가하고 부부만 사는 경우가 가장 많다는 걸 알 수 있습니다. 그래서 부부 가구 비중이 높은 곳은 고령층이 많은 지역입니다. 앞으로 고령화가 진행되면서 자연스레 부부 가구도 늘어나게 됩니다.

〈주요 유형별 가구 및 구성비〉를 보면 2017년 부부 가구는 309만 3,000가구이고 2047년이 되면 479만 4,000가구로 증가합니다. 약 170만 가구가 증가하는 거죠. 그런데 60세 이상 부부 가구는 2017년 총 185만 2,000가구인데 2047년에는 389만 2,000가구로 약 200만 가구가 증가합니다. 즉 전체 부부 가구 증가분보다 60세 이상 부부 가구 증

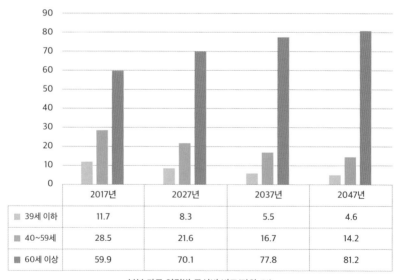

	2017년	2027년	2037년	2047년
■ 39세 이하	11.7	8.3	5.5	4.6
■ 40~59세	28.5	21.6	16.7	14.2
■ 60세 이상	59.9	70.1	77.8	81.2

부부 가구 연령별 구성비 비교(단위: %)

가분이 30만 가구 더 많습니다. 39세 이하 부부 가구는 36만 1,000가구에서 22만 2,000가구로 14만 가구 정도가 줄고, 40세에서 59세 부부 가구는 88만 가구에서 68만 1,000가구로 약 20만 가구가 줄어듭니다. 다른 연령층의 부부 가구가 주는 건 인구 감소 효과가 나타나기 때문이라고 볼 수 있지요. 물론 비혼 추세도 영향을 일부 주긴 합니다.

부부 가구가 늘어나는 것도, 1인 가구가 늘어나는 것도 앞으로 25년 동안 진행될 인구 감소와 노령화의 결과물입니다. 부부＋자녀 가구의 감소에서도 이는 나타납니다. 2017년 부부＋자녀 가구 비중이 가장 높은 연령은 40~59세로 64.7%를 차지합니다. 39세 이하가 21.8%, 60세 이상이 13.5%죠. 2047년에는 40~59세 가구는 51.6%로 그 비율이 13% 감소하고, 39세 이하도 10.3%로 11.5% 감소합니다. 60세 이상 가구가 38.1%로 증가하는 것이죠.

이는 먼저 결혼하는 연령이 계속 높아지는 것과도 관계가 있습니다. 가구주가 20대 후반에 결혼해서 30대 초반에 아이를 낳으면 대학 졸업까지 생각하면 대략 50대 후반이나 60대 초반에 자녀가 성인이 되어 분가할 형편이 됩니다. 그런데 30대 초중반에 결혼해서 30대 후반이나 40대 초반에 아이를 낳게 되면 60세가 되어도 아이가 20세가 되질 않지요. 보통 20대 후반이나 30대 초반에 분가를 시작한다고 보면 70세가 될 무렵까지 자녀와 사는 경우가 늘어납니다. 또 하나는 전반적인 고령화로 60세 이상 인구가 늘어나니 자연스레 부부＋자녀 가구의 비율에서도 해당 연령대가 늘어날 수밖에 없지요.

미혼 가구, 여자 가구 수의 증가

보다 더 중요한 것은 부부+자녀 가구 절대 수가 줄어드는 겁니다. 2017년 부부+자녀 가구는 615만 가구가 있는데 2047년이 되면 363만 8,000가구로 250만 가구가 줄어들지요. 39세 이하는 134만 3,000가구에서 37만 3,000가구로 무려 100만 가구 가까이 사라집니다. 이는 인구 감소 영향을 가장 먼저 받기 때문이기도 하고, 초혼 연령이 높아지는 것과도 관련이 있습니다. 40~59세는 397만 9,000가구에서 187만 8,000가구로 줍니다. 210만 가구가 줄어드는 거지요. 하지만 60세 이상 가구는 2017년 82만 7,000가구에서 138만 6,000가구로 오히려 56만 가구가 늘어납니다. 그래서 아래 연령에서 310만 가구 줄어든 부분 중 일부를 만회하지요. 그래도 전체적으로는 큰 폭으로 감소함을 알 수 있습니다. 물론 부부+자녀 가구가 줄어드는 것에는 이외에도 비혼 가구가 늘어나고, 결혼하더라도 자녀를 갖지 않는 경우 또한 늘기 때문입니다.

이에 따라 가구 구성원 수도 계속 감소할 것입니다. 2017년 1인 가구는 28.5%이고 2인 가구는 26.7%, 3인 가구는 21.3%, 4인 이상 가구는 17.7%입니다. 하지만 2047년이 되면 1인 가구는 37.3%, 2인 가구 35.0%, 3인 가구 19.3%, 4인 이상 가구는 7.0%가 됩니다. 1인 가구와 2인 가구는 비중이 늘고 3인 이상 가구 비중은 줄어들지요. 2인 가구는 일부 한부모 가구나 조손 가구 혹은 기타 가구로 구성될 수 있겠지만 대부분은 부부 가구라 볼 때 부부 가구와 1인 가구가

		가구(천 가구)						구성비(%)				
		2017	2019	2027	2037	2047	연평균 변화	2017	2019	2027	2037	2047
전 국	계	19,571	20,116	21,648	22,600	22,303	91	100.0	100.0	100.0	100.0	100.0
	1인	5,583	5,987	7,114	8,076	8,320	91	28.5	29.8	32.9	35.7	37.3
	2인	5,218	5,537	6,695	7,550	7,801	86	26.7	27.5	30.9	33.4	35.0
	3인	4,161	4,249	4,471	4,462	4,313	5	21.3	21.1	20.7	19.7	19.3
	4인	3,469	3,302	2,660	2,040	1,566	-63	17.7	16.4	12.3	9.0	7.0
	5인 이상	1,140	1,041	709	471	303	-28	5.8	5.2	3.3	2.1	1.4

가구원 수별 가구 및 구성비(2017~2047년)

전체의 70%를 차지한다고 볼 수 있습니다.

또 가구주가 65세 이상인 고령자 가구도 늘어나게 됩니다. 2017년 고령자 가구는 전체의 20.4%인데 2047년이 되면 49.6%까지 늘어나 29% 늘어납니다. 거의 전체의 반이 고령자 가구인 셈이지요.

2017년 가구주는 유배우 가구가 62.4%로 가장 많고 미혼 가구가 16.9%, 사별 11.3%, 이혼이 9.4%를 차지합니다. 2047년에는 유배우 가구는 47.8%로 감소하고, 미혼은 20.0%, 사별 12.3%, 그리고 이혼은 13.8%로 증가합니다.

좀 더 자세히 살펴보지요. 유배우 가구는 2017년 1,221만 4,000가구에서 2027년 1,235만 7,000가구로 정점을 찍고 감소해서 2047년 1067만 2,000가구로 약 155만 가구가 줄어듭니다. 미혼 가구는 2017년 331만 2,000가구인데 계속 증가해서 2047년 580만 3,000가구로 250만 가구가 늘어납니다. 사별 가구는 2017년 220만 7,000가구인데 계속 증가하여 274만 4,000가구로 54만 가구 정도 늘어나고 이혼 가구는 2017년 183만 8,000가구인데 역시 계속 증가하여 2047년 308만 4,000가구로 125만 가구가 늘어나게 됩니다.

미혼 가구가 늘어나는 것은 초혼 연령이 높아지는 것과 비혼 가구가 늘어나는 두 가지 이유가 복합적으로 작용한 것이라 여겨집니다. 사별 가구가 늘어나는 건 노령층 인구가 지속해서 늘어나는 것이 원인입니다. 이혼 가구가 늘어나는 것은 이혼율이 높아지기 때문이 아니라 현재의 노령층은 이혼율이 낮지만 현재 고령층 아래 연령층에서 이혼율이 높은 것이 원인입니다. 이들이 이혼율이 낮은 현재의 노령층을 대체하면서 일어나는 현상입니다.

또 하나 눈여겨볼 점은 여자 가구주 비중이 늘어난다는 것입니다. 2017년 남자 가구주는 전체의 69.6%이고 여자 가구주는 30.4%입니다. 시도에 따라 차이가 있는데 대략 30%에서 위와 아래를 반쯤 차지하고 있습니다. 하지만 2047년이 되면 모든 시도에서 여자 가구주 비율이 30% 이상을 차지하게 됩니다. 2017년 남자 가구주 가구는 69.6%인데 이 비율이 60.8%로 감소하고 여성 가구주 가구는 30.4%에서 39.2%까지 올라갑니다. 열 가구 중 세 가구에서 열 가구 중 네 가구

지역	남자(천 가구)							여자(천 가구)						
	2017	2019	2027	2037	2047	'17년 대비 '47년		2017	2019	2027	2037	2047	'17년 대비 '47년	
						증감	증감률(%)						증감	증감률(%)
전국	13,627	13,794	14,183	14,197	13,552	-75	-0.5	5,944	6,322	7,465	8,403	8,751	2,807	47.2

가구주 성별 가구 및 구성비(2017~2047년)

로 늘어나지요. 이는 남성 가구주 가구가 30년 동안 10만 가구 감소하는 데 반해 여성 가구주 가구는 270만 가구 증가하기 때문입니다. 남성 가구주 가구는 2037년까지 소폭 증가하다가 감소할 것으로 보이고 여성 가구주 가구는 2047년까지 지속해서 남성 가구주 가구보다 높은 비율로 증가하기 때문입니다. 이는 여성 평균 연령이 남성보다 높은 것이 한 이유고 비혼 가구 및 1인 가구가 늘어나는 결과이기도 합니다.

주관식 **1. 다음 표에 들어갈 알맞은 수치를 써넣으세요.**

가구	2000년	2005년	2010년	2015년	2020년	2000년 대비 상승 비율
1인 가구	32만 원	40만 원	50만 원	62만 원	___만 원	3.28배
2인 가구	54만 원	67만 원	86만 원	103만 원	180만 원	3.33배
3인 가구	74만 원	91만 원	110만 원	133만 원	232만 원	3.13배
4인 가구	93만 원	114만 원	136만 원	198만 원	___만 원	3.06배

연 최저생계비 추이

주관식 **2. 아래의 표를 보고 빈칸을 채우세요.**

가구	식료품	주거	생활용품	보건의료	교육	교양오락	교통통신	용돈경조사	세금사회보장비	이자지출
1인 가구	36	27	8	7	0	5	12	28	10	2
2인 가구	58	24	12	16	1	10	25	52	24	7
3인 가구	81	28	23	14	16	15	48	76	42	12
4인 가구	97	29	28	13	60	17	58	94	54	14
5인 가구	111	33	36	16	76	14	67	112	58	18
평균	71	27	19	19	24	12	38	66	34	10

"생활비 중 가장 많은 비중을 차지하는 것은 1~2인 가구는 식료품이지만 3인 가구 이상으로 올라가면 _____와 용돈의 비중이 식료품과 비슷하거나 추월하기도 합니다. 그다음으로 많은 비중을 차지하는 것이 1~2인 가구는 교통통신과 세금, 사회보장비 등이지만 4인 가구 이상에서는 교육비 비중이 훌쩍 높아집니다. 어찌 되었건 생활비는 식료품과 용돈·경

조사, 교통통신, 교육 등이 가장 큰 비중을 차지하고 있는 거지요."

주관식 **3. 아래의 표를 보고 빈칸에 알맞은 말은 무엇일까요?**

	2000	2001	2002	2003	2004	2005	2006	2007	2008	2009
총혼인 건수 (천 건)	332.1	318.4	304.9	302.5	308.6	314.3	330.6	343.6	327.7	309.8
조혼인율 (인구 1,000명당 건)	7.0	6.7	6.3	6.3	6.4	6.5	6.8	7.0	6.6	6.2
	2010	2011	2012	2013	2014	2015	2016	2017	2018	2019
총혼인 건수 (천 건)	326.1	329.1	327.1	322.8	305.5	302.8	281.6	264.5	257.6	239.2
조혼인율 (인구 1,000명당 건)	6.5	6.6	6.5	6.4	6.0	5.9	5.5	5.2	5.0	4.7

2000년 이후 총혼인 건수와 조혼인율 추이(출처: 통계청)

"인구 1,000명당 혼인율을 조혼인율이라고 합니다. 위의 표에서 보시다시피 1970년에서 1990년 중반까지 조혼인율은 대략 9명 수준이었습니다. 그랬던 것이 2000년 7명 선으로 2019년에는 ____명까지 떨어집니다. 비율로 봤을 때 20세기보다 절반으로 떨어진 것이지요. 총혼인 건수도 2000년 33만 2,000건에서 2019년 23만 9,000건으로 무려 9만 3,000건이 감소하였습니다. 물론 혼인 이외에도 자녀를 낳고 둘 수 있지만 우리나라는 혼인으로 탄생하는 비율이 절대적이라 혼인율 감소는 바로 _____ 감소로 이어질 수밖에 없지요."

4. 다음의 서술 중 잘못된 것을 고르세요.

① 2010년 이후, 남성과 여성 모두 초혼 평균 연령이 30대를 넘기는 것은 사회에서 일정한 기반을 쌓고 나서 결혼하겠다는 의지가 남녀 모두에게서 강하게 나타나는 모습이다.

② 미국에서 결혼 연령과 노동시장의 상관 관계를 분석한 논문에 따르면, 여성은 노동시장의 여건이 나쁠 때, 남성은 노동시장의 여건이 좋을 때 결혼율이 낮아진다고 한다.

③ 〈2005년도 전국 결혼 및 출산 동향〉에 따르면 우리나라 미혼남녀가 결혼하지 않는 이유 중 남성은 경우 경제적 요인이 43.4%를 차지하고 있으며 특히 34세 이하는 50%대에 이르고 있다.

④ 2047년이 되면 전체 가구 중 1인 가구가 37.3%로 대세가 된다.

노인 자살률
세계 1위

2014년 2월 송파구 석촌동의 단독주택 지하에 세 들어 살던 세 모녀가 번개탄을 피우고 동반자살했습니다. "주인아주머니께… 죄송합니다. 마지막 집세와 공과금입니다. 정말 죄송합니다"라는 글과 함께 집세와 공과금에 해당하는 돈 70만 원이 그들이 세상에 남긴 마지막 흔적이었습니다.

60세인 어머니의 식당일과 32세 작은딸의 아르바이트가 그들이 가진 수입원 전부였습니다. 큰딸은 당뇨와 고혈압을 앓고 있었고, 둘의 벌이는 병원비와 생활비를 감당하기에는 너무 작았습니다. 큰딸은 제대로 치료를 받지 못하고 있었고 작은딸은 신용불량자 상태였습니다. 아버지는 12년 전 방광암으로 세상을 떠났고, 사건 발생 한 달 전

어머니가 몸을 다쳐 식당 일을 그만두면서 이들은 살아갈 방법이 없었습니다. 세 모녀는 노동시장의 취약계층이었고 저소득층이었으며, 주거도 안정되지 못했고 건강 악화에 시달리고 있었지요. 이들은 소득, 주거, 건강 등 여러 측면에서 취약계층이었던 것입니다.

세 모녀는 부양의무자 조건 때문에 국민기초생활보장 제도의 도움을 받지 못했습니다. 이후 '세 모녀 법'이라는 별칭으로 국민기초생활보장법 개정안이 국회를 통과했는데, 그 개정안을 적용해도 세 모녀는 국민기초생활보장 제도의 수급자는 되지 못합니다.

2019년 11월 3일 서울 성북동 한 다가구 주택에서 70대 어머니와 40대 딸 세 명이 숨졌습니다. 이들이 남긴 유서에는 "그동안 힘들었어요. 죄송합니다. 하늘나라로 갑니다"라고 쓰여 있었습니다. 이들의 생계는 보석 상점을 운영하는 첫째 딸과 셋째 딸이 책임졌던 것으로 보이는데 사망 두 달 전에 거의 문을 닫은 것으로 보이며 은행과 제2금융권 등에 채무가 있었고 각종 공과금이 두 달 정도 밀린 상태였습니다. 한국에서 노인이 자살로 삶을 마감하는 비율은 OECD에서 가장 높았습니다. 1년에 58.6명이 스스로 생을 마감합니다.

OECD 자살률 연속 1위가 한국입니다. 물론 처음부터 그런 것은 아니었죠. 우리나라의 자살자 수가 전 세계 최상위권이 된 것은 1997년 외환위기 때입니다. 그 이전에는 OECD 평균인 11.3명과 별 차이가 없었다가 1998년 10만 명당 자살자 수가 갑자기 20명 선을 넘어섰습니다. 그리고 조금 줄어드는 듯싶다가 2003년 신용카드 대란 때 다시 28명 수준으로 폭증했고 2010년에는 30명대를 넘어섰다가 2015년 이후 25명 수준에서 큰 폭으로 늘지도, 줄지도 않고 있습니다. 연평균 자살로 생을 마감하는 이들의 수는 2015년 이후 1만 2,000~1만 4,000 명입니다. 매년 우리나라 사망자가 대략 30만 명인데, 사망 원인으로 보면 암과 심장질환, 폐렴과 뇌혈관 질환, 그다음 다섯 번째가 자살입니다. 당뇨병이나 알츠하이머, 간질환, 고혈압 등으로 인한 사망자보다 자살로 삶을 마감하는 예가 더 많습니다.

특히 10~30대 사망 원인 1위가 자살이고 40~50대도 2위입니다. 10대의 경우 전체 사망 원인 중 자살이 37.5%이고 20대는 51.0%로 절반이 넘습니다. 30대는 39%, 40대는 21.7%, 50대는 10.4%입니다. 하지만 10만 명당 자살자 수는 연령이 높아질수록 더 많아짐을 볼 수 있습니다. 특히 80대 이상은 10만 명당 67.4명으로 대단히 높은 수치를 기록하고 있습니다. 다른 질환에 의한 사망자가 많이 늘어나서 순위가 내려갔을 뿐입니다. 70대 이상도 46.2명으로 상당히 높지요. 물론 총 사망자로 보면 40~50대가 차지하는 비율이 더 높습니다. 그리고 자살률 또한 30명 이상이어서 상당히 높은 편이지요.

자살률이 이렇게 높아진 것에 대해 많은 사람이 다양한 이유를 제시합니다. 저로선 무엇이 가장 핵심적인 것인지를 주장할 근거는 없습니다. 그러나 앞서 살펴본 데이터에 따르면 최소한 노인들의 자살이 여기에 아주 큰 몫을 하고 있다는 건 사실입니다. 〈2020년 자살예방백서〉에 따르면 2018년 총 자살자 1만 3,670명 중 60대 이상은 4,691명

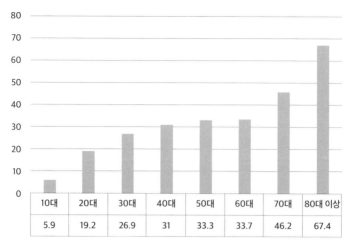

10대	20대	30대	40대	50대	60대	70대	80대 이상
5.9	19.2	26.9	31	33.3	33.7	46.2	67.4

연령별 10만 명당 자살자 수(단위: 명, 출처: 통계청, 2019년 사망 원인 통계)

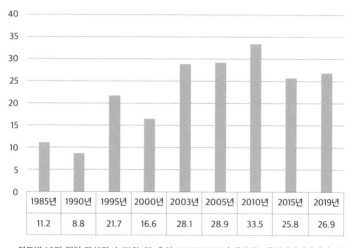

1985년	1990년	1995년	2000년	2003년	2005년	2010년	2015년	2019년
11.2	8.8	21.7	16.6	28.1	28.9	33.5	25.8	26.9

연도별 10만 명당 자살자 수(단위: 명, 출처: OECD 2019년 데이터는 중앙자살예방센터 자료)

입니다. 전체의 34%입니다. 인구 비중은 전체 인구의 6분의 1인 데 비해 상당히 높은 것이지요.

외국은 어떨까요? 외국의 사례도 연령층이 높아질수록 자살자 수

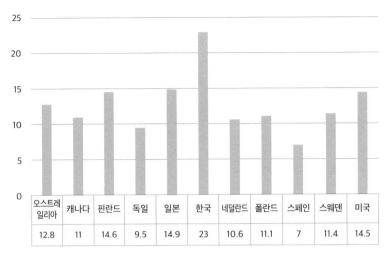

오스트레일리아	캐나다	핀란드	독일	일본	한국	네덜란드	폴란드	스페인	스웨덴	미국
12.8	11	14.6	9.5	14.9	23	10.6	11.1	7	11.4	14.5

OECD 주요국 10만 명당 자살자 수(단위: 명, 출처: OECD)

가 많아지는 경향이 있습니다만 모든 나라가 그렇지는 않습니다. 다만 OECD 주요국들은 연령이 높아질수록 자살률이 높아집니다. 미국은 65세 이상이 전체 인구의 12%를 구성하지만 자살률로는 전체의 18%를 차지합니다.[*] 유럽도 마찬가지입니다. 유럽연합의 85세 이상 인구 10만 명당 자살자 수는 2016년 기준 24.84명입니다.[**] 유럽연합 평균 10만 명당 자살자 수인 11명보다 2배 이상 높습니다. 하지만 우리나라 자살률이 평균의 2배 이상이듯이 노인 인구 자살률 또한 다른 나라들보다 월등히 높습니다. 85세 이상 우리나라 노인층의 10만 명당 자살

---

[*] 미국 질병통제예방센터.

[**] 자료: eurostat.
https://ec.europa.eu/eurostat/databrowser/view/tps00202/default/table?lang=en

자 수 67.4명은 유럽연합의 24.84명의 2.7배에 해당하는 수치입니다. 물론 미국 노인보다도 높습니다. 실제로 OECD 평균과 비교해보면 청소년 자살률은 OECD 내에서 열 번째에 해당합니다만 30대와 70대 이상이 OECD에서 가장 높습니다. 즉 청소년 자살도 문제이긴 하지만 우리나라 자살률이 높은 것은 주로 성인의 문제이고 그중에서도 특히 40대 이상이 심각한 것이지요.

또한 2019년 한국복지패널조사에 따르면 저소득가구원의 자살 생각률은 5.1%로 일반 가구원보다 4.1%가 높습니다. 특히 국민기초생활보장급여 수급 경험이 있는 사람의 자살 생각률은 7.4%로 일반 가구원보다 6.1% 높습니다. 자살에 이르게 되는 이유는 무엇일까요? 경찰청의 〈2016년 자살 주요 동기〉 자료를 보면, 전체 자살 동기의 36.2%가 정신적 문제였지만 경제생활 문제도 23.4%를 차지하고 있습니다. 세 번째는 육체적 질병 문제로 18.4%에 해당합니다. 이 세 가지가 78%입니다. 가정 문제가 그다음으로 8%를 차지합니다.

연령대로 보면 31~60세는 경제 문제가 가장 높고, 그다음이 정신적·정신과적 문제입니다. 61세 이상은 육체적 질병 문제가 가장 높아 전체의 41.6%를 차지합니다. 그다음이 정신적·정신과적 문제로 29.4%를 차지하고 경제 문제가 세 번째입니다. 우리나라 자살률이 두 번에 걸쳐 급상승한 것도 현재 그 상황이 유지되고 있는 것도 경제적 문제가 가장 크게 작용한다고 볼 수 있습니다. 개인이 감당하기 힘들 정도의 경제적 고통이 20년 넘게 지속하는 사회가 과연 정상적인지 생각해보게 됩니다.

우리나라는 노인층의 절대 인구와 상대적 비율이 아주 가파르게 증가하고 있습니다. 여기에 덧붙여 노인의 빈곤율도 무섭게 치솟고 있지요. 현재 노인 연령대의 상대 빈곤율은 여타 연령대보다 3배가량 높습니다. 노인의 빈곤율이 이렇게 높은 데는 몇 가지 이유가 있습니다. 먼저 노인의 자식 세대가 노인을 부양할 경제적 여건이 안 되는 경우가 많습니다. 그래서 노인 인구의 4분의 3은 자식 세대와 따로 가구를 이루고 있습니다. 부모를 봉양한다는 건 과거의 일이 되었지요. 더구나 '사적 소득이전'이라는 어려운 용어로 표현되는 자식 세대의 경제적 지원 또한 크지 않습니다. 앞서 살펴본 소득분위에서 1~5분위는 부모에게 경제적 도움을 주는 것이 어렵습니다. 자기들 먹고살기도 힘든 형편이니까요.

여기에 노인 인구의 대부분은 국민연금 등의 혜택도 크게 보지 못합니다. 정부 등이 지급하는 노령연금이나 국민연금, 세제 혜택 등을 '공적 소득이전'이라고 합니다. 2000년대 들어 노령연금 등 노인에 맞춘 정책도 도입되는 등 노인에 대한 공적 소득이전은 이전보다 크게 늘었습니다. 하지만 아직도 저소득 노인들이 이 공적 소득이전에 기대 살기에는 태부족입니다.

지금의 노인들이 열심히 노동하던 시절에 벌었던 돈은 모두 가족을 꾸리고 생계를 유지하는 데 들어가고 남은 돈이 별로 없지요. 여기서도 10%와 나머지 90%의 차이가 두드러지고, 나머지 90%에서도 상위 30%와 나머지 60%의 차이가 큽니다. 자식들도 돈을 벌지 못하니 지원을 해주질 못하고, 정부는 지원을 늘리고는 있지만 아직 노인들이 삶을 유지하기에는 부족합니다.

그래서 노인 자살률은 나이가 들수록 높아집니다. 65세에서 70세와 70~80세 그리고 80세 이상의 연령층을 비교해보면 연령이 높아짐에 따라 자살률이 급속히 높아짐을 알 수 있습니다. 비교적 젊은 노인들은 어떻게든 노동을 통해 필요한 소득을 확보할 수 있지만 그마저도 힘든 노인들은 자살로 내몰리는 것이죠. 그리고 남성보다 여성의 자살률이 더 높습니다. 0~65세 사이의 인구에서는 남성 자살률이 더 높은 것과 정반대의 현상입니다. 여성 노인들이 더 가난하다는 증거죠. 이제 더는 삶의 질을 높일 방법이 없는 노인들은 남은 생을 허덕이며 살기보다 죽기를 선택합니다. 1970년대, 80년대 산업전사로 근로역군으로 칭송받던 세대는 이제 스스로 죽어가고 있습니다. 사실 이건 사회적 타살이지요.

노화가 진행될수록 몸은 약해집니다. 골다공증, 고지혈증 등의 증세가 나타나고 근육도 꾸준히 손실이 일어납니다. 면역체계도 약해져 이전보다 질병에 걸리는 확률이 높아지지요. 그러다 한 명이 덜컥 병으로 누워버리기라도 하면 큰 사달이 납니다. 가난한 노인들은 더하지요. 자녀들이 병수발을 들기도 쉽지 않습니다. 노인 부부라면 배우자가 기본적인 병간호를 할 수 있겠지만 가난하면 이조차도 쉽지 않습니다. 자리에 누운 이 대신 돈을 벌어야 하니까요. 거동이 힘들어 스스로 밥상을 차리기 힘든 정도부터 부담은 커집니다. 화장실을 가는 것도 힘들어지면 더하지요. 있는 집이야 간병인을 둬도 되지만 가난한 집에선 그마저도 힘드니 요양원으로 모시는 것이 거의 유일한 방법입니다. 물론 요양원 비용도 무섭긴 합니다만 무리를 해서라도 모시는 거지요. 그리고 노인은 서서히 죽어갑니다. 요양원이라는 곳이 병을 치료한다기보다는 일종의 호스피스 역할을 하는 곳이 더 많죠. 또한 그에 따른 경제적 부담은 고스란히 남아 있는 가족의 몫이 됩니다.

급속한 고령화 사회

노령층의 빈곤 문제는 이제 우리 사회가 풀어야 할 가장 중요한 문제 중 하나가 되었습니다. 더 자세히 살펴보지요. 우리나라가 급속히 고령화가 되고 있다는 건 이미 잘 알려진 사실입니다. UN이 제시한 기준에 따르면 65세 이상의 고령 인구가 전체 인구의 7% 이상이면 고령화 사회, 14% 이상이면 고령 사회, 20% 이상이면 초고령화 사회라고 합다. 다음의 그래프를 보면 2020년 65세 이상의 고령 인구는 15.7%입니다. 이미 우리나라는 고령화 사회를 넘어서 고령 사회에 진입한 것이지요. 2025년이면 20.3%로 초고령 사회가 됩니다. 그리고 2030년에는 25%, 2040년에는 33.9%로 전체 인구 셋 중 한 명이 노인인 사회가 됩니다. 하지만 지역적으로는 이미 초고령 사회로 넘어간 곳도 많습니다. 다음 그래프에서 보듯이 전남, 경북, 전북은 이미 초고

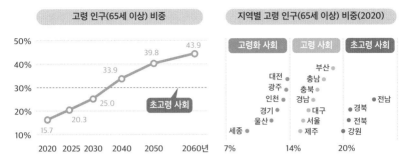

자료: 통계청, 〈장래인구특별추계: 2017~2067〉   자료: 통계청, 〈장래인구특별추계(시도): 2017~2047〉

령 사회로 넘어갔고, 강원, 부산, 충남, 충북은 조만간 초고령 사회로 넘어가게 됩니다.* 또 2020년 기준 가구주 연령이 65세 이상인 고령자 가구는 전체 가구의 22.8%이며 2047년에는 전체 가구의 49.6%, 즉 절반이 고령자 가구가 될 것으로 전망하고 있습니다.

　예전에는 은퇴한 뒤에는 소일거리를 하면서 유유자적 사는 삶을 누리는 것이라 여겼지만 21세기 대한민국에서 노인은 셋 중 한 명은 일을 하고 있습니다. 2019년을 기준으로 65세 이상 고령자 중 노동을 한 사람 비율은 33.8%로 5년 전보다 1.0% 증가하였고, 하루 평균 일한 시간도 1시간 28분으로 5년 전보다 2분 증가했습니다. 남자는 41.5%이고 여자는 28.0%입니다. 즉 남자는 둘 중 한 명이 일을 했고 여자는 셋 중 하나가 약간 안 되게 일을 한 것이죠. 평균 일(구직활동 포함)한 시간은 65~69세 고령자가 하루 평균 2시간 17분으로 가장 많

* 〈2020 고령자통계〉, 통계청.

고, 70~74세 1시간 25분, 75~79세 1시간 10분, 80세 이상 31분으로 연령대가 높을수록 일한 시간(구직활동 포함)이 줄어듭니다.

다음 표를 보면 고령자 인구 대비 경제활동인구는 대략 3분의 1이 됩니다. 3명 중 2명은 경제활동을 포기한 것이죠. 이는 나이가 들수록 노화 현상에 의해 실제로 일을 할 수 없는 이들이 늘어나는 것과 일자리를 구할 수 없어 아예 취업을 포기한 경우 두 가지가 가장 큰 이유일 것입니다. 실업률이 3%라는 것은 사실 대단히 안정된 수치이지만 그 수치에는 이런 부분이 빠져 있음을 고려해야 할 것입니다. 그리고

	전체						65~69세			70~74세			75~79세			80세 이상		
	평균 시간			행위자 비율														
	2014	2019	차이	2014	2019	차이	2014	2019	차이	2014	2019	차이	2014	2019	차이	2014	2019	차이
평균	1:26	1:28	0:02	32.8	33.8	1.0	2:03	2:17	0:14	1:37	1:25	-0:12	1:04	1:10	0:06	0:33	0:31	-0:02
남	1:58	2:03	0:05	40.1	41.5	1.4	2:45	3:06	0:21	2:07	1:55	-0:12	1:27	1:41	0:14	0:43	0:40	-0:03
여	1:03	1:01	-0:02	27.5	28.0	0.5	1:29	1:37	0:08	1:15	1:01	-0:14	0:47	0:47	0:00	0:28	0:25	-0:03

65세 이상	고령자 인구	경제활동인구	취업자	실업자	고용률[1]	실업률[2]
2005년	4,322	1,295	1,286	9	29.7	0.7
2007년	4,759	1,491	1,482	10	31.1	0.7
2009년	5,177	1,571	1,553	18	30.0	1.2
2011년	5,527	1,642	1,606	36	29.1	2.2
2013년	6,022	1,879	1,851	28	30.7	1.5
2015년	6,534	2,034	1,985	48	30.4	2.4
2017년	7,071	2,228	2,166	62	30.6	2.8
2019년	7,713	2,622	2,538	85	32.9	3.2

고령자 고용률 추이(단위 천 명, %, 자료: 통계청, 〈경제활동인구조사〉)

주1) 고용률＝고령자 취업자 수/고령자 인구x100　주2) 실업률＝실업자 수/경제활동 인구x100

평균 근무 시간이 하루 1시간 28분인 것은 먼저 실제 일하는 사람의 비율이 적은 것이 가장 큰 이유입니다. 일하는 사람이 셋 중 하나이니 이를 고려하면 실제 일하는 사람은 하루 4시간 조금 넘게 일하는 것이 됩니다. 또 하나 노인의 일자리 중 상당수가 시간제 일자리인 것도 이유가 될 것입니다. 흔히 초등학교 앞에서 교통정리를 하는 노인들이나 공원 등의 환경 미화를 하는 분들을 보신 기억이 있을 건데 이런 공공근로는 하루에 비교적 짧은 시간만 일을 하게 되지요. 공공근로가 아니더라도 하루에 한 번 건물 주변 청소 용역을 하거나 식당에서 점심이나 저녁 시간에만 일하는 예도 있습니다. 또 65세에서 69세까지는 하루 일하는 시간이 2시간 17분이니 실제 일하는 사람은 6시간 이상 일한다고 봐야 합니다.

그럼 이들이 실제로 일하는 곳은 어딜까요? 다음의 표에서 나타나듯이 단순노무 종사자와 농림어업 종사자, 그리고 서비스 판매 종사

	취업자	소계	관리자·전문가	사무 종사자	서비스·판매 종사자	농림어업 숙련 종사자	기능·기계 조작 종사자	단순노무 종사자
2015년	1,985	100.0	4.9	2.5	16.0	28.7	12.4	35.5
2016년	2,068	100.0	4.5	2.6	16.8	26.8	12.8	36.5
2017년	2,166	100.0	4.8	2.5	17.0	25.9	12.7	37.0
2018년	2,311	100.0	5.1	3.0	17.0	26.0	13.2	35.7
2019년	2,538	100.0	5.5	3.0	17.7	24.6	13.5	35.8
전체(2019년)	27,123	100.0	22.0	17.5	22.7	4.9	19.9	13.0

고령자 직업별 취업자 분포(단위: 천 명, %, 자료: 통계청, 〈경제활동인구조사〉)

자가 각각 35.8%와 24.6%, 17.7%로 총 78.1%입니다. 전체 인구와 비교해보면 단순노무와 농림어업 종사자가 아주 큰 폭으로 상승합니다. 결국 저임금 노동이 주로 고령자의 몫이 되는 거죠. 이는 또 한편 이런 일자리의 임금을 최저임금 수준으로 낮추는 원인이 되기도 합니다. 평생을 힘들게 일했으면서 노인이 되어서도 열심히 일하는 이유는 뭘까요? 다들 아시다시피 가난해서입니다.

한국의 노인은 가난하다

우리나라 노령층의 상대적 빈곤율은 44.0%로 OECD 전체에서 가장 높은 수준입니다. 다른 나라 노인 빈곤율은 미국을 제외하고 모두 20%를 넘지 않습니다. 미국조차 23.1%입니다. 즉 상대적 빈곤에 해당하는 노령층이 다른 나라에서는 다섯 중 하나가 되질 않는데 우린 둘 중 한 명입니다.

은퇴 연령층 빈곤율 표를 보면 시장소득을 기준으로 한 상대적 빈곤율이 2011년부터 2018년에 이르기까지 줄어들지 않고 점점 늘어나는 걸 볼 수 있습니다. 간단히 말해서 버는 돈이 점점 줄어든다는 거지요. 여러 가지 이유가 겹쳐져 있지만 같은 노령 인구라고 하더라도 일을 하기 힘든 75세 이상 인구가 많아진 것이 가장 중요한 요인이 될 것입니다. 물론 처분가능소득으로 본 상대적 빈곤율은 2011년 47.8%에서 2018년 43.4%로 오히려 4%가량 감소했습니다. 이는 공적 이전

66세 이상	상대적 빈곤율(중위소득 50% 이하)		지니계수		소득 5분위 배율	
	시장소득	처분가능소득	시장소득	처분가능소득	시장소득	처분가능소득
2011년	57.8	47.8	0.560	0.460	40.14	11.43
2012년	56.7	47.0	0.556	0.458	40.26	11.48
2013년	56.9	47.7	0.555	0.453	39.43	11.23
2014년	57.3	46.0	0.567	0.450	47.99	10.73
2015년	57.8	44.3	0.564	0.427	46.71	9.27
2016년	58.7	45.0	0.568	0.425	49.47	9.05
2017년	58.3	44.0	0.564	0.419	45.97	8.82
2018년	59.9	43.4	0.560	0.406	41.99	7.94

은퇴 연령층 빈곤율(단위: %, 배)

소득, 즉 정부의 노인연금이나 여타 지원금이 지속해서 증가하고 있음을 보여줍니다. 이는 지니계수에서도, 소득 5분위 배율에서도 마찬가지로 볼 수 있는 흐름입니다.

그런데 문제는 이 몇 퍼센트의 오르내림이 아니라 노령층 전체의 상대적 빈곤율이 전체 연령층보다 아주 높다는 점입니다. 2018년 우리나라 전체의 상대적 빈곤율은 16.7%입니다. 영국이나 독일, 프랑스 등에 비하면 높지만 미국보다 오히려 낮습니다. 영국이나 기타 다른 서유럽 국가보다 약 6~7% 높습니다. 그런데 노령층 빈곤율은 전체 빈곤율의 2배가 훌쩍 넘어갑니다. 다른 나라와 비교해서도 너무 높지요.

앞서 잠깐 이야기했듯이 노인 빈곤율이 높은 이유는 세 가지입니다. 먼저 노후를 위해 저축을 해야 할 시기인 30~50대에 자녀 교육과 결혼, 주거에 너무 많은 지출을 해서 미처 저축하지 못한 것이지요. 하지만 그 자녀들도 지금 스스로 앞가림을 하기에 벅차 부모의 노후 생

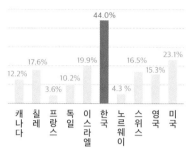

OECD 주요국의 상대적 빈곤율(66세 이상, 2017)

캐나다	12.2%
칠레	17.6%
프랑스	3.6%
독일	10.2%
이스라엘	19.9%
한국	44.0%
노르웨이	4.3%
스위스	16.5%
영국	15.3%
미국	23.1%

자료: OECD, 〈Social and Welfare Statistics〉, 2020.8.19. 기준

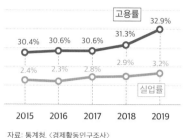

고령자(65세 이상)의 고용률 및 실업률

고용률: 30.4%(2015) 30.6%(2016) 30.6%(2017) 31.3%(2018) 32.9%(2019)
실업률: 2.4%(2015) 2.3%(2016) 2.8%(2017) 2.9%(2018) 3.2%(2019)

자료: 통계청, 〈경제활동인구조사〉

	순자산	자산	금융자산	저축액	현 거주지 전·월세 보증금	실물자산	부동산	기타 실물자산	부채	금융부채	임대보증금
2012년	27,640	31,302	4,955	4,137	818	26,347	25,232	1,115	3,662	1,954	1,708
2013년	29,140	33,341	5,625	4,745	880	27,715	26,375	1,340	4,201	2,249	1,952
2014년	29,463	33,869	5,736	4,905	832	28,133	26,671	1,462	4,406	2,388	2,018
2015년	31,346	36,188	6,378	5,411	967	29,811	28,446	1,365	4,843	2,691	2,152
2016년	32,218	37,248	6,549	5,574	975	30,699	29,333	1,366	5,030	2,804	2,226
2017년	33,772	38,971	7,104	6,059	1,045	31,867	30,409	1,458	5,199	2,901	2,298
2018년	36,358	41,738	7,605	6,496	1,109	34,133	32,395	1,738	5,380	3,138	2,242
2019년	36,804	42,026	7,912	6,692	1,220	34,114	32,454	1,659	5,222	3,074	2,148

고령자 가구 자산 소유액 및 구성(단위: 만 원, 자료: 통계청, 한국은행 금융감독원, 〈가계금융복지조사〉)

활 비용을 제대로 주지 못합니다. 즉 사적 소득이전이 줄어든 것이죠. 정부의 공적 지원은 지속해서 늘고 있지만 노령층 인구의 급속한 증가와 예산의 문제로 아직 많이 부족한 실정입니다. 또 고령자 가구의 자산은 2019년 평균 4억 2,026만 원입니다. 이 중 부동산이 3억 2,454만 원입니다. 저 금액이면 자기가 사는 집 한 채 정도입니다. 금융자산 중

전·월세 보증금을 제외한 저축액은 평균 6,692만 원입니다. 그리고 금융부채가 평균 3,074만 원입니다. 결국 자산에 의한 소득도 별로 없다는 뜻이지요.

1. 다음의 서술 중 옳은 것을 고르세요.

① 노인 자살률은 나이가 들수록 낮아진다.

② 노인 자살은 남성보다 여성 자살률이 더 낮아진다.

③ 노인의 빈곤율이 높은 데는 노인의 자식 세대가 노인을 부양할 경제적 여건이 안 되는 경우가 많기 때문이다.

④ 유럽연합의 85세 이상 인구 10만 명당 자살자 수는 2016년 기준 24.84명, 85세 이상 우리나라 노인층의 자살자 수는 47.4명이다.

2. 다음의 서술 중 잘못된 것은 어느 것일까요?

① UN이 제시한 기준에 따르면, 65세 이상의 고령 인구가 전체 인구의 7% 이상이면 고령화 사회, 14% 이상이면 고령 사회, 20% 이상이면 초고령화 사회라고 한다.

② 2020년 현재 우리나라 65세 이상의 고령인구는 15.7%이고, 이미 우리나라는 고령화 사회를 넘어서 고령 사회에 진입했다.

③ 충북과 강원은 이미 초고령 사회로 넘어갔다.

④ 2020년 현재 가구주 연령이 65세 이상인 고령자 가구는 전체 기구의 22.8%이다.

3. "우리나라 노령층의 상대적 빈곤율은 ____%로 OECD 전체에서 가장 높은 수준입니다. 다른 나라 노인빈곤율은 미국을 제외하고 모두 20%를 넘지 않습니다. 미국조차 23.1%입니다."

① 34   ② 44   ③ 54   ④ 64

노인 빈곤은 평등하게 다가오는 문제는 아닙니다. 노인 빈곤 원인에 대한 연구에 따르면 다음과 같은 결과가 나타납니다.* 일단 눈에 띄는 것은 정규직 점유율이 상당히 적다는 점입니다. 연구모델 1**에 따르면 50대에 정규직으로 일한 이들은 9.6%만이 상대적 빈곤 상태입니다. 비정규직은 정규직의 두 배가 넘는 20.7%가 상대적 빈곤 상태입니다. 주된 경제활동 변동자는 해당 시기 동안 회사에서 퇴직하고 비

---

* 〈노인 빈곤 원인에 대한 고찰: 노동시장 경험과 가족구조 변화를 중심으로〉, 이주미·김태완, 보건사회연구, 2020년.
** 연구모델 1은 2007년 당시 만 54~64세를 대상으로 했으며, 연구모델 2는 2007년 당시 만 54~59세를 대상으로 함.

정규직이 되었거나 자영업을 시작한 예가 대부분일 터인데 이 경우 29.4%가 됩니다. 자영업은 32.6%, 그리고 비경제활동인구는 38.2%가 상대적 빈곤율 이하입니다.

자영업이 비경제활동인구 다음으로 높은 상대적 빈곤율을 보이는 것을 주목해야 합니다. 비정규직보다 무려 11.9%나 높습니다. 통계로 보면 2020년을 제외하고 지난 5년간 자영업 폐업률은 11% 내외에서 움직이고 있습니다. 생각보다 적지요? 통계의 함정이 있습니다. 폐업률은 가동사업자 수로 폐업사업자 수를 나눈 것인데 비교적 오래 자영업을 하는 이들은 계속 버티고 있으니 전체 폐업률은 우리가 느끼는 것보다 낮게 나타나는 거지요. 자영업의 위험도는 다른 통계에서 나옵니다. 2018년 기준으로 개업한 지 1년이 되지 않은 개인사업자 폐업 비율은 26.15%로 문을 연 지 1년 안에 넷 중 하나가 문을 닫습니다. 1년에서 2년 사이에 문을 닫는 비율은 19.83%로 다섯 중 하나가 문을 닫습니다. 다시 2년에서 3년 사이 사업자의 폐업률은 13.61%로 100명 중 13명 남짓이 문을 닫습니다. 여기까지만 보면 자영업을 시작한 100명 중 25명이 한 해 안에 문을 닫고 남은 75명 중 15명이 다시 그 다음 해에 문을 닫습니다. 2년 차까지 살아남은 60명 중 8명이 3년 차에 문을 닫고 52명 남짓이 3년을 버팁니다. 여기서 끝이 아니라 3년에서 5년 사이에 다시 문을 닫는 비율이 13.66%로 7명이 다시 그만두게 됩니다. 100명이 자영업을 시작하면 그중 45명이 5년을 버티는 거지요. 대부분의 자영업이 자신이 가진 거의 모든 자산을 투자해서 시작한다고 했을 때 이들 중 절반이 그 자산마저 사라진 상태로 노년을 맞이하게 되니 자영업의 상대적 빈곤율이 높아질 수밖에 없습니다. 특히나 폐업률이 높은 업종은 보통 접근하기 쉽다고 여겨지는 업종들로 음식업은 17.7%, 대리중개도급업이 18.1%, 소매업이 15.9%입니다.[*]

여성의 상대적 빈곤율 높다

우리가 표에서 또 하나 눈여겨봐야 할 부분은 여성이 남성보다 상대적 빈곤율이 많이 높다는 점입니다. 전체로 봤을 때 연구모델 1에서는 남성보다 10%가량 높고, 연구모델 2에서는 1.2%가량 높습니다. 가장 눈여겨봐야 할 것은 정규직입니다. 연구모델 1에서 남성 정규직은 상대적 빈곤율이 7.3%밖에 되질 않는데 여성은 31.6%로 대단히 높습니다. 연구모델 2에서도 마찬가지입니다. 이는 같은 정규직이라도 여성은 경력단절로 인해 상대적으로 저임금을 받고 있기 때문이라고 볼 수 있습니다.

또 하나 요인은 보이지 않는 유리천장이지요. 즉 직급이 올라갈수록 남성의 비율이 월등히 높아지기 때문에 그로 인해 소득에서도 차이가 나는 것입니다. 그리고 정규직 중에서도 무기계약직은 정규직과 구별되는데 이 부분에 여성의 비율이 압도적으로 높은 것도 이유가 됩니

---

[*] 〈작년 자영업자 100곳 중 10.8곳은 문 닫았다〉, 세계일보, 2020년 8월 26일.

구분		정규직	비정규직	자영업	비경제활동	변동자	소계
연구모델 1	소계	9.6	20.7	32.6	38.2	29.4	31.7
	남성	7.3	18.0	25.0	40.1	24.3	26.7
	여성	31.6	28.9	43.6	37.2	36.0	36.3
	점유율	6.4	14.2	18.6	49.9	12.9	100.0
연구모델 2	소계	5.6	15.6	27.6	32.7	26.2	25.8
	남성	4.1	12.8	21.8	44.4	25.9	25.8
	여성	20.3	18.5	36.7	27.0	26.5	27.0
	점유율	8.8	15.4	19.2	41.9	14.8	100.0

주된 경제활동 참여 상태에 따른 노인 빈곤율(2018년 기준, 단위: %)
비경제활동: 비경제활동인구　변동자: 주된 경제활동 변동자
(자료: 한국보건사회연구원, 한국복지패널조사, 각 연도, 〈이주미2020〉 논문 재인용)

다.* 즉 정규직으로 같이 구분되어 있지만 여성의 장년 노동은 제대로 된 대우를 받고 있지 못한 거지요. 특히 연구모델 1과 연구모델 2에서 상대 빈곤율의 전체 차이가 약 6% 나는데 이는 대부분 연구모델 1의 여성 상대 빈곤율에 기인하고 있습니다. 즉 60세에서 65세의 여성이 아주 높은 상대 빈곤율을 가진다는 의미지요.

　또 하나 살펴볼 지점은 점유율입니다. 연구모델 1의 점유율을 보면 패널 중 정규직에 해당하는 이들은 전체의 6.4%에 불과합니다. 만약 이들의 점유율이 더 높았다면 전체 상대적 빈곤율도 더 낮아졌겠지요. 그리고 비경제활동인구가 49.9%로 거의 50%를 차지합니다. 여기에서 다수는 50대 후반에서 60대 초반에 이르는 여성들입니다. 사실

---

* 무기계약직은 이 책의 2부 노동 부분에서 살펴본 것을 참고하세요.

이 시기 여성들의 대부분은 자녀들이 성장했기 때문에 육아가 경제활동에 참여하지 않는 이유가 되긴 힘듭니다. 또 높은 상대적 빈곤율은 이들 중 상당수가 재정적으로 여유 있는 상황이 아님을 보여줍니다. 그런데 비경제활동인구의 40%가량이 노인이 되었을 때 상대적 빈곤에 시달릴 것이 뻔한 상황에서도 점유율이 이렇게 높다는 것이 시사하는 바가 뭘까요? 다닐 만한 일자리가 없기 때문일 것입니다.

더 극적인 구분은 이들이 다닌 직장 규모에서 나타납니다. 100인이상의 직장에 다닌 이들은 상대적 빈곤율 아래로 떨어지는 비율이 0입니다. 남녀 모두 다입니다. 어떻게 이런 일이 일어날까요? 100인이상 기업은 50대를 경력직으로 뽑는 경우는 거의 없습니다. 이들은 최소한 20년 가까이, 그리고 대부분 30년 가까이 대기업을 안정적으로 다닌 이들입니다. 연봉이 지속적으로 올랐으니 50대에는 급여도 높을 것이고, 퇴직금도 쌓여 있고, 그동안 벌어둔 자산도 있습니다. 거기에 국민연금도 꾸준히 쌓아두었지요. 그러니 상대적 빈곤에 시달릴 일이 없는 겁니다. 반면 100인 이상 사업장에 다녔다가 퇴직 후 더 작은 규모의 직장으로 이동한 이들은 상대적 빈곤율이 높습니다. 30대와 40대에 모아둔 돈만으로 안 되는 예가 많다는 거지요. 실제로 30대와 40대에는 집을 마련하고 아이를 키우는 과정에서 많은 돈이 들어가니 노후 대비에 상대적으로 소홀할 수밖에 없을 겁니다.

그리고 또 하나 같은 규모의 직장에 다녀도 여성이 남성보다 상대적 빈곤율이 높습니다. 특히 10인에서 100인 사이 규모는 남성은

구분	10인 미만	10~100인	100~500인	비경제활동	변동자	소계
소계	30.7	13.7	0	0	32.7	29.4
남성	26.0	7.5	0	0	26.7	23.3
여성	37.4	26.1	0	0	37.7	36.4
점유율	39.5	26.1	0.4	1.7	48.8	100.0

주된 활동 기업 규모에 따른 노인 빈곤율
(2018년 기준, 자료: 한국보건사회연구원, 한국복지패널조사, 각 연도, 〈이주미2020〉 논문 재인용)

7.5%에 불과한데 여성은 26.1%인 것이 보여주는 시사점이 있습니다. 10인 미만의 기업이라고 하면 대표나 관리자를 제외하면 모두 비슷한 월급 구성을 하고 있고, 관리자 대부분이 남성이라 하더라도 그 아래 직급의 노동자들은 소득 수준이 그렇게까지 차이가 나지 않습니다. 그래서 남녀 차이가 11% 나는 것이지요. (물론 이렇게 나는 차이조차도 문제가 있습니다만.) 그런데 10~100인으로 가면 남성은 확연히 줄어들어 7.5%밖에 되지 않는데 여성은 26.1%로 거의 20% 가까이 차이가 납니다. 어느 정도 규모가 있을 때 사무직에 50대까지 머무르는 건 대부분 남자라는 이야기가 되지요. 또 생산 현장에서도 남자는 공장장이나 주임 등의 관리자 역할을 하고, 여성은 대부분 단순노무직에 근무하는 예가 많아 이런 현상이 나타난다고 봐야 합니다. 실제로 중소기업 탐방 영상 등을 보면 장년 사무직이나 공장 관리자로 여성이 있는 경우가 드문 것이 사실입니다. 또 이런 곳에는 경력단절 후 다시 복귀한 여성들이 50대 여성 노동자의 대부분이니 이 또한 현상의 원인이 될 겁니다.

다음의 표는 공적 연금 수급률을 보여줍니다. 공적 연금 수급률은 매년 조금씩 증가하고 있습니다. 2019년에는 절반 정도가 받고 있지요. 국민연금이 공무원이나 군인이 아닌 전체 국민을 대상으로 1988년 10인 이상 사업장에서 먼저 시행되었지요. 농촌 지역과 도시 지역으로 확대된 것은 1995년입니다. 1인 이상 모든 사업장으로 확대된 것은 2006년이지요. 따라서 10인 이상 기업에 다니고 있었다면 현재 대부분의 고령 인구는 국민연금 대상이 됩니다. 지역으로 확대된 것은 1995년이니 당시 40세면 현재 66세입니다. 따라서 80세 이하라면 많건 적건 대부분의 국민이 혜택을 받아야 합니다. 하지만 실제 수급률이 낮은 건 10인 이하의 작은 기업에 근무하거나 비정규직으로 일하

	공적 연금 수급률	공적 연금 수급자 수	국민 연금	구성비	공무원 연금	구성비	사학 연금	구성비	군인 연금	구성비
2015년	42.8	2,802,065	2,473,690	88.3	240,041	8.6	37,737	1.3	50,597	1.8
2016년	44.6	3,015,710	2,664,358	88.3	256,695	8.5	41,736	1.4	52,921	1.8
2017년	46.9	3,313,618	2,936,683	88.6	279,524	8.4	42,508	1.3	54,903	1.7
2018년	48.6	3,584,900	3,180,045	88.7	300,037	8.4	47,084	1.3	57,734	1.6
2019년	50.9	3,914,457	3,478,558	88.9	323,430	8.3	52,326	1.3	60,143	1.5
남자	71.0	2,342,364	2,027,985	86.6	233,796	10.0	39,385	1.7	41,198	1.8
여자	35.9	1,572,093	1,450,573	92.3	89,634	5.7	12,941	0.8	18,945	1.2
65~69세	59.1	1,448,630	1,303,375	90.0	110,512	7.6	20,152	1.4	14,591	1.0
70~74세	61.8	1,166,237	1,055,874	90.5	84,965	7.3	13,848	1.2	11,550	1.0
75~79세	52.9	840,121	755,901	90.0	63,167	7.5	9,731	1.2	11,322	1.3
80세 이상	26.1	459,469	363,408	79.1	64,786	14.1	8,595	1.9	22,680	4.9

공적 연금 수급률(단위: %, 명)

는 경우 회사에서 국민연금 가입을 미루거나 거부했기 때문으로 볼 수 있습니다. 물론 초기에 반환 제도를 통해 돈을 돌려받은 사례도 많습니다. 거기다 지역 가입은 초기 크게 활발히 진행되지 못했기 때문이기도 합니다. 국민연금은 최소 120개월 이상 연금보험료를 납부하였을 때 모두 받을 수 있지만 이런 사정으로 수급률이 아직 절반에 지나지 않습니다. 특히 현재 80세 이상은 더 수급률이 떨어질 수밖에 없습니다.

그런데 더 자세히 살펴보면 남성은 수급률이 71%인데 여성은 35.9%밖에 되질 않습니다. 많은 여성이 전업주부로 일하다 나이가 들었으니 연금을 들 기회를 잃어버린 것이 첫 번째 이유이고, 두 번째는 지역으로 가입해서 낼 수 있었음에도 불구하고 당시 경제 사정상 또는 다른 이유로 지역 연금을 내지 않거나 못했기 때문이기도 합니다. 결국 이 국민연금 수급률의 차이는 여성 고령자가 상대 빈곤율이 높은 이유 중 하나가 되었습니다.

노인 빈곤의 그늘

국민연금연구원이 펴낸 〈노인 가구의 소비 수준을 고려한 필요 노후소득 연구〉에 따르면 부부 가구, 즉 2인 가구의 경우 표준 생활비가 한 달에 210만 원으로 나타났습니다.

1인 가구는 약 130만 원이었습니다. OECD 국가들의 노인 소득

중 공적 이전소득, 의무 퇴직연금 비율은 평균 65.4%인데, 이를 노인 단독가구 월평균 필요 노후소득인 130만 원에 대입하면 약 85만 원입니다. 현재 51세에서 60세인 국민연금 가입자들이 국민연금으로 85만 원 이상 받는 비율은 이들이 60세까지 현재의 보험료를 계속 납부한다고 했을 때도 18.28%에 불과합니다.

또 하나 우리가 살펴봐야 할 것이 있습니다. 2018년 65세 이상 고령자 1인당 연간 진료비는 456만 8,000원이며, 여기에 본인 부담 의료비가 104만 6,000원이라는 겁니다. 다음의 표처럼 노인 1인당 연평균 진료비가 꾸준히 상승하고 있으니 본인 부담 의료비도 계속 상승할 것입니다. 그리고 이 비용은 고령자 중에서도 나이가 들면서 더 커질 것이니 이를 고려하면 생활비는 나이가 들수록 더 증가하게 됩니다.

앞서 살펴본 국민연금은 고령자의 가장 중요한 소득원인데 현재 월평균 수령액은 52만 3,000원입니다. 그러니 어떻게든 일을 해서 소득을 확보하지 못하면 생활비를 감당할 수 없습니다. 그냥 워킹 푸어가 아니라 올드 워킹 푸어가 되었습니다. 이에 따라 우리나라 남성 근

구분	2015년	2016년	2017년	2018년	2019년
전체 인구(천 명)	50,490	50,763	50,941	51,072	51,391
65세 이상 인구	6,223	6,445	6,806	7,092	7,463
65세 이상 진료비	222,361	252,692	283,247	318,235	357,925
노인 1인당 연평균 진료비	3,620	3,983	4,255	4,568	4,910
전체 1인당 연평균 진료비	1,149	1,275	1,391	1,528	1,681

65세 이상 노인 진료비 현황(단위: 천 명, 천 원)

로자의 실제 은퇴 연령은 2015년 기준 73세입니다.* OECD 국가 중 가장 긴 것이죠.

더구나 고령층 가구를 대상으로 한 설문조사**에서 노후 준비를 하고 있냐는 질문에 '준비하고 있지 않다'라는 대답이 60대 이상에서 42.8%나 되는데, 그 이유로 '준비 능력이 없다'라는 응답이 61.8%를 차지하고 있습니다. 필요는 하지만 능력이 되질 않는다는 거죠.

이런 노인 빈곤 문제는 다른 모습으로도 다가오는데 설문조사에 따르면 2019년 13세 이상 인구 10명 중 약 4명이 현재 삶에 만족하는 데 반하여, 65세 이상 고령자는 4명 중 1명만이 자신의 현재 삶에 만족하고 있는 것으로 나타났습니다. 또한 어려운 상황이 발생했을 때 도움을 받을 수 있는 사람이 있다는 응답률은 다음의 표와 같은데 이 또한 OECD 국가 중 가장 낮은 편에 속합니다. 특히 돈이 필요할 때 전체 인구 대상에서는 '도움받을 수 있다'라는 응답이 51.4%인 데 반해 65세 이상은 33.4%(2019년)로 전체보다 18%가량 낮게 나옵니다. 그리고 이 비율은 나이가 들수록 더 낮아지게 됩니다. 경제적 문제에서 사회관계망이 대단히 취약한 거죠.

우리나라가 급격히 고령화되고 있는 현시점에서 노인 빈곤율 문제는 앞으로도 심각한 상태를 계속 유지할 가능성이 큽니다. 실제로

---

* 〈우리나라의 노인 빈곤율 현황과 시사점〉, 장민 KIF VIP 리포트, 2019년 12월.
** 〈사회조사〉, 통계청.

	몸아 아파 집안일을 부탁할 경우		갑자기 많은 돈을 빌려야 할 경우		낙심하거나 우울해서 이야기 상대가 필요한 경우	
	도움받을 사람 있음	도움받을 수 있는 인원	도움받을 사람 있음	도움받을 수 있는 인원	도움받을 사람 있음	도움받을 수 있는 인원
2011년	71.5	2.3	31.5	2.3	67.9	2.5
2013년	69.5	2.0	29.8	2.1	67.7	2.3
2015년	73.9	2.0	35.2	2.0	72.6	2.3
2017년	74.9	2.1	36.0	2.0	73.9	2.3
2019년	74.5	2.0	33.4	1.9	72.6	2.2
65~69세	74.6	2.0	37.1	1.9	76.4	2.3
70~74세	74.5	2.0	33.0	1.9	73.4	2.2
75~79세	73.5	2.1	32.7	2.1	70.2	2.2
80세 이상	75.5	2.0	28.6	1.9	68.6	2.1
전체(2019년)[1]	79.6	2.3	51.4	2.2	83.3	2.9

사회관계망(65세 이상)(단위: %, 명, 자료: 통계청, 〈사회조사〉)

주: 1) 전체는 13세 이상 인구 대상

노인 빈곤율은 본격적인 고령화가 시작되기 전인 1996년에는 29.4%였으나 고령화가 진행된 2011년에는 42.9%까지 치솟았고 현재도 50% 가까운 상태를 계속 유지하고 있습니다. 1996년에는 20~59세 사이의 근로 연령대 가구주 가구 인구는 92.1%였으나 2011년에는 82.3%로 10% 가까이 줄었고, 60세 이상 가구주 가구는 반대로 1996년 7.6%에서 2011년 17.7%로 10%가량 늘었습니다.

그리고 불평등지수도 높아집니다. 근로 연령대 성인 가구주 가구의 지니계수는 1996년 0.267에서 2011년 0.343로 약 0.076 높아집니다. 같은 기간 노인 가구주 가구의 지니계수는 0.420에서 0.455로 0.035 높아집니다. 상승률은 근로 연령대 가구주 가구가 높지만 절대 수치로 보면 노인 가구주 가구의 지니계수가 훨씬 더 높습니다. 즉 불평등한 정도가 노인 가구에서 더 심하게 나타난다는 것이죠.

상대 빈곤율도 그렇습니다. 1996년에서 2011년 사이 근로 연령대 가구주 가구의 상대 빈곤율은 6.7%에서 11.5%로 5%가량 상승했습니다. 같은 시기 노인 가구주 가구의 상대 빈곤율은 33.0%에서 41.1%로 8%가량 높아졌습니다. 이 역시 절대 수치가 노인 가구주 가구에서 더 높지요. 근로 연령대 가구에서의 불평등이 노인이 되어 더욱 증폭된 형태로 나타나는 걸 볼 수 있습니다.

1. **우리나라의 자살률 추이를 설명한 내용에서 잘못된 것을 고르세요.**

   ① 전 세계 최상위권이 된 것은 1997년 외환위기 후부터이다.

   ② 1998년 10만 명당 자살자 수가 갑자기 20명 선을 넘어섰고, 2003년 신용카드 대란 때 28명 수준으로 폭증했다.

   ③ 10~30대 사망 원인 1위가 자살이고, 40~50대도 자살이 2위이다.

   ④ 2016년 자살 주요 동기 자료를 보면 전체 자살 동기의 36.2%가 경제 문제였다.

   주관식 2. **빈칸에 들어갈 알맞은 숫자를 써넣으세요.**

   "UN이 제시한 기준에 따르면, 65세 이상의 고령 인구가 전체 인구의 ___% 이상이면 고령화 사회, ____% 이상이면 고령 사회, ____% 이상 이면 초고령화 사회라고 합니다."

3. 표에 대한 설명 중 맞는 것을 고르세요.

구분		정규직	비정규직	자영업	비경제활동	변동자	소계
연구모델 1	소계	9.6	20.7	32.6	38.2	29.4	31.7
	남성	7.3	18.0	25.0	40.1	24.3	26.7
	여성	31.6	28.9	43.6	37.2	36.0	36.3
	점유율	6.4	14.2	18.6	49.9	12.9	100.0
연구모델 2	소계	5.6	15.6	27.6	32.7	26.2	25.8
	남성	4.1	12.8	21.8	44.4	25.9	25.8
	여성	20.3	18.5	36.7	27.0	26.5	27.0
	점유율	8.8	15.4	19.2	41.9	14.8	100.0

주된 경제활동 참여 상태에 따른 노인 빈곤율(2018년 기준, 단위: %)

① 여성이 남성보다 상대적 빈곤율이 높다.

② 연구모델 1에서는 여성의 상대적 빈곤율이 남성보다 15% 가량 높고, 연구모델 2에서는 2% 가량 높다.

③ 연구모델 1, 2에서 여성의 상대적 빈곤율이 남성에 비해서 높지 않다.

④ 연구모델 1의 점유율을 보면 패널 중 정규직에 해당하는 이들은 전체의 6.4%에 불과하다. 만약 이들의 점유율이 더 낮았다면 전체 상대적 빈곤율도 더 낮아졌을 것이다.

4. 10~100인 이상의 직장에서 여성의 상대적 빈곤율이 높은 이유에 해당되지 않는 것을 고르세요.

구분	10인 미만	10~100인	100~500인	500인 이상	변동자	소계
소계	30.7	13.7	0	0	32.7	29.4
남성	26.0	7.5	0	0	26.7	23.3
여성	37.4	26.1	0	0	37.7	36.4
점유율	39.5	26.1	0.4	1.7	48.8	100.0

주된 활동 기업 규모에 따른 노인 빈곤율
(2018년 기준, 단위: %, 자료: 한국보건사회연구원, 한국복지패널조사)

① 사무직에 50대까지 머무르는 건 대부분 남자이다.

② 생산 현장에서도 남자는 공장장이나 주임 등의 관리자 역할을 하고, 여성은 대부분 단순노무직에 근무하는 경우가 많다.

③ 경력 단절 후 다시 복귀한 50대 여성 노동자가 많다.

④ 장년 사무직 여성이 관리직에 많다.

사라지는 지방

1980년대만 하더라도 일천만 농민이라고 했지만 1999년 농업 가구는 총 138만 2,000가구, 농가 인구는 421만 명으로 많이 줄었습니다. 그 후로 20년이 지난 2019년, 농가는 100만 7,000가구로 다시 38만 가구가 줄었습니다. 가구당 인원도 3.1명에서 2.2명으로 줄었죠. 그 결과 농가 인구는 224만 5,000명입니다. 거의 절반이 줄었지요. 총 인구에서 차지하는 비중도 9%에서 4.3%로 줄었습니다. 대신 늘어난 건 65세 이상 비중으로 1999년 21.1%에서 2019년 46.6%로 거의 절반 가까이 차지하고 있습니다.

농업노동력의 공급원은 가족노동력, 고용노동력, 농촌 지역 공동체 내의 공동 노동 및 노동력 교환 등으로 나뉘는데 이 중 가족노동력

	1999	2001	2003	2005	2007	2009	2011	2013	2015	2017	2019
농가 수	1,382	1,354	1,264	1,273	1,231	1,195	1,163	1,142	1,089	1,042	1,007
- 총가구 중 비중	-	9.1	8.2	8.0	7.5	7.1	6.5	6.2	5.7	5.3	5.0
- 농가당 가구원 수	3.1	2.9	2.8	2.7	2.7	2.6	2.6	2.5	2.4	2.3	2.2
농가 인구	4,210	3,933	3,530	3,434	3,274	3,117	2,962	2,847	2,569	2,422	2,245
- 총인구 중 비중	9.0	8.3	7.4	7.1	6.8	6.4	5.9	5.6	5.0	4.7	4.3
- 65세 이상 비중	21.1	24.4	27.8	29.1	32.1	34.2	33.7	37.3	38.4	42.5	46.6

농가 및 농가 인구 시계열 데이터(출처: 통계청 농업조사, 농업총조사)

과 고용노동력은 모두 감소하였고, 농업 노임은 상승하고 있습니다. 하지만 현재 농촌 지역의 여건상 더 높은 임금 지급과 근무 여건 개선은 힘들고 따라서 농사를 짓는 사람은 점점 줄어들 수밖에 없습니다.

지방이 모두 농업에만 기반을 두고 있는 것은 아닙니다. 그러나 지방의 중소도시 중 공업단지를 배후에 가지고 있지 않은 지역의 지역 공동화는 농업 자체가 소멸하는 과정에서 자연스럽게 나타날 수밖에 없는 현상입니다.

2020년 서아프리카와 중앙아프리카 합계출산율은 5.0명이고 동아프리카와 남아프리카는 4.2명, 아랍 국가는 3.3명, 동유럽과 중앙아시아 그리고 아시아와 태평양 지역은 2.1명입니다. 그러나 선진국은 대체로 출산율이 낮습니다. 2018년 기준 OECD 평균 출산율은 1.63명입니다.

우리나라 출산율이 OECD 평균보다 낮아지기 시작한 것은 1990년부터입니다. 1980년대까지만 하더라도 2.82명이었던 것이 1990년

2018년 OECD 국가 합계출산율 비교

단위: 가임 여자 1명당 명

이스라엘	3.09명	영국	1.68명	헝가리	1.49명
멕시코	2.13	에스토니아	1.67	오스트리아	1.48
터키	1.99	칠레	1.65	폴란드	1.44
프랑스	1.84	리투아니아	1.63	일본	1.42
콜롬비아	1.81	벨기에	1.61	핀란드	1.41
아일랜드	1.75	슬로베니아	1.61	포르투갈	1.41
스웨덴	1.75	라트비아	1.6	룩셈부르크	1.38
호주	1.74	네덜란드	1.59	그리스	1.35
뉴질랜드	1.74	독일	1.57	이탈리아	1.29
덴마크	1.73	노르웨이	1.56	스페인	1.26
미국	1.73	슬로바키아	1.54	한국	0.98
체코	1.71	스위스	1.52	('19년)	-0.92
아이슬란드	1.71	캐나다	1.5		

OECD 평균 1.63*

*OECD 평균은 37개 회원국의 2018년 자료를 이용하여 계산.   자료: OECD, Family Database

2020년 세계 합계출산율 현황

합계출산율: 여성 1명이 평생 낳을 것으로 예상되는 평균 출생아 수

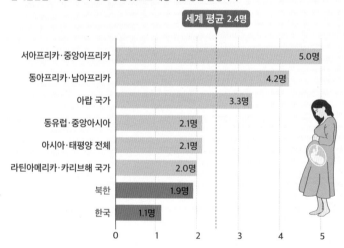

세계 평균 2.4명

서아프리카·중앙아프리카	5.0명
동아프리카·남아프리카	4.2명
아랍 국가	3.3명
동유럽·중앙아시아	2.1명
아시아·태평양 전체	2.1명
라틴아메리카·카리브해 국가	2.0명
북한	1.9명
한국	1.1명

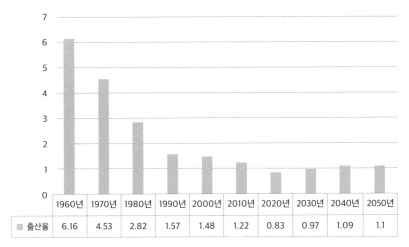

	1960년	1970년	1980년	1990년	2000년	2010년	2020년	2030년	2040년	2050년
■ 출산율	6.16	4.53	2.82	1.57	1.48	1.22	0.83	0.97	1.09	1.1

연도별 출산율(출처: 1960년 세계은행, 1970~2019년 통계청 KOSIS 국가통계포털,
2020년 행정안전부 주민등록 인구통계, 2025년 이후, 통계청 장래인구특별추계)

이 되면서 1.57명이 되었고 다시 2000년대 들어서면서 1명대로 줄어들었지요. 통계청에 따르면 다른 대책이 없는 한 2050년까지 현 수준을 유지하게 됩니다.

더욱이 인구 감소는 지역별 편차가 대단히 큽니다. 통계청 〈시도별 장래인구특별추계 결과 보도자료〉를 보면, 2030년 기준 인구가 증가할 것으로 예상하는 시도는 인천(292만 명→303만 명), 세종(27만 명→48만 명), 경기도(1,279만 명→1,429만 명), 충북(161만 명→167만 명), 충남(215만 명→232만 명), 제주(63만 명→75만 명) 6개 광역시도이고, 나머지 시도는 모두 감소합니다. 증가하는 지역도 출산율이 높아서가 아니라 유입 인구가 늘기 때문입니다. 권역별로 보면 수도권은 2,548만 명에서 2,648만 명으로, 중부권은 708만 명에서 744만 명으

지역	총인구(만 명)								'17년 대비 '47년	
	2017년	2020년	2025년	2030년	2035년	2040년	2045년	2047년	증감	증감률(%)
전국	5,136	5,178	5,191	5,193	5,163	5,086	4,957	4,891	-245	-4.8
서울	977	960	935	916	895	873	845	832	-145	-14.8
부산	342	334	321	311	301	289	274	268	-74	-21.7
대구	246	242	235	228	222	214	204	200	-46	-18.6
인천	292	295	299	303	305	303	298	295	2	0.8
광주	150	149	145	142	138	134	129	126	-23	-15.5
대전	153	150	146	144	142	139	134	133	-20	-13.3
울산	116	114	112	110	107	103	99	97	-19	-16.5
세종	27	35	42	48	53	56	59	59	33	124.0
경기	1,279	1,341	1,396	1,429	1,445	1,439	1,414	1,399	120	9.4
강원	152	152	151	152	152	151	149	147	-5	-3.2
충북	161	163	165	167	168	168	165	163	3	1.6
충남	215	220	227	232	235	236	234	232	16	7.6
전북	183	179	175	172	169	165	161	158	-25	-13.4
전남	180	176	173	172	170	167	163	161	-18	-10.3
경북	268	266	262	259	256	250	242	238	-29	-10.9
경남	334	335	334	332	328	320	309	304	-30	-9.0
제주	63	67	72	75	78	79	79	78	15	23.5
수도권	2,548	2,596	2,630	2,648	2,645	2,615	2,557	2,526	-22	-0.9
중부권	708	720	732	744	751	750	741	734	27	3.8
호남권	575	571	565	560	555	545	531	523	-51	-8.9
영남권	1,306	1,291	1,264	1,241	1,213	1,176	1,129	1,107	-199	-15.2
	구성비, 증감(%, %p)									
전국	100.0	100.0	100.0	100.0	100.0	100.0	100.0	100.0	0.0	
서울	19.0	18.5	18.0	17.6	17.3	17.2	17.0	17.0	-2.0	
부산	6.7	6.5	6.2	6.0	5.8	5.7	5.5	5.5	-1.2	
대구	4.8	4.7	4.5	4.4	4.3	4.2	4.1	4.1	-0.7	
인천	5.7	5.7	5.8	5.8	5.9	6.0	6.0	6.0	0.3	
광주	2.9	2.9	2.8	2.7	2.7	2.6	2.6	2.6	-0.3	
대전	3.0	2.9	2.8	2.8	2.7	2.7	2.7	2.7	-0.3	
울산	2.3	2.2	2.2	2.1	2.1	2.0	2.0	2.0	-0.3	
세종	0.5	0.7	0.8	0.9	1.0	1.1	1.2	1.2	0.7	
경기	24.9	25.9	26.9	27.5	28.0	28.3	28.5	28.6	3.7	
강원	3.0	2.9	2.9	2.9	3.0	3.0	3.0	3.0	0.0	
충북	3.1	3.2	3.2	3.2	3.3	3.3	3.3	3.3	0.2	
충남	4.2	4.3	4.4	4.5	4.6	4.6	4.7	4.7	0.5	
전북	3.6	3.5	3..4	3.3	3.3	3.3	3.2	3.2	-0.3	
전남	3.5	3.4	3.3	3.3	3.3	3.3	3.3	3.3	-0.2	
경북	5.2	5.1	5.0	5.0	4.9	4.9	4.9	4.9	-0.3	
경남	6.5	6.5	6.4	6.4	6.3	6.3	6.2	6.2	-0.3	
제주	1.2	1.3	1.4	1.4	1.5	1.5	1.6	1.6	0.4	
수도권	49.6	50.1	50.7	51.0	51.2	51.4	51.6	51.6	2.0	
중부권	13.8	13.9	14.1	14.3	14.5	14.7	14.9	15.0	1.2	
호남권	11.2	11.0	10.9	10.8	10.7	10.7	10.7	10.7	-0.5	
영남권	25.4	24.9	24.3	23.9	23.5	23.1	22.8	22.6	-2.8	

시도별 총인구 및 구성비(2017~2047년)

로 증가합니다. 반면 호남권은 575만 명에서 560만 명으로, 영남권은 1,306만 명에서 1,241만 명으로 감소하지요. 이에 따라 수도권 비중은 49.6%에서 51.0%로, 중부권은 13.8%에서 14.3%로 증가하고 대신 호남권 비중은 11.2%에서 10.8%로, 영남권 비중은 25.4%에서 23.9%로 감소합니다.

권역별 인구성장률은 2017년 영남권이 마이너스 성장을 시작하고 2019년에는 호남권, 2033년에는 수도권, 2038년에는 중부권이 마이너스가 됩니다. 2047년까지 인구성장률을 예상해보면 중부권은 -0.45%, 수도권 -0.64%, 호남권 -0.70%, 영남권 -0.99%로 영남권이 가장 감소세가 높을 것으로 예상됩니다.

인구 유입을 뺀 권역별 자연증가도 살펴보죠. 출생아 대비 사망자 수가 자연증가 혹은 자연감소인데, 2017년 호남권과 영남권에서 인구 자연감소가 시작되었습니다. 2018년에는 중부권이 자연감소가 시작되었고 2032년에는 수도권에서 자연감소가 시작될 것으로 예측됩니다.

광역시도별로는 전남 2013년을 시작으로 강원, 전북, 경북, 부산, 대구, 충북, 충남, 경남에서 자연감소가 시작되었고, 2020년 광주, 2021년 인천, 2029년 울산, 2030년 제주, 2031년 대전, 2032년 서울, 2033년 경기, 2042년 세종시를 포함해 모든 시도에서 인구 자연감소가 시작됩니다.

중위연령도 살펴보지요. 다음의 표는 시도별 중위연령을 나타낸

지역	인구성장률(%)								
	2017년	2020년	2025년	2030년	2035년	2040년	2045년	2047년	'17년 대비 '47년 증감(%p)
전국	0.28	0.14	0.03	-0.03	-0.18	-0.38	-0.60	-0.70	-0.98
서울	-0.78	-0.63	-0.45	-0.43	-0.46	-0.55	-0.73	-0.80	-0.02
부산	-0.66	-0.87	-0.69	-0.63	-0.72	-0.92	-1.09	-1.15	-0.49
대구	-0.14	-0.54	-0.59	-0.55	-0.63	-0.81	-0.99	-1.07	-0.93
인천	0.57	0.24	0.31	0.22	0.03	-0.21	-0.45	-0.56	-1.12
광주	-0.45	-0.40	-0.48	-0.46	-0.55	-0.70	-0.88	-0.95	-0.51
대전	-0.55	-0.57	-0.42	-0.30	-0.35	-0.49	-0.68	-0.76	-0.21
울산	-0.64	-0.60	-0.28	-0.38	-0.59	-0.78	-1.00	-1.10	-0.46
세종	12.46	5.22	3.33	2.27	1.55	1.02	0.70	0.58	-11.88
경기	1.46	1.26	0.60	0.38	0.09	-0.19	-0.46	-0.57	-2.03
강원	0.01	-0.10	0.04	0.10	-0.00	-0.22	-0.43	-0.54	-0.55
충북	0.51	0.36	0.25	0.22	0.05	-0.18	-0.42	-0.54	-1.04
충남	1.27	0.76	0.50	0.40	0.19	-0.05	-0.29	-0.41	-1.68
전북	-0.37	-0.61	-0.40	-0.30	-0.36	-0.49	-0.66	-0.75	-0.39
전남	-0.18	-0.49	-0.26	-0.18	-0.26	-0.37	-0.54	-0.66	-0.47
경북	-0.31	-0.35	-0.23	-0.21	-0.33	-0.52	-0.72	-0.83	-0.52
경남	0.05	0.01	-0.07	-0.16	-0.36	-0.56	-0.77	-0.89	-0.94
제주	2.68	1.60	1.17	0.84	0.50	0.18	-0.10	-0.24	-2.92
수도권	0.50	0.44	0.19	0.08	-0.10	-0.31	-0.55	-0.64	-1.14
중부권	0.83	0.42	0.33	0.28	0.11	-0.11	-0.34	-0.45	-1.28
호남권	0.00	-0.26	-0.18	-0.15	-0.25	-0.41	-0.59	-0.70	-0.70
영남권	-0.31	-0.45	-0.37	-0.38	-0.51	-0.71	-0.90	-0.99	-0.68
	자연증가율(%)								증감(%p)
전국	0.11	-0.06	-0.07	-0.12	-0.29	-0.50	-0.72	-0.82	-0.93
서울	0.18	0.01	0.06	0.04	-0.11	-0.31	-0.50	-0.59	-0.77
부산	-0.06	-0.28	-0.33	-0.42	-0.61	-0.82	-1.05	-1.14	-1.08
대구	0.05	-0.15	-0.19	-0.25	-0.43	-0.65	-0.88	-0.98	-1.03
인천	0.19	0.01	-0.00	-0.07	-0.25	-0.48	-0.72	-0.83	-1.02
광주	0.14	-0.03	-0.05	-0.11	-0.27	-0.48	-0.71	-0.82	-0.96
대전	0.19	0.04	0.07	0.03	-0.16	-0.37	-0.59	-0.69	-0.89
울산	0.32	0.13	0.06	-0.05	-0.25	-0.48	-0.73	-0.84	-1.16
세종	0.95	0.65	0.59	0.47	0.26	0.06	-0.17	-0.28	-1.23
경기	0.26	0.12	0.12	0.07	-0.10	-0.31	-0.52	-0.62	-0.88
강원	-0.21	-0.36	-0.41	-0.49	-0.66	-0.88	-1.14	-1.25	-1.04
충북	0.01	-0.15	-0.17	-0.23	-0.41	-0.63	-0.87	-0.98	-0.99
충남	0.02	-0.12	-0.12	-0.19	-0.36	-0.56	-0.79	-0.89	-0.91
전북	-0.20	-0.35	-0.41	-0.48	-0.65	-0.85	-1.09	-1.19	-0.99
전남	-0.29	-0.46	-0.54	-0.62	-0.77	-0.96	-1.21	-1.32	-1.03
경북	-0.16	-0.35	-0.43	-0.51	-0.69	-0.92	-1.18	-1.30	-1.14
경남	0.03	-0.15	-0.22	-0.31	-0.48	-0.71	-0.96	-1.07	-1.10
제주	0.19	0.04	0.04	-0.00	-0.15	-0.31	-0.51	-0.61	-0.80
수도권	0.22	0.07	0.08	0.04	-0.12	-0.33	-0.54	-0.63	-0.86
중부권	0.04	-0.11	-0.11	-0.17	-0.35	-0.56	-0.79	-0.90	-0.94
호남권	-0.10	-0.26	-0.30	-0.37	-0.52	-0.71	-0.95	-1.05	-0.96
영남권	-0.00	-0.20	-0.26	-0.35	-0.53	-0.75	-0.99	-1.10	-1.10

시도별 인구성장률과 자연증가율(2017~2047년)

지역	중위연령(세)								'17년 대비 '47년 증감률(%)
	2017년	2020년	2025년	2030년	2035년	2040년	2045년	2047년	
전국	42.0	43.7	46.7	49.5	52.2	54.4	56.1	56.8	14.8
서울	41.5	42.9	45.5	48.2	50.6	52.5	54.5	55.3	13.8
부산	44.3	46.3	49.4	51.9	54.4	56.6	58.1	58.5	14.2
대구	42.9	44.8	47.9	50.6	53.2	55.4	57.0	57.5	14.6
인천	41.1	42.9	46.0	49.0	51.7	53.9	55.8	56.6	15.5
광주	39.9	41.9	45.2	48.2	50.7	52.7	54.5	55.2	15.3
대전	39.8	41.7	44.9	47.8	50.2	52.2	54.2	55.0	15.2
울산	40.6	42.9	46.2	49.3	52.1	54.1	55.6	56.2	15.6
세종	36.6	37.7	40.0	41.9	43.9	46.4	49.0	50.1	13.4
경기	40.4	41.9	44.9	47.7	50.1	52.1	54.1	54.9	14.6
강원	45.2	47.5	51.2	54.2	56.8	59.2	61.4	61.9	16.7
충북	42.7	44.6	47.8	50.7	53.6	56.2	58.1	58.7	16.0
충남	42.1	43.8	46.8	49.7	52.7	55.2	57.3	58.1	16.0
전북	44.5	46.8	50.4	55.3	55.8	58.4	60.4	60.9	16.5
전남	46.6	48.9	52.2	55.2	57.7	60.2	62.4	63.1	16.5
경북	45.2	47.5	51.1	54.1	56.7	59.3	61.5	62.1	16.9
경남	42.9	45.0	48.3	51.3	54.2	56.9	58.7	59.3	16.4
제주	41.8	43.1	45.8	48.6	51.2	53.3	55.2	56.0	14.2

시도별 중위연령(2017~2047년)

* 중위연령: 전체 인구를 연령 순서로 나열할 때, 한가운데 있게 되는 사람의 연령.

것입니다. 중위연령이란 해당 지역의 전체 인구를 연령 순서로 나열할 때, 한가운데 있는 사람 연령입니다. 우리나라 전체 2017년 중위연령은 42.0세인데 2047년에는 56.8세가 됩니다. 2017년 광역시도별 중위연령은 전남 46.6세, 강원과 경북 45.2세, 전북 44.5세, 부산이 44.3세로 높습니다. 2047년에는 전남이 63.1세, 그다음 경북 62.1세, 강원 61.9세, 전북 60.9세로 중위연령이 60세를 넘어버립니다.

우리 아이들이 맞을 미래

다음의 표는 생산연령인구 및 구성비를 보여줍니다. 생산연령인구는 15세에서 64세까지를 이릅니다. 그중에서 가장 왕성하게 일을 하는 연령은 25세에서 49세까지죠. 이 두 부분이 전체 인구에서 차지하는 비중을 봅시다. 2017년 생산연령인구는 3,757만 명에 이릅니다. 2025년이 되면 3,585명으로 170만 명이 줄고 2035년에는 3,145만 명으로 다시 400만 명이 줄어듭니다. 2045년이 되면 총 1,100만 명이 줄어 2,658만 명이 되죠. 25세에서 49세 사이의 인구는 2017년 1,950만 명에서 2025년 1,819만 명으로 약 130만 명이 줄고 2035년이 되면 420만 명이 줍니다. 2045년에는 1,242만 명으로 710만 명이 줄어드네요. 전체 인구 감소 속도보다 훨씬 빠릅니다.

우리나라 실업률은 대략 5% 내외입니다. 거기에 경제활동인구는 생산연령가능인구의 63% 수준입니다. 비경제활동인구는 학생과 전업주부가 대부분이지요. 조금 오래된 자료지만 2010년 7월을 예로 들면 비경제활동인구 약 1,560만 명에서 육아와 가사가 약 720만 명, 교육이 약 400만 명이고 연로하거나 심신장애가 200만 명 조금 넘지요. 그 외 진학 준비나 취업 준비, 군입대 대기 등이 50만 명이 조금 넘습니다. 즉 비경제활동인구 중 실업률이 낮아지고 취업 조건이 좋아진다고 하더라도 취업을 쉽게 선택하기 힘든 예가 1,370만 명입니다. 남는 인원은 불과 190만 명입니다. 따라서 2030년에 생산연령인구가 300만 명가량 줄면 비경제활동인구 중 가능한 사람들이 모두 취업을 하더라도 모자랍니다.

물론 방법이 없는 건 아닙니다. 앞서 보았던 비경제활동인구 중

지역	15~64세 인구 전체(만 명)					'17년 대비 '47년		25~49세 인구 전체(만 명)					'17년 대비 '47년	
	'17년	'25년	'35년	'45년	'47년	증감	증감률(%)	'17년	'25년	'35년	'45년	'47년	증감	증감률(%)
전국	3,757	3,585	3,145	2,658	2,562	-1,195	-31.8	1,950	1,819	1,531	1,242	1,157	-793	-40.7
서울	737	667	566	475	458	-279	-37.9	397	364	302	242	226	-171	-43.1
부산	249	213	176	142	136	-114	-45.6	121	105	83	66	61	-60	-49.7
대구	181	161	132	107	102	-78	-43.4	90	78	62	49	46	-45	-49.4
인천	220	212	189	162	157	-63	-28.7	116	108	93	76	71	-45	-39.0
광주	110	102	86	70	67	-43	-38.8	57	51	41	33	31	-26	-46.1
대전	114	103	88	74	71	-43	-37.5	58	53	44	36	33	-25	-42.8
울산	88	79	66	54	51	-36	-41.4	46	39	31	25	73	-23	-49.9
세종	19	30	35	35	35	16	86.1	11	17	18	16	15	4	38.2
경기	952	994	913	789	763	-189	-19.9	517	518	454	372	347	-169	-32.8
강원	107	98	85	72	69	-38	-35.2	50	45	38	31	28	-21	-43.0
충북	116	112	99	85	83	-33	-28.5	57	55	47	38	35	-21	-37.7
충남	151	152	140	121	117	-34	-22.3	78	77	67	55	51	-26	-34.0
전북	126	113	95	78	75	-50	-40.1	60	52	42	34	31	-29	-47.8
전남	118	108	92	76	73	-45	-38.2	56	48	39	31	29	-27	-48.2
경북	186	168	142	116	111	-74	-40.1	90	78	63	50	46	-43	-48.2
경남	239	225	193	158	151	-88	-36.9	123	107	87	69	64	-59	-47.6
제주	45	49	48	43	42	-3	-7.4	24	24	22	19	18	-6	-24.8
수도권	1,909	1,873	1,668	1,426	1,378	-532	-27.8	1,029	990	848	690	643	-386	-37.5
중부권	506	495	447	388	376	-131	-25.8	254	247	213	176	164	-90	-35.4
호남권	399	372	321	267	257	-142	-35.5	197	175	145	117	109	-88	-44.7
영남권	943	845	709	577	552	-391	-41.5	470	407	325	259	241	-230	-48.8
구성비, 증감(%, %p)														
전국	73.2	69.1	60.9	53.6	52.4	-20.8		38.0	35.1	29.7	25.1	23.6	-14.3	
서울	75.5	71.4	63.2	56.3	55.1	-20.4		40.6	38.9	33.7	28.7	27.1	-13.5	
부산	72.8	66.1	58.3	51.8	50.6	-22.2		35.5	32.7	27.6	24.1	22.8	-12.7	
대구	73.5	68.4	59.6	52.3	51.2	-22.4		36.7	33.2	28.1	24.2	22.8	-13.9	
인천	75.1	70.9	62.0	54.4	53.1	-22.0		39.6	36.1	30.4	25.4	24.0	-15.6	
광주	73.7	70.4	62.3	54.6	53.4	-20.3		38.1	35.3	29.9	25.7	24.3	-13.8	
대전	74.7	70.7	62.1	55.0	53.8	-20.8		38.1	36.4	31.2	26.6	25.1	-13.0	
울산	75.8	70.7	61.8	54.5	53.2	-22.6		39.5	34.5	28.8	24.9	23.7	-15.8	
세종	70.6	69.7	66.3	59.9	58.7	-11.9		42.2	39.7	33.3	27.7	26.0	-16.2	
경기	74.5	71.2	63.2	55.8	54.5	-19.9		40.4	37.1	31.4	26.3	24.8	-15.6	
강원	70.3	64.8	55.7	48.3	47.1	-23.2		32.8	29.5	24.7	20.5	19.3	-13.5	
충북	71.8	67.6	59.0	51.8	50.5	-21.3		35.4	33.1	27.7	23.1	21.7	-13.7	
충남	70.2	67.1	59.4	52.0	50.7	-19.5		36.1	34.1	28.4	23.5	22.1	-14.0	
전북	68.7	64.4	56.2	48.7	47.5	-21.1		32.8	29.6	24.8	21.0	19.8	-13.0	
전남	65.8	62.3	54.3	46.6	45.3	-20.5		31.5	27.6	23.0	19.3	18.2	-13.3	
경북	69.4	64.4	55.6	48.0	46.7	-22.7		33.5	29.9	24.5	20.7	19.5	-14.0	
경남	71.6	67.3	59.0	51.0	49.7	-22.0		36.9	32.2	26.4	22.4	21.2	-15.6	
제주	70.6	68.7	62.0	54.4	53.0	-17.7		37.1	34.2	28.8	24.0	22.6	-14.5	
수도권	74.9	71.2	63.1	55.8	54.5	-20.4		40.4	37.6	32.1	27.0	25.5	-14.9	
중부권	71.6	67.6	59.6	52.4	51.1	-20.4		35.9	33.7	28.4	23.7	22.3	-13.6	
호남권	69.3	65.8	58.0	50.3	49.1	-20.2		34.2	31.0	26.1	22.1	20.8	-13.5	
영남권	72.2	66.9	58.5	51.1	49.8	-22.4		36.0	32.2	26.8	23.0	21.7	-14.3	

시도별 인구성장률과 자연증가율(2017~2047년)

육아와 가사를 전담하는 인원은 대부분 여자입니다. 이들이 다시 일터로 나올 여건을 만들면 됩니다. 육아에 대한 사회적 지원이 늘어나고, 경제적 지원 또한 늘어나야겠지요. 출산 및 육아휴직에 대해 기업 측에 엄정한 규제를 가하는 것 또한 필요합니다. 그리고 이는 장기적으로 출산으로 인한 여성의 경력단절을 막는 일도 되니 출산율을 높이는 일이기도 합니다. 그러나 이것만으로는 부족하니 결국 이주 노동자 비중이 지금보다 훨씬 늘어나게 됩니다.

그런데 자세히 보면 생산연령인구가 줄어드는 비율이 가장 높은 곳은 부산, 대구, 울산입니다. 수도권을 제외하면 가장 큰 공업지역이지요. 여기서 생산연령인구가 줄어든다는 건 많이 심각한 일입니다. 그리고 25세에서 49세 사이 인구는 증감률이 더 높습니다. 부산 -49.7%, 대구 -49.4%, 울산 -49.9%입니다. 절반이 사라지는 거죠. 물론 서울 -43.1%, 광주 -46.1% 등 40%가 넘는 곳이 절반이 넘습니다.

구성비로도 살펴보겠습니다. 시도별 생산연령인구(15~64세) 비율을 보면 2017년 73.2%에서 2047년 52.4%로 20%가량 감소합니다. 강원, 전북, 전남, 경북, 경남은 50%가 되지 않지요. 핵심 생산연령인구(25~49세) 비율은 2017년 38%에서 23.6%로 감소합니다. 이 역시 강원, 전북, 전남, 경북은 20%가 안 됩니다.

고령 인구 비율도 살펴보지요. 65세 이상 인구 비율을 보면 2017년 전체 13.8%였는데 2035년에는 29.5%, 2047년에는 38.4%로 증가해서 우리나라 국민 셋 중 하나는 노인입니다. 저도 살아 있으면 그중 하나겠지요. 85세 이상 인구 비율을 보면 2017년 전체 1.2%로 100명 중 한 명인데 2035년에는 3.4%, 2047년 7.5%로 증가합니다. 스무 명 중 한 명이 넘는 셈이지요.

생산가능인구(15세에서 64세) 100명당 부양해야 할 인구를 부양비라고 합니다. 유소년 부양비와 노년 부양비로 나누고 둘을 합쳐 총 부양비라고 합니다. 2017년 기준 총 부양비는 현재 36.7명인데 이 중 유소년 부양비가 17.9명이고 노년 부양비 18.8명입니다. 2047년에는 총 부양비가 90.9명으로 거의 3배 가까이 늘어납니다. 유소년 부양비는 17.6명으로 현재와 큰 차이가 없는데 노년 부양비가 73.3명이 되어 54.5명이 늘어납니다.

2017년 노년 부양비가 가장 높은 곳은 전남으로 32.6명, 전북 27.0명, 경북 26.6명, 강원 25.0명 순인데 2047년에는 전남 103.3명, 경북 97.2명, 강원 95.6명, 전북 92.4명 순이 됩니다. 생산가능인구 100명이 부양해야 할 노령층이 100명 선이 되지요. 이는 15세에서 64세 사이 인구와 65세 이상 인구가 거의 비슷하게 된다는 뜻이기도 합니다. 앞으로 25년 뒤, 지금 갓 태어난 아이부터 이제 대학에 들어간 이들이 맞이하게 될 미래입니다. 이들이 가장 활동적으로 살게 될 미래의 대한민국은 생산연령인구가 역사 이래 가장 낮은 비율로 존재하게 되지요.

팩트 토론을 위한 간단 퀴즈

1. 통계청의 〈시도별 장래인구특별추계 결과 보도자료〉에서 언급한 인구 가 증가할 곳으로 예상되는 시도가 아닌 곳은 어디일까요?

   ① 대구　　　② 인천　　　③ 세종　　　④제주

주관식 2. "중위연령이란 해당 지역의 전체 인구를 연령 순서로 나열할 때, 한가 운데 있는 사람 연령입니다. 우리나라 전체 2017년 중위연령은 ____ 세인데 2047년에는 ____세가 됩니다."

3. 다음의 글에서 언급하는 A, B, C에 해당하지 않는 도시는 어디일까요? "생산연령인구는 15세에서 64세까지를 이릅니다. 그중에서 가장 왕성 하게 일을 하는 연령은 25세에서 49세까지죠. 그런데 생산연령인구가 줄어드는 비율이 가장 높은 곳이 있습니다. 바로 A, B, C입니다."

   ① 부산　　　② 대구　　　③ 울산　　　④ 포항

미리 온 미래,
지방

　노령화지수도 살펴보지요. 노령화지수는 유소년 인구 100명당 고령 인구 수를 뜻합니다. 2020년 119.1명이고 2030년에는 193.0명, 2040년에는 288.6명, 2047년에는 417.2명이 됩니다. 거의 4배 가까이 늘어나지요. 선진국 평균은 172명이고 세계 평균은 82명입니다. 현재 가장 높은 곳은 일본이죠. 현재 세계 평균을 넘겼고 몇 년 뒤면 선진국 평균을 넘어서고 2040년경에는 세계 최고가 될 예정입니다.

　이를 다시 시도별로 보면, 현재 전남 168.8명, 경북 152.3명, 강원 145.9명, 전북 144.9명, 부산 139.3명 수준이며 2047년에는 전남 597.1명, 경북 578.6명, 강원 572.5명, 전북 512.2명 순이 됩니다. 유소년 인구보다 노령 인구가 5배를 넘어 6배 가까워지게 되지요.

2047년 전국 노령화지수는 417.2명인데 현재 이에 근접하거나 해당하는 시군구 목록을 뽑아봤습니다. 특히 고령화가 심각한 전남, 전북, 경북, 강원의 군 지역(시 지역 제외) 중 경북의 2020년 주민등록 연앙인구*를 기초로 뽑아본 결과가 다음의 표와 같습니다. 경상북도는 칠곡군과 예천군을 제외한 전 지역이 417.2명을 초과하고 있습니다.

특히 경북 군위군과 의성군은 노령화지수가 1,000명을 넘어서고

	전체 인구	0~14세	65세 이상	85세 이상	전체 인구 대비 65세 이상	전체 인구 대비 85세 이상	노령화지수
경상북도							
군위군	23,384.5	1,168.5	13,332	2,375	57%	10%	1,140
의성군	51,647	3,034.5	30,694.5	5,691	59%	11%	1,011
청송군	25,051.5	1,558.5	12,968.5	2,166	52%	9%	832
영양군	16,667	1,213.5	8,812.5	1,570	53%	9%	726
영덕군	36,484	2,757.5	19,360	3,398	53%	9%	702
청도군	42,278.5	2,618.5	22,620	4,247	54%	10%	864
고령군	31,646	2,496	13,846	2,393	44%	8%	655
성주군	43,399.5	3,037.5	19,213	3,422	44%	8%	633
칠곡군	114,968.5	15,678.5	24,552.5	4,079	21%	4%	157
예천군	55,042	6,910.5	24,294	4,626	44%	8%	352
봉화군	31,492	2,309.5	16,448.5	3,114	52%	10%	712
울진군	48,710	4,686	19,698	3,828	40%	8%	420
울릉군	9,184.5	663.5	3,070.5	462	33%	5%	463

2020년 주민등록 연앙인구를 기초로 만든 경북 고령 인구 관련 통계

---

* 연앙인구는 한 해의 중앙(7월 1일)에 해당하는 인구로 통계청에서 안전행정부에서 공표하는 연말 기준 주민등록인구를 기초로 작성하여 제공합니다. 당해년 평균인구의 개념으로, UN 권고에 따라 출산, 사망, 이동 등 각종 인구동태율 산출 시 분모인구 등으로 활용됩니다.

있습니다. 유소년 인구 100명당 노령 인구가 1,000명이 넘는다는 이야
깁니다. 65세 이상 인구는 전체 인구의 60%에 육박하고 0~14세 인구
는 전체의 5%밖에 되질 않고 있지요. 그 외에도 노령화지수가 700명
을 넘어서는 곳은 전라남도의 곡성, 고흥, 보성, 함평, 신안, 경상북도
의 청송, 영양, 영덕, 청도, 봉화 등이 있으며, 600명을 넘어서는 곳은
전라북도의 진안, 임실, 전라남도의 구례, 경상북도의 고령, 성주 등입
니다.

2020년 기준 85세 이상 인구가 전체 인구 대비 10%를 넘어선 곳
은 전라북도 진안, 임실, 전라남도 곡성, 고흥, 보성, 장흥, 함평, 경상북
도 군위, 의성, 청도, 봉화 등입니다. 65세 인구가 전체 인구의 50%를
넘어선 곳은 전라북도 진안, 임실, 전라남도 곡성, 고흥, 보성, 장흥, 강
진, 함평, 신안, 경상북도 군위, 의성, 청송, 영양, 영덕, 청도, 봉화 등입
니다.

이들 지역은 당분간 출생자 수보다 사망자 수가 훨씬 더 많아 인
구의 자연감소가 급격히 이루어질 것으로 보입니다.

읍면동 단위로 들어가면 더 심각한 수준임을 알 수 있습니다. 경
상북도에서 고령화가 가장 심각한 군 중 하나인 군위군의 읍면동별
표를 보시면 이를 확인할 수 있습니다. 군위군의 평균 노령화지수는
1,140명인데 가장 인구가 많은 군위읍은 345명에 불과합니다. 군위읍
을 뺀 나머지 지역은 대단히 심각한 지경이지요. 가장 심각한 곳은 우
보면입니다. 총인구가 2,008명인데 0~14세 인구는 불과 32명에 불과

	총인구	0~14세	65세 이상	85세 이상	전체 인구 대비 65세 이상	전체 인구 대비 85세 이상	노령화지수
군위읍	8,165	698	2,406	310	29%	4%	345
소보면	2,304	67	1,131	181	49%	8%	1,688
효령면	3,779	142	1,596	188	42%	5%	1,123
부계면	2,053	65	906	120	44%	6%	1,392
우보면	2,008	32	1,000	153	50%	8%	3,125
의흥면	2,374	69	1,195	170	50%	7%	1,732
산성면	1,182	27	618	87	52%	7%	2,288
삼국유사면	1,351	29	638	83	47%	6%	2,200

군위군 읍면동별 연령별 인구

합니다. 반대로 65세 이상 인구는 전체의 50%이고 85세 이상 인구는 8%입니다. 노령화지수는 3,125명까지 올라갑니다. 그 외에도 산성면과 삼국유사면이 2,000명을 넘기고 소보면과 의흥면은 1,500명을 넘깁니다.

경상북도 군위군의 연령별 인구를 살펴보았지만 다른 군지역에서도 이런 사정은 비슷합니다. 군청소재지 읍은 사정이 덜하지만 면 지역으로 가면 다들 대단히 높은 노령화지수가 나타납니다. 어쩌면 30년을 앞당긴 대한민국의 미래를 보여주는 것이죠. 이들 지역은 외부 유입이 없으면 급격히 인구가 감소할 수밖에 없습니다. 노령층의 사망률은 다른 연령보다 훨씬 더 높으니까요. 그리고 이렇게 인구가 감소하면 자연스레 젊은 층은 지역을 떠날 수밖에 없어서 노령화지수는 더 높아지게 됩니다. 현재 시도별 이동률을 보면 서울과 부산, 대구, 광주, 대전, 울산, 전북, 전남, 경북은 계속 나가는 이들이 많으며 인천, 세종,

	계	0~14세	65세 이상	85세 이상	전체 인구 대비 65세 이상	전체 인구 대비 85세 이상	노령화지수
청운효자동	12,426	1,418,	2,241	269	18%	2%	158
사직동	9,544	930	1,830	284	19%	3%	197
삼청동	2,613	204	660	97	25%	4%	324
부암동	9,990	992	1,838	220	18%	2%	185
평창동	18,394	1,905	3,395	472	18%	3%	178
무악동	8,519	1,187	1,459	168	17%	2%	123
교남동	10,428	1,266	1,644	169	16%	2%	130
가회동	4,325	376	937	113	22%	3%	250
종로1·2·3·4가동	7,256	283	1,964	271	27%	4%	694
종로5·6가동	5,258	197	1,113	110	21%	2%	565
이화동	7,558	436	1,406	166	19%	2%	322
혜화동	16,707	1,253	1,713	336	10%	2%	137
창신제1동	5,116	229	1,270	109	25%	2%	555
창신제2동	8,296	424	1,776	161	21%	2%	419
창신제3동	6,897	636	1,246	142	18%	2%	196
숭인제1동	6,081	456	1,208	124	20%	2%	265
숭인제2동	9,717	406	1,705	160	18%	2%	420
소공동	2,077	221	249	25	12%	1%	113
회현동	5,116	293	1,480	236	29%	5%	505
명동	2,908	137	744	92	26%	3%	543
필동	4,063	278	877	133	22%	3%	315
장충동	4,611	288	834	93	18%	2%	290

서울시 종로구 동별 연령별 인구

경기, 충북, 충남, 경남, 제주는 유입이 많습니다. 서울에서 유출되는 인구는 대부분 경기도가 흡수한다고 봐야 할 것입니다. 생활은 경기에서 해도 서울로 출퇴근하는 이들이 많은 거지요. 나머지 지역은 아예 생활 근거 자체가 완전히 이전되는 것이라 그 심각성이 더합니다.

지역	65세 이상 인구 전체(만 명)					'17년 대비 '47년		85세 이상 인구 전체(만 명)					'17년 대비 '47년	
	'17년	'25년	'35년	'45년	'47년	증감	증감률(%)	'17년	'25년	'35년	'45년	'47년	증감	증감률(%)
전국	707	1,051	1,524	1,833	1,879	1,172	165.9	59.8	111.6	176.4	325.7	366.3	306.4	512.3
	구성비, 증감(%, %p)													
전국	13.8	20.3	29.5	37.0	38.4	24.7		1.2	2.2	3.4	6.6	7.5	6.3	

고령 인구 및 구성비(2017~2047년)

지역	총부양비(생산연령인구 100명당 유소년 및 고령 인구)					'17년 대비 '47년		유소년 부양비(생산연령인구 100명당 유소년 인구)					'17년 대비 '47년	
	'17년	'25년	'35년	'45년	'47년	증감	증감률(%)	'17년	'25년	'35년	'45년	'47년	증감	증감률(%)
전국	36.7	44.8	64.1	86.5	90.9	54.2	147.7	17.9	15.5	15.7	17.6	17.6	-0.3	-1.8
	노년 부양비(생산연령인구 100명당 고령 인구)							노령화지수(유소년 인구 100명당 고령 인구)						
전국	18.8	29.3	48.4	69.0	73.3	54.5	289.9	105.1	189.7	308.5	392.8	417.2	312.1	297.0

총부양비, 유소년 부양비, 노년 부양비 및 노령화지수(2017~2047년)

반면 도시 지역은 어떨까요? 서울에서 노령화지수가 가장 높은 편인 종로구를 비교 대상으로 봅시다. 종로구의 경우 노령화지수가 694명인 종로1·2·3·4가동이 가장 높습니다. 다음으로 500~600명 사이가 종로5·6가동, 창신제1동, 회현동, 명동 네 군데고, 400~500명 사이가 창신제2동, 숭인제1동 두 곳, 300~400명 사이가 삼청동, 이화동, 필동 세 곳이며 300명 이하인 동네가 열두 곳입니다. 이런 곳은 서울에서는 노령화가 심각한 곳이지만 앞서 살펴봤던 농촌 지역과는 확연히 낮은 노령화지수가 나타납니다. 서울에서 노령화지수가 가장 높은 곳인데도 말이지요. 지방은 우리나라가 2047년에 맞이하게 될 미래를 현재로 살고 있습니다.

지방은 이제 없다

앞서 살펴본 저출산율과 고령화는 지방의 소멸이라는 대재앙을 키우고 있습니다. 여기에 또 하나, 젊은 층의 수도권 집중 현상이 더 크게 불을 지피는 실정입니다. 먼저 국내 인구이동 표를 보면 1990년 이래 수도권으로는 2015년 단 한 해를 제외하곤 줄곧 순유입이 이루어지고 있습니다. 이에 반해 호남권과 영남권은 지속해서 순유출이 되고 있지요. 중부권은 세종시와 여러 공단이 들어섬에 따라 순유출에서 순유입으로 돌아섰음을 보여줍니다.

그리고 다음의 표를 보면 2016년에 전체적으로는 수도권에서 순유출이 이루어졌지만 20~30대에서는 순유입이 여전히 일어나고 있음이 나타납니다. 수도권에서 장년층과 노령층의 유출이 일어나는 것은 베이비부머 세대의 은퇴 시기와 맞물린 현상으로 파악하고 있습니

		1990년	1995년	2000년	2005년	2010년	2015년	2020년
총이동	이동자 수	9,459	9,073	9,009	8,795	8,227	7,755	7,735
권역별 순 이동자 수	수도권	276	69	150	129	31	-33	88
	중부권	-85	14	-15	-8	22	49	12
	호남권	-125	-33	-55	-52	-9	-8	-24
	영남권	-69	-49	-78	-68	-44	-22	-78

국내 인구이동(출처: 통계청, 국내인구이동통계, 단위: 천 명)

	2000년	2005년	2010년	2015년	2016년
20~30대	119.8	99.9	47.9	22.7	41.7
전체	150.3	128.8	31.0	33.0	-0.9

지방에서 수도권으로 인구 순유출(단위: 천 명, 자료: 통계청, 한국은행 대전충남본부,
〈인구 감소와 지방 소멸의 리스크 점검 및 정책적 시사점〉 재인용 2017년 7월.)

다. 한국고용정보원 이상호 연구위원의 〈포스트 코로나19와 지역의 기회〉보고서를 보면 2020년 3~4월 수도권 유입 인구 중 20대 비율이 75.5%에 이른 것으로 나타납니다. 여기에 30대를 포함하면 수도권 유입 인구의 절대 다수가 젊은 층이 되는 거지요.

지방에서 수도권으로 유입되는 규모는 2000년보다 줄어들었지만 지방에서 지속해서 젊은 층이 사라지고 있음을 볼 수 있습니다. 이는 지방의 고령화를 더 가속화함과 동시에 수도권에서 집값 상승을 부추기는 요인이 되고 있습니다.

젊은이들이 수도권으로 가는 이유는 분명합니다. 수도권의 젊은 층 고용률은 68.5%로 지방의 65.6%보다 높습니다. 거기에 젊은 층 임금도 수도권은 월평균 254만 원인데 지방은 230만 원밖에 되질 않습니다. 또 수도권에는 전체 대학과 대학원의 48.3%가 있고 학생 수도 40.2%를 차지하고 있으며, 대학평가 30위 내에 22개 학교가 있습니다. 문화체육시설의 36.9%가 있고 병원도 39.6%지요.* 국토 면적의 11.8%에 불과하지만 이렇게 젊은 층을 유입할 조건을 모두 갖추고 있으니 가지 말라고 할 수도 없는 실정입니다.

통계청의 〈2019년 장래인구특별추계를 반영한 내외국인 인구전망〉에 따르면 학생 수도 급속히 줄어듭니다. 다음의 표에서 보듯이 초등학생에서 대학생까지 모든 연령에서 학생 수는 대략 3분의 2로 줄

---

* 〈인구 감소와 지방 소멸의 리스크 점검 및 정책적 시사점〉, 한국은행 대전충남본부, 2017년 7월.

어둡니다. 그러니 현재도 사라지는 지방의 학교들은 더 빠르게 사라질 수밖에 없습니다. 대부분의 지방자치단체들이 중학교를 면 단위마다 하나씩은 유지하려고 하지만 이마저도 힘들 지경이지요. 지난 10년간 전국 682개 학교가 문을 닫았는데 수도권은 28곳밖에 되질 않고 나머지는 전부 지방입니다.

다음의 표를 보면, 1990년 대비 2020년에 얼마나 학생 수가 줄었는지를 알 수 있습니다. 아직 전체 인구는 감소하고 있지 않지만 초등학생 영역에서는 감소세가 뚜렷하지요. 1990년 대비 55% 수준입

	2020년	2030년	2040년
초등학교 학령인구	269만 명	175만 명	204만 명
중학교 학령인구	135만 명	112만 명	99만 명
고등학교 학령인구	137만 명	130만 명	88만 명
대학생 학령인구	230만 명	179만 명	115만 명

국내 인구이동(출처: 통계청, 국내 인구이동 통계, 단위 천 명)

연도	합계	서울	부산	대구	인천	광주	대전	울산	경기	강원	충북	충남	전북	전남	경북	경남	제주
1990	487만	114만	46만	26만	21만	13만	12만	0	66만	19만	15만	22만	24만	29만	32만	43만	6만
1995	391만	83만	33만	21만	22만	11만	12만	0	71만	13만	12만	15만	17만	18만	22만	36만	4만
2000	402만	76만	29만	22만	25만	13만	13만	11만	89만	12만	12만	15만	16만	16만	22만	27만	5만
2005	402만	71만	27만	21만	23만	14만	13만	11만	98만	12만	13만	16만	16만	16만	21만	28만	5만
2010	330만	57만	20만	17만	18만	11만	11만	8만	85만	10만	11만	14만	13만	12만	16만	23만	4만
2015	271만	45만	15만	13만	16만	9만	9만	6만	73만	8만	9만	12만	10만	9만	13만	19만	4만
2020	269만	41만	15만	12만	16만	9만	8만	7만	76만	7만	9만	12만	9만	9만	13만	19만	4만
	55%	36%	34%	48%	75%	64%	66%	63%	116%	39%	56%	55%	40%	32%	40%	44%	72%

전국 광역시도별 초등학생 수 추이
(출처: 교육통계 서비스 *학생 수는 천 명 자리에서 반올림함. **%는 2020년 학생수를 1990년 학생 수로 나눔. 울산의 경우만 2000년 학생 수로 나눔. 세종의 경우 의미가 없어 생략함.)

니다. 증가한 곳은 경기도가 유일하지만 이 또한 2005년 정점을 찍고 감소하는 모습입니다. 가장 심각한 곳은 전남으로 학생 수가 32%까지 줄었습니다. 그다음으로는 부산이 34%, 서울이 36%, 강원이 39%로 40%가 되지 않지요. 그리고 경북, 전북, 경남, 대구 순입니다. 경상권과 전라권의 감소세가 확연합니다. 서울은 초저출산율과 경기권으로의 이전이 가장 큰 원인입니다. 경기권으로의 이전에는 집값 상승이 큰 역할을 합니다.

　이런 상황은 심각성을 강조하기 위한 표현이 아니라 실제로 지방이 소멸하고 있다는 걸 보여줍니다. 지방에서도 인구가 줄어드는 정도는 차이가 있습니다. 광역시나 도청소재지인 대도시는 상황이 그나마 낫고, 중소도시도 소멸까지는 아닙니다. 그러나 군 단위는 위험하지요. 군에서도 읍은 그나마 낫지만 나머지 면들은 소멸이 시시각각 피부로 전해집니다.

읍면 단위 인구소멸 위기

　한국고용정보원에서 조사한 인구소멸 위험지수를 살펴보지요. 일단 인구소멸 위험지수는 20~39세 여성 인구수를 65세 이상 인구로 나눈 값을 사용합니다. 이 지수가 1.5 이상이면 안정이고 1.0~1.5면 보통, 0.5~1.0이면 주의, 0.2~0.5면 위험 진입, 0.2 미만이면 고위험으로 봅니다. 이 점을 생각하면서 다음의 표를 보시죠. 2014년 조사에서 위험으로 분류된 광역자치단체는 없습니다. 양호와 안정이 7곳과 1곳, 주의가 10곳이었습니다. 세종특별자치시와 부산광역시를 빼면 광역시는 모두 양호였고 경기도를 빼면 도는 모두 주의였지요. 전국적으로도 양호였습니다. 2015년에는 세종시가 양호로 돌아서면서 오히려 양호가 하나 늘고 주의는 하나 줄었습니다. 그러나 전국적으로 인구소멸 위험지수는 1.09에서 1.04로 줄었지요. 2016년 대구광역시가 양호에서 주의로 돌아섰고 전국적으로도 주의 단계로 접어듭니다. 2017년

행정구역	2014년		2015년		2016년		2017년		2018년		2020년	
서울특별시	1.33	양호	1.26	양호	1.20	양호	1.14	양호	1.09	양호	0.98	양호
부산광역시	0.97	주의	0.91	주의	0.86	주의	0.81	주의	0.76	주의	0.65	주의
대구광역시	1.09	양호	1.02	양호	0.98	주의	0.92	주의	0.87	주의	0.75	주의
인천광역시	1.43	양호	1.35	양호	1.30	양호	1.22	양호	1.15	양호	0.99	주의
광주광역시	1.34	양호	1.27	양호	1.20	양호	1.13	양호	1.08	양호	0.96	주의
대전광역시	1.42	양호	1.32	양호	1.25	양호	1.18	양호	1.11	양호	0.96	주의
울산광역시	1.65	안정	1.54	안정	1.45	양호	1.34	양호	1.23	양호	1.00	양호
세종특별자치시	0.93	주의	1.31	양호	1.48	양호	1.55	안정	1.59	안정	1.48	양호
경기도	1.43	양호	1.35	양호	1.30	양호	1.23	양호	1.18	양호	1.04	양호
강원도	0.69	주의	0.66	주의	0.64	주의	0.61	주의	0.58	주의	0.51	주의
충청북도	0.86	주의	0.83	주의	0.81	주의	0.76	주의	0.73	주의	0.65	주의
충청남도	0.78	주의	0.74	주의	0.72	주의	0.70	주의	0.67	주의	0.59	주의
전라북도	0.68	주의	0.65	주의	0.63	주의	0.60	주의	0.58	주의	0.51	주의
전라남도	0.53	주의	0.51	주의	0.50	주의	0.48	위험	0.47	위험	0.42	위험
경상북도	0.67	주의	0.64	주의	0.62	주의	0.58	주의	0.55	주의	0.47	위험
경상남도	0.94	주의	0.89	주의	0.85	주의	0.81	주의	0.76	주의	0.65	주의
제주특별자치도	0.92	주의	0.90	주의	0.89	주의	0.87	주의	0.86	주의	0.77	주의
전국	1.09	양호	1.04	양호	1.00	주의	0.95	주의	0.91	주의	0.80	주의

광역 자치 단체 인구소멸 위험지수(출처: 한국고용정보원)

에는 전라남도가 0.48을 기록하며 광역시도에서는 처음으로 위험으로 들어섭니다. 그리고 2020년 인천과 광주, 대전이 주의로 돌아서고 경상북도가 주의에서 위험으로 들어섭니다. 약 6년 동안 전국은 1.09에서 0.80으로 0.29만큼 내려오게 되지요.

기초자치단체로 가면 이 수치들은 더 심각한 양상이 됩니다. 2014년을 먼저 살펴보죠. 수도권에서 위험으로 분류된 기초자치단체는 인천광역시는 10개 기초자치단체 중 2곳, 경기도는 3곳이 위험이었습니다. 강원도는 18개 시군 중 7곳이 위험이었습니다. 충청권에서는 충청북도 11개 시군 중 5곳이, 충청남도 15개 시군 중 9곳이 위험입니다. 전라권에서는 전라북도 14개 시군 중 10곳이 위험이고 양호는 전주시한 곳뿐이죠. 전라남도는 22개 시군 중 16곳에, 고흥군은 위험을 넘어 위기군이고, 양호 판정을 받은 곳은 목포시와 광양시 두 곳뿐입니다. 경상권을 보면 경상북도 23개 시군 중 14곳이 위험, 군위군, 의성군은 위기로 분류됩니다. 경상남도는 총 18개 시군 중 10곳이 위험군입니다. 전국적으로 기초자치단체 중 76개가 위험군이었고 위기는 3곳이었습니다.

2020년을 살펴보지요. 수도권에서는 인천광역시에서 동구가, 경기도에선 포천시와 여주시 2곳이 위험으로 추가됩니다. 강원에서는 8곳이 위험으로 추가되죠. 충청권을 보면 충북에선 제천시와 음성군 2곳이 추가되고, 보은군과 괴산군이 위기로 넘어갑니다. 충청남도에선 공주시, 보령시 2곳이 추가되고, 부여군, 서천군, 청양군이 위기로 넘어갑니다.

전라권을 보면 전북에선 완주군 1곳이 추가되고, 임실군이 위기로 넘어갑니다. 전라남도에선 위험에 추가된 곳은 무안군 1곳이고 곡성군, 보성군, 함평군, 신안군이 위기가 됩니다.

경상권을 보면 부산광역시에 중구, 서구, 동구, 영도구 4곳이 위험으로 넘어오고, 대구광역시에 서구 1곳이 추가됩니다. 경북에서는 경주시, 김천시, 안동시 세 곳이 위험에 추가되고, 청송군, 영양군, 영덕군, 청도군, 봉화군이 위험에서 위기로 넘어갑니다. 경상남도는 사천시, 함안군 2곳이 새로 위험 지역이 되었고, 의령군, 남해군, 하동군, 산청군, 합천군은 위험에서 위기로 넘어갑니다. 총 82곳이 위험이고 23곳이 위기입니다. 2014년보다 위험은 6곳이 늘었고 위기는 20곳이 늘었습니다.

특히 경남 합천 0.148, 경북 군위 0.133, 의성 0.135, 전남 고흥 0.136으로 네 곳은 0.15가 되지 않습니다. 즉 출산 가능 시기 여성이 65세 이상 인구 100명당 15명이 되질 않는 거죠.

그렇다면 읍면 단위로 가면 어떻게 될까요? 경상남도 합천군을 살펴보겠습니다. 합천군의 2021년 3월 인구소멸 위험지수는 0.135입니다. 위기 단계지요. 읍면별로 살펴보면 합천읍만이 0.415로 주의 단계입니다. 그 외 나머지 면 지역은 모두 위기 단계입니다. 하지만 그중에서도 더 심한 곳이 있겠지요. 위기는 0.2부터 시작인데요, 0.1이 안 되는 지역이 전체 17개 읍면 중 11곳에 달합니다. 그중 가장 심

연령		합천군	합천읍	봉산면	묘산면	가야면	야로면	율곡면	초계면	쌍책면	덕곡면	청덕면	적중면	대양면	쌍백면	삼가면	가회면	대병면	용주면
		인구수	인구수	인구수	인구수	인구수	인구수	인구수	인구수	인구수	인구수	인구수	인구수	인구수	인구수	인구수	인구수	인구수	인구수
합계	계	43,635	11,235	1,435	1,559	4,254	2,420	2,238	2,467	1,271	859	1,648	1,407	1,866	1,769	3,208	1,745	2,031	2,223
	남	21,072	5,478	688	756	2,091	1,149	1,128	1,185	606	427	794	654	917	832	1,475	829	968	1,095
	여	22,563	5,757	747	803	2,163	1,271	1,110	1,282	665	432	854	753	949	937	1,733	916	1,063	1,128
20~24세	여	708	283	20	16	64	29	22	50	8	15	22	22	17	19	48	17	32	24
25~29세	여	550	264	6	6	48	28	22	28	10	1	11	12	34	6	30	14	12	18
30~34세	여	458	207	16	13	33	16	13	18	7	5	15	11	35	8	13	14	15	19
35~39세	여	636	293	8	11	55	38	21	30	12	4	18	11	40	12	34	12	20	17
20~39세	여	2,352	1,047	50	46	200	111	78	126	37	25	66	56	126	45	125	57	79	78
65~69세	계	4,177	699	169	165	448	264	257	266	167	97	177	139	158	204	329	178	213	247
70~74세	계	3,627	590	129	179	384	194	218	222	127	92	153	145	150	160	323	169	160	232
75~79세	계	3,502	483	138	148	351	186	216	205	127	79	180	155	122	210	302	218	174	208
80~84세	계	3,463	455	144	185	314	196	205	183	124	102	168	166	159	208	269	169	201	215
85~89세	계	1,981	214	89	91	177	133	128	102	83	58	93	74	84	137	183	82	112	141
90~94세	계	589	65	26	38	52	31	32	37	21	14	44	17	24	35	53	36	29	35
95~99세	계	118	13	6	6	7	13	13	9	4	4	5	4	4	4	10	6	5	5
100~104세	계	24	5	1	4	2	1	2	2	0	0	1	2	2	0	0	0	3	3
105~109세	계	2	0	0	0	1	0	0	0	0	0	0	0	0	0	0	0	1	0
110세 이상	계	4	0	0	0	1	0	0	0	0	0	0	0	0	0	0	0	3	0
65세이상		17,487	2,524	702	812	1,737	1,018	1,071	1,026	653	446	821	702	703	958	1,469	858	901	1,086
소멸지수		0.135	0.415	0.071	0.057	0.115	0.109	0.073	0.123	0.057	0.056	0.080	0.080	0.179	0.047	0.085	0.066	0.088	0.072

경상남도 합천군 읍면별 인구소멸 위험지수
(자료: 합천군, 2021년 3월 합천군 주민등록 인구 현황 게시, 소멸지수는 소수점 넷째 자리에서 반올림)

각한 쌍백면을 살펴보죠. 쌍백면 인구소멸 위험지수는 0.047입니다. 20~39세 사이 여성은 45명뿐이고 65세 이상 고령층은 958명이죠.

쌍백면 총인구는 1,769명입니다. 고령층 인구가 전체 인구의 절반을 훌쩍 넘습니다. 고령층 중에서도 80세 이상 인구는 384명으로 전체의 22% 정도 됩니다. 반면 표에는 없지만 0~19세 인구는 딱 100명입니다.

정말 소멸이라는 말이 실감이 납니다. 합천군 조출산율(인구 1,000명당 출산율)은 2.3명입니다. 즉 한 해에 아이가 3.91명 태어납니다. 앞으로 20년간 태어날 아이는 80명이 채 되질 않습니다. 물론 인구가 감소함에 따라 실제로는 이보다도 적게 태어나겠지요. 반면 합천군 10만 명당 사망률은 488.6명입니다. 대략 한 해에 8.64명 사망하는 비율입니다. 이는 합천군 전체인데 앞서 살펴본 것처럼 합천읍에 젊은 이들 비중이 높고 나머지는 고령층 비중이 높으니 실제 사망률은 이보다 더 높을 겁니다. 어찌 되었건 이를 20년간으로 생각하면 170명 이상 사망한다고 봐야겠지요. 태어나는 아이보다 돌아가시는 분들이 2배 이상입니다. 이는 물론 인구 유입이나 유출이 없다고 가정했을 때의 일입니다만 합천군은 지속해서 인구 유출이 이루어지고 있으니 이를 고려하면 더 빠른 속도로 인구 감소가 이어질 것입니다.

1. 중위연령에 대한 설명으로 일치하지 않는 것을 고르세요.

   ① 우리나라 전체로는 2017년 현재 중위연령은 42.0세인데 2047년에
   는 56.8세가 된다.

   ② 현재 중위연령이 가장 높은 곳은 경북으로 46.6세이다.

   ③ 부산의 중위연령은 44.3세이다.

   ④ 2047년에는 전남, 경북, 강원, 전북의 중위연령이 60세를 넘는다.

주관식 2. 노령화지수란 무엇인지 서술하세요.

3. 2020년 기준 85세 이상 인구가 전체 인구 대비 10%를 넘어선 곳이
   아닌 곳은 어디인가요?

   ① 진안   ② 고흥   ③ 군위   ④ 영덕

주관식 4. 다음의 글에서 알맞은 말을 채우세요.

   "_____과 _____는 지방의 소멸이라는 대재앙을 잉태하고 있습
   니다. 여기에 또 하나 젊은 층의 _____ 현상은 지방 소멸에 불을 지
   피는 실정입니다."

주관식 **1. 빈칸에 들어갈 적절한 말을 써 넣으세요.**

"우리나라가 급격히 고령화되고 있는 현시점에서 _____ 문제는

앞으로도 심각한 상태를 계속 유지할 가능성이 큽니다."

주관식 **2. 빈칸에 들어갈 적절한 말을 써 넣으세요.**

"2017년 현재 우리나라 가구 유형은 부부+자녀 가구가 615만 가구,

31.4%로 가장 많습니다. 그다음이 ___인 가구로 558만 3,000가구,

28.5%이고, 부부 가구가 309만 3,000가구로 15.8%입니다."

3. 노인에 관한 서술 중 올바르지 않은 곳을 고르세요.

① 노인 자살률은 나이가 들수록 높아진다.

② 여성 노인보다 남성 노인의 자살률이 더 높다.

③ 2020년 현재 가구주 연령이 65세 이상인 고령자 가구는 전체 가구의

22.8%이다.

④ 평균 일한 시간(구직활동 포함)은 65~69세 고령자가 하루 평균 2시

간 17분으로 가장 많다.

4. 노인 빈곤율에 대한 문장의 빈칸을 채우세요.

"노인 빈곤율은 현재 ___% 가까운 상태를 계속 유지하고 있습니다."

5. 다음은 무엇을 설명하는 것일까요?

"20~39세 여성 인구수를 65세 이상 인구로 나눈 값을 사용합니다. 이 지수가 1.5 이상이면 안정이고 1.0~1.5면 보통, 0.5~1.0이면 주의, 02~0.5면 위험 진입, 0.2 미만이면 고위험으로 봅니다."

5부

불평등이 향하는 곳,
소수자

이주 노동자와
이주 여성

어릴 때부터 우리는 반만년 역사의 단일민족이라는 말을 귀에 못이 박히게 들어왔습니다. 그러나 과학은 우리가 단일민족이 아니라 북방계열의 이주민과 남방계열의 이주민이 모여 살면서 이루어진 민족이라고 이야기합니다. 유전자 분석에서도 그렇게 나옵니다. 중국이나 북방민족 일본과의 교류 또한 적지 않았습니다. 그 결과로 볼 때 우리는 결코 순수한 피로 이어진 단일민족이라 볼 수 없다는 건 이미 명확해진 상황입니다. 또한 우리가 한반도 안에서만 머무르게 된 것 또한 길어봤자 약 300년입니다. 북방과의 교류는 조선 초기까지도 꾸준하게 이어졌고 중국 길림성 등에 조선족 자치구가 있을 정도로 해방 전까지 나름대로 꾸준한 교류가 있었습니다. 오히려

6·25전쟁에서 1990년 사이 약 45년이 우리 역사에서 가장 고립되어 살던 시기라 볼 수 있지요. 북쪽은 휴전선에 막혔고 해외로 가는 일은 엄격하게 제한되었습니다. 그러나 1989년 해외여행 자유화 조치가 이루어지고, 우리 경제가 성장함에 따라 드나드는 사람이 급격히 늘었습니다. 거기에 외국인과의 결혼 또한 지속해서 늘고 있고, 귀화해서 한국인이 된 외국인도 많아졌죠. 그중 대부분은 한국인 남성과 외국인 특히 중국 및 동남아 여성 간의 결혼으로 이루어진 소위 다문화 가정과 국내 일자리에 취업을 목적으로 들어온 외국인 노동자(이주 노동자)입니다. 이들은 21세기 한국 사회에서 또 다른 소수자로서의 삶을 살아가고 있습니다.

통계청에 따르면 2040년 우리나라의 총인구는 약 5,086만 명이고 이 중 외국인은 228만 명으로 4.5%를 차지할 것으로 예측합니다. 즉 2040년이 되면 20명 중 1명이 외국인이라는 이야기입니다. 내국인의 인구성장률은 2040년까지 지속해서 마이너스를 기록해 점점 인구가 줄게 됩니다. 특히 내국인 생산연령인구는 극적인 감소세를 보일 것으로 예상하지요. 반면 내국인 고령 인구 비중은 2배 이상 커집니다. 단순히 생각하면 외국인 특히 생산연령인구의 외국인이 들어와 감소한 내국인만큼을 채워주지 못하면 꽤나 힘들어질 것이 뻔한 상황이지요. 장래에는 국내에 취업한 외국인들이 내국인의 공백을 메워야 합니다.

이는 우리나라만의 특수한 사정은 아닙니다. 출산율 감소가 다른 나라들보다 크게 두드러지긴 하지만 대부분의 선진국도 출산율이 낮고 그에 따라 필요 노동력을 자국민으로 채우지 못하지요. 미국도 백인의 출산율보다는 흑인과 라틴계의 출산율이 높고 서유럽도 이민자의 출산율이 높습니다.

한편으로는 더 수입이 좋고 사회 여건이 좋은 선진국으로 제3세계 사람들이 몰리는 것도 있지만 반대로 이들 나라에서 필요로 하는 노동력을 제공하는 일이기도 합니다. 1960~1970년대 때 독일에 광부로, 간호사로 이민을 갔던 이들과 미국의 코리안타운 이민자들이 그런 사례입니다. 그리고 이제 우리나라도 선진국으로서 제3세계 사람들이 선망하는 나라 중의 하나가 되었고, 마찬가지로 노동력 부족이 심각해지고 있지요. 어선에 한두 명 이상 외국인 선원을 태우지 않는 배가 없고, 조그마한 공장마다 외국인 노동자가 없는 곳이 거의 없습니다. 나름 규모를 갖춘 농장에서도 실질 노동력은 외국인 노동자입니다. 우리나라 저임금 노동의 상당 부분을 이미 외국인 노동자가 메우고 있습니다.

결혼 또한 마찬가지입니다. 당분간은 동남아를 중심으로 한 외국인 여성과의 국제결혼이 주를 이루겠지만 앞으로도 국내에 체류하는 외국인이 늘면 늘수록 국제결혼이 늘 수밖에 없습니다. 또한 외국인들끼리 결혼한 후 귀화하거나 국내에 영주하는 사례도 늘고 있지요. 이들 가정의 자녀 또한 늘고 있습니다. 국내 출산율이 낮아지면서 학령인구가 꾸준히 감소하는 가운데 이들 가정의 자녀가 늘면서 우리나라 유소년 인구 중 이들이 차지하는 비중 또한 증가하고 있고요. 이제 피부색과 국적을 떠나 한반도에서 같이 삶을 꾸려나가는 주체로서 이들을 대해야 합니다.

내국인은 줄고 외국인은 늘고

통계청의 〈2019년 장래 인구 특별 추계를 반영한 내외국인 인구전망〉에 따르면, 2020년 총인구는 5,178만 명으로 이 중 내국인은 5,005만 명으로 96.7%이고 외국인은 173만 명으로 3.3%를 차지합니다. 하지만 20년 뒤인 2040년에는 총인구 5,086만 명 중 내국인이 4,858만 명으로 95.5%를 차지하고 외국인은 228만 명으로 4.5%를 차지할 전망입니다. 내국인 인구성장률은 2020~2025년에 연 -0.05%, 2035~2040년은 연 -0.34%로 감소세가 확연히 나타나고 외국인 인구성장률은 2020~2025년 연 2.77%, 2035~2040년 연 0.59%로 증가하게 됩니다.

더욱이 내국인은 노동을 할 수 있는 생산연령인구의 구성비가 2020년 기준 71.5%인데 2040년에는 55.6%로 확연히 줄어듭니다. 내국인 유소년 인구도 마찬가지로 12.4%에서 10.1%로 감소하지요. 반면 내국인 고령 인구는 2020년 16.1%에서 2040년 34.3%로 두 배 이상 늘어나게 됩니다. 외국인도 생산연령인구 구성비는 2020년 90.6%에서 2040년에는 71.2%로 감소하고 고령 인구 구성비는 5.3%에서

24.7%로 증가합니다만 내국인보다 생산연령인구가 차지하는 비중이 아주 큽니다.

그런데 외국인이 아닌 내국인으로 분류되는 사람들도 있습니다. 일단 귀화한 이민자2세는 내국인으로 분류되지요. 귀화 내국인의 경우 2020년 0.4%에서 2040년 1.1%로, 이민자2세 내국인은 2020년 0.5%에서 2040년 1.4%로 증가합니다. 이에 따라 이주배경 학령인구(6~21세)도 2020년 27만 명에서 2040년 49만 명으로 증가합니다. 외국인과 이들을 포함한 이주배경 인구의 구성비도 늘어납니다. 2020년 이주배경 인구(내국인[귀화]+내국인[이민자2세]+외국인)는 222만 명으로 4.3%이고 2040년에는 352만 명으로 6.9%로 늘어납니다.

그중 국제결혼을 통해 우리나라에서 살게 된 사람들에 대한 통계를 살펴보지요. 결혼 이민자 비자(F-6) 발급률은 2002년 이후 매년 28% 이상 높은 증가율을 보였습니다. 그러다 2014년 국제결혼 건전화를 위한 결혼이민 사증발급 심사 강화와 국제결혼 안내프로그램 이수 의무화 조치 등으로 증가율이 감소해 1.6%를 보입니다.

2018년 기준 전체 결혼 이민자 중 중국이 36.9%로 1위를 차지하고 있고, 베트남 26.7%, 일본 8.6%, 필리핀 7.4% 순입니다. 그 뒤를 캄보디아, 태국, 미국, 몽골, 우즈베키스탄 등이 잇고 있지요. 미국을 제외하고 대부분 아시아권입니다. 성별로는 여성 83.2%, 남성 16.8%입니다. 특이한 것은 미국 출신은 남성 비율이 73.3%로 압도적으로 높으며 중국이 21.7%, 네팔이 19.1%, 캐나다가 16.5%이며 나머지 나라들

연도 ('07~'15)	계			결혼 이민자			혼인 귀화자			기타 사유 국적 취득자		
	계	남	여	계	남	여	계	남	여	계	남	여

연도 ('07~'15)	계			결혼 이민자			국적 취득자		
	계	남	여	계	남	여	계	남	여
2018	343,797	69,515	274,282	166,882	32,858	134,024	176,915	36,657	140,258
2017	330,188	65,507	264,681	160,653	30,745	129,908	169,535	34,762	134,773
2016	318,948	61,544	257,404	159,501	28,728	130,773	159,447	32,816	126,631
2015	294,663	56,652	238,011	144,912	25,263	119,649	93,249	10,308	82,941	56,502	21,081	35,421
2014	295,842	48,787	247,055	149,764	21,953	127,811	90,439	4,261	86,178	55,639	22,573	33,066
2013	281,295	45,348	235,947	147,591	20,887	126,704	83,929	4,264	79,665	49,775	20,197	29,578
2012	267,727	42,459	225,268	144,214	19,630	124,584	76,473	4,268	72,205	47,040	18,561	28,479
2011	252,764	39,825	212,939	141,654	18,561	123,093	69,804	4,317	65,487	41,306	16,947	24,359
2010	221,548	34,144	187,404	125,087	15,876	109,211	56,584	3,796	52,788	39,877	14,472	25,405
2009	199,398	30,988	168,410	125,673	15,190	110,483	41,417	2,047	39,370	32,308	13,751	18,557
2008	168,224	26,339	141,885	102,713	13,711	89,002	41,672	2,991	38,681	23,839	9,637	14,202
2007	142,015	21,905	120,110	87,964	12,497	75,467	38,991	2,624	36,367	15,060	6,784	8,276

2020년 6월 다문화 가족 관련 연도별 통계, 여성가족부 다문화가족과

* '16년부터 귀화 요인(혼인 등) 미구분(사유: 기타 사유 국적 취득의 경우도 대부분 결혼 귀화자라 구분 실익이 없음.)

** 다문화가족지원법 개정('11.4.4 개정, '11.10.5 시행)으로 인해 2012년부터는 혼인 귀화자 외에 기타 사유 국적 취득자(인지·귀화)도 다문화 가족에 포함.

은 모두 남성 비율이 10% 이하라는 점입니다. 예상했던 것처럼 결혼 이민자 대부분은 여성입니다.

2008년에서 2018년까지 10년간 결혼이민 여성은 약 4만 5,000명이 증가했고 혼인 귀화자와 기타사유 국적 취득자를 포함하면 여성은 13만 2,000명이 조금 넘게 증가했습니다. 상대적으로 수는 적지만 남성 또한 10년간 4만 명 넘게 증가했습니다.

다문화 가족의 자녀는 총 23만 7,506명으로 결혼이주 여성의 수

연도	계(자녀 제외)			결혼 이민자			국적 취득자			다문화 가족 자녀 수		
	계	남	여	계	남	여	계	남	여	계	남	여
계	343,797	69,515	274,282	166,882	32,858	134,024	176,915	36,657	140,258	237,506	121,278	116,228
서울	74,717	22,791	51,926	32,677	9,937	22,740	42,040	12,854	29,186	32,930	16,564	16,366
부산	12,620	1,802	10,818	6,949	1,108	5,841	5,671	694	4,977	10,772	5,492	5,280
대구	9,176	1,237	7,939	5,154	799	4,355	4,022	438	3,584	7,985	3,969	4,016
인천	24,435	5,912	18,523	10,875	2,498	8,377	13,560	3,414	10,146	14,643	7,502	7,141
광주	6,455	711	5,744	3,413	456	2,957	3,042	255	2,787	5,978	3,166	2,812
대전	6,232	853	5,379	3,355	496	2,859	2,877	357	2,520	5,522	2,819	2,703
울산	6,411	934	5,477	3,373	512	2,861	3,038	422	2,616	5,197	2,669	2,528
세종	1,351	210	1,141	758	131	627	593	79	514	1,154	597	557
경기	107,141	25,444	81,697	50,059	11,404	38,655	57,082	14,040	43,042	61,476	31,442	30,034
강원	7,212	617	6,595	3,645	335	3,310	3,567	282	3,285	7,121	3,668	3,453
충북	10,391	1,325	9,066	5,279	700	4,579	5,112	625	4,487	8,963	4,550	4,413
충남	16,396	2,086	14,310	8,564	1,027	7,537	7,832	1,059	6,773	13,868	7,029	6,839
전북	11,165	792	10,373	5,938	472	5,466	5,227	320	4,907	11,864	6,120	5,744
전남	12,040	636	11,404	6,489	343	6,146	5,551	293	5,258	13,815	7,119	6,696
경북	14,444	1,318	13,126	7,810	836	6,974	6,634	482	6,152	14,491	7,378	7,113
경남	19,106	2,118	16,988	9,927	1,411	8,516	9,179	707	8,472	17,723	9,109	8,614
제주	4,505	729	3,776	2,617	393	2,224	1,888	336	1,552	4,004	2,085	1,919

지역별 결혼 이민자와 국적 취득자 그리고 다문화 가족 자녀 수

보다 적습니다. 자녀가 적은 것은 이들의 경제적 사정과 긴밀한 연관이 있는 듯합니다. 이들뿐만 아니라 앞서 살펴본 것처럼 우리나라 부부의 자녀 수는 그들의 경제력과 강력한 상관 관계가 있습니다. 버는 돈이 적으면 자녀를 낳는 것이 더 큰 부담이 되기 때문이지요.

그러나 다문화 학생의 비율은 매년 증가하고 있습니다. 다음의 표를 보면 2012년 전체 학생 중 다문화 학생 비율은 0.7%에 불과했으

	2012	2013	2014	2015	2016	2017	2018	2019
다문화 학생 수(A)	46,954	55,780	67,806	82,536	99,186	109,387	122,212	137,225
전체 학생 수(B)	6,732,071	6,529,196	6,333,617	6,097,297	5,890,949	5,773,998	5,633,725	5,502,880
다문화 학생 비율 (A/B*100)	0.70%	0.86%	1.07%	1.35%	1.68%	1.89%	2.17%	2.49%

연도별 다문화 학생 비율(단위: 명)

나 2019년 전체의 2.49%까지 높아졌습니다. 비율만 놓고 보면 약 3.5 배 비중이 커진 것이죠. 다문화 학생 수도 4만 6,954명에서 13만 7,225 명으로 약 3배 늘었는데 그에 비해 전체 학생 수는 오히려 120만 명이 줄었기 때문에 비중은 더 커집니다. 21세기 중반까지는 전체 학생 수 는 계속 줄고 다문화 학생 수는 지속해서 증가할 것으로 예측되므로 앞으로 다문화 학생이 전체 학생에서 차지하는 비율은 계속 높아질 수 밖에 없습니다.

열 명 중 한 명은 외국인과 결혼

2009년부터 2019년까지의 통계를 보면 외국인과의 결혼은 지속 해서 줄어들고 있습니다. 그러나 한국인끼리 결혼하는 비율도 같이 줄 어들고 있어 전체적으로 전체 혼인 대비 외국인과의 혼인 비율은 약 10%를 지속해서 유지하고 있습니다. 다만 2014년 정부의 국제결혼에 대한 정책이 더 엄격해짐에 따라 2013~2016년까지 감소했지만 이후 조금씩 회복되는 모습을 보입니다.

다른 OECD 국가와 비교했을 때 다른 점은 우리나라 다문화 가정 절대다수는 한국 남성과 외국 여성의 결혼으로 형성된다는 점이죠. 또 하나 다문화 가정 대부분이 빈곤 가정에 해당합니다. 다음의 표에서 보듯이 2018년 58.2%가 300만 원 미만의 월수입으로 생활하고 있으며, 300~400만 원의 20.1%를 포함하면 전체의 78.3%가 월수입 400만 원 미만입니다. 결혼한 외국인 아내의 62.5%가 일을 하는 것은 이 때문입니다. 월수입 200만 원에서 400만 원 사이에 해당하는 46.2%가 그나마 저 정도 월소득을 올릴 수 있는 것은 외국인 아내의 수입을 포함해서입니다. 외국인 여성과 결혼하는 한국 남성 중 월수입 300만 원 이하가 70%가량 된다고 볼 수 있습니다. 상대적으로 300만 원 이상의 안정적인 월수입을 가진 남성은 외국 여성과의 결혼에 끌리지 않는다는 이야기이기도 하지요. 1980년대 이전 우리나라에선 중매결혼이 연애결혼을 앞질렀던 상황을 생각해봐도 그렇고, 지금도 세계의 많은 곳

	2009	2010	2011	2012	2013	2014	2015	2016	2017	2018	2019	구성비	전년 대비 증감률
총혼인 건수	309.8	326.1	329.1	327.1	322.8	305.5	302.8	281.6	264.5	257.6	239.2	100.0	-7.2
외국인과의 혼인	33.3	34.2	29.8	28.3	26.0	23.3	21.3	20.6	20.8	22.7	23.6	9.9	4.2
한국 남자 + 외국 여자	25.1	26.3	22.3	20.6	18.3	16.2	14.7	14.8	14.9	16.6	17.7	7.4	6.5
한국 여자 + 외국 남자	8.2	8.0	7.5	7.7	7.7	7.2	6.6	5.8	6.0	6.1	6.0	2.5	-2.2

연도별 외국인과의 결혼 수(단위: 천 건, %)

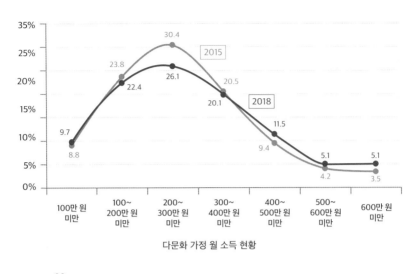

다문화 가정 월 소득 현황

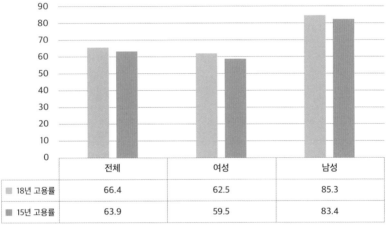

	전체	여성	남성
■ 18년 고용률	66.4	62.5	85.3
■ 15년 고용률	63.9	59.5	83.4

이주민 고용률(단위: 천 명, %)

에서 결혼은 당사자 둘의 문제가 아니라 가족과 가족의 결합, 혹은 가
족의 유지라는 측면이 많이 강조되는 일종의 사회 제도입니다. 그 목
적에 맞는, 20세기 말에서 21세기 초 저소득 한국 남자에게 가능한 방

법이 동남아 여성과의 국제결혼인 거지요. 물론 그렇다고 이들이 모두 애정 없는 결혼생활을 한다고 볼 순 없습니다. 내국인끼리의 결혼도 서로 비슷한 계층끼리 이루어지는 동류혼이 대부분인 상황에서 저소득 남성과 외국인 여성과의 결혼 자체가 특별하달 순 없지요.

다음 표는 〈2019년 이민자 체류실태 및 고용조사 결과 보도자료〉에서 가져왔습니다. 표의 내용 중 귀화 허가자는 월소득이 100~200만 원이 31.4%이고, 200~300만 원이 19.1%, 100만 원 미만이 9.0%입니다. 아예 없다는 응답도 30.9%를 차지하고 있습니다. 귀화 허가자 대부분이 한국 남성과 결혼한 외국인 여성이라는 점에서 이들 중 3분의 1가량이 전업주부로 있고 나머지 취업한 사례도 대부분 저임금을 받고 있다는 걸 볼 수 있습니다.

어찌 되었건 다문화 가정 대부분은 결혼 전에도 빈곤했으며 결혼 후에도 빈곤합니다. 또한 결혼한 후 직업을 가지는 외국인 여성 중 상당수는 본국의 가족에게 송금하고 있습니다. 애초에 사랑을 전제로 한

	전체	없음	100만 원 미만	100~200만 원 미만	200~300만 원 미만	300만 원 이상
외국인 (구성비)	1,322.6 (100.0)	293.3 (22.2)	119.4 (9.0)	288.9 (21.8)	463.3 (35.0)	157.7 (11.9)
남자	753.2	82.0	47.6	152.7	333.5	137.4
여자	569.4	211.2	71.9	136.2	129.9	20.2
귀화 허가자 (구성비)	48.8 (100.0)	15.1 (30.9)	4.7 (9.6)	15.3 (31.4)	9.3 (19.1)	4.4 (9.0)

소득별 외국인 구성 비율과 귀화 허가자 구성 비율(단위: 천 명, %)

결혼이라기보다는 경제적 문제와 긴밀히 결합하였던 바로, 어쩌면 여성으로선 결혼을 결심하게 된 가장 중요한 이유 중 하나일 것입니다. 그러나 결혼한 한국 남성의 많은 수가 이주 여성의 본국에 송금할 돈을 부담할 형편이 되지 않으므로 이주 여성 스스로 일을 해서 송금을 하는 사례가 많은 거지요. 그러니 당연히 송금 자체를 놓고 부부 간 갈등이 생기는 예도 많습니다. 특히나 둘 사이에 자녀가 태어나고 지출이 증가하면 갈등이 더 커지게 되지요. 아이들을 키우는 데 많은 돈이 들다 보니 본국에 보낼 돈을 마련하기가 더 힘들어집니다.

"근데 브로커가 그때는 사기라고 그래야 하나? 우리 신랑이 부자다, 돈이 많다, 회사 다닌다, 그러면 네가 거기 가면은 부모님한테 다달이 또 돈 부쳐준다, 이런 식으로 얘기 나왔거든요, 옛날에는. 여기 나오다 보니까 아니야. 그니까 우리 신랑 집도 없고, 돈도 안 벌고, 노는 거 좋아하고, 이렇기 때문에 완전히 다른." – 네팔, 믹마(가명), 34세, 13년 거주, 현재 공장노동

"제가 왜 일을 하냐면 집에만 있으면 너무 심심하고 회사 일을 하면서 여러 나라 친구도 만나 재미있고, 그리고 우리 가족의 생활은 너무 어렵고 남편이 혼자 돈을 버는 것보다 제가 같이 돈을 벌면 가족의 생활에 큰 도움을 될 수 있어서 그래서 저는 일을 해요. 그리고 현재 제 남편이 나이가 48세 되고 내후년 되면 나이가 50세 돼요. 우리 남편

이 조선소 일을 하고 있어서 나이가 많으면 일할 수 있는지 모르겠어요."—캄보디아, 노혜인(가명), 32세, 8년 거주, 현재 공장노동

[일을 계속 그렇게 하시는 이유가 뭘까요?] "일단 제가 친정 가족을 도와주고 싶어요. 우리 일곱 명이라서 내가 세 번째예요. 우리 동생은 네 명 다 학교. 그다음에 우리 아빠는 제가 어릴 일곱 살 때 돌아가셨잖아요. 그리고 엄마 혼자 우리 키웠잖아요. 우리 집도 없고요. 한, 전세 같은 경우 한 달 얼마 정도 냈고요. 그리고 동생도 다 학교 갔잖아요. 항상 뭐 조금씩 돈이나 필리핀에 보내야 돼요. 안 보내면 어려울 것 같아요."—필리핀, 브렌다(가명), 29세, 7년 거주, 현재 다문화 가족센터 통·번역사

[왜 본인이 이 일을 하고 있으세요? 남편도 하라고 해요? 아니면?] "아니요. 저는 그냥 일하고 싶어서. 집에서 공부도 잘 안 들어가고. 돈도 벌고 싶어서. 우리나라도 가고 싶어서. 돈 좀 벌고 만약에 가고 싶으면 갈 수 있어요."—베트남, 김선희(가명), 25세, 5년 거주, 현재 공장노동*

더구나 국제결혼 하는 한국 남성이 비교적 연령이 높다 보니 부부

---

* 〈결혼이주 여성 노동경험 분석: 노동의 경합 양상을 중심으로〉, 한국이주 여성인권센터.

간의 나이 차가 많이 납니다. 1990년대에 국제결혼을 한 경우 남편이 은퇴하거나 사별하는 사례가 늘어납니다. 현재 결혼 이민자 중 사별이 차지하는 비율이 4.8%에 이르고 있습니다. 시간이 지나면 이 비율이 점점 높아지겠지요. 이렇게 되면 이주 여성이 실질적 가장이 됩니다만 언어 문제와 체류 문제가 해결되지 않는 사례가 많습니다. 애초에 가난했던 이들 가정에 더 큰 위기가 찾아오고 있는 것이지요.

> 강미숙/제주이주 여성상담소 상담원: "남편의 사망이 곧 이주 여성에게는 생활의 직격탄이잖아요. 언어와 체류 문제를 해결하지 않으면 이분들이 이방인이 돼 떠돌고 더 생활난을 겪게 돼요."[*]

3년 전 필리핀에서 한국의 딸 가족에게 온 할머니는 사부인과 함께 지낼 때만 해도 건강 상태가 나쁘지 않았습니다. 하지만 친구처럼 지냈던 사부인이 지병으로 사망한 뒤 육아 부담이 크게 늘었고 설상가상으로 필리핀인 딸도 최근 직장을 잃었습니다.[**]

---

[*] 〈다문화 가정 배우자 고령화… 남겨진 가족은?〉, KBS, 2021년 2월 1일. https://news.v.daum.net/v/20210201221407659
[**] 〈원주 필리핀 할머니 비극… '손주 먹이려 매일 도시락 받아가'〉, 채널A, 2021년 2월 1일. https://news.v.daum.net/v/20210201195454534

　제가 사는 중랑구는 서울에서도 외곽에 위치한, 소득 수준이 낮은 곳입니다. 이곳은 겉으로 보기에는 주택가처럼 보이고 인구도 실제로 많지만 그 주택가 곳곳에 작은 공장들이 있습니다. 다가구 주택의 지하층, 혹은 목이 좋지 않은 이면도로 상가의 2~3층 등에 각종 봉제 공장이 꽤 많이 있습니다. 사업자등록을 내지 않은 업체들까지 합산하면 대략 5,000~7,000개 정도라고 합니다. 여기에서 일하는 사람만 해도 약 3만 명이 될 거라고 이야기하지요. 그러니 골목을 걷다 보면 외국인 노동자들이 자주 눈에 뜁니다. 집에서 집필실로 출퇴근하는 한 10분 동안 길에서 외국인을 한두 명 만나는 건 거의 일상이지요.

　얼마 전 제주로 여행을 갔을 때도 마찬가지였습니다. 감귤 수확철이 되면 외국인 노동자들 서너 명과 조를 맞춰 농장으로 수확을 하러 다니는 분들이 있더군요. 다음 날 점심 겸 들른 한적한 해녀식당에선 동남아 여성으로 보이는 분 혼자서 식당일을 하고 계시더군요. 그 다음 날 찾은 나름대로 지명도가 있는 식당에서도 서빙일을 하시는 분이 한국계 중국인(조선족)으로 보였습니다.

　가끔 보는 EBS의 〈극한직업〉이란 프로그램이 있습니다. 전국 각지의 위험하고 고된 일을 하시는 분들의 일상을 담는 다큐멘터리지요. 오징어잡이, 멸치잡이, 갈치잡이 어선들이며, 대규모 사두리 양식장, 농공단지의 소규모 공장, 숯가마 등 다양한 직업이 나오는데 빠지지 않고 등장하는 분들이 외국인 노동자들입니다. 이제 주변에서 외국인 노동자를 보는 일은 아주 흔한 일이 되었습니다.

일단 외국인 노동자가 얼마나 되는지 한번 살펴보죠. 2018년 우리나라에서 임금을 받고 일하는 노동자는 대략 132만 명입니다. 법무부 집계에 따르면, 2018년 6월 기준 취업비자를 받은 외국인 노동자는 100만 명이 넘습니다. 여기에 불법체류자 32만 명(대부분이 임금 노동자)을 합치면 외국인 노동자는 130만 명을 넘어갑니다. 전체 노동자의 7% 수준이지요.

앞으로도 외국인 노동자 비율은 계속 증가할 것으로 보입니다. 앞서 살펴보았듯이 내국인 중 생산연령인구는 지속해서 줄게 되고 이를 메울 노동력은 외국인 노동자뿐이니까요.

OECD의 〈2015년 고용전망 보고서〉에 따르면, OECD 22개국에서 내국인 노동자와 외국인 노동자의 임금 격차가 가장 큰 나라가 한국입니다. 한국은 내국인 노동자의 임금은 외국인 노동자의 1.55배에 달했습니다. 한국 다음은 이탈리아와 스페인, 에스토니아 순인데, 각각 1.32배, 1.31배, 1.22배 수준이었죠. 한국이 압도적 1위였습니다. OECD 평균은 1.15배였고 임금 격차의 72%는 기술 차이에서 나타난다고 분석했습니다. 한국은 기술 차이가 없다면 임금 격차는 1.36배 수준으로 낮아집니다. 하지만 이런 점을 고려하더라도 한국은 임금 격차가 여전히 가장 큰 나라입니다.

이는 외국인 노동자가 주로 근무하는 기업이 상대적으로 대우가 낮은 중소기업이기 때문이기도 합니다. 대기업은 생산직 노동자들도 대부분 내국인입니다. 임금 수준이 높으니 입사하려는 내국인이 줄을 섰고, 기업 입장에서도 한국 문화에 익숙하고 한국어를 자유자재로 사용하는 내국인이 더 편하지요. 반대로 임금이 박한 중소기업은 내국인의 지원이 별로 없고, 반대로 외국인 노동자를 쓰는 것이 임금이 싸니 주로 외국인을 고용합니다. 한국노동연구원의 이규용 선임 연구위원에 따르면 동일 사업장의 경우 내국인의 80% 수준을 받는 것으로 추정된다고 했습니다.* 물론 이 숫자도 외국과 비교하면 내국인 대비 낮은 수준임에는 변함이 없습니다.

통계청의 〈외국인 근로자 실태조사 결과〉에 따르면, '국내 인력을 구하기가 곤란하기 때문'이라는 응답이 90.7%에 달합니다. 불법고용업체는 더 높은 응답률을 보여 내국인이 일하기를 꺼리는 곳에서 외국인 노동자를 고용하는 것이죠. 내국인이 지원하기 꺼리는 것은 간단히 말해서 임금은 싼데 일은 힘들고 위험하며, 현재 자신의 주거지와 멀리 떨어져 있어서입니다.

불법체류자 30만 명

우리나라의 불법체류자는 대략 30만 명 수준을 유지하고 있습니

---

* 〈韓 내국인-외국인 임금 격차 OECD 22개국 중 1위〉, 연합뉴스, 2015년 9월 9일.
  https://www.yna.co.kr/view/AKR20150908201800009

	중국	인도네시아	파키스탄	필리핀	방글라데시
송출수수료	858	159	410	434	692
본국 임금	14.4	10.8	6.0	9.4	6.1

국가별 평균 송출수수료(단위: 만 원, 한국노동연구원, 〈외국인 근로자 고용실태조사-근로조사〉, 2001)

다. 크게 증가하지도 않고 감소하지도 않지요. 이런 불법체류자들이 사회 문제를 크게 야기하지 않고 있는 것은 이들 대부분이 임금 노동자로 생활하고 있기 때문입니다. 물론 어느 나라나 불법체류자가 있기 마련입니다만 우리나라의 경우 불법체류자 대부분은 구조적 문제라는 것이 전문가의 지적입니다. 외국인 노동자는 대부분 고용허가제를 통해 들어오는데 2003년 '저숙련 인력'을 3년간만 도입하고 이후 귀국시켜 '순환이주' 시스템을 만들도록 고안된 것입니다. 그러나 고용주가 원하는 것은 '생산력이 적당히 높고 저임금으로 성실하게 일할 인력'인데, 이를 만족시킬 노동자들이 '합법적인 경로'를 통해 입국하기 위해서는 상당한 비용을 투자해야 했고, 이를 회수하려면 3년은 턱없이 부족한 기간입니다. 실태조사에 따르면 우리나라에 취업하기 위해 지불하는 비용은 보다시피 본국의 임금이나 소득 수준에 비해 매우 높습니다. 또한 한국어 능력시험이 강화되면서 투자비용은 더 높아졌고 상대적으로 고급인력이 한국에 오게 됩니다. 따라서 체류 기간이 끝난 뒤에도 계속 남아서 취업을 하게 되는 거지요. 여기에 농장이나 어선, 작은 공장 등에서 이들에 대한 수요도 계속 있습니다.[*]

정부가 '한시적', '단기 순환' 형식으로 노동 이주 시스템을 운영하는 결과가 불법체류로 나타나는 것이지요. 더구나 '저숙련 외국인 노동자의 정주 방지'를 목적으로 이들의 가족 동반을 금지하는 정책 또한 문제가 있지요. 사람의 기본적인 인권을 규제하기 때문입니다. 이에 따라 이주 노동자의 가족들이 입국한 이후 국내 출산 미등록 이주 아동, 무국적 아동 등이 나타나게 됩니다.

다음의 표는 〈2019년 이민자 체류실태 및 고용조사에 대한 보도자료〉 내용 중 일부입니다. 전체 이주 노동자 중 가장 많은 이들이 일하는 곳은 제조업입니다. 전체의 46.2%를 차지하지요. 그다음은 도소매·음식·숙박업에 19.1%가 일하고 있으며 사업 개인 공공서비스가

		취업자	농림 어업	광·제조업	제조업	건설업	도소매 음식 숙박	전기 운수 통신·금융	사업 개인 공공서비스
외국인	2018. 5.	884.3	49.5	404.9	403.3	110.7	163.2	14.2	141.8
	2019. 5. (구성비)	863.2 (100.0)	52.1 (6.0)	399.4 (46.3)	399.1 (46.2)	95.0 (11.0)	164.5 (19.1)	14.0 (1.6)	138.3 (16.0)
	전년 대비 증감	-21.1	2.6	-5.5	-4.2	-15.7	1.3	-0.2	-3.5
	증감률	-2.4	5.3	-1.4	-1.0	-14.2	0.8	-1.4	-2.5
귀화 허가자	2018. 5.	34.6	1.1	12.8	12.8	2.8	10.5	0.8	6.6
	2019. 5. (구성비)	31.6 (100.0)	1.0 (3.2)	11.7 (37.0)	11.7 (37.0)	2.6 (8.2)	9.7 (30.7)	0.8 (2.5)	5.8 (18.4)
	전년 대비 증감	-3.0	-0.1	-1.1	-1.1	-0.2	-0.8	0.0	-0.8
	증감률	-8.7	-9.1	-8.6	-8.6	-7.1	-7.6	0.0	-12.1

이주 노동자 산업 분야별 실태(단위: 천 명, %)

---

* 〈외국인 '비합법' 노동시장에 대한 이론적 검토〉, 월간 노동리뷰, 2020년 4월호.

16.0%, 건설업이 11% 순입니다.

그중 가장 열악한 환경에서 일하는 이들은 농림어업 분야에서 일하는 이들입니다. 비율로는 6%이고 5만 2,000명입니다. 농업 노동으로 보면 상당한 숫자입니다. 우리나라 농가 인구가 2019년 기준 224만 명 정도 되고 그중 65세 이상이 46.6%입니다. 또 총인구 중 비중으로는 4.3%를 차지하고 있습니다. 어업에 종사하는 인구는 7만 8,000명 정도 됩니다. 임업만 전업으로 하는 인구는 8,000명이 조금 안 됩니다. 농림어업에 종사하는 인구는 전체 230만 명 내외이고 총인구 비중으로는 5%가 되질 않지요. 그런데 외국인 노동자 중 6%가 이 분야에서 일하고 있는 거지요. 내국인 농업 분야 종사자 중 다른 노동자를 고용하지 않고 가족 단위 경작을 하는 예가 대부분인 걸 고려하면 실제 농림어업 분야 노동자 중 외국인 노동자가 상당한 비중을 차지한다는 걸 알 수 있습니다.

어업에 종사하는 이주 노동자의 실태에 대해선 공익법센터 어필과 시민환경연구소, 선원이주 노동자 인권네트워크 등이 발표한 보도 자료를 통해 그 단면을 살펴볼 수 있습니다. 한국 원양어선의 노동 강도는 세계 최고 수준이었으며, 특히 그중에서도 이주 노동자들은 심각한 인권 사각지대에 놓여 있는 것으로 드러났습니다. 캘리포니아 대학 샌타바버라 연구진에 의하면 한국의 참치잡이 연승선은 전 세계 25개 상위 수간 국가 중 연속 해상조업 시간, 항해 시간, 항해 거리 모든 부문에서 세계 1위를 기록했다고 합니다(2018년 기준). 원양어선에서 일했던 이주 어선원 54명과의 인터뷰에 따르면, 응답자의 96%가 하루 12시간 이상 노동을 했으며, 57%가 하루 18시간 이상 일해야 했다고 합니다. 하루 20시간 이상 일한 선원들도 26%였습니다. 수면 시간을 포함한 휴식 시간에 대해 65%가 6시간 이하라고 증언했습니다. 이주 어선원들의 평균 노동 시간은 하루에 16.9시간이었습니다. 이렇게 일을 하면서도 한 달에 받는 돈이 500달러 미만인 선원이 전체의 41%였습니다. 이주 어선원들의 임금은 같은 직급 한국인 어선원의 10분의 1 수준이었습니다.[*] 현재 한국 원양어선 선원의 73.3%가 이주 어선원이며, 선장 등의 직원을 제외한 부원만으로 따졌을 때는 95%에 이릅니다.

이런 사정은 연근해 어업에서도 마찬가지입니다. 2020년 한국인 어선원 최저임금은 221만 5,960원인 데 비해 이주 어선원은 172만 3,497원으로 77.8%에 지나지 않습니다. 더구나 한국인 어선원은 보합제라 하여 생산수당을 받게 되는데, 이 부분이 전체 임금에서 차지하는 비율이 43%에 이릅니다. 따라서 이주 어선원의 경우 한국인 어선원의 절반에도 못 미치는 임금을 받게 되는 것이죠. 더구나 장시간 노동에 대한 수당도 없습니다. 20톤 이상의 연근해 어선에서 일하는 한국인 어선원은 2018년 기준 1만 3,982명이고 이 중 일반 선원인 부

---

[*] 〈한국 어선에서 발생하는 외국인 선원 인권침해 및 불법 어업 실태〉, 공익법센터 어필, 시민환경연구소, 환경운동연합, 환경정의재단, 선원이주 노동자 인권네트워크, 2020년 6월 9일.

원은 9,380명인데 이주 어선원은 9,733명으로 이미 한국인보다 많습니다.

숨 쉴 틈도 없는 농어업 이주 노동자

외국인 농업 노동력 도입은 1993년 우즈베키스탄 농업 연수생 923명 입국으로 시작되었습니다. 이후 급속히 늘어 2016년에는 총 2만 7,984명으로 급증하였습니다. 하지만 이는 쿼터에 의해 들어온 인원수만 따진 것으로 실제 규모는 이보다 훨씬 많을 것입니다. 조금 지난 통계지만 2014년 기준으로 외국인 노동자가 농업 노동에 투입되는 양은 전체의 5.4%이고 고용노동력에서 차지하는 비율은 대략 36.7% 입니다. 가족이나 같은 동네 사람들끼리 품앗이하는 걸 제외하고 누군가를 고용해서 농사일을 시키는 3분의 1은 외국인이라는 이야깁니다.

이들이 일하는 시간과 임금을 살펴보지요. 고용허가제 쿼터에 의해 일하는 이주 노동자는 2016년을 기준으로 58.3%가 주당 50시간 이상 일하고 있습니다. 토·일을 제외하면 하루 10시간 이상 일하는 거지요. 토·일을 제외하고 하루 12시간 이상 일한다는 예도 꽤 많으며 주 60시간 이상 일한다는 예도 30.3%에 달합니다. 이들은 대부분 최저임금으로 근로계약을 하는데 대략 월 120~130만 원 수준입니다. 하루 8시간 노동 외 부분에 대해 추가수당을 받아야 하는 걸 생각하면 시간 대비 임금은 최저 시급보다 낮은 사례가 더 많은 거지요.

외국인 노동자가 가입해야 하는 보험은 출국만기보험, 보증보험, 귀국비용보험, 상해보험, 건강보험, 산재보험, 고용보험, 국민연금 등 총 8개입니다. 출국만기보험과 보증보험은 사용자가 들어야 하고 귀국비용보험과 상해보험은 노동자가 들어야 합니다. 건강보험과 고용보험, 국민연금은 노동자와 사용자가 균등하게 나누어 부담해야 합니다. 산재보험은 고용주가 가입해야 하는데 5명 미만은 가입하지 않아도 됩니다. 그런데 농업 부문에서 사업체 종사자 수가 1~4인인 예가 두 번째로 많습니다. 대략 28%인데 이들은 산재보험에서 제외되는 거지요.

농업 부문 이주 노동자의 숙박 관련 사항은 사업주 부담 의무가 정해진 것이 아니라 근로계약 시 규정하게 되어 있습니다. 이때 노동자의 동의서를 합의하에 작성하게 되어 있지요. 동의 없이 기숙사 비용을 공제하는 것은 위법입니다. 그러나 농촌 지역 특성상 대부분 농가가 숙박을 제공하고 있는 현실입니다. 현재 과도하게 숙박비를 공제하는 문제가 발생하고 있는 것도 사실입니다. 이와 관련하여 농협중앙회에서 〈농축산업 분야 외국인 근로자 취업교육 자료〉에서 제시한 지침이 있습니다. 아파트나 단독주택 등 제대로 된 곳에서 숙소와 식사를 같이 제공하거나 숙소만 제공할 때 월정액 임금의 20%를 상한으로 정하고, 임시 주거시설은 숙소와 식사를 모두 제공하면 13%, 숙소만 제공하면 8%를 상한으로 정하였습니다. 임시 주거시설이란 비닐하우스나 컨테이너, 마을회관 등을 이르는 것이지요. 농업 이주 노동자의 월 임금이 대략 140만 원인 걸 고려하면 숙박에 대한 공제는 11~28만 원 사이가 되어야 하는 겁니다. 농협중앙회가 이런 지침을 교육한다는 것은 이 정도 이상의 금액을 공제하고 있는 예가 많기 때문이지요.

더구나 임시 주거시설은 냉난방이나 수도, 전기, 통신 등의 기본 시설이 제대로 되어 있지 않은 예도 많습니다. 2016년 공익인권법재단 공감, 한국이주 여성인권센터가 주관한 토론회에서 농업 부문 이주 여성 노동자 143명 중 55.9%가 컨테이너나 비닐하우스에서 거주한다고 응답했습니다. 특히 이주 노동자가 가장 많은 작물재배업은 67%가 컨테이너와 비닐하우스에서 거주한다고 응답했습니다. 그런데 이런 숙박시설에 대한 관리·감독과 사후관리에 대한 별도의 규정이 없습니다. 농가 선정 시 점수표에는 화재 예방, 전기 안전시설만 갖추면 가점을 주는 것뿐입니다. 그 외 임시숙소는 세면장, 화장실만 갖추면 됩니다.[*] 그러니 아주 열악한 시설에서 숙식을 해결하는 이주 노동자들이 많을 수밖에 없습니다. 사용자의 선의에만 기대서 개선될 일이 아니지요. 실제로 2021년 초겨울에 농가에서 마련해준 온실에서 지내며 농업 노동을 하던 외국인 노동자가 동사하는 사건이 발생했습니다.

여성 이주 노동자에 대한 성희롱·성폭력 문제도 심각합니다. 농업은 작업장과 주거지가 분리되어 있지 않고 주변 지역에 도움을 처하

---

* 〈농업부문 외국인 근로자 고용실태와 정책과제〉, 엄진영·우병준·김윤진, 한국농촌경제연구원, 2017년 10월.

기도 어렵습니다. 그리고 주거시설도 앞서 살펴본 것처럼 잠금장치도 제대로 갖춰지지 않은 곳이 비일비재합니다. 특히나 피해 발생 후에도 48%의 피해자들이 계속 같은 곳에서 일합니다.

생산직 이주 노동자

생산직 이주 노동자의 상황은 농어업 이주 노동자보다는 조금 낫습니다만 그렇다고 열악한 수준이 아니라고 할 정도는 아닙니다. 다음의 표를 보시죠. 이들의 노동 시간을 보면 주당 40~50시간 일하는 이들이 전체의 50.2%로 가장 많고, 50~60시간, 60시간 이상이 각각 21.0% 14.4%입니다. 우리나라 주당 노동 시간이 52시간 이내인 것을 고려할 때 그리고 이들 대부분이 공장에서 일하는 생산직 노동자임을 고려하면 내국인 노동자에 비해 상당히 장시간 노동을 함을 알 수 있습니다. 그러나 이는 외국인 노동자에 대한 차별이라기보다는 이들이 고용된 사업체가 영세하며 장시간 노동이 일상인 곳인 점이 더 큰 영향을 끼친다고 봅니다.

실제로 조사 결과에 따르면, 10~29명이 일하는 공장에서 30.5%가 일하고 그다음이 5~9명 규모 사업장에서 20.4%, 4명 이하가 19.6%로 30명 미만 사업장에서 일하는 비중이 전체의 70.5%를 차지하고 있습니다. 300명 이상의 대기업은 2.9%밖에 되질 않습니다. 이런 소규모 공장은 원래 임금 수준이 낮은 편이고, 그마저도 사업자 관

		취업자	일시휴직	20시간미만	20~30시간 미만	30~40시간 미만	40~50시간 미만	50~60시간 미만	60시간이상
외국인	2018. 5.	884.3	7.8	20.7	36.9	43.3	410.6	174.4	190.6
	2019. 5.(구성비)	863.2(100.0)	6.0(0.7)	29.2(3.4)	38.5(4.5)	50.7(5.9)	433.5(50.2)	181.3(21.0)	124.0(14.4)
	전년 대비 증감	-21.1	-1.8	8.5	1.6	7.4	22.9	6.9	-66.6
	증감률	-2.4	-23.1	41.1	4.3	17.1	5.6	4.0	-34.9
귀화허가자	2018. 5.	34.6	0.4	1.6	2.8	3.6	16.7	4.1	5.5
	2019. 5.(구성비)	31.6(100.0)	0.2(0.6)	1.4(4.4)	2.2(7.0)	3.5(11.1)	15.9(50.3)	4.1(13.0)	4.3(13.6)
	전년 대비 증감	-3.0	-0.2	-0.2	-0.6	-0.1	-0.8	0.0	-1.2
	증감률	-8.7	-50.0	-12.5	-21.4	-2.8	-4.8	0.0	-21.8

이주 노동자의 주당 노동 시간별 비율(단위: 천 명, %)

점에서 부담스러울 때가 많지요. 또 안정적인 고용을 유지하기 힘들면서 일이 들어올 때는 장시간 노동으로 이를 때워야 하는 사례도 많습니다. 그러니 가능한 가장 낮은 수준의 임금으로 고용할 수 있는 외국인을 선호할 수밖에 없습니다. 반대로 대기업은 원래 임금 수준이 높다 보니 내국인의 지원이 넘치고, 굳이 이주 노동자를 고용해야 할 필요성이 없는 것이지요.

이들이 받는 임금 수준은 어떨까요? 가장 많은 비중을 차지하는 것이 200~300만 원으로 전체의 51.3%입니다. 그다음이 100~200만 원으로 27.2%지요. 300만 원 이상은 16.3%입니다. 앞서 살펴본 것처럼 대부분의 외국인 노동자들이 장시간 노동을 하며 이에 따른 연장근로 수당, 휴일 수당, 야간 수당 등이 중요한 비중을 차지하는 길 생각

		취업자	4명 이하	5~9명	10~29명	30~49명	50~299명	300명 이상
외국인	2018. 5.	884.3	160.2	191.3	256.1	93.5	157.9	25.2
	2019. 5. (구성비)	863.2 (100.0)	168.8 (19.6)	175.8 (20.4)	263.5 (30.5)	84.1 (9.7)	146.1 (16.9)	24.9 (2.9)
	전년 대비 증감	-21.1	8.6	-15.5	7.4	-9.4	-11.8	-0.3
	증감률	-2.4	5.4	-8.1	2.9	-10.1	-7.5	-1.2
귀화 허가자	2018. 5.	34.6	10.4	6.5	7.8	2.5	6.1	1.3
	2019. 5. (구성비)	31.6 (100.0)	9.4 (29.7)	5.1 (16.1)	7.9 (25.0)	2.4 (7.6)	5.7 (18.0)	1.0 (3.2)
	전년 대비 증감	-3.0	-1.0	-1.4	0.1	-0.1	-0.4	-0.3
	증감률	-8.7	-9.6	-21.5	1.3	-4.0	-6.6	-23.1

사업장 규모별 이주 노동자 수와 비율(단위: 천 명, %)

하면 시간당 임금은 대부분 최저임금 수준입니다. 물론 이는 같은 현장에서 비슷한 일을 하는 한국인 노동자와 비교해서 많이 떨어지는 수준은 아닙니다만, 반대로 생각하면 이들 소규모 공장의 임금 노동자 대부분이 아주 열악한 환경에 놓여 있다는 뜻이기도 합니다.

어찌 되었건 이렇게 번 돈 중 41.6%는 생활비로 쓰고 송금에 24.4%를 씁니다. 주거비로도 13.2%를 쓰지요. 저축은 14.2%입니다. 한 달에 30~40만 원 모으는 셈이지요. 특히 외국인 남성 노동자는 송금이 31.6%를 차지하고 생활비가 37.5%로, 송금하는 돈과 생활비가 얼추 비슷합니다. 여성은 송금이 10.8%인데, 이는 외국인 여성 노동자 중 일부가 한국 남성과 결혼한 경우거나 한국계 중국동포인 사례가 있어서 전체적인 비율이 낮게 나타나는 것이고, 그 외는 남성과 비슷합니다.

그런데 이런 작은 사업장은 안정적으로 사업이 유지되지 않는 때도 있고 또 산재도 빈발합니다. 이런 이유로 휴직이나 퇴직 후 경제적 어려움을 겪는 외국인들이 꽤 많은데, 외국인은 12.2%이고 귀화 허가자는 14.1%입니다. 어려움의 가장 큰 유형은 병원비가 부담되어 진료를 받지 못한 것이 42.8%였고, 학비 마련이 어려웠던 것이 21.8%, 공과금 납부를 하지 못한 것이 21.7% 순입니다.*

흔히들 이주 노동자를 보면서 우리나라에 와서 돈 벌어 간다거나 우리가 먹여 살린다고 이야기하는 예가 왕왕 있는데 실제로는 그 반대입니다. 그들이 취약한 사회 안정망의 가장자리에서 최저임금 수준의 월급을 받으면서 장시간 노동으로 우리를 먹여 살리고 있는 겁니다. 당장 이주 노동자들이 없으면 어선이 뜨지 못하고, 양식장이 일을 할 수 없습니다. 배추나 감자, 당근 등 각종 채소를 수확할 수도 없고, 조그만 공장들은 모두 문을 닫아야 합니다.

외국인 노동자 고용허가제를 통해 고용된 노동자들은 해마다 늘어서 2020년에는 18만 명입니다. 하지만 실제로는 그보다 훨씬 많지요. 2019년 법무부 통계에 따르면 총외국인 체류자는 252만 4,656명인데 그중 15.5%인 39만 281명이 불법체류자로 분류됩니다. 이들 대부분은 이주 노동자이지요. 이를 고용허가제로 고용된 이들과 합하면

---

* 복수 응답으로 합이 100%를 넘습니다.

50만 명을 훌쩍 넘어갑니다. 법무부가 추산하는 취업 외국인은 56만 7,261명입니다.

생산직 인력부족에 대해 단기 대책으로 외국인을 활용하는 것은 전체 응답 기업의 20% 수준이고 장기적으로 외국인 노동자를 활용하겠다는 기업은 합법 고용기업은 17.8%, 불법 고용기업은 32.9%입니다. 또 현재 외국인력을 고용하지 않고 있는 기업은 인력 부족에 대해 외국인 노동자 활용을 거의 고려하지 않고 있는 반면 현재 외국인 노동자를 채용한 기업은 59.4%가 현재 수준으로 외국인 노동자를 계속 고용하겠다고 했으며 29.1%는 현재보다 많이 고용하겠다고 답했습니다.

주관식 **1. 보기에 있는 나라를 순서별로 옳게 나열하세요.**

> 〈보기〉 필리핀 일본 중국 베트남

"2018년 기준 전체 결혼 이민자는 ＿＿＿ 이 36.9%로 1위를 차지하고 있고 ＿＿＿ 26.7%, ＿＿＿ 8.6%, ＿＿＿ 7.4% 순입니다."

2. 다음의 서술에서 옳지 않은 것을 고르세요.

① 다른 OECD 국가와 비교했을 때 우리나라 다문화 가정 절대다수는 한국 남성과 외국 여성의 결혼이다.

② 다문화 가정 대부분이 빈곤 가정에 해당된다. 2018년 현재 56.2%가 300만 원 미만의 월수입으로 생활한다.

③ 다문화 가정 대부분은 결혼 전에도 빈곤했으며 결혼 후에도 빈곤하다. 또한 결혼한 후 직업을 가지는 외국인 여성 중 상당수는 본국의 가족에게 송금을 하고 있다.

④ 결혼 이민자의 남녀 비율은 현재는 거의 반반에 이른다.

3. 〈2019년 이민자 체류실태 및 고용조사에 대한 보도자료〉에서 전체 이주 노동자 중 가장 많은 이들이 일하는 곳을 고르세요.

① 건설업 ② 음식, 숙박업 ③ 제조업 ④ 공공서비스

장애인

우리가 버스를 탔을 때 버스 안에 장애인이 한 명이라도 있는 때가 없을 때보다 훨씬 적습니다. 지하철을 탔을 때 객차 한 곳에는 앉는 좌석만 하더라도 거의 40석에 가까운데 그중 장애인이 한 명이라도 있을 때가 없을 때보다 드물지요. 우리가 거리를 걷거나 식당이나 카페 등을 이용할 때도 장애인을 만나는 예는 통계상의 인구 비율보다 훨씬 적습니다.

우리나라의 장애인복지법에 의해 시군구청장에게 등록을 한 장애인은 2019년 기준 261만 8,000명입니다. 우리나라 인구를 5,000만 명이라고 잡았을 때 약 20분의 1이지요. 등록을 하지 않은 장애인도 있으니 실제로는 이보다 더 많을 겁니다. 2018년 장애인실태조사에 따르면 전국적으로 전체 가구 중 15.91%가 장애인이 있는 가구입니다. 그러니 스무 명이 있다면 그중 한 명은 장애인이어야 하는데 실제 일상에서 만나게 되는 장애인이 그보다 훨씬 적은 이유는 무엇일까요?

학교나 직장에서도 장애 학생을 만나는 예는 드뭅니다. 초중고를 막론하고 장애 학생이 없는 학교는 별로 없지만 정작 같은 반에 장애인이 있는 예는 드물지요.

첫 번째 이유는 장애가 선천적인 것보다는 후천적인 예가 많기 때문입니다. 장애인이라고 하면 태어날 때부터 장애가 있는 사람이라고 생각하는 예가 많지만 실제로는 사고나 질환 등으로 장애를 가지게 되는 예가 훨씬 많습니다. 10대의 장애인 비율은 1.1%로 백 명당 한 명입니다. 그러나 40대가 되면 3.1%로 3배가 늘고 60대가 되면 10%로 열 명 중 한 명이 장애가 있습니다. 즉 장애는 대부분 후천적입니다.

두 번째 이유는 특수학교라고 해서 장애 정도가 심해 일반 학생과 같이 수업받기 어려운 지적장애나 시각장애, 청각장애, 지체장애가 있는 학생들만을 위한 학교가 따로 있어서입니다. 그러니 중증장애를 가진 학생이 일반 학교에는 드물 수밖에 없지요. 특수학교는 서울에 33개교 등을 포함해 2019년 기준 175개교입니다. 그러나 특수교육 대상자는 9만 780명인데 이 중 특수학교나 특수교육지원센터에서 교육을 받는 학생은 29.0%에 불과합니다. 턱없이 부족하지요. 그리고 몇 곳 없다 보니 왕복 통학 시간이 1시간 이상 걸리는 학생이 44.6%고 2시간 이상 걸리는 학생도 7.4%입니다. 장애가 있는 학생이 이렇게 먼 거리를 혼자 통학하기는 쉽지 않습니다. 부모 중 한 명은 통학을 위해 직장을 포기해야 합니다. 그리고 이렇게 특수학교가 부족하다 보니 일반학교에서도 특수학급이라 해서 장애 학생들을 위한 교실이 따로 마련되어 있기도 합니다. 그러나 한 학급을 운영하면서 특수교사 한 명이 담당하는 거로는 제대로 교육하기 어렵지요.

특수학교가 부족한 데는 예산 문제도 있지만 신설 예정 지역 주민의 반대도 있습니다. 서울에 무려 17년 만에 새로 설립된 서진학교는 2017년 학교 개설 공청회에서 장애 학생 부모가 지역 주민 앞에 무릎을 꿇고 개교를 호소했던 일이 논란이 되기도 했지요. 학교만 모자란 것이 아니라 선생님도 모자랍니다. 2019년 교육부에 따르면 공립학교 특수교사 정원은 총 1만 4,456명인데 이는 법정 정원의 75% 수준입니다. 그런데 이 수치가 역대 최고치였습니다. 2014년에는 61.1%였는데 해마다 계속 증원을 해서 이 정도라도 되는 것이죠. 교육부는 2022년까지 정원 확보율을 90% 이상으로 높이겠다고 합니다. 그러나 이마저도 지역에 따른 불균형이 심합니다. 세종은 120.8%, 강원은 93.9%인 반면, 특수교육 대상자가 가장 많은 경기는 58%에 불과합니다.

또 우리나라는 특수교육 대상자 비율이 1.4%로 다른 나라에 비해 아주 낮습니다. 아주 뚜렷한 장애가 있어야지만 특수교육 대상자로 선정될 수 있기 때문이지요. 대표적인 예로 '느린 학습자'로 불리는 경계선 지능학생은 일반 교육 과정을 따라가기가 대단히 버거운데 특수교육 대상자가 아닙니다. 이렇게 교육적 요구가 있지만 뚜렷한 장애가 없는 경우 일반 학교로 진학하게 되는데 대부분 교과 과정을 따라가기가 힘들지요.

장애인의 교육권, 노동권

이런 사정으로 장애인은 일반인보다 학력이 낮은 것이 현실입니다. 우리나라 전체로는 무학이 3.5%이고 대부분 고령자이지만 장애인은 10.4%로 장애인 10명당 1명꼴로 학교에 다닌 적이 없는 것으로 나타납니다. 초등학교만 졸업한 예도 우리나라 전체가 13.6%이고 이 또한 대부분 고령자인 데 반해 장애인은 27.3%지요. 중학교까지만 다닌 예도 우리나라 전체는 10.5%이지만 장애인은 16.7%입니다. 고등학교

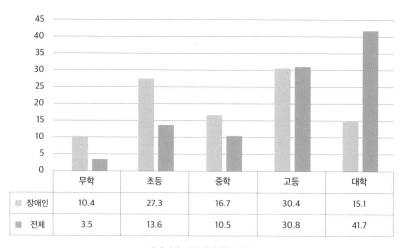

	무학	초등	중학	고등	대학
장애인	10.4	27.3	16.7	30.4	15.1
전체	3.5	13.6	10.5	30.8	41.7

장애인과 비장애인 학력 격차

	학생 수(명)	교원 수(명)	학급 수
2008년	71,484	13,165	6,352
2011년	82,665	15,934	8,415
2014년	87,278	17,922	9,617
2018년	90,780	20,039	10,676

특수교육 현황

이상 의무교육을 완료한 예가 우리나라 전체로는 72.5%인 데 반해 장애인은 45.5%밖에 되질 않습니다. 특히나 대학까지 나온 예는 우리나라 전체로는 41.7%이지만 장애인은 15.1%로 3분의 1밖에 되질 않지요. 이러한 현실이 나중에 나오지만 장애인이 사회에 나와서 노동권을 제대로 행사할 수 없게 만드는 한 요인이 됩니다.

장애인과 노동권

현재 장애인 중 생산가능인구, 즉 15세 이상은 250만 명가량 됩니다. 그중 경제활동인구는 92만 명으로 37%를 차지하고 있으며, 비경제활동인구는 157만 명으로 63%입니다. 즉 경제활동이 가능한 연령대 중 3분의 1만 경제활동을 하고 있습니다.

우리나라 전체로 보자면 생산가능인구 중 경제활동인구는 63.9%이고 비경제활동인구가 36.1%입니다. 즉 경제활동을 하는 인구가 전체의 3분의 2입니다. 완전히 역전된 상황이지요.*

보통 비경제활동인구의 대다수를 차지하는 것은 육아와 가사, 그리고 공부입니다. 통계청 〈경제활동인구 조사〉에 따르면 매년 조금씩의 변화는 있지만 육아와 가사로 경제활동을 포기하는 사례가 46% 가량 됩니다. 그리고 학교에 다니기 때문이 25~26%, 취업 준비나 너무 고령이라 일을 할 수 없는 사례 등이 14.8%입니다. 대체로 전체의 90% 조금 넘는 비율로 나름대로 이유가 있는 거지요. 그냥 쉬는 예는 10%가 채 안 됩니다.

그런데 장애인은 비경제활동인구 비율이 이렇게 많은 것은 장애 때문에 취업이 되지 않아서인데 이는 사실 이유가 되질 않습니다. 우리나라 헌법 32조에는 '노동은 시민의 의무이기도 하지만 권리'라고 명기되어 있지요. 이 조항에 따라 취업 기회와 취업 후 대우에서 남녀 간 차별을 금지하는 법도 생겼고요. 그런데 장애인은 애초에 취업의 기회가 주어지지 않아서, 또 직장의 물리적 구조와 시스템이 비장애인 위주로 짜여 있어 업무를 보기가 대단히 힘든 것이 이유지요.

장애인 경제활동인구 중 취업자는 93.3%이고 실업자는 6.6%입니다. 전체를 따지면 실업률은 대체로 4% 중반이 되니 실업률이 2% 더 높습니다. 그중 임금 노동자는 67.7%이고 비임금 노동자는 32.3%죠.

---

* 비경제활동인구란 만 15세 이상 인구 중 취업도 실업도 아닌 상태에 있는 사람으로 활동 상태에 따라 가사, 통학, 연로, 심신장애, 기타로 구분됩니다. 즉 학생이나 가정주부 혹은 고령이나 장애로 취업을 포기한 상태의 사람이지요. 15세 이상 인구 중 이들 비경제활동인구를 제외한 사람을 경제활동인구로 구분합니다. 경제활동인구는 다시 현재 직업이 없는 실업자와 취업자로 구분합니다. 취업자는 다시 임금 노동자와 비임금 노동자로 구분하는데 비임금 노동자는 자영업이나 가족이 같이 일을 하면서 따로 임금을 받지 않는 사례를 말합니다.

장애인을 포함한 우리나라 전체 취업자 중 임금 노동자가 74.6%이고 비임금 노동자가 25.4%인 것과 비교하면 임금 노동자의 비율이 7%가량 낮습니다. 취업이 잘 되질 않으니 자영업을 하는 비율이 높아진 것이죠.

임금 노동자 중 상용 노동자는 57.2%입니다. 우리나라 전체는 68.1%이니 이 또한 11%가량 낮습니다. 즉 안정된 고용형태가 아니라 임시직이나 일용직 비율이 더 높다는 겁니다.

중증장애인은 더 심합니다. 중증장애인 중 경제활동인구는 22.1%이고 비경제활동인구는 77.9%입니다. 즉 네 명 중 한 명은 아예 취업할 생각도 못 하고 있는 것이죠. 경제활동인구 중에서는 취업자가 91.6%이고 실업자는 8.4%입니다. 경증장애인은 상대적으로 조금 덜한데도 경제활동인구가 43.9%이고 비경제활동인구는 56.1%입니다. 절반 이상이 취업을 포기한 상태라는 거죠.

	장애인	전체
취업자	93.3%	95.6%
실업자	6.6%	4.4%
임금 노동자	67.7%	74.6%
비임금 노동자	32.3%	25.4%
상용 노동자	57.2%	68.1%
임시 노동자	27.5%	24.7%
일용 노동자	15.4%	7.2%

장애인 경제활동 현황(출처: 노동부, 〈2019 한눈에 보는 장애인의 삶〉)

단순노무, 농·어업 비중 높아

취업을 겨우 해도 문제입니다. 장애인은 단순노무를 담당하는 예가 27.0%로 전체의 13.2%의 2배가 넘습니다. 장애가 오히려 문제가 덜 될 것 같은 사무에 종사하는 비율도 전체보다 4%가량 떨어집니다. 전문적인 직업을 가지는 예도 사례는 20.4%인 데 비해 7.6%밖에 되질 않습니다. 앞서 살펴봤던 학력 격차가 이렇게 나타나는 거지요. 그에 반해 농축어업에 종사하는 경우는 전체의 5.1%에 비해 오히려 배 이상 높아 13.1%를 차지합니다. 장애인에게 돌아가는 일자리 중 단순노무와 농축어업이 전체의 40% 이상을 차지하는 것이죠.

정규직과 비정규직 비중도 비장애인과 다릅니다. 통계청 통계에 따른 정규직은 우리나라 전체로는 67.0%인 데 반해 장애인은 40.6% 밖에 되질 않습니다. 비정규직은 전체가 33.0%인 데 반해 장애인은 59.4%지요. 여기에 비정규직 노동자 중 한시적 근로자가 36.4%이고 시간제 근로자가 24.5%, 비전형 근로자가 24.5%입니다. 비장애인 노

취업자 직업	장애인	전체
단순노무	27.0%	13.2%
사무 종사	13.8%	17.7%
농축어업	13.1%	5.1%
장치기계 조립	12.9%	11.6%
전문가	7.6%	20.4%
판매	8.4%	11.0%
서비스	8.5%	11.1%

장애인과 전체 인구 취업자 직업 분포 비교표

동자는 한시적 근로자 19.1%, 시간제 근로자 13.5%, 비전형 근로자 10.3%인 것과 비교해서 월등히 높게 나타납니다. 장애인은 이 세 개가 서로 겹치는 일자리에서 근무하는 비율이 비장애인보다 높다는 이야기입니다. 여기에 비전형 근로자 중 파견 근로, 용역 근로, 특수형태 근로, 가정 내 근로, 일일 근로의 비율이 장애인은 각각 3.1%, 7.3%, 3.8%, 12.2%, 1.3%로 나타나지만 비장애인 노동자는 각각 0.9%, 3.0%, 0.3%, 4.0%, 2.5%입니다. 이 역시 장애인의 비율이 월등히 높습니다. 이렇게 여러 가지 불리한 조건들이 겹치는 일자리로 몰릴 수밖에 없는 것은 그만큼 장애인들이 일자리를 구하기 힘들다는 걸 반영합니다.

또 앞서 2부에서 확인한 것처럼 실제 전체 노동자 중 정규직은 50%가 채 되질 않는 현실을 반영하면 장애인은 비정규직 비율이 70%

		장애인	전체
정규직		40.6%	67.0%
비정규직		59.4%	33.0%
	한시적 근로자	36.4%	19.1%
	시간제 근로자	24.5%	13.5%
	비전형 근로자	24.5%	10.3%
	파견 근로	3.1%	0.9%
	용역 근로	7.3%	3.0%
	특수형태 근로	3.8%	0.3%
	가정 내 근로	12.2%	4.0%
	일일 근로	1.3%	2.5%

정규직 비정규직 분포 현황

를 훌쩍 넘을 것으로 예상합니다.

그럼 기업들 쪽 사정은 어떤지 한번 살펴볼까요? 2017년 말 기준으로 장애인을 고용한 기업체는 전체의 4.3%밖에 되질 않습니다. 상시 근로자 전체의 1.47%밖에 되질 않지요. 그리고 이런 사정은 변함이 없습니다. 2013년에도 장애인 고용기업체 비율은 4.5%였고 2015년에는 3.9%였습니다. 4% 수준에서 계속 유지되는 거지요. 장애인 근로자 비율도 매한가지여서 2013년 1.42%, 2015년 1.46%였습니다.

그나마 이런 수준이라도 유지하는 것은 고용 의무와 부담금을 내야 하기 때문입니다. 장애인 고용의무 제도는 한국장애인고용공단이 주관하는 것으로 국가 지방자치단체와 상시근로자 50명 이상을 고용하는 사업주가 대상입니다. 국가 및 지자체는 2021년 기준 공무원, 비공무원 각각의 3.4%를, 그리고 공공기관도 전체 상시근로자의 3.4%를 의무적으로 고용해야 합니다. 민간기업은 3.1%를 의무적으로 고용해야 합니다. 만약 이 비율에 미달하면 미달하는 인원에 장애인 고용률에 따른 부담기초액을 더한 만큼을 부담금으로 내야 합니다. 부담기초액은 장애인 근로자 비율에 따라 차등이 있어 고용률이 낮으면 낮을수록 커집니다. 반대로 의무 고용률을 초과하면 그 인원 대비 남성 경증장애인은 30만 원, 여성 경증장애인은 45만 원, 남성 중증장애인은 60만 원, 여성 중증장애인은 80만 원의 장려금을 지급합니다.

그러니 이에 해당하지 않는 상시근로자 50인 이하의 기업은 전체 기업 중 3.1%만이 장애인을 고용하지만, 고용 의무 및 부담금 대상업체인 50인 이상 기업은 전체 기업 중 62.0%가 장애인을 고용하고 있습니다. 100인 이상일 때는 비율이 더 높아져 83.5%까지 올라가지요. 고용률도 50인 이하는 상시근로자의 0.9%에 지나지 않지만 50인 이상의 고용 의무 대상업체는 2.79%까지 올라갑니다. 그리고 공공기관의 경우 3.33%이고 정부 부문은 비공무원 5.06%, 공무원은 2.86%가 됩니다. 앞서 의무 고용률이 공공 부문은 3.4%이고 민간 부문은 3.1%라고 했는데, 정부 부문은 가까스로 전체 평균을 맞추고 있지만 민간 부문은 90%까지만 고용이 된 거죠. 그나마 이것도 2001년에는 0.96%밖에 되질 않았는데 조금씩 증가해서 이 정도입니다. 특히 2010년에 2%를 넘긴 것에는 살짝 착시효과도 있습니다. 중증장애인을 고용할 때는 2배수로 해주기로 제도가 바뀌었기 때문이죠.

이런 의무 고용 제도에 부담금을 징수하고 장려금까지 지급하는데도 목표치 달성이 힘들 정도로 기업들이 장애인을 채용하지 않으려는 이유는 뭘까요? 기업들을 대상으로 한 설문에서 답한 것을 보면 가

부문별(1)	부문별(2)	2019			
		사업체 수(개)	상시근로자 수(명)	장애인 수(명)	고용률(%)
계	소계	29,777	8,389,402	192,772	2.92
정부 부문	공무원	314	902,101	22,211	2.86
	근로자	303	348,314	12,625	5.06
공공기관	소계	690	531,049	15,102	3.33
민간기업	소계	28,470	6,607,938	142,834	2.79

2019년 의무 고용 사업체 장애인 고용 현황(출처: 고용노동부, 〈장애인 의무 고용 현황〉)

장 먼저 '장애인에 적합한 직무가 부족하다'라는 답변이 30.9%로 가장 높습니다. 두 번째는 '업무 능력을 갖춘 장애인이 부족하다'라는 답변이 26.8%이고요, 세 번째로는 '장애인 지원자가 없다'라는 답변이 20.9%에 달합니다. 이 3가지를 합하면 78.6%로 전체의 4분의 3에 해당하지요.

그런데 이 답변에서 뭔가 문제를 느끼지 않나요? 가령 사무직은 정신 장애나 지적 자폐성 장애가 아니면 다른 장애로는 근무가 힘들 이유가 하나도 없습니다. 전동휠체어를 탄다고 사무 업무를 보지 못할 이유는 없지요. 또 청각장애가 있다고 사무 업무를 보지 못하는 것도 아닙니다. 심지어 정신 장애나 지적 자폐성 장애도 그 정도가 약하다면 사무직을 하지 못할 이유가 없지요. 생산직 노동도 마찬가지지요. 가만히 살펴보면 '장애인에 적합한 직무'라는 말부터 어폐가 있다는 걸 알 수 있습니다. 장애인에 적합한 직무라는 게 세상에 어디 있겠습니까? 반대로 특정한 장애가 있다면 이 직무는 적합하지 않다는 답변이 나와야지요. 가령 색채 디자인이라면 시각장애가 있을 때 곤란할 수 있겠습니다. 음향 엔지니어 일을 하려면 청각장애를 가지면 힘들겠지요. 세상에 장애인에 적합한 직무라는 표현이 말이나 되는 이야기일까요? 반대로 장애인에게 부적합한 직무가 무엇인지를 묻고 싶어집니다. 그리고 아주 조금만 신경 쓰고 여건을 만들면 장애인이 비장애인과 동등하게 일할 수 있는데 그런 여건을 만드는 것에는 전혀 관심이 없다는 표현이라고밖에는 생각할 수가 없지요.

두 번째 업무 능력을 갖춘 장애인이 부족하다는 답변에 대해서도 생각을 해보죠. 경력자를 뽑는 상황이라면 장애인 경력자가 드문 상황이니 일단은 이해할 수도 있습니다. 하지만 신입사원을 뽑을 때 장애 유무를 블라인드 처리하고 뽑아도 저런 답변이 나올 수 있을 것인가에 대해 의문이 듭니다. 그리고 그와 더불어 생각해야 할 것이 더 있습니다. 보통 소수자에 대한 배려는 구조적으로 그들이 불리한 여건에서 이루어집니다. 예를 들어 미국에서 아시아계나 아프리카계 미국인에게 대학 입학 시 일정한 쿼터를 부여하는 것이 그런 제도의 일환이지요. 우리나라 교포들도 그 덕을 좀 봤습니다. 또 서울대에서 지역균형발전 전형을 통해 지방 고등학생들에게 문호를 개방하는 것이 그런 제도입니다. 여러 정당에서 여성에게 공천의 일부 몫을 할당하는 것도 마찬가지지요. 그리고 장애인에 대한 의무 고용도 마찬가지입니다. 앞서 살펴본 것처럼 장애인은 현재 교육 제도에서 꽤 불리한 대우를 받고 있고 그에 따라 비장애인과 교육 격차가 많이 납니다. 먼저는 현재

	장애인	전체
심신 장애	43.5	2.7
쉬었음	33.1	11.0
가사	11.2	36.7
연로	7.6	13.6
재학 수강 등	2.8	20.4
쉬었음 외	1.3	4.8
육아	0.4	7.3

비경제활동인구 주된 활동 상태(2018년)

의 교육 제도에서 장애인의 교육받을 권리를 확보할 방안을 마련해야 겠지요. 그리고 대학에도 지역균형발전과 같은 장애인 쿼터제도를 도 입할 필요도 있겠습니다. 마지막으로 기업이 장애인이 일하기 적합한 직장으로 스스로 시스템과 제도를 개선하게끔 강제해야 하지요.

세 번째 답변이 장애인 지원자가 없어서입니다. 이건 반대로 생각 하면 실업률도 높고 그렇지 않아도 취업할 곳이 없는 장애인이 지원조 차 하지 않을 정도의 기업이라는 거죠.

빈곤과 질병

이러니 가구당 소득 또한 비장애인과 현격한 차이를 보입니다. 다 음의 표에서 보듯이 2017년 장애인 가구의 월평균 소득은 전체 인구 대비 66.9%입니다. 월평균 지출은 69.1%지요. 전체 인구로 보면 소득 과 지출의 차액이 85만 원인데, 장애인 가구는 차액이 51만 원입니다. 즉 미래를 위한 저축이 적은 것이죠. 장애인 가구의 소득이 적은 것은 가구주가 장애인이기 때문은 아닙니다. 물론 그런 경우도 있지만 앞서 살펴본 것처럼 장애인 자녀가 있을 때 부모 중 한 명은 자녀를 돌보기 위해 일을 포기하는 예가 많기 때문이지요.

더구나 장애인 가구가 장애로 인해 추가로 지출하는 비용도 있습 니다. 평균 월 16만 5,000원이 더 나가는데 의료비와 보호 및 간병비, 교통비, 통신비, 보육 또는 교육비, 재활 기관 이용료, 장애인 보조기구

	장애인 가구	전체 인구
가구 월평균 소득		
2014년	223.5(전체 대비 62.8%)	356.0
2017년	242.1(전체 대비 66.9%)	361.7
가구 월평균 지출		
2014년	170.6(전체 대비 60.6%)	281.4
2017년	190.8(전체 대비 69.1%)	276.1

장애인 가구와 전체 가구 월평균 소득 및 지출 비교(단위: 만 원)

구입과 유지 비용 등입니다. 특히 눈에 띄는 것은 부모 사후 및 노후 대비비가 평균 2만 2,900원인 점입니다. 장애인을 돌보는 일이 부모에게 맡겨지는 현실에서 중증장애인에 대한 대비비를 생각하지 않을 수 없는 거지요.

이렇게 소득은 적고 지출은 많으니 장애인 가구는 대체로 가난합니다. 이 가난은 대물림이 되지요. 앞서 살펴본 것처럼 공교육에서도 학력 격차가 날 수밖에 없고, 적은 수입으로 자녀 교육에 대한 투자도 제대로 할 수 없습니다. 흔히들 장애를 극복하고 사법고시 합격, 장애를 극복하고 대기업 취업 등의 뉴스가 나는 건 그만큼 그 일이 어렵고 드물기 때문이지요.

장애인의 경우 사망률도 높습니다. 장애인 조사망률을 나타낸 표를 보면 전체 인구의 조사망률에 비해 5배 이상 높은 걸 알 수 있습니다. 사고사도 높은데 운수 사고로 인한 사망률은 3배, 추락사는 4배, 익사는 3배, 중독사는 3.5배, 자살은 2.5배, 타살은 2배가량 됩니다.

타살이 2배가량 되는 것은 주로 장애인을 돌보던 가족에 의해서입니다. 그런데 이런 사고사 비율이 비장애인보다 대략 3배 높은데, 조사망률은 5배나 높습니다. 우리나라 중요 사망 원인에는 질병이 대부분이고 사고사 항목에서는 자살만이 10대 순위 안에 들어가기 때문에 사고사가 높은 것이 전체 조사망률을 높이진 않습니다. 즉 장애인들이 비장애인보다 더 많이 질병에 걸린다는 뜻입니다. 그리고 이는 장애인들의 소득 수준이 낮은 것에도 원인이 있습니다. 〈소득 수준별 남녀 간

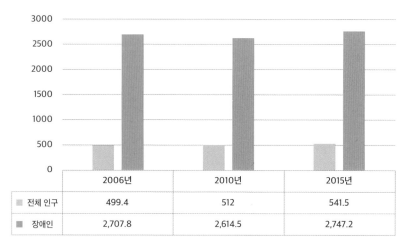

	2006년	2010년	2015년
■ 전체 인구	499.4	512	541.5
■ 장애인	2,707.8	2,614.5	2,747.2

장애인과 전체 인구 조사망률 추이(단위: 10만 명)

	장애인	전체 인구
운수	32.5	10.2
추락	20.8	5.1
익사	3.9	1.3
중독	2.2	0.6
자살	66.8	25.6
타살	1.7	0.9

장애인과 전체 인구 사고사 사망률(단위: 10만 명)

기대수명 격차에 대한 사망 원인별 분해분석〉이란 논문에 따르면 소득분위가 낮을수록 기대수명이 낮은데* 이는 자살, 뇌혈관 사고, 알코올성 간질환, 폐암, 당뇨 등이 더 빈발하게 일어나기 때문입니다. 최고소득과 최저소득 사이의 기대수명 차이는 남자는 6.22세, 여자는 1.74세를 기록했습니다. 물론 장애 종류에 따라 그 격차가 많이 납니다. 자폐성 장애는 기대수명이 가장 낮아 28.2세이며, 지적장애는 50.6세, 간 장애는 57.6세입니다. 그러나 장애인도 10대 사망 원인은 전체 인구와 유사합니다. 1위는 암입니다. 그런데 암으로 인한 장애인의 조사망률은 전체 인구보다 3.1배 높습니다. 당뇨는 6.7배, 고혈압성 질환은 4.2배가 높습니다. 장애인들이 만성질환 및 중증질환 보유율이 전체 인구보다 높은 것이 중요한 이유 중 하나입니다. 전체 인구가 17%인 데 비해 장애인은 33.7%로 2배 높습니다. 또 두 가지 이상의 만성질환을 동시에 보유하고 있는 예가 많아 평균 1.8개의 만성질환을 보유하고 있는 것으로 나타났습니다. 특히 노년층은 큰 차이가 없으나 청년층과 중·장년층에서 일반인보다 장애인의 유질환율이 높게 나타나고 있습니다. 전체 인구에서 20~44세는 질환이 있는 비율이 3.1%이나 장애인은 7.3%이고 45~64세의 경우 전체 인구는 22.5%이지만 장애인은 30.0%입니다.

---

* 〈소득 수준별 남녀 간 기대수명 격차에 대한 사망 원인별 분해분석〉. 정유지, 서울대학교 대학원 의학과 의료관리학, 2019년 2월.

장애가 있는 것 자체가 건강상태에 영향을 주기 때문에 장애인은 건강이 나빠지기 쉽습니다. 우울증이나 통증, 골다공증 등이 장애인에게 자주 나타나는 2차적 장애로 꼽히고 있지요. 또 비활동성으로 인해 비만 경향을 보이고 좌식 생활을 많이 해서 운동량이 적은 것도 원인으로 꼽힙니다.* 따라서 건강 유지와 질병 예방을 위해선 관련된 의료 서비스를 받을 수 있게 하는 것이 중요한데, 앞서 살펴본 것처럼 소득이 충분하지 않으니 조기 검진과 치료 및 재활이 잘 이루어지지 않습니다. 건강검진을 받는 사례가 전체 인구에서는 72.2%인 데 비해 장애인은 63.3%밖에 되질 않습니다. 특히 중증으로 갈수록 낮아져 3급은 57.2%, 2급은 46.2%, 1급의 경우 37%에 불과합니다.

장애인의 1인당 진료비 부담은 전체 인구 대비 3.9배 높습니다. 장애인은 전체 인구의 5%인데 진료비는 국민 전체의 19.7%를 차지하지요. 여기서도 소득 수준에 따른 차이가 극명하게 드러나는데 장애 인구의 5%가 차지하는 진료비가 전체 장애인 진료비의 40%에 이릅니다. 또한 의료 이용 횟수는 전체 인구 대비 입원은 8배, 외래진료는 3.5배나 높은데, 입원할 때 1회당 진료비는 장애인이 전체 인구보다 낮습니다. 자주 가야 해서 진료비도 부담인 데다 소득은 적으니 비싼 진료를 받질 못하는 거지요.

마지막으로 하나만 짚고 넘어가겠습니다. 장애 출현율이라는 통

---

* 〈장애와 건강 통계〉, 국립재활원 재활연구소, 2016년.

계가 있습니다. 장애 출현율이란 장애인 수가 전체 인구에서 차지하는 비율을 의미합니다. 그런데 장애 출현율이 우리나라가 OECD 국가 중 가장 작은 편에 속합니다. 장애 출현율이 30% 이상인 나라로는 핀란드, 오스트리아, 포르투갈, 슬로바키아, 네덜란드 등이 있고, 20% 이상인 나라는 스위스, 덴마크, 체코, 헝가리, 프랑스, 벨기에, 터키, 폴란드, 뉴질랜드, 그리스, 이탈리아, 캐나다, 독일, 영국, 스페인 등입니다. 10% 이상인 나라로는 호주, 이스라엘, 아일랜드, 스웨덴, 미국 등이 있습니다. OECD 평균은 15.2%입니다. 그런데 우리나라는 5.39%에 불과합니다.

왜 이런 걸까요? 실제로 장애인의 수가 이리 적은 것이라면 좋겠지만 이는 착시에 불과합니다. 이렇게 낮은 이유는 장애 판정의 기준이 다르기 때문입니다. 한국은 신체해부학적 손상을 기준으로 장애를 측정하는 반면 OECD의 많은 국가는 '일상생활의 제약', '사회참여 제한', '능력'의 측면을 측정하므로 장애 출현율이 높게 나타납니다. 특히 '활동 및 참여제약'을 기준으로 가지는 나라가 장애 출현율이 높은데 대부분의 서유럽 국가들이 해당합니다.* OECD 대부분의 국가들 기준으로는 장애로 판정받아 공적 지원을 받을 수 있는 많은 이들이 우리나라에선 장애를 인정받지 못합니다. 이는 장애인에 대한 지원 예

---

* 〈OECD국가 장애 출현율 산출 기준과 장애개념 관계성 연구〉, 한국장애인개발원, 2018년 10월.

산을 낮추는 결과를 만듭니다.

장애급여나 상병급여 등 장애인에 대한 공적 지출을 GDP와 비교해봤을 때 노르웨이와 덴마크는 3.0% 이상이고 네덜란드, 핀란드, 뉴질랜드, 벨기에, 스페인, 폴란드, 이스라엘, 호주, 스웨덴, 에스토니아 등이 2.0% 이상입니다. 아이슬란드, 그리스, 포르투갈, 슬로베니아, 오스트리아, 체코, 이탈리아, 라트비아, 헝가리, 슬로바키아, 프랑스, 스위스, 영국 등이 1.5% 이상이고, 아일랜드, 룩셈부르크, 미국, 독일이 1.0% 이상입니다. OECD 평균은 1.5%입니다. 그러나 한국은 이 모두에 해당하지 않는 0.4%일 뿐입니다.

노인 6명 중 1명은 장애인

연령별 장애인 비율 표를 보면, 30대까지는 장애인 비율이 2%를 넘지 않지만 나이가 들수록 장애인 비율이 늘어나는데, 특히 60세 이상에서 급격히 늘어납니다. 60대에서는 열 명 중 한 명이, 70대에는 여섯 명 중 한 명이, 80대 이상에서는 세 명 중 한 명이 장애인입니다. 60대 이상 전체를 보면 비장애인 대비 장애인은 16.1%입니다. 여섯 명 중 한 명꼴로 장애인입니다. 그런데 바로 앞 장에서 우리나라의 장애 기준이 OECD 나라보다 지나치게 엄격함을 이야기했습니다. OECD 평균과 비슷하게 보자면 우리나라 장애 출현율은 현재의 3배까지 올라갑니다. 이를 생각하면 노인의 장애인 비율은 현재보다 훨씬

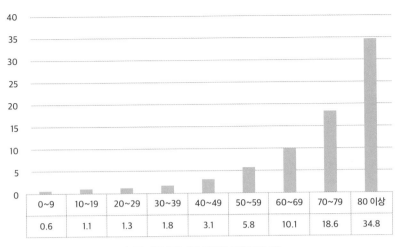

0~9	10~19	20~29	30~39	40~49	50~59	60~69	70~79	80 이상
0.6	1.1	1.3	1.8	3.1	5.8	10.1	18.6	34.8

연령별 비장애인 대비 장애인 비율(단위: %)

올라가 60대 이상 장애인 비율은 최소한 30% 이상일 겁니다.

또 하나, 다음의 표를 보면 전체 장애인 중 50세 이상이 차지하는 비율은 77.1%입니다. 0~30대까지는 전체 장애인 중 12.5%에 불과합니다. 즉 장애인 중 대부분이 중장년층과 노인층이라는 것입니다. 사고로 장애가 생기기도 하고, 질병을 앓으면서 장애인이 되기도 합니다. 또 노화 현상에 의해 장애인이 되기도 하는데, 그 비율이 나이가 들수록 급속도로 커지는 거지요. 우리는 장애인이 매우 특별한 사례라고 생각하지만 표에서 나타나는 것처럼 누구나 나이가 들면서 장애인이 될 가능성이 짐짐 커집니다. 그리고 모두 일다시피 우리나라의 고령화 속도는 상당히 빠른 편입니다. 즉 이전보다 장애인 비율이 높아지게 된다는 이야기지요.

	전체 장애인 중 연령별 장애인 비율	전체 비장애인 중 연령별 비장애인 비율	연령별 비장애인 대비 장애인 비율(%)
0~9	1.1(0.055)	8.9	0.6
10~19	2.4(0.120)	10.4	1.1
20~29	3.7(0.185)	13.6	1.3
30~39	5.3(0.265)	14.5	1.8
40~49	10.2(0.510)	16.6	3.1
50~59	18.9(0.945)	16.4	5.8
60~69	22.1(1.105)	10.9	10.1
70~79	22.3(1.115)	6.0	18.6
80 이상	13.8(0.940)	2.7	34.8

연령별 장애인 비율(2018)

장애를 가진다는 것은 일상생활의 제약 이상의 의미를 뜻합니다. 다음 표를 보면 장애인 가구는 1인 가구가 비장애인보다 확실히 적습니다. 그 대신 2인 가구 이상은 비장애인보다 조금씩 비율이 높고 특히 2인 가구의 비율은 8% 가까이 높지요. 장애인에 대한 돌봄 노동이 가족에게 맡겨져 있는 현실을 보여줍니다. 또 장애인의 의료기관 이용 일수는 1년에 56.5일로 전체 국민의 이용일 수의 2.6배에 달합니다. 병원을 더 자주 가야 한다는 건 더 큰 비용을 부담한다는 의미도 있지만 직업을 구하는 데도 제약 조건이 됩니다. 1년에 56일이면 매주 한 번 이상 병원을 간다는 거죠. 평일 근무할 시간에 반차를 내고 병원을 다녀와야 하니 쉽지 않은 일입니다.

신체적 제약 조건과 더불어 이런 상황까지 겹쳐서 장애인의 고용률은 비장애인보다 현격히 떨어집니다. 30~60세의 한창 일할 나이

	장애인	비장애인
1인 가구	19.8	30.4
2인 가구	34.9	26.3
3인 가구	22.1	20.9
4인 가구	14.7	17.3
5인 이상	8.5	5.0

가구원 수별 가구(2018)

	장애인	비장애인
15~29	30.6	43.5
30~39	53.4	76.0
40~49	58.4	78.4
50~59	53.2	75.4
60 이상	23.9	41.5
전체	34.9	60.9

장애인 연령별 고용률(2019)

	50~59세	60~69세	70세 이상
청각장애	64.5%	16.8%	9.8%
지체장애	36.4%	25.8%	22.1%
뇌병변	43.3%	23.9%	15.1%
시각장애	39.1%	22.1%	18.3%

연령별 장애 종류별 비율

에 비장애인은 평균 77%의 고용률을 보입니다. 하지만 장애인은 평균 55%의 고용률로 22%의 격차가 나는 것이지요. 전체로 보더라도 비장애인은 60.9%인 데 비해 장애인은 34.9%로 26%의 격차가 납니다.

청각장애는 70세 이상이 9.8%이고 60~69세가 16.8%입니다. 50~59세가 64.5%입니다. 노인성 장애인 거죠. 이들이 전체 청각장애의 91.1%를 차지합니다. 지체장애는 70세 이상이 22.1%, 60~69세가 25.8%, 50~59세가 36.4%로 전체의 84.3%입니다. 뇌병변은 70세 이상이 15.1%, 60~69세가 23.9%, 50~59세가 43.3%로 전체의 82.3%입니다. 시각장애는 70세 이상이 18.3%, 60~69세가 22.1%, 50~59세가 39.1%로 전체의 79.5%입니다.

선천적인 장애를 제외한 장애 대부분이 장년층과 노인층에 집중되고 있음을 보여줍니다. 이는 역으로 중장년과 노인층에 대한 사전 검진과 예방 활동을 통해 장애 출현율을 줄일 수 있다는 걸 보여주는 것이기도 합니다.

반면 발달장애는 0~19세가 25.7%이고, 20~29세 24.7%, 30~39세 16.7%로, 0~39세가 전체 발달장애의 67.1%를 차지합니다. 이는 발달장애가 있는 이들이 전체 인구보다 기대수명이 아주 낮은 데 기인하는 것입니다.

장애 복지 지출 밑바닥

장애인 복지 지출은 장애, 산업재해, 질병 등 '근로 무능력' 상태와 관련된 현금·현물 급여를 뜻하는데, 장애연금, 산재보험, 돌봄·가사보조 서비스 등이 포함됩니다. 한국의 장애복지 지출 비중은 2011년 기준으로 GDP 대비 0.49%로 OECD 회원국 중 뒤에서 세 번째였습니다. 당시 OECD의 평균 지출 비중은 2.19%로 한국은 이의 22.4%

수준이죠. 복지 지출 비중이 한국보다 작은 나라는 터키와 멕시코뿐이었습니다. 장애연금, 산재보험, 상병급여 등 현금 급여 비중은 0.40%로 OECD 평균 1.79%보다 훨씬 적습니다. 더구나 장애연금은 GDP 대비 0.124%로 OECD 평균 1.094%의 9분의 1 수준에 불과합니다. 돌봄, 가사보조, 재활 서비스 등 현물 급여의 비중은 오히려 줄어들었습니다. 2009년 0.17%에서 2011년 0.08%로 절반으로 줄었지요.

2017년 기준 한국의 GDP 대비 장애인 복지 지출 규모는 GDP 대비 0.6% 수준으로 2011년보다 0.2% 올랐습니다만 여전히 터키와 멕시코 다음입니다. 미국의 절반, 헝가리의 3분의 1, 스페인의 4분의 1입니다.

아래 표는 장애수당 수급자와 금액입니다. 중증장애인에 해당하지 않는 자로 기초생활 수급자 및 차상위 계층에 해당할 때 지급합니다. 2019년 기준으로 1,383억 9,000만 원이 36만 5,804명에게 지급되었습니다. 한 명당 평균 37만 원이 지급된 것이죠.

장애연금은 2019년 기준으로 총 8만 900명이 받고 있습니다. 장애연금은 중증장애인 중 소득 인정액이 보건복지부 장관이 결정 고시하는 금액 이하일 때 지원하는데, 2020년을 예로 들면 1인 가구 122만

	2011	2012	2013	2014	2015	2016	2017	2018	2019
예산액	75,316	79,825	79,933	78,982	104,675	132,641	132,751	133,077	138,390
수급자 수	316,861	314,894	320,990	320,423	328,149	336,224	343,662	352,117	365,804

장애수당 수급자 수(단위: 백만 원, 명)

원, 2인 가구 195만 2,000원이 경계입니다. 기초생활 수급자와 차상위 계층은 매월 30만 원, 그 외에는 254,760원을 받습니다. 부부가 모두 급여를 받으면 20%를 감액합니다.

장애아동수당도 있습니다. 기초생활 수급자 및 차상위 계층의 18세 미만 장애아동을 대상으로 하는데 기초수급 중증장애인은 월 20만 원, 경증장애인은 월 10만 원, 차상위 중증장애인은 월 15만 원, 경증장애인은 월 10만 원을 받습니다. 보장시설에 입소하면 중증장애인은 월 7만 원, 경증장애인은 2만 원을 받습니다.

주관식 1. 다음의 설명에 해당하는 A학교의 이름은 무엇일까요?

"특수학교가 부족한 데는 예산 문제도 있지만 신설 예정 지역 주민의 반대도 있습니다. 서울에 무려 17년 만에 새로 설립된 A학교의 경우 2017년 학교 개설 공청회에서 장애 학생 부모가 지역 주민 앞에 무릎을 꿇고 개교를 호소했던 일이 논란이 되기도 했지요."

주관식 2. "우리나라 전체로는 무학이 3.5%이고 대부분 고령자이지만 장애인의 경우는 10명당 ___ 명 꼴로 학교에 다닌 적이 없는 것으로 나타납니다."

주관식 3. 아래의 설명에 해당하는 제도는 무엇일까요?

"한국장애인고용공단이 주관하는 것으로 국가 지방자치단체와 상시근로자 50명 이상을 고용하는 사업주가 대상입니다. 국가 및 지자체는 2021년 기준 공무원, 비공무원 각각 3.4%를, 그리고 공공기관도 전체 상시근로자의 3.4%를 의무적으로 고용해야 합니다."

여전한
여성 차별

"여자가 벌면 얼마나 번다고 그래, 괜히 나가서 바람이나 들지 말고 집에서 살림이나 잘하라고 해." 이런 이야기를 들은 적이 있는가요? 요사이는 많이 덜 하지만 20세기 말까지만 해도 공공연히 나오는 이야기였습니다. TV 프로그램에서도 내조 잘하는 방법, 남편 기 살리기 같은 코너들이 있었지요. 여성의 첫 번째 임무는 아이를 잘 기르고 살림을 야무지게 하는 것이었고, 직장을 다니는 것은 결혼 전에나 하는 일이었죠.

2009년은 우리 사회에서 하나의 분기점이 되는 해입니다. 일제강점기부터 시작해서 줄곧 남자보다 대학 진학률이 낮았던 여성이 2009년 82.4%로 남성 대학 진학률 81.6%를 넘어섰습니다. 이후 여성의 대학 진학률은 계속 남성보다 높습니다. 적어도 대학 진학에서는 남녀 차별은 사라졌다고 볼 수 있습니다. 1970년대 중학교나 고등학교를 졸업하고 취업을 해서 남자 형제의 대학 등록금을 대주던 일은 이제 거의 사라진 셈입니다.

하지만 대학을 졸업하면 사정이 달라집니다. 통계청의 〈2018년 임금근로 일자리별 소득 결과〉를 살펴보죠. 여성은 전체적으로 남성이 받는 임금의 64.8%를 받습니다. 전 연령에 걸쳐 임금 소득이 남성에 미치지 못합니다. 그러나 19세 이하는 86.7%, 20대는 92.1%로 꽤 근접해 있습니다. 같은 회사에서 같은 종류의 일을 하는데 대놓고 여성의 임금을 적게 주진 않는다는 뜻이지요. 임금 차이가 나는 것은 직종이 다른 것에 기인한 것일 가능성이 큽니다. 그런데 30대가 되면 임금 격차가 벌어져서 80% 수준밖에 되질 않고 40대는 62.5%, 50대가 되

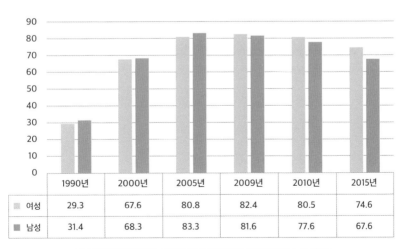

	1990년	2000년	2005년	2009년	2010년	2015년
여성	29.3	67.6	80.8	82.4	80.5	74.6
남성	31.4	68.3	83.3	81.6	77.6	67.6

남녀 대학 진학률(자료: 교육부 한국교육개발원, 교육통계연보, 각 연도)

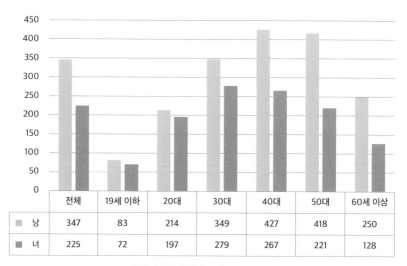

	전체	19세 이하	20대	30대	40대	50대	60세 이상
남	347	83	214	349	427	418	250
녀	225	72	197	279	267	221	128

2018년 남녀 연령별 월평균 임금 비교(단위: 만 원)

면 52.8% 수준입니다. 임신과 출산, 육아로 인한 단절이 가장 큰 이유일 것입니다. 그래서 남성은 전체 연령대 중 40대와 50대가 가장 평균 임금이 높은데 여성은 30대가 가장 높은 임금을 받습니다.

물론 같은 정규직이라도 남성이 여성보다 임금이 높고 같은 비정규직이라도 남성이 여성보다 임금이 높습니다. 2014년 8월에 조사한 자료에 따르면, 정규직 남성은 평균 326만 원을 받는데 정규직 여성은 219만 원을 받으며, 비정규직 남성은 평균 176만 원을 받는데 비정규직 여성은 117만 원을 받습니다.

특히 정규직과 비정규직의 성별분포를 연령별로 살펴보면 남성은 30대에서 45세에 이르기까지 일정한 수준을 유지하다가 60세까지 감소하는 경향을 볼 수 있습니다. 이와 대조적으로 여성은 20대 후반에 최고로 올라갔다가 30세 이후 지속해서 줄어듭니다. 비정규직 곡선을 보면 남성은 20대 후반에 최고점을 찍고 30대가 되면서 감소했다가 일정한 수준을 유지하고 있습니다. 하지만 여성은 30~34세에 가장 낮았다가 30대 후반부터 상승하지요. 이는 출산과 자녀 육아기를 거친 여성이 다시 노동을 시작할 때 제공되는 일자리가 대부분 비정규직이기 때문입니다.* 또한 동일한 조사에서 성별, 혼인별 비정규직 분포에서도 이런 점을 살펴볼 수 있습니다. 미혼 남성과 미혼 여성은 비정규직 비율이 46.6%와 43.0%로 약 3%의 차이를 보이지만 기혼 남성과 기혼 여성은 비정규직 비율이 32.7%와 59.5%로 27%가량의 차이를 보입니다. 기혼 여성의 비정규직 비율이 기혼 남성의 거의 2배에 가깝습니다.

기업, 육아휴직 부담 여전

임신과 출산 그리고 육아로 인한 경력단절을 어떻게 극복할 것인가가 남녀 소득 격차 해결에서 가장 중요한 문제입니다. 이는 여성의 문제만은 아닙니다. 우리나라 출산율이 다른 선진국보다 훨씬 더 가파르게 낮아지는 이유이기도 합니다. 출산휴가와 육아휴직이 해고나 사

---

* 〈비정규직 규모와 실태〉, 통계청, 〈경제활동인구 조사 부가조사〉, 김유선, 한국노동사회연구소, KLSI Issue Paper, 2016. 11. 22. 제 9호.

직으로 이어지지 않도록 해야 합니다. 하지만 문제는 기업이 여전히 육아휴직 사용에 부담을 느끼고 있는 현실입니다. 2018년 취업 포털 업체 사람인이 기업 인사담당자 226명을 대상으로 조사한 결과에 따르면 응답자의 84.1%가 육아휴직 사용에 부담을 느낀다고 답합니다. 이유는 '대체인력 채용에 시간과 비용이 발생'하고 '기존 직원의 업무가 과중'되며, '현재 진행 중인 업무에 차질이 발생하기 때문'인 예가 각각 60.5%, 48.4%, 38.4%입니다. 그 결과로 육아휴직을 사용하는 직원이 있다는 답은 50.9%로 전체의 절반이고 육아휴직을 사용하는 남성 직원이 있는 예는 11.5%에 불과합니다. 또한 육아휴직 기간은 평균 9.8개월입니다. 법으로 보장된 기간은 출산휴가 90일과 육아휴직 1년으로 총 15개월이지만 그 기간을 다 쓰지 못하고 출근하는 거지요.* 그 이유 중 하나는 육아휴직 후 복귀한 뒤 나타나는 차별 때문입니다. 한국여성정책연구원이 2019년 육아휴직 경험이 있는 직장인 763명을 대상으로 한 조사에서 여성은 39.3%가 승진에서 차별을 당했다고 응답했습니다. 사내평가에서 차별을 받았다고 응답한 비율은 34.1%입니다. 남성은 여성보다 육아휴직 경험이 있는 수가 적어서 승진에서 차별을 받았다고 응답한 이는 21.7%였고 사내평가에서 차별을 받았다는 응답은 24.9%였습니다. 육아휴직을 내기가 꺼려지고, 내고도 기간을 다 쓰지 못하고 다시 복귀하는 이유입니다.

---

* 〈육아휴직 도입 30년 됐지만… 기업 10곳 중 8곳 "육아휴직은 여전히 부담"〉, 한국일보, 2018년 2월 27일. https://m.hankookilbo.com/News/Read/201802271490800023

그러나 현실적으로 만 1년 정도가 된 아이를 두고 출근하기는 부담스럽습니다. 그래서 많은 여성이 임신과 출산, 육아휴직을 겪으며 회사를 그만두게 됩니다. 특히나 대기업이나 공무원 등 안정적인 직장은 그나마 덜하지만 중소기업은 이런 경향이 훨씬 심합니다. 통계청이 2018년에 발표한 〈한국의 사회 동향 2018〉을 보면, 300인 이상 대기업은 육아휴직제 도입이 93.1%에 달하지만 100~299인 기업은 86.7%, 30~99인 기업은 76.1%, 10~29인은 46.1%, 10인 이하는 33.8%에 불과합니다. 육아휴직이 끝난 뒤 복귀하면 육아기 근로 시간 단축제가 있습니다. 만 8세 이하의 자녀를 양육하기 위해 근로 시간을 줄이는 거죠. 육아기 근로 시간 단축은 1년 이내의 기간으로 신청할 수 있는데 단축 후 주당 근로 시간은 15~35시간 이내입니다. 하지만 이를 도입한 정도를 보면 300인 이상 대기업은 73.3%, 100~299인 기업은 59.3%, 30~99인 기업 45.5%, 10~29인 35.4%, 10인 이하 14.1%로 육아휴직보다 오히려 도입 비율이 낮습니다. 배우자 출산휴가제도 마찬가지여서 300인 이상 대기업은 90.1%인데, 100~299인 기업은 80%, 30~99인 73.2%, 10~29인 53.9%, 10인 미만 39.1%입니다.

그런데 이 통계는 실제 육아휴직이나 육아기 근로 시간 단축, 출산 휴가 등이 일어나는 비율이 아닙니다. 명목상 도입만 하고 실제 활용은 없는 회사를 모두 포함한 수치입니다. 그러니 중소기업에서는 저 수치보다 훨씬 적게 육아휴직이나 근로 시간 단축이 이루어진다는 이야기입니다. 그런데 고용노동부 〈사업체 노동 실태 현황〉을 살펴보면 여성

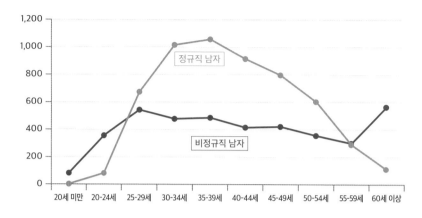

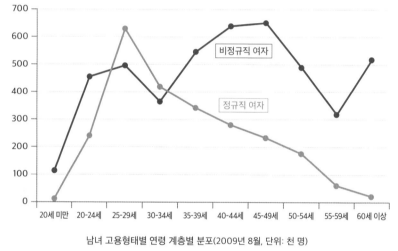

남녀 고용형태별 연령 계층별 분포(2009년 8월, 단위: 천 명)

노동자의 40%가 10인 미만 기업에서 일하고 있습니다. 여기에 30인 이하 사업장까지 확대하면 여성 노동자의 절반은 거의 육아휴직을 쓰기 어렵다는 결론입니다. 실제 2017년 육아휴직 급여를 받은 여성 수급자의 40.9%는 500인 이상 사업장에 근무한 것으로 나타났습니다. 이를 300인 이상 사업장으로 확대하면 그 비율은 더 높을 것입니다.

또한 육아휴직을 쓴 뒤 복귀하는 비율도 대기업과 중소기업에 따라 차이가 납니다. 300~999인 대기업에선 9.6%만이 복귀를 하지 않았습니다. 1,000명 이상 대기업은 2.7%입니다. 하지만 100인 이하 기업은 36.3%가 복귀를 하지 않았습니다. 복귀 이후 1년 이상 근무한 비율도 다릅니다. 400만 원 이상 고소득자는 59%이지만, 125만 원 미만 저소득 노동자는 32%밖에 되질 않습니다.

이런 문제의 이면에는 공공지출이 적은 것도 이유가 됩니다. 즉 정부의 지원이 적은 것이죠. 2013년 기준으로 우리나라의 출산 또는 육아휴직에 드는 급여 등의 공공지출액은 OECD 평균의 13% 수준에 불과한 1,723달러입니다. OECD 평균은 1만 2,316달러지요. 칠레보다도 못한 금액입니다. 육아휴직은 아주 당연한 노동자의 권리입니다. 하지만 이 권리를 제대로 쓸 수 있으려면 기업에 대한 감시와 더불어 정부의 재정적 정책적 지원이 지금보다 훨씬 더 많이 필요합니다.

여성 가구주 증가세 지속

여성 가구주가 늘고 있습니다. 여성 가구주는 1975년 전체 가구 대비 12.8%에서 2020년 31.9%로 비율이 2.5배 커졌습니다. 가구 수로는 남성 가구주 가구는 680만에서 1,461만으로 2배 조금 더 늘었는데, 여성 가구주 가구는 117만 가구에서 약 649만 가구로 5배 이상 늘었지요.

연도	여성 가구주 비율
1975년	12.8%
1980년	14.7%
1985년	15.7%
1990년	15.7%
1995년	16.6%
2000년	18.5%
2005년	21.9%
2010년	26.1%
2015년	29.4%
2020년	31.9%

연도별 여성 가구주 비율

여성 가구주 가구원 수는 평균 1.93명으로 남성 가구주 가구 평균 3.22명보다 적습니다. 여성 가구주 가구는 1인 가구가 49.4%로 가장 높고, 남성 가구주는 4인 가구 비중이 36.5%로 가장 높습니다. 다음의 표를 보면 여성 가구주 중 사별 가구가 29.9%로 가장 높은 비중을 차지하고 있습니다. 즉 남편이 죽고 가구주가 된 예가 전체의 30%가량 되는 거지요. 거기다 이혼 가구가 19.3%로 이 둘을 합치면 49.2%입니다. 즉 여성 가구의 절반은 결혼 후 어떤 이유로든 남편이 사라지면서 형성된 겁니다. 이와 관련된 의미는 뒤에 다시 상술하겠습니다. 눈에 띄는 것은 사별 가구가 여성 가구에서 차지하는 비중이 점차 줄어들고 있다는 점입니다. 2000년에는 사별 가구가 전체의 절반이 넘었는데 20년 동안 20% 이상 줄어들었습니다. 대신 이혼 가구가 8%가량 증가했고, 유배우 가구도 10% 넘어 증가했습니다. 사별이 대부분 노령가구에서 나타난다는 점을 생각하면 그리고 여성 가구 자체가 늘어난 것을 고려하면 사별 가구 자체가 줄어든 것은 아닙니다. 오히려 사별 가구는 일정하게 유지되었지만 다른 이유의 여성 가구가 늘어난 것이지요. 물론 노령 인구 중 남성 인구가 지속해서 그 비중이 늘어나고 있는 것은 사별 가구가 늘어나지 않게 하는 요인이 되기도 합니다.

21세기 들어 여성 가구가 급격하게 증가한 데는 이혼율의 증가와 미혼 여성 가구의 증가 그리고 유배우 가구의 증가가 중요한 요인이라는 거지요. 통계청 통계를 보면 앞으로 20년 동안 미혼 가구의 비율은 3.5%, 이혼 가구는 2.7% 증가하지만, 유배우 가구는 오히려 0.9% 감소하고 사별 가구도 4.7%가량 감소할 것으로 예상합니다. 물론 여성 가구 절대 수는 앞으로도 208만 가구가 더 늘어날 것으로 예상하고요.

이는 두 가지 측면에서 볼 수 있습니다. 인구가 감소하는 과정에서 가구 수가 증가하는 것은 한 가구당 구성인원 수가 줄어들 것이란

연도	가구	여성 가구주	구성비	소개	미혼	유배우	사별	이혼	남성 가구주
2000년	14,507	2,683	18.5	100.0	21.4	16.2	51.1	11.2	11,824
2005년	16,039	3,523	22.0	100.0	23.6	19.2	42.7	14.5	12,515
2010년	17,495	4,569	26.1	100.0	23.5	24.3	35.8	16.4	12,926
2015년	19,013	5,586	29.4	100.0	23.2	26.0	32.4	18.4	13,427
2019년	20,116	6,322	31.4	100.0	23.8	26.6	30.5	19.1	13,794
2020년	20,350	6,487	31.9	100.0	24.0	26.8	29.9	19.3	13,862
2030년	22,036	7,803	35.4	100.0	25.3	27.4	25.8	21.5	14,234
2040년	22,651	8,566	37.8	100.0	27.5	25.9	24.6	22.0	14,085

혼인 상태별 여성 가구주(통계청, 〈장래가구특별추계 2017~2047〉)

뜻이고 특히 1인 가구와 2인 가구가 더 높은 비중을 차지할 것이란 뜻입니다. 그리고 이혼율은 현재 일정한 수준에서 유지되고 있으며 남성 가구가 주로 4인 가구인 데 반해 여성 가구는 1인 가구가 많으니 앞으로 1인 가구가 늘어나는 폭은 여성 가구보다 남성 가구가 더 클 것이란 뜻이지요. 그리고 여성 가구 중 유배우 가구가 감소할 것이란 예상은 다른 이유도 있겠지만 결혼하는 비율 자체가 줄어들기 때문일 것입니다.

연령대별로 보면 남성과 여성의 1인 가구 비율이 꽤 차이가 큽니다. 20대는 남녀 간의 차이가 크지 않지만 30대와 40대, 50대에 이르기까지 남성 1인 가구는 대략 18~21% 수준을 유지하면서 조금씩 감소하는 데 반해 여성 1인 가구는 20대 이후 30대 12.0%, 40대 10.4%로 남성의 절반 조금 넘는 수준이다가 50대가 되면서 점차 증가하여 60대, 70대까지 지속해서 증가합니다. 40대와 50대에서 1인 가구가 증가하는 요인으로는 이혼이 주된 것으로 보입니다. 60대부터는 이혼과 함께 사별도 주요 원인이 됩니다.

여성 가구주 가구 중 노인 가구가 24.6%인데 지속해서 그 비중이 증가하고 있습니다. 연령대별로 보면 60세 이상 가구주 비중이 급속도로 늘어나 2019년에는 총 여성 가구주 중 45.3%가 60세 이상이며 그중 70세 이상이 28.0%에 달해 비율이 가장 높습니다. 세 번째가 20대로 17.2% 수준이지요. 70세 이상이 가장 높은 이유 중 하나는 사별 가구가 많기 때문입니다. 이렇게 고령 인구에 여성 가구가 증가하는 데

		1인 가구	연령대별 1인 가구 구성비							
			계	20세 미만	20~ 29세	30~ 39세	40~ 49세	50~ 59세	60~ 69세	70세 이상
여성	2005년	1,753	100.0	1.2	18.1	12.5	11.7	11.5	18.5	26.5
	2010년	2,218	100.0	1.1	16.0	12.7	11.1	13.4	16.2	29.4
	2015년	2,610	100.0	1.1	15.4	13.1	11.8	15.3	15.6	27.6
	2018년	2,942	100.0	1.0	16.2	12.1	10.8	14.7	17.1	28.1
	2019년	3,094	100.0	1.0	17.2	12.0	10.4	14.1	17.3	28.0
남성	2005년	1,418	100.0	1.6	25.5	28.9	19	11.6	7.5	5.9
	2010년	1,924	100.0	1.3	21.2	26.4	19.8	15.3	8.7	7.3
	2015년	2,593	100.0	1.1	18.7	23.5	20.9	18.4	10.1	7.3
	2018년	2,906	100.0	1.0	18.7	21.9	18.8	18.7	12.6	8.4
	2019년	3,054	100.0	0.9	19.2	21.7	18.0	18.4	13.0	8.7

연령대별 1인 가구 구성비(단위: %)

는 세 가지 이유가 있습니다. 먼저 고령화로 노령 인구가 전체 인구에서 차지하는 비중이 높아진 것입니다. 거기에 65세 이상 인구에서는 성비 격차가 큽니다. 여성은 59.6%이고 남성은 40.4%입니다. 약 19%의 격차입니다. 또한 노인 인구가 자식과 같이 살지 않는 경우가 늘어났기 때문입니다. 노인 인구 중 약 4분의 3에 해당하는 이들이 자식들과 같이 살지 않고 독립 가구를 형성합니다. 이 세 가지가 합쳐져 노인 여성 가구, 특히 1인 가구가 지속적으로 비중을 높이고 있습니다. 앞서 노인 문제에서 여성 노인의 빈곤율이 상당히 높다고 지적한 바 있습니다. 노인 여성 1인 가구가 늘어나는 것에 대한 대책이 시급한 이유입니다.

1. 다음의 서술에서 옳은 내용을 고르세요.

   ① 2009년 처음으로 여성의 대학 진학률이 82.4%로 남성 대학 진학률 81.6%를 넘어섰다.

   ② 통계청의 〈2018년 임금 근로 일자리별 소득 결과〉를 보면 여성은 전체적으로 남성이 받는 임금의 84.8%를 받는다.

   ③ 남녀의 임금 차이는 50대에 이르면 거의 차이가 없어진다.

   ④ 비정규직에서는 남녀의 임금 격차가 정규직에 비해 상대적으로 적다.

`주관식` 2. A에 해당하는 여성을 위한 제도는 무엇일까요?

   "통계청이 2018년 발표한 〈한국의 사회 동향 2018〉을 보면, 300인 이상 대기업은 A 도입이 93.1%에 달하지만 100~299인 기업은 86.7%, 30~99인 기업은 76.1%, 10~29인은 46.1%, 10인 이하는 33.8%에 불과합니다."

모자 가구

모자 가구는 7.3%입니다. 전체 한부모 가구는 2019년 전체 가구의 10.9%를 차지하는데 그중 여성 한부모 가구가 74.9%로 전체의 4분의 3에 이릅니다. 한부모 가구 대부분이 배우자 한쪽의 사별보다는 이혼으로 이루어진다는 전제 아래 이혼 후 자녀 양육을 주로 여성 쪽이 책임지고 있는 것으로 나타나는 거지요. 한부모 가구는 그 절대 수는 증가하지만 전체 가구 중 비율은 2010년 9.2%까지 올라간 뒤 다시 7.5%대를 유지하고 있습니다. 이는 이혼율의 변화 추이와 궤를 같이한다고 볼 수 있습니다.

문제는 앞서 살펴봤듯이 한부모 가정의 대부분을 차지하는 30대 후반에서 50대에 이르는 여성은 경력단절 등으로 남성보다 평균소득이 대단히 낮다는 점입니다. 따라서 자녀 양육을 위한 비용 마련이 쉽지 않은 거지요. 2018년 여성가족부가 전국 한부모 가족 가구주 2,500명을 대상으로 시행한 〈2018년 한부모 가족 실태조사〉 결과를 살펴보시죠. 한부모 평균 연령은 43.1세로 대부분 이혼으로 한부모가 되었고 평균 1.5명의 자녀를 키우고 있습니다.

모자 가구가 51.6%이고 모자＋기타 가구는 13.9%였습니다. 부자 가구는 21.1%이고 부자＋기타 가구는 13.5%입니다. 한부모 가구의 월 평균 소득은 220만 원 수준으로 전체 평균 가처분소득 389만 원 대비 56.6%입니다. 자산도 평균 8,559만 원으로 전체 가구 자산의 25% 수준입니다. 쉽게 말해서 대단히 곤궁한 삶을 사는 거지요. 한부모 가정의 84.2%는 근로 빈곤층이었습니다. 그리고 전체 한부모 가구 중 저소득 지원 가구가 46%를 차지합니다.

한부모 가정은 아이를 기르는 데도 힘이 듭니다. 일반 가구의 경우 미취학 아동을 기관에 맡기는 비율이 49%이고 부모가 돌보는 비율이 41.9%, 조부모가 돌보는 비율이 6.0%인 데 비해 한부모 가정은 보육시설, 어린이집, 유치원, 학원 등 시설 보육 이용률이 86.6%까지 치솟습니다. 부모가 직접 돌보는 예가 9.1%밖에 되지 못하기 때문입니다. 조부모가 돌보는 사례도 3.7%로 일반 가구의 절반밖에 되질 않습니다. 소득이 낮고 일을 하지 않으면 안 되는 조건에서 아이를 시설에 맡기는 것 말고는 방법이 없는 거지요.

초등학생의 경우도 방과후 교실이나 지역아동센터, 학원 등에 보낸다는 응답이 80.6%입니다. 하지만 이때도 저소득층은 주로 돌봄교실이나 방과후 교실, 지역아동센터를 이용한다는 응답이 높았지만 월소득 300만 원 이상은 학원에 가거나 조부모가 돌본다는 비율이 높습니다.

5명 중 4명이 양육비 못 받아

여기서 그럼 이혼 후 양육을 맡지 않은 쪽―주로 남성이 양육비를 내야 하는 것 아니냐는 생각이 당연히 듭니다. 하지만 실상 양육비를 받지 못하고 있는 예가 78.8%에 이릅니다. 거의 다섯 명 중 네 명이 받질 못합니다. 그중 한 번도 받지 못했다는 비율이 73.1%에 이릅니다. 양육비 지급이 이렇게 낮은 이유 중 첫 번째는 대부분의 한부모 가정이 협의 이혼을 하는데 그중 법적 양육비를 주고받지 않기로 한 사례가 45.7%에 달하기 때문입니다. 그리고 법적으로 결정되지 않은 채 이혼한 예가 29.7%에 달하지요. 그 외 양육비를 주기로 한 사례는 전체의 24.5%에 불과합니다. 이처럼 정기적으로 받기로 했을 때도 실제 지급은 61.1%로 39% 가까이가 받지 못하고 있으며 수령액도 법정 결정 금액 평균 61.6만 원의 90% 수준인 56만 원 선에 그쳤습니다. 그런데도 자녀양육비 청구소송 경험이 있는 예는 7.6%, 양육비 이행 확보 절차를 이용해본 경험은 8.0%에 불과합니다. 즉 양육비를 받지 못하고 있는데도 법적 절차를 거치기가 쉽지 않다는 것이죠. 실제로 여성 가족부의 양육비이행관리원에 대해 응답자의 절반 가까이가 알고 있지만 서비스 이용 의사가 17%밖에 되질 않습니다. 이유는 비양육 부모와 얽히는 것이 싫어서가 42.7%고 비양육 부모가 양육비를 낼 형편이 되지 않기 때문이 24.8%입니다. 그런데 비양육 부모와 얽히기 싫어서라는 답변 이면에는 실제 청구를 해도 제대로 받기 힘들 것이라는 전제가 있지요. 받기 힘든 걸 억지로 받아내려 하다 보면 다툼이 일어나고, 그 다툼이 버겁거나 힘들어서 포기한다는 것이죠.

이렇게 양육비를 받기도 어렵고 아이는 키워야 하니 대상자의 84.2%가 경제활동을 하고 있습니다. 이는 대부분 여성인 걸 참작하면 일반 가정보다 대단히 높은 수치이지요. 직업은 서비스 종사자가 31.7%, 사무 종사자가 19.2%, 판매 종사자가 17.5%입니다. 특히 여성 한부모 가구는 서비스 종사자와 판매직 종사자 비율이 더 높습니다. 취업한 이들의 소득은 평균 202만 원 수준입니다만 성별 격차가 큽니다. 부자 가구는 247만 원, 부자 기타 가구는 266만 원 선인 데 비해 모자 가구는 169만 원, 모자 기타 가구는 174만 원 선에 불과합니다. 여성 가구주 가구는 대략 170만 원대에서 모든 문제를 해결해야 합니다. 이런 저소득 노동자임에도 불구하고 한부모 가구 가구주의 41.2%가 하루 10시간 이상 근무하고 있는 것으로 나타나고 있습니다. 주 5일제 근무를 하는 곳도 취업자의 36.1%이고 정해진 휴일이 없는 예도 16.2%나 됩니다.

그래서 한부모 가장의 과반수가 집안일, 돈이 필요할 때, 본인과 아이가 아플 때, 기타 생활에 관련한 도움이 필요할 때 부모 또는 친인척의 도움을 받고 있습니다. 그러나 집안일은 28.9%, 돈이 필요할 때 21.1%, 본인이 아플 때 14.6%, 아이가 아플 때 14.3%가 도움을 구할 곳이 없다고 응답했습니다. 한부모 가정이 어려움에 부닥쳤을 때 이를 지원할 사회적 지지망이 여전히 취약한 것이지요. 단순히 도움을 구할 수 없다는 비율만이 문제가 아니라 부모나 친인척에게 도움을—물론 대부분 부모입니다만—구할 수밖에 없는 것도 사회적 지지망이 받쳐주지 못하는 것을 가족이 해결해주는 것이니까요.

상황이 이렇다 보니 건강상의 문제가 생기는 예가 다반사입니다. 우울증 선별도구(PHQ-9)를 활용하여 확인한 결과, 전체 응답자의 15.5%가 우울 증상을 경험하고 있는 것으로 나타납니다. 〈국민건강통계〉에 따르면 일반적으로 19세 이상은 5.6%가 우울장애 유병률인 것에 비해 약 3배 더 많은 것입니다. 특히 30대 이하 응답자와 학력이 낮을수록, 임시·일용직일 때, 소득 수준이 낮을 때 상대적으로 높은 것으로 나타나고 있습니다. 병·의원에 가고 싶지만 가지 못했다는 응답도 23.2%로 국민건강통계의 전체 국민 미충족 의료율 8.8%의 3배가량 됩니다. 가지 못하는 이유는 경제적인 문제 48.6%, 시간이 없어서 40.1% 등으로 구조적 문제인 것으로 나타나고 있습니다. 주거 환경도 열악하긴 마찬가지입니다. 우리나라 전체 가구 중 60% 이상이 자가인 현실에서 한부모 가정은 공공임대가 24.5%, 전세가 16.4%, 보증부 월세가 22.7%이고, 무상으로 가족이나 친지 집에 있는 예가 10%이며,

자가는 24.1%밖에 되질 않습니다.

이런 한부모 가구를 더 힘들게 하는 것은 이혼한 사람에 대한 차별적 시선입니다. 동네나 이웃, 학교, 직장, 공공기관 그리고 가족과 친척으로부터도 차별을 받고 있습니다. 동네나 이웃으로부터 차별을 당하는 경험이 있느냐는 질문에 대해 '전혀 차별을 받지 않았다'는 40.2%로 절반이 되질 않습니다. '차별을 받지 않은 편이다'라는 항목은 '가끔이라도 차별을 받는다'는 이야기지요. 그 외 '한부모임을 밝히지 않는다' 13.3%, '차별을 받은 편이다' 13.2%, '심한 차별을 받는다' 2% 수준입니다. 그 외 학교의 경우 '전혀 차별을 받지 않는다'는 42.6%이고 직장은 44.9%, 공공기관은 45.4%, 가족 또는 친척은 47.6%로 대동소이합니다.

물론 이 조사를 시행한 여성가족부에서는 '차별을 받지 않는 편이다'라는 항목을 차별받지 않는다고 해석하고 차별받는 비율을 '차별을 받은 편이다'와 '심한 차별을 받는 편이다' 두 항목의 합으로 계산합니다. 그러나 한부모임을 알리지 않는다는 항목은 이미 차별받을 수 있다는 사실을 전제로 한 것이고, '차별을 받지 않는 편이다'라는 항목은 드물지만 차별을 받은 경험이 있다는 의미이기도 합니다. 특히나 학교나 보육시설에서의 차별은 부모보다 아이를 향하는 편이 대부분이니 심각할 것입니다. 공공기관마저 이런 상황이라는 건 문제가 심각한 것이라 볼 수 있지요.

이런 한부모 가구 중에서도 소득이 적은 가구를 대상으로 하는 기초생활보장 제도와 저소득 한부모 가족 지원사업에 대해서 모르는 사람의 수는 예전보다 많이 줄어 9.6%입니다만 '받은 적이 없다'라는 응답이 52.7%이고, '지원받은 적이 있다' 4.9%, '현재 지원받고 있다' 32.8%입니다. 2015년에 13.5%였던 것에 비하면 상당히 증가했습니다. 지원받는 급여의 종류로는 교육급여가 90.2%로 압도적으로 높았습니다. 그 외 의료급여가 65.1%, 주거급여가 58.6%이고, 생계급여는 31.7%입니다.

기초생활보장 제도를 얼마나 더 지원받아야 할 것인가에 대해서는 '10년 이상'과 '계속 지원받아야 할 것이다'가 합해서 61.6%로 쉽게 생활 사정이 나아지지 않으리라고 생각하고 있습니다. 그다음으로 비중이 높은 것은 '5~10년 이내'로 전체의 16.5%입니다. 이는 저소득 한부모 가족 지원사업에서도 비슷한 양상을 보입니다. 교육급여가 가장 높은 비중이라고 봤을 때, 많은 한부모 가장이 아이들이 학교에 다니는 동안은 계속 지원이 있어야 한다고 판단하는 것이죠.

여성 가구주와 남성 가구주의 소득 격차

여성 가구주 중 배우자가 있는 사례는 32.4%이고 배우자가 없는 사례는 67.6%를 차지합니다. 이혼과 사별 그리고 미혼 여성 가구주 증가에 따른 현상입니다. 이혼과 사별은 중장년 여성 가구를 늘리고 미혼 여성 가구는 20대와 30대 여성 가구를 늘립니다. 특히 배우자가 있을 때도 같이 살지 않는 예를 포함하면 80%가 넘습니다.

여성 가구주의 교육 수준을 보면 2009년에도 무학이 19.4%이며 초등학교가 19.5%, 중학교가 13.8%로 여기까지가 52.7%를 차지하고 있습니다. 고등학교는 31.2%로 여기까지를 포함하면 전체의 83.9%가 됩니다. 대졸 이상은 16.1%밖에 되질 않는 거죠. 같은 시기 남성 가구주의 경우 무학, 초등학교, 중학교까지가 18.7%이며 고등학교 학력이 41.3%로 여기까지가 60%입니다. 즉 대졸 이상의 학력을 가진 가구주가 전체의 40%가량을 차지하고 있습니다. 현재 50대 이상 연령층에서는 여성이 대학을 졸업한 비율이 남성보다 현저히 떨어지고, 이 격차는 연령대가 높아질수록 더 커집니다. 남성과 여성의 대학 졸업 비율은 40대에 가서야 거의 비슷해지고, 30대 이하에서는 비교의 의미가 없을 정도입니다. 따라서 여성 가구주의 상대적 저학력은 고연령대 여성 가구주가 많기 때문입니다.

여성 가구주의 주거 형태는 자가가 50.7%이고 전세와 월세가 각각 20.9%, 20.7%입니다. 반면 남성 가구주의 경우 69.5%가 자가이고 전세가 20.2%, 월세는 12.1%에 불과합니다. 그러나 여기서 착시 현상을 지적하지 않을 수 없습니다. 남녀 가구주를 불문하고 자가가 높게 나오는 것은 농업에 종사하는 것으로 등록된 가구주 때문입니다. 대부분 자산가치가 별로 없는 곳이죠. 눈을 도시로 돌리면 자가는 훨씬 줄어듭니다. 국토교통부의 2019년 주거실태조사를 보면, 자기 집을 보유한 가구 비율은 전국적으로 61.2%입니다. 남성 가구주 69.5%와 여성 가구주 50.7%를 합하면 저 정도 수치가 나오죠. 그런데 수도권으로 눈을 돌리면 자기 집을 소유한 가구는 54.1%로 7%가량 감소합니다. 반대로 광역시를 제외한 도 지역은 71.2%로 10%가량 높습니다. 즉 자기 집을 소유한 이들의 많은 부분이 농촌 지역이라는 겁니다. 특히 수도권 54.1%에도 이들 농촌 지역이 포함되어 있을 터입니다. 수도권으로 구분되는 경기도의 외곽지역을 빼면 자기 집을 가지는 비율은 훨씬 줄어들게 됩니다. 전국 통계는 지속해서 자기 집을 가지는 비율이 조금씩 상승하고 있는 것을 보여줍니다. 하지만 그중에서도 도시 지역은 상대적으로 낮고 특히 주택 구입 비용이 높은 수도권, 그중에서도 서울의 자가 점유 비율이 상당히 낮은 것을 볼 수 있습니다. 그리고 비율이 높아지는 정도도 다른 지역보다 낮습니다.

이를 뒷받침하는 또 다른 통계가 있습니다. 신혼부부 가구의 자가 보유율은 52.8%로 2018년보다 감소합니다. 농촌 지역에서 결혼하는 이들의 수가 갈수록 줄어든다는 점을 고려한다면 이 또한 도시 지역에서 자기 집을 갖는 비율이 훨씬 낮다는 점을 보여주고 있지요.

어찌 되었건 주거 형태에서도 여성 가구는 남성 가구보다 취약합니다. 도시 지역으로 한정한다면 자가는 절반이 아니라 그보다 훨씬 줄어들 것이고 전세와 월세가 더 많은 비율을 차지하게 될 것입니다.

여성 가구주의 취업률은 2019년 기준 58.4%인 반면, 남성 가구주는 85.3%입니다. 여성 가구주의 직업으로는 단순노무가 30.5%로 가

	1995년	2000년	2005년	2010년	2015년
	자가점유 비율	자가점유 비율	자가점유 비율	자가점유 비율	자가점유 비율
전국 계	53.3	54.2	55.6	54.2	56.8
7대 도시	44.3	47.5	51.0	49.6	51.9
기타 지역	62.1	60.2	59.6	58.0	60.8
수도권	46.0	47.6	50.2	46.4	48.9
서울	39.7	40.9	44.6	41.1	42.1
부산	44.2	52.0	56.7	57.8	61.3
대구	43.9	49.7	53.9	55.5	58.7
인천	57.4	59.1	60.6	55.5	58.7
광주	48.1	51.2	53.6	58.9	61.6
대전	50.6	51.2	52.0	50.8	53.8
울산	49.9	54.3	58.8	59.7	62.7

지역별 자가점유 비율 추이(출처: 통계청, 〈인구주택총조사〉, 단위: %)

장 높았고 서비스 21.2%, 판매 15.2%입니다. 전문가 또는 사무 종사자는 13.0%와 10.9%입니다. 전체의 66.4%가 단순노무와 서비스 또는 판매로 상대적 저임금 직군입니다.

그 결과로 월평균 소득은 여성 가구주는 185만 원, 남성 가구주는 344만 원으로 여성 가구주 소득이 남성 가구주 소득의 53.8%에 불과합니다. 이전소득은 여성 가구주가 58만 원으로 남성 가구주 20만 원의 3배 가까이 되지요. 이는 가구주 평균 연령이 여성 가구주 54세, 남성 가구주 47.6세로 여성 가구주 연령이 7세가량 더 높기 때문입니다. 또 살펴봐야 할 것은 전체 평균소득에서 이전소득이 중요한 역할을 한다는 점입니다. 이전소득을 제외하면 여성 가구주 소득은 130만 원이 되질 않는 반면 남성 가구주는 320만 원 이상이어서 그 격차가 더 벌어지지요.*

　여성 가구주 중에서 특히 우리가 살펴봐야 할 것은 고령 여성 가구와 모자 가정이라고 볼 수 있습니다. 여성 가구주 평균 노동소득이 130만 원이 되질 않는데, 그중에서도 경력단절 여성이 가구주인 모자 가정과 노동 능력이 취약한 고령 여성 가구의 경우, 상대적 저임금에 시달릴 가능성이 높고 노동소득이 여성 가구주 평균보다 낮은 경우가 많을 수밖에 없으니까요.

＊　통하는 세상 〈늘어나고 있는 여성 가구주, 그 단상을 들여다보다〉, 통계청 공식 블로그.

1. "모자 가구는 7.3%입니다. 전체 한부모 가구는 2019년 전체 가구의 10.9%를 차지하는데 그중 여성 한부모 가구가 전체의 _____에 이릅니다."

　① 3분의 1　　　　　　　　　② 3분의 2

　③ 4분의 1　　　　　　　　　④ 4분의 3

2. 다음의 서술에서 옳지 않은 것을 고르세요.

　① 여성 한부모 가구는 서비스 종사자와 판매직 종사가 비율이 더 높다.

　② 부자 가구는 247만 원, 부자기타 가구는 266만 원 선인 데 비해 모자 가구는 169만 원, 모자기타 가구는 174만 원 선에 불과하다.

　③ 한부모 가구 가구주의 41.2%가 하루 10시간 이상 근무하고 있는 것으로 나타나고 있다.

　④ 한부모 가구 가구주의 대부분은 법적으로 주 5일제를 보장받고 있다.

3. "한부모 가장의 경우 건강상의 문제가 생기는 경우가 다반사입니다. 우울증 선별도구(PHQ-9)를 활용하여 확인한 결과, 전체 응답자의 15.5%가 _____을 경험하고 있는 것으로 나타나고 있습니다. 〈국민건강통계〉에 따르면 일반적으로 19세 이상의 경우 5.6% 우울장애 유병률인 것에 비해 약 3배 더 많은 것입니다."

다음의 표는 1992년 14대 국회에서부터 2020년 21대 국회까지 국회의원 중 여성의원의 비율을 살펴본 것입니다. 1992년 1.0%에서 지속적으로 증가하여 21대에는 19.0%까지 높아졌음을 볼 수 있습니다. 특히 1990년대에는 대부분 비례대표였으나 점차 지역구 출신들이 늘어나면서 현재 전체 여성 국회의원 중 지역구와 비례대표 비율은 각기 절반을 차지하고 있지요. 하지만 전체 국회의원 300명 중 지역구가 253명이고 비례대표는 47명인 것을 생각해야 합니다. 비례대표는 절반 이상이 여성이고 지역구는 10%를 간신히 넘는 정도이죠. 아직 지역구에서는 여성이 불리함을 보여줍니다. 몇 가지 원인을 생각해볼 수 있는데요. 먼저 대부분의 정당 지역협의회가 애초에 남성 중심적이고

	전체	여성	지역구	비례대표	여성 비율
14대(1992)	299	3	0	3	1.0
15대(1996)	299	9	2	7	3.0
16대(2000)	273	16	5	11	5.9
17대(2004)	299	39	10	29	13.0
18대(2008)	299	41	14	27	13.7
19대(2012)	300	47	19	28	15.7
20대(2016)	300	51	26	25	17.0
21대(2020)	300	57	29	28	19.0

우리나라 여성 국회의원 비율(출처: 중앙선거관리위원회 통계 DB, 〈2020 통계로 보는 여성의 삶〉 재인용)

고연령대로 구성된 측면을 무시할 수 없을 것입니다. 그리고 두 번째로 유리천장 효과가 있겠지요. 유리천장이란 충분한 능력을 갖춘 사람이 직장 내 성차별이나 인종차별 등의 이유로 고위직을 맡지 못하는 상황을 이야기합니다. 아무래도 지역구에서 표를 줄 때는 경력을 살펴보는 것이 정당을 살피는 것을 빼면 가장 우선일 터인데, 여성은 출산과 육아로 인한 경력단절이나 유리천장, 기타 이유로 이러한 경력을 가진 이들이 많지 않은 것이지요. 마찬가지의 이유가 정당에서 후보를 선정할 때도 적용될 것입니다. 그런 관계로 오히려 비례대표 후보에는 여성을 절반 이상 내세우는 것이 현재 정당의 모습인데, 비례대표에서 성차별을 없애는 것은 좋지만 이를 내세워 지역구에서의 여성 정치인을 키우지 못하고 있는 게 면피가 되지는 않을 것입니다.

다음의 표에서 보듯이 주요 국가 중에서 국회의원 중 여성의원의 비율이 20%가 되지 못하는 것은 우리나라와 일본 둘뿐입니다. 그리고

	2005년		2010년		2015년		2020년	
	순위	여성 의원 비율(%)	순위	여성 의원 비율(%)	순위	여성 의원 비율(%)	순위	여성 의원 비율(%)
스웨덴	2	45.3	2	45.0	5	43.6	7	47.0
노르웨이	3	37.9	8	39.6	13	39.6	17	41.4
네덜란드	6	36.7	6	40.7	18	37.3	40	33.3
오스트리아	12	33.9	28	27.9	36	30.6	28	39.3
독일	17	31.8	18	32.8	21	36.5	48	31.2
영국	54	19.7	52	22.0	40	29.4	39	33.9
미국	79	15.2	71	16.8	75	19.4	82	23.4
대한민국	85	13.4	79	14.7	88	16.3	124	17.3
일본	132	9.0	95	11.3	119	9.5	165	9.9

국제의원연맹 각국 여성 국회의원 비율 및 순위

미국만 빼고 나면 나머지 서유럽 국가는 모두 30%를 넘습니다. 사실 이 비율은 50%에 근접해야 하지만 서유럽도 아직 정치에서 여성의 진출은 쉽지 않은 것을 볼 수 있습니다. 그렇다고 해도 우리나라나 일본처럼은 아니지요. 일본이 우리나라의 절반밖에 되질 않는다고 위안으로 삼을 건 아니라는 이야기이기도 합니다.

행정부라고 별다를 건 없습니다. 장관 비율을 보면 2008년 5%였다가 2010~2014년 11~12%대로 올라갑니다. 그러곤 다시 2015~2017년에는 5%대로 떨어지고 2018~2020년까지는 평균 20%대를 웃돕니다. 이는 정권을 어느 정당이 장악했느냐에 의해 여성 장관의 비율이 크게 변함을 보여줍니다.

기초자치단체장도 지속해서 늘어나고 있지만 그 비율은 오히려 국회의원이나 장관에 미치지 못하고 있습니다. 1995년 후보자 비율

	전체 장관	여성	비율(%)
2008년	20	1	5.0
2010년	16	2	12.5
2012년	24	3	11.1
2014년	17	2	11.8
2015년	17	1	5.9
2016년	17	1	5.9
2017년	22	2	9.1
2018년	18	2	11.1
2019년	18	4	22.2
2020년	18	6	33.3

연도별 여성 장관 비율

	전체 후보자	여성	비율	전체 당선자	여성	비율
1회(1995)	942	4	0.4	230	1	0.4
2회(1998)	672	8	1.2	232	0	0.0
3회(2002)	749	8	1.1	232	2	0.9
4회(2006)	839	23	2.7	230	3	1.3
5회(2010)	749	26	3.5	228	6	2.6
6회(2014)	694	40	5.8	226	9	4.0
7회(2018)	749	35	4.7	226	8	3.5

여성 기초자치단체장 후보 및 당선자 비율

0.4%에 당선자 비율 0.4%였던 것이, 2018년에는 후보자 비율 4.7%에 당선자 비율은 3.5%에 불과합니다. 후보자 비율 자체가 낮으니 당선 자 비율이 낮은 건 어찌 보면 당언한 일입니다. 거기에 후보자로 여성 을 내세우는 비율은 당선 가능성이 낮은 진보 정당이 오히려 높아 후 보자 비율보다 당선자 비율이 항상 1%가량 낮음을 알 수 있습니다. 결

국 우리나라 정치를 좌우하는 거대 정당에서 비례의원의 절반을 여성에게 할애하듯이 기초자치단체장도 여성 비율을 고정하는 것이 필요한데 이 부분에선 다들 고민이 없지 않습니다. 기초자치단체장은 지역 기반이 당선 가능성에 꽤 많은 부분을 차지하는데 앞서 이야기한 유리천장이 여기서도 작용하는 것이죠. 기초자치단체장에 나갈 만한 경력을 쌓은 여성들의 비율이 남성보다 현격히 낮은 것입니다.

이는 기초자치단체장으로 나가는 주요 경력인 관리자 직군에 대한 통계에서도 나타납니다. 다음 표는 상시근로자 500인 이상, 대규모 기업집단 중 300인 이상의 민간기업과 공공기관의 여성 관리자 비율

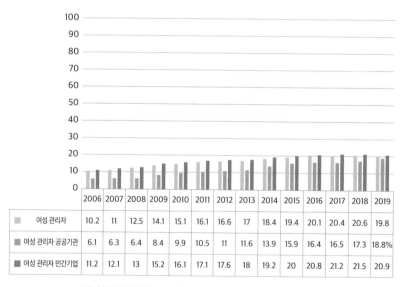

	2006	2007	2008	2009	2010	2011	2012	2013	2014	2015	2016	2017	2018	2019
■ 여성 관리자	10.2	11	12.5	14.1	15.1	16.1	16.6	17	18.4	19.4	20.1	20.4	20.6	19.8
■ 여성 관리자 공공기관	6.1	6.3	6.4	8.4	9.9	10.5	11	11.6	13.9	15.9	16.4	16.5	17.3	18.8%
■ 여성 관리자 민간기업	11.2	12.1	13	15.2	16.1	17.1	17.6	18	19.2	20	20.8	21.2	21.5	20.9

여성 관리자 비율(자료: 고용노동부, 〈적극적 고용개선조치 결과〉)

1) 여성 관리자 비율은 개별기업의 고용 비율을 평균하여 산출하므로 단순 평균과 차이 있음.
2) 상시근로자 500인 이상 고용 민간기업 및 공공기관(대규모 기업집단 중 300인 이상 포함)

을 나타냅니다. 2006년 공공기관 6.1%, 민간기업 11.2%였던 비율은 2019년 공공기관 18.8%, 민간기업 20.9%까지 약 두 배 가까이 올랐습니다. 하지만 그런데도 아직 20% 수준입니다. 그리고 이 비율은 위쪽으로 올라갈수록 더 낮아집니다.

위로 올라갈수록 줄어드는 여성 비율

다음 표는 행정부 소속 일반직 국가공무원 중 4급 이상에서의 여성 비율을 연도별로 나타낸 것입니다. 비율은 꾸준히 증가했습니다.

	4급 이상	여성 비율	고위 공무원	여성 비율	3급	여성 비율	4급	여성 비율
2006년	6,776	3.9	882	1.0	534	4.1	4,988	4.4
2007년	7,008	4.5	980	1.0	61	4.1	5,415	5.2
2008년	6,776	4.9	901	1.4	559	3.9	5,316	5.6
2009년	6,971	5.8	948	1.9	606	4.6	5,417	6.6
2010년	7,014	6.3	936	2.4	617	4.7	5,461	7.2
2011년	7,132	7.3	976	3.2	652	4.0	5,504	8.4
2012년	7,326	8.2	1,033	3.7	686	5.0	5,607	9.4
2013년	7,256	8.8	991	3.7	659	5.2	5,606	10.1
2014년	7,444	9.7	1,011	3.4	680	5.3	5,753	11.3
2015년	7,634	10.6	1,031	3.7	733	6.3	5,870	12.4
2016년	7,917	12.1	1,051	4.9	793	6.6	6,073	14.1
2017년	7,979	13.2	1,050	5.2	775	6.2	6,154	15.5
2018년	8,093	14.6	1,064	5.5	807	9.2	6,222	16.9
2019년	8,235	16.2	1,082	5.5	819	10.9	6,334	18.6

일반직 4급 이상 여성 국가공무원 비율(단위: 명, %, 자료: 인사혁신처, 〈통계연보〉)
주 : 1) 행정부 소속 일반직 국가공무원으로 연구·지도·우정직·전문직·외무·별정·일반임기제 제외

그런데 보시다시피 4급은 18.6%까지 올라갔지만 3급은 10.9%, 2급 이상 고위공무원은 5.5%밖에 되질 않습니다. 3급은 4급의 절반, 고위 공무원은 3급의 절반인 거지요. 위로 올라갈수록 여성 비율이 줄어드는 건 공무원뿐만이 아니라 민간기업을 포함하여 대부분의 조직에서 마찬가지입니다. 그래서 국회의원 중 비례대표 의원 비율이 다시 눈에 들어옵니다. 일종의 여성 할당제를 시행하는 것이 성에 의한 불평등을 감소시키는 실질적 역할을 할 수 있다는 걸 보여주죠.

또 하나, 일반직 4급 이상 여성 국가공무원 비율이 이렇게나마 높아진 원인 중 하나는 행정고시 등의 시험이 남녀를 구분하고 있지 않기 때문에 이전보다 여성 합격률이 높아진 것입니다.

법조인도 마찬가지입니다. 기존에 법률가가 되는 방법으로는 사법고시에 합격하는 것과 로스쿨을 졸업하고 변호사시험에 합격하

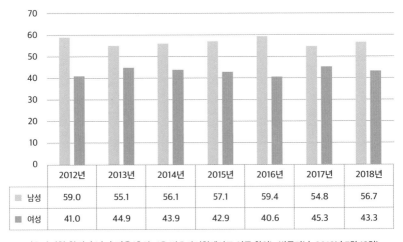

	2012년	2013년	2014년	2015년	2016년	2017년	2018년
▨ 남성	59.0	55.1	56.1	57.1	59.4	54.8	56.7
▨ 여성	41.0	44.9	43.9	42.9	40.6	45.3	43.3

변호사시험 합격자 남녀 비율(출처: 〈올 변호사시험에서도 여풍 확인〉, 법률저널, 2018년 7월 12일)

는 두 가지가 있습니다. 연도별 변호사 시험 합격률은 남자나 여자나 비슷합니다. 하지만 합격자 남녀 비율을 보면 남성이 여성보다 대략 10% 조금 넘는 비율입니다. 즉 애초에 로스쿨 입학 비율이 여성이 낮은 것이 이런 결과를 낳게 된 것이지요. 그래도 다른 분야보다 상당히

	계	여성 비율	판사	여성 비율	검사	여성 비율	변호사	여성 비율
2000년	6,776	3.1	1,409	6.8	1,139	1.8	4,228	2.3
2001년	7,298	3.6	1,489	6.6	1,191	2.4	4,618	2.9
2002년	7,949	4.2	1,607	7.1	1,269	3.9	5,073	3.4
2003년	8,666	5.0	1,729	7.9	1,351	5.0	5,586	4.1
2004년	9,568	5.8	1,856	9.1	1,412	6.2	6,300	4.7
2005년	10,396	6.9	1,934	11.3	1,465	7.0	6,997	5.6
2006년	11,133	8.1	2,036	13.4	1,495	9.2	7,602	6.5
2007년	11,988	9.7	2,295	18.7	1,550	11.6	8,143	6.8
2008년	12,859	10.4	2,364	21.0	1,618	13.6	8,877	7.0
2009년	13,796	13.7	2,469	22.7	1,715	18.5	9,612	10.5
2010년	14,446	15.0	2,567	24.0	1,749	20.8	10,130	11.7
2011년	15,411	16.7	2,627	25.5	1,808	22.7	10,976	13.6
2012년	17,150	18.7	2,738	26.8	1,880	24.1	12,532	16.1
2013년	18,938	21.2	2,779	27.4	1,917	25.4	14,242	19.4
2014년	20,680	22.9	2,737	27.4	1,989	26.6	15,954	21.7
2015년	22,207	24.1	2,762	27.6	2,021	27.7	17,424	23.2
2016년	23,824	25.3	2,907	27.8	2,067	28.7	18,850	24.4
2017년	25,210	26.1	2,945	28.9	2,083	29.4	20,182	25.3
2018년	30,887	28.7	2,928	29.7	2,121	30.4	25,838	28.5
2019년	28,184	27.7	2,914	30.5	2,130	31.0	23,140	27.1

여성 법조인 비율 추이(단위: 명, %, 자료: 인사혁신처, 〈통계연보〉, 대한변호사협회, 〈한국 변호사백서〉)

주 : 1) 2009년부터는 인사혁신처 자료임.
   2) 개업변호사 기준

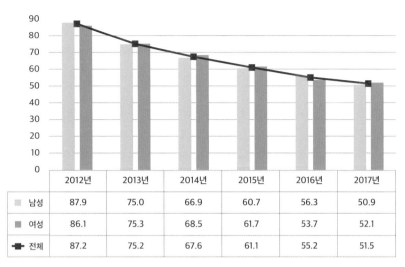

	2012년	2013년	2014년	2015년	2016년	2017년
남성	87.9	75.0	66.9	60.7	56.3	50.9
여성	86.1	75.3	68.5	61.7	53.7	52.1
전체	87.2	75.2	67.6	61.1	55.2	51.5

연도별 변호사시험 남녀 합격률(출처: 〈변호사시험에도 여풍 뚜렷〉, 법률저널, 2017년 6월 9일)

높은 수치입니다. 그래서 2000년에 판사, 변호사 검사 모두 합쳐 3.1% 였던 여성 비율은 2019년에는 27.7%까지 올라왔습니다.

　사법고시와 함께 고시라는 이름이 붙은 것이 행정고시와 외무고시 등인데 이들 국가고시 합격자 비율은 외무고시의 경우 여성이 50%를 줄곧 넘기고 있고 행정직 행시의 경우 40% 선입니다. 다만 기술직 행정고시는 20% 수준이죠. 이들과 어깨를 나란히 하는 것이 공인회계사 시험입니다. 여기에서도 여성은 매년 대략 30% 수준의 비율로 합격합니다. 그 결과 1980년 전체 공인회계사 1,300명 중 불과 4명에 불과하던 여성 공인회계사는 2019년 전체 2만 916명 중 4,022명이 되었습니다.

　또 다른 전문직인 의료 분야는 어떨까요? 간호사는 워낙 여성이

년도	남성	여성	여성 비율
2008년	623명	382명	38.0%
2009년	642명	355명	35.6%
2010년	476명	338명	41.5%
2011년	443명	264명	37.3%
2012년	295명	211명	41.7%
2013년	183명	123명	40.2%
2014년	136명	68명	33.3%
2015년	94명	59명	38.6%
2016년	69명	40명	36.7%
2017년	30명	25명	45.5%

연도별 사법고시 최종 합격자 수 및 여성 비율

국가고시 종류별	2020년			
	전체	여성	남성	여성 비율
행정고시	335명	121명	214명	36.1%
행정직	264명	107명	157명	40.5%
기술직	71명	14명	57명	19.7%
외교관 후보자	51명	27명	24명	52.9%
*변호사시험	1,981명	901명	1,080명	45.5%

2020년 국가고시 여성 합격자 비율

구분	남성 CPA	여성 CPA	여성 CPA 비율	총등록 CPA
1980.12.31	1,296명	4명	0.31%	1,300명
1990.12.31	2,445명	15명	0.61%	2,460명
2000.12.31	5,046명	264명	4.97%	5,310명
2010.12.31	11,796명	2,116명	15.2%	13,912명
2015.12.31	14,979명	3,237명	17.8%	18,216명
2016.12.31	15,694명	3,473명	18.1%	19,167명
2017.12.31	16,243명	3,713명	18.6%	19,956명
2018.12.31	16,829명	3,985명	19.1%	20,814명
2019.07.31	16,894명	4,022명	19.2%	20,916명

여성 회계사 비율(출처: 〈약진하는 여성 회계사들〉, 이투데이, 2019년 8월 5일)

강세인 분야이니 따로 언급할 필요도 없고 약사 또한 대표적인 여성 진출 분야입니다. 1990년에 이미 57.3%가 여성이고 2017년까지 줄곧 64% 수준을 유지하고 있습니다. 그러나 의사는 1990년 15.4%에 불과했는데 꾸준히 증가하여 27%까지 올랐습니다. 한의사도 1990년 불과 5.9%였던 것이 21%까지로 증가했지요.

이런 경향은 5급 이하 공무원에게서도 나타나고 있습니다. 다음의 그래프처럼 지방자치단체의 여성 공무원 비율은 2010년 30%가 채 되지 않았는데 2017년에는 37%가량으로 약 8% 늘었습니다. 이는 9급 및 7급 공무원 시험에서 여성의 합격 비율이 지속해서 높아지고 있는 경향에 힘입은 결과라 볼 수 있습니다. 실제로 2020년 7급 공무원 시험 합격자 중 여성의 비율은 41.5%였으며 9급 시험은 여성이 거의 매년 50% 이상을 점유하고 있습니다. 교육공무원이라 할 수 있는 선

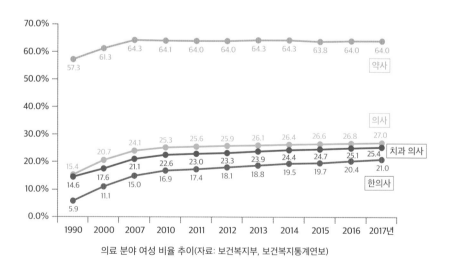

의료 분야 여성 비율 추이(자료: 보건복지부, 보건복지통계연보)

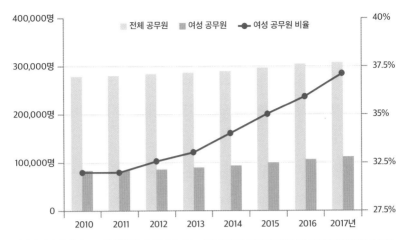

지방자치단체 여성 공무원 현황(출처: 행정안전부, 지방자치단체 공무원 인사통계, 지방자치단체 여성 공무원 통계, 법률저널, 〈지방 여성 공무원 36.4%…6급 이상 10년새 18.2%p↑〉재인용)

생님들도 여성이 남성을 넘어선 지 한참 되었지요.

이렇듯 시험을 통해 자격을 획득하고 직장을 구하는 예는 여타 다른 직업보다 여성의 비율이 급속히 올라갑니다.

이 또한 일부 20대 남성들에게서 볼 수 있는 반(反)페미니즘적 성향에 대한 일부의 설명이 될 수 있다고 봅니다. 자신들이 보기에 여성과 남성은 학교에서 또 시험에서 아주 공정하게 경쟁하고 있고 실제 여성이 합격하는 비율은 계속 올라가고 있는데 왜 여성이 차별받고 있냐는 것입니다.

그러나 실제로 여성은 이런 공적인 시험을 제외하곤 여전히 차별에 시달리고 있습니다. 금융감독원 전자공시시스템 2018년 사업보고서 분석을 살펴보면 30대 기업 남녀 임직원의 비율은 81 대 19로 여성이 20%가 되질 않습니다. 기아자동차는 남성이 96.5%로 아주 압도적입니다. 포스코도 95%이고, 현대자동차 94.8%, 현대모비스 89.0% 순이었지요. 여성 비율이 높은 곳은 아모레퍼시픽이 67.7%로 가장 높았고 그다음이 LG생활건강으로 55.7%입니다. 이 두 기업만이 여성 비율이 50%가 넘었지요.

더구나 30대 기업의 임원 중 여성은 평균 4%입니다. 40%도 아니고 4%죠. 여성 직원 20%에 비교하면 턱도 없는 숫자입니다. 여성 임원 비율이 가장 높다는 아모레퍼시픽도 21%밖에 되질 않습니다. 직원은 셋 중 둘이 여성인데 임원은 다섯 중 한 명밖에 되질 않는 거지요.* 몇 가지 이유가 있습니다만 가장 크게는 출산과 육아로 인한 경력단절이 꼽힐 수 있습니다. 더구나 지금 임원인 40대 후반에서 50대 초중반까지 그들이 직원으로 일할 때 육아휴직을 쓴다든가 하는 일은 지금보다 훨씬 드물 때이니까요. 대부분 출산과 더불어 회사를 퇴직하는 예가 많았던 때입니다. 물론 앞서 살펴본 것처럼 지금도 중소기업은 출산휴가와 육아휴직 대신 퇴직을 선택 혹은 강요당하는 사례가 꽤 있지요. 30대 기업은 그나마 그런 부분이 다른 중소기업보다 잘 지켜지는데도 이런 결과가 나옵니다. 그리고 또 하나 경력단절을 극복한다고 하더라도 눈에 보이지 않는 유리천장이 여성의 임원 진입을 가로막지

---

* 〈30대 기업 직원 10명 중 여자는 2명뿐… 기아차, 아모레퍼시픽 각각 男女 비율 최고〉, 인크루트 자료실, http://people.incruit.com/news/newsview.asp?newsno=4437647

요. 그 결과가 저 4%라는 수치로 나타난 것으로 볼 수 있습니다.

시사인의 〈잘나가는 30대 기업, 여성에겐 '개살구'〉라는 2013년 기사를 보면 당시 30대 기업의 신규 채용 여성 비율은 31.8%였습니다. 물론 GM대우나 기아자동차, 현대자동차처럼 제조업에서 여성 채용 비율이 떨어지는 것이 전체적인 비율을 낮춘다고 이야기할 수도 있습니다. 하지만 여기서 두 가지를 짚어보겠습니다. 하나는 우리은행이나 대한항공과 같은 기업들도 여성 비율이 50%가 되지 않는다는 것이고, 50%를 넘는 기업 중 신세계나 롯데쇼핑 같은 백화점 및 유통업을 제외한 나머지 금융권은 앞서 살펴본 것처럼 취업 자체가 두 가지 트랙이 있어서 여성이 공공연히 차별받고 있다는 점입니다. 또 하나는 기사에 나오는 전문가들의 말로 대신할 수 있습니다.

남성 중심 업종임을 충분히 고려해도 적은 수다. R&D(연구개발) 등 여성을 뽑을 수 있는 여지가 충분히 있다. 인사 담당자들과 이야기하다 보면 '실력대로 뽑으면 남자 못 뽑는다'라는 말을 자연스럽게 한다. 이는 얼마든지 성비를 조정할 수 있다는 말이기도 하다. 은수미 의원 또한 "자동화·정보화가 많이 이루어져 있어 조선업이나 제조업에서도 근력을 쓰지 않고 일할 분야가 많이 늘었다. 여성을 뽑을 생각이 없는 기업문화나 관행이 문제다"라고 지적했다.

금재호 한국노동연구원 선임연구원 역시 기업의 '보수적 자세'를 언급한다. "채용, 승진, 배치, 훈련 등에 있어 뚜렷한 근거 없이 여성을

기업	비율
GM대우	9.7
기아자동차	9.9
LG화학	12.8
현대자동차	14.2
현대중공업	16.2
SK	17.3
현대오일뱅크	17.4
LG디스플레이	18.2
현대모비스	18.4
SK네트웍스	18.8
포스코	19.0
S-오일	19.0
KT	21.4
LG전자	22.2
SK텔레콤	23.0
삼성전자	25.5
GS 칼텍스	26.9
삼성물산	35.1
한국가스공사	36.0
한화생명보험	36.9
우리은행	40.4
한국전력공사	41.4
대한항공	43.9
삼성생명	53.2
신한은행	56.6
신세계	56.9
국민은행	62.9
롯데쇼핑	63.0
교보생명보험	64.4
삼성화재해상보험	65.6

여성 ■
남성 □

30대 기업 신규 채용 여성 비율
(출처: 〈잘나가는 30대 기업, 여성에겐 '개살구'〉, 시사인, 2013년 4월 6일, 자료: 은수미 의원실)

배제하는 관행이 여전히 상당한 수준이다. 기업 내 제도적 뒷받침도 취약하다."*

---

* 〈잘나가는 30대 기업, 여성에겐 '개살구'〉, 시사인, 2013년 4월 6일.

GM대우	2.4
포스코	2.9
현대오일뱅크	4.0
현대중공업	4.1
현대자동차	4.2
GS 칼텍스	5.7
S-오일	5.7
LG화학	6.6
한국가스공사	7.4
기아자동차	7.5
현대모비스	8.9
LG디스플레이	9.2
LG전자	9.7
삼성물산	10.7
SK텔레콤	12.6
SK	13.1
한국전력공사	13.7
KT	14.6
SK네트웍스	20.8
삼성전자	25.1
신한은행	26.7
롯데쇼핑	28.2
교보생명보험	31.4
대한항공	33.9
우리은행	35.0
신세계	37.8
국민은행	38.9
삼성화재해상보험	39.5
한화생명보험	43.7
삼성생명	48.8

여성 / 남성

30대 기업 350만 원 이상 여성 비율(출처: 상동)

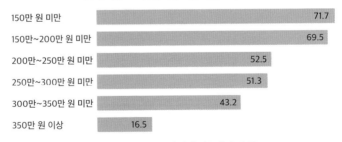

150만 원 미만	71.7
150만~200만 원 미만	69.5
200만~250만 원 미만	52.5
250만~300만 원 미만	51.3
300만~350만 원 미만	43.2
350만 원 이상	16.5

30대 기업 급여 수준별 여성 비율(출처: 상동)

같은 기사의 또 다른 그래프를 보죠. 30대 기업의 350만 원 이상 급여를 받는 여성 노동자 비율입니다. 30대 기업이 포함되는 300인 이상 대기업 사업장의 평균 월 급여는 저 조사가 있던 당시 429만 원이었습니다. 하지만 그래프에서 나타나듯이 350만 원 이상 급여를 받는 여성의 비율은 16.5%입니다. 앞서 살펴봤던 것처럼 대기업의 여성 노동자 비율보다 임원 비율이 현격히 떨어지는 것이 첫 이유일 것입니다. 그리고 직원 중에서도 부장 등 상위 직급에 여성이 적은 것이 또 하나의 이유겠지요. 또 하나 그래프를 보면 여성 신규 채용이 50%를 넘었던 기업을 포함해서 모든 기업에서 350만 원 이상 급여를 받는 여성의 비율은 50%가 되질 않습니다. 이들 기업에서도 고위직으로 가면 갈수록 역전 현상이 일어나는 거지요. 30대 기업 급여 수준별 여성 비율 그래프를 보시죠. 150만 원 미만을 받는 노동자 중에서는 여성이 71.7%입니다. 엄청난 여초 현상입니다. 150만에서 200만 원 사이 급여를 받는 구간에서도 69.5%이고 250만 원까지도 52.5%입니다. 여성들이 바닥을 깔고 있는 거지요.

경력단절 예방책 실효성 낮다

다음으로 경력단절 여성의 규모와 사유에 대해 몇 가지 사실들을 살펴보겠습니다. 먼저 경력단절 여성의 수가 점점 줄어들기는 합니다. 2014년 약 216만 명에서 2019년 약 170만 명으로 대략 46만 명 줄었

	경력단절 여성 규모 및 사유											
	전체	비율	결혼	비율	임신출산	비율	육아	비율	자녀교육	비율	가족돌봄	비율
2019년	1,699	100.0	522	34.4	384	22.6	649	38.2	69	4.1	75	4.4
15~29세	118	100.0	40	33.9	37	31.4	40	33.9	0	0.0	2	1.7
30~39세	806	100.0	223	27.7	217	26.9	339	42.1	19	2.4	9	1.1
40~49세	634	100.0	201	31.7	116	18.3	238	37.5	43	6.8	37	5.8
50~54세	142	100.0	59	41.5	15	10.6	32	22.5	7	4.9	28	19.7

경력단절 여성 규모 및 사유(자료: 통계청, 〈지역별고용조사〉, 단위: 천 명, %)

습니다. 좋은 일입니다. 그리고 경력단절의 가장 큰 이유는 2014년에는 결혼으로 38.5%였고 육아가 두 번째로 29.2%, 임신·출산이 세 번째로 20.3%를 차지합니다만 육아 비중은 점점 높아지고 결혼 비중은 점점 줄어 2019년에는 역전됩니다. 1위가 육아로 38.2%를 차지하고 결혼은 34.4%로 2위가 됩니다. 임신·출산은 22.6%가 되었습니다. 이 결과는 결혼을 이유로 사직하는 사례는 줄어들고 있다는 걸 의미합니다. 실제 사직 건수를 보면 2014년에는 결혼을 이유로 사직한 예가 83만 4,000건이지만 2019년에는 52만 2,000건으로 30만 명 이상 줄어듭니다.

육아가 비율로는 10%가량 늘어났지만 실 건수로 보면 63만 2,000명에서 64만 9,000명으로 1만 7,000명 늘어난 걸 보면 비율만큼 육아로 인한 사직이 많이 늘어난 건 아님을 알 수 있지요. 그리고 저 늘어난 부분은 결혼과 동시에 사직하지 않고 계속 직장을 다니다가 출산 이후 사직한 것으로 볼 수도 있습니다. 임신·출산으로 인한 사직 비율은 20.3%에서 22.6%로 늘었지만 실 건수는 44만 명에서 38만 4,000명으로 오히려 줄었습니다. 이는 출산율이 낮아진 것과도 관련이 있지만 육아로 인한 사직이 늘어난 것 중 일부는 임신·출산 기간에 출산휴가 등을 쓰고 출산 이후 휴직을 한 이들이 늘어난 것이라 볼 수 있지요.

이런 변화는 결혼을 계기로 한 사직이나 임신·출산을 이유로 한 사직은 실제 건수에서 많이 줄어들고 특히 결혼을 계기로 한 사직이 크게 줄어든 것이 경력단절 여성의 수가 줄어드는 데 결정적인 요인이라는 걸 알 수 있습니다. 이는 또 출산율이 낮아지면서 결혼하면서 동시에 임신과 출산을 준비하는 예가 많이 줄어들었기 때문이기도 합니다.

하지만 중요하게 봐야 할 것은 육아를 이유로 한 경력단절은 오히려 증가하고 있다는 점입니다. 결혼이야 그 자체로 회사를 쉬는 건 불과 며칠에 지나지 않고, 임신·출산도 합해서 약 1년 휴직 기간 후 복귀가 가능하니 회사로서도 개인으로도 크게 부담스럽지 않은 거죠. 또 예전보다 출산휴가나 육아휴직이 많아진 것도 영향을 주었을 겁니다. 하지만 육아는 임신·출산과 합하면 최소한 3년 가까운 기간이 걸립니다. 따라서 기업으로서도 개인으로도 육아는 쉽게 넘어갈 수 있는 상황이 아닙니다. 대기업은 임신과 출산은 출산휴가와 육아휴직으로 버틸 수 있지만 아이를 키우는 상황에서 최소한 6년 이상 낮 시간대에 아이를 봐줄 사람이 없으면 부부 중 한 명이 사직하지 않는 이상 가능하지 않은 상황이 됩니다. 할머니가 필요해지는 순간이지요. 재정적 여유가 있으면 아기 도우미를 쓸 수도 있습니다. 하지만 둘 다 가능하지 않을 때 사직을 하는 건 거의 아빠가 아니라 엄마가 되는 거지요. 이 표를 읽을 때 우리가 주목할 부분은 바로 이 '육아' 부분입니다.

또 하나 주목할 것은 육아로 인한 경력단절은 30대가 42.1%, 40대가 37.5%입니다. 30~40대가 전체 육아 경력단절의 80% 가까이 됩니다. 이 시기는 직장에서 경력을 쌓아나갈 가장 중요한 때이기도 합니다. 물론 40대 중반 이후가 되면 아이를 낳기 힘드니 아이를 낳기 가장 좋은 시기이기도 합니다. 그래서 여성은 이 시기에 둘 중 하나를 선택해야 하고 그 결과 아이 낳기를 포기하거나 아니면 직장을 포기합니다.

벼룩시장구인구직이 고등학생 이하 자녀를 둔 여성 직장인 942명을 대상으로 한 설문조사에서 91.3%가 퇴사를 고민한 적이 있다고 답변했습니다. 그중 절반에 가까운 45.6%가 실제로 퇴사한 경험이 있는 것으로 나타났습니다. 이유 중 1위가 '일과 육아를 병행하기 어려워서'로 45.6%입니다. 여기에 2위 답변이 '아이와 함께 하는 시간이 부족해서'가 23.5%입니다. 이 둘을 합하면 69.1%입니다. 거기에 '육아휴직을 사용할 수 없어서'가 9.8%이고 '회사의 은근한 퇴사 압박'이 4.2%입니다. 이들 모두 육아 문제와 관련이 있지요. 이 4가지 이유를 합하면 83.1%입니다. 즉 퇴사를 고민하게 되는 가장 중요한 이유가 모

두 육아 문제라 볼 수 있습니다.[*]

여기서 정부의 정책을 잠깐 살펴보지요. 여성가족부는 경력단절의 장기화를 막고 노동시장 재복귀를 집중해서 지원하기 위해 2021년부터 경력단절 여성 취업 지원 정책을 확대해서 추진하겠다고 밝혔습니다. 경력단절 위기 상황에서 재직 여성들이 이탈되지 않도록 임신부터 복귀까지 생애주기별 경력단절 예방서비스도 지원하기 시작했고, 2021년부터 '국민취업지원 제도'를 통해 저소득층과 취업 취약 계층 여성에게 취업 지원 서비스와 소득 지원을 제공하고 있습니다. 또한 장기간 직장으로부터 이탈된 경력단절 여성이 취업 후 직장에 적응할 수 있도록 〈새일여성인턴 사업〉의 규모를 키워서 일 경험 지원을 통한 노동시장 조기 복귀를 돕겠다고 밝혔습니다. 다 좋은데 가장 중요한 점은 육아를 이유로 여성이 사직하지 않도록 하는 것 아닌가요? 육아를 위한 사직을 당연한 것으로 놓고 그 이후의 대책을 말하는 것은 아니지 않을까요?

경력단절을 막기 위한 예방책이 없는 건 아닙니다. 출산휴가와 육아휴직 제도가 있지요. 여성들은 출산휴가 90일(쌍둥이 120일, 유급), 자녀당 육아휴직 최대 1년(유급)을 사용할 수 있습니다. 만 8세 이하 또는 초등학교 2학년 이하의 자녀를 둔 노동자는 남녀를 불문하고

---

[*] 〈워킹맘 91%는 퇴사 고민…"일·육아 병행, 정신적·육체적으로 힘들어"〉, 베이비뉴스, 2021년 3월 17일.

1년의 육아휴직도 가능합니다. 이외에도 태아검진 휴가, 유산사산 휴가, 임신 중 시간 외 근로 금지, 임신기 근로 시간 단축제, 배우자 출산 휴가, 육아기 근로 시간 단축제 등이 있습니다.* 문제는 실제로 이용하기가 힘들다는 겁니다.

물론 정부 정책 중 '생애주기별 경력단절 예방서비스'가 있긴 하지만 그 내용을 보면 인사담당자 또는 노동자를 대상으로 양성평등 인식개선 교육, 여성가족 친화 기업문화 조성 관리자 교육, 기업환경 개선 지원사업 등입니다. 물론 필요한 사업이긴 합니다. 하지만 경력단절 예방을 위해 가장 필요한 것은 기업체가 경력단절을 조장하지 못하도록 강제 조치를 취할 수 있어야 하고, 또 다른 한편으로는 기업체들에 경력단절 위기에 처한 노동자를 보호하기 위한 인센티브를 제공하는 정책이 우선이어야 할 겁니다.

결혼, 임신·출산, 자녀교육, 가족 돌봄을 위한 퇴직은 모두 시간이 지날수록 줄어드는데 육아만 늘어나고 있습니다. 이를 해결하지 않으면 여성의 경력단절이 해결되지 않음을 알 수 있습니다. 경력단절 문제가 해결되지 않는 한 앞에서 계속 확인했던 노동에서 여성의 소외도 해결되지 않습니다.

이를 위해선 기존 제도가 제대로 시행될 수 있도록, 즉 엄마들이 출산과 육아 관련 제도를 눈치 보지 않고 쓸 수 있도록 하는 것이 가장

---

* 〈여성 경력단절을 막아라〉, 참여와 혁신, 2017년 1월 5일.

중요하고 여기서 한 발 더 나가 아기 도우미를 고용하는 비용을 정부와 기업이 지원하고, 육아휴직을 더 길고 확실하게 보장해야 합니다. 물론 경력단절만이 여성 노동권 문제의 전부는 아닙니다만 여성 노동권 보호의 시작은 여기서 출발해야 합니다.

1. "1992년 14대 국회에서부터 2020년 21대 국회까지 국회의원 중 여성의원의 비율은 1992년 1.0%에서 지속해서 증가하여 21대에는 ____%까지 높아졌음을 볼 수 있습니다."

① 15   ② 19   ③ 25   ④ 29

2. 다음의 서술에서 옳지 않은 것을 고르세요.

① 금융감독원 전자공시시스템 2018년 사업보고서에서 30대 기업 남녀 임직원의 비율은 81 대 19로 여성이 20%가 되지 않는다.

② 30대 기업의 임원 중 여성은 평균 4%에 불과하다.

③ 여성은 육아로 인한 경력단절이 80% 가까이 된다.

④ 정부 정책 중 '생애주기별 경력단절 예방서비스'는 기업체의 여성 경력단절을 조장하지 못하도록 하는 강제적 조치이다.

주거 취약계층

사람이 살아가는 데 의식주 모두 중요하지만 가난이 밑바닥을 칠 때 사람을 가장 힘들게 하는 것이 살 곳입니다. 의복과 음식은 어떻게 든 마련한다 하더라도 안정적인 주거를 마련하는 건 무척 어렵지요. 그래서 우리나라에서 가장 빈곤한 사람들이 주거 취약계층입니다. 노숙자를 비롯해서 사람이 살 것 같지 않은 움막이나 비닐하우스에서 사는 이들 그리고 고시원이나 찜질방, 심야만화방에서 사는 이들입니다. 물론 옛날이라고 주거 취약계층이 없었던 건 아닙니다. 그러나 주거 취약계층 문제가 사회적 문제로 드러난 것은 1997년 외환위기 이후 노숙자가 등장하면서부터입니다.

일단 주택이 아닌 곳에 거처가 있는 경우를 비주택 주거라고 하는데 오피스텔, 기숙사, 특수사회시설, 숙박업소의 객실, 판잣집, 비닐하우스, 기타 등을 말합니다. 여기서 기타에는 고시원이나 찜질방, 심야만화방, 주민회관, 종교시설이 포함됩니다. 이 중 오피스텔과 기숙사 등은 준주택으로 규정되어 있고 주거 취약계층에서 제외합니다. 또한 특수사회시설도 제외 대상입니다. 나머지 고시원, 고시텔, 쪽방, 숙박업소의 객실, 판잣집, 비닐하우스 등이 주거로 삼기에 적합하지 않은 열악한 시설이지요.

국제적 기준에서 홈리스는 집이 없는 사람만이 아니라 주거로서의 적절성이 떨어지거나 주거 상실 위기에 있는 사례 등을 포함합니다. 비주택 주거자 중 오피스텔이나 기숙사, 그리고 특수사회시설을 제외한 나머지를 주거시설로 삼는 것도 광의의 홈리스라고 볼 수 있으며, 이 외의 주택에서 살고 있더라도 경제적 상황으로 인해 월세 등을 내지 못하여 곧 집을 나가야 할 위기에 처한 이들도 광의의 홈리스, 주거 취약계층으로 볼 수 있습니다. 주거 취약계층을 네 단계로 구분하자면 다음과 같습니다.

1. 아직 주거를 상실하지 않았지만 퇴거의 위험에 몰린 주거불안 상태에 놓인 계층

2. 이미 주거를 상실했으나 가족적 지지망이 해체되지 않아 형제나 친척집에 거주하는 주거 취약계층

3. 이미 주거를 상실하고 가족적 지지망마저 해체되어 비닐하우

스나 쪽방 등의 불안정한 주거시설에서 생활하는 계층

　4. 쪽방이나 비닐하우스에도 머무르지 못하고 거리로 나와 숙식을 해결하는 계층

주거 취약계층이 사는 곳

　그럼 우리나라의 주거 취약계층은 어떤 곳에 사는 걸까요? 한국도시연구소가 국가인원위원회에 2018년 11월 제출한 '비주택 주거실태 파악 및 제도개선 방안'에 나온 내용을 살펴봅시다.

1) 판잣집, 비닐하우스

　가족이 함께 사는 예가 많아 '빈곤가족의 마지막 잠자리'로 불립니다. 쪽방이나 숙박업소의 객실, 고시원 등은 가족과 같이 있기에는 너무 협소하지요. 2015년 인구주택총조사에 따르면 전국적으로 1만 1,409가구이며 절반 이상이 수도권에 있습니다.

　소유자가 따로 있거나 국공유지에 지어진 무허가 건물로 주민등록 이전이 되지 않는 곳이 많아 주민등록상 주거지가 따로 있는 예가 많습니다. 가족 중 학교에 다니는 자녀가 있으면 학교 배정을 주소지를 근거로 하므로 멀리 떨어진 곳의 학교로 배정되는 예가 잦지요. 대부분 중요 도로에서 떨어진 곳에 있고 대중교통이 다니지 않아 출퇴근에도 애를 먹습니다. 또 무허가 건물이다 보니 상하수도 같은 기반시

설이 없는 예도 많습니다. 냉난방도 제대로 갖추어지지 않았지요. 취사시설은 대부분 프로판가스를 씁니다. 비닐 자체가 인화성이 높은 재질이니 화재의 위험성도 높습니다.

2) 고시원 혹은 고시텔

노량진에는 예부터 고시학원이 밀집해 있었지요. 지방에서 올라오거나 서울이더라도 거리가 먼 곳의 고시생들이 학원에 다니면서 공부도 하고 잠도 잘 요량으로 주변의 독서실에 다닙니다. 당시 독서실은 24시간 개방이었고 일부 취침할 공간이 있기도 했지요. 그중 일부가 개방형 독서실에서 개인별로 방을 제공하는 형식으로 바뀌고 고시원이 되었습니다. 이렇게 고시생의 취침용 방에서 출발했으나 1997년 외환위기 이후 이곳에 일반 저소득층이 대거 유입됩니다.

대부분의 고시원은 주거공간이 극단적으로 좁습니다. 한쪽에 누우면 머리와 발이 벽에서 20~30cm도 떨어지지 않는 침대가 전체 면적의 절반을 차지하지요. 조금 고급스러운 시설에는 간이 세면대와 변기가 있기도 합니다만 대부분 방 안에는 세면대도 화장실도 취사시설도 없습니다. 말 그대로 몸 누일 공간과 한쪽 벽면의 텔레비전 그리고 간이 냉장고와 에어컨이 다입니다. 공동 샤워시설과 공용 화장실, 공용 취사시설이 있는 예가 대부분입니다. 밥통에 밥은 제공하지요. 방사이의 벽이 대단히 얇아서 옆방 사람이 코를 고는 소리도 다 들릴 정도입니다.

3) 여관, 여인숙

여관이나 여인숙에서 기거하는 사람들도 있습니다. 월세 보증금도 마련하기 어려운 사람들이 주로 살고, 건설 노동자나 계절 노동자처럼 작업 현장을 따라 여기저기 떠도는 이들도 꽤 됩니다. '장기방' '달방'이라고 합니다. 주로 철도역 근처나 가리봉동 등 빈곤층 밀집 지역에 있습니다. 작은 방 하나로만 구성되어 있지요. 보통 여관이라고 하면 화장실과 욕실이 객실 내부에 있고, 여인숙이라고 하면 욕실은 객실 내부에 없는 경우가 대부분이지요. 지역에 따라서는 화장실도 객실 내부에 없고 공용일 때가 많습니다. 취사시설은 대부분 갖춰져 있지 않습니다. 이렇게 주거 환경이 열악한데도 주거비는 상대적으로 높습니다. 보증금도 없고 임대차 계약도 없어 매달 월세를 내고 사는데 당장 한 달만 내지 못해도 바로 나가야 하는 곳이라 주거 안정성은 대단히 낮습니다.

4) PC방, 찜질방, 일터의 일부 공간

찜질방에서 사는 사람도 있습니다. 사실 산다고 하는 개념에 맞지 않는 것이 그냥 잠만 자는 공간, 짐을 맡겨놓는 공간이라고밖에 할 수 없습니다. 찜질방에 가보신 분들은 알겠지만 개인 공간은 전혀 없습니다. 낯모르는 이들과 섞여 잠을 청할 뿐이지요. 그래도 이곳에서 사는 이유는 여관이나 여인숙보다 저렴하기 때문입니다. 월세는 20만 원 정도입니다. 식사는 찜질방 매점을 주로 이용합니다.

앞서 살펴본 것처럼 체류 외국인이 증가하면서 사업주가 농장, 어장 등 일터 일부 공간에 비닐하우스나 가건물을 지어 이주민 거처로 사용하는 예가 증가하고 있습니다. 2013년 국가인권위원회 〈농축산업 이주 노동자 인권 상황 실태조사〉 대상 노동자 전원이 사용자 제공 기숙사에 사는데 숙소의 70% 이상이 비닐하우스, 컨테이너, 패널 등으로 지어진 가건물이었습니다. 이 또한 공짜가 아니라 숙식비를 임금에서 차감할 때가 많습니다.

5) 쪽방

쪽방은 철도역을 중심으로 구도심에 위치하고 있으며 일부는 여관과 여인숙 등의 숙박시설을 개조하여 임대하고 있습니다. 쪽방이 다른 전·월세와 다른 것은 보증금 없이 월세나 일세를 지불하며 산다는 것이죠. 월세 보증금을 마련하기 어려운 이들이 주로 거주하고 있으며 대부분 1인 가구입니다. 노인과 장애인이 대부분입니다. 0.5~2평 내외의 면적으로 고시원하고 비슷하거나 조금 넓은 공간으로 개인 세면실이나 화장실, 취사시설은 전혀 갖추어져 있지 않습니다. 대부분 냉난방 시설도 없어 겨울에는 전기장판과 전기난로, 여름에는 선풍기가 최선인 실정입니다.

보건복지부, 한국보건사회연구원의 〈2016년 노숙인 등의 실태조사〉에 따르면 쪽방 주민 수는 6,192명입니다. 보건복지부는 쪽방이 밀집한 전국 10개소에 쪽방상담소를 운영 관리하고 있는데, 쪽방상담소에서 관리하는 전국 쪽방 거주자는 2016년 말 기준 6,053명으로 서울에 53.5%가 집중되어 있습니다. 이 말은 흩어져 있는 쪽방에 사는 이들은 통계에도 잡히지 않는다는 뜻이지요. 실제로는 쪽방에 거주하는 이들은 1만 명 내외일 것으로 보입니다.

6) 노숙자

가장 심각하게는 아예 거처가 없는 노숙자들입니다. 외국 사례를 보면 노숙자는 이전에도 흔한 현상이었는데, 우리나라는 외환위기와 함께 갑자기 역이나 공원에서 노숙하는 이들이 증가하면서 사회 문제화되었습니다.

이에 1998년 정부는 급식비를 지원하고 쉼터를 확보하면서 상담과 귀향여비를 지급하고 의료구호를 시행합니다. 또한 노숙자와 부랑인을 구분하여 부랑화를 예방하고 부랑인 단속을 강화하는 정책을 펴지요. 이 시기 약 3,000명에게 무료 급식과 잠자리가 제공됩니다. 임시방편이었지요.

그 후 민관협의체인 '실직노숙자대책종교시민단체협의회'가 결성되면서 전국에 20개 노숙자 쉼터가 문을 열고, 1,195명을 수용하였으며 30여 개의 노숙자 급식소를 운영합니다.

노숙자가 집중된 서울에서는 서울시가 노숙자 정책을 주도하면서 수용주 정책을 펼칩니다. 즉 노숙자가 기거할 장소를 확보하고 이를 중심으로 노숙자를 수용하면서 노숙 자체를 막는 방향으로 가지요.

1998년 노숙자 숙소가 서울시 14개소에서 사회복지관 중심으로 105개소로 확대됩니다. 동시에 서울 시내 주요지역을 노숙금지구역으로 지정하지요.

노숙자 숙소인 희망의 집 입소자에게는 공공근로사업 등 취업을 알선하고 자활이 가능한 노숙자에게 전·월세 자금을 융자하거나 자활의 집을 제공합니다. 또 복지부 국립의료원 등의 병원을 무료로 이용할 수 있도록 하지요.

현재 보건복지부의 〈노숙인 등 현황〉에 따르면, 2018년 기준으로 거리 노숙인은 895명이고 일시보호 쉼터에 거주하는 이를 포함하면 1,942명입니다. 하지만 조금만 더 범위를 넓혀 노숙인 재활·요양시설 생활인 7,175명을 합하면 약 9,000명 정도가 됩니다.*

60%가 최소 주거기준 미달 수준

그럼 이들 주거 취약계층은 얼마나 되는 걸까요? 인구주택총조사에 나타난 결과는 다음 표와 같습니다. 2015년 결과는 일반 가구가 1,911만 1,030가구인데 주택 이외 거처 가구는 39만 3,792가구로 전체의 2.1%를 차지합니다. 이와 별도로 국토교통부가 2017년 주택 이

---

* 〈노숙인 등 숫자는 줄어드는데 비주택 가구 수는 늘고 있다?〉, 비마이너, 2020년 1월 7일.
http://www.beminor.com/news/articleView.html?idxno=14221

구분		2005년	2010년	2015년	변화율
일반 가구		15,887,128	17,339,422	19,111,030	20.3
주택 이외 거처 가구		57,066	129,058	393,792	590.1
	숙박업소	9,073	14,256	20,131	232.1
	특수사회시설	3,450	11,943	29,661	759.1
	판잣집, 비닐하우스, 움막	21,630	16,475	11,409	-47.3
	기타	22,913	86,385	322,591	1,307.9
비율		0.4	0.7	2.1	

인구주택총조사에 의해 나타난 주택 이외 거처 가구 추이

외의 거처 주거실태조사를 실시한 결과는 그다음 표에 나타납니다. 인구주택총조사에서 포함되었던 특수사회시설을 빼면 두 조사 결과가 거의 비슷합니다. 2년밖에 차이가 나지 않으니까요. 하지만 주거 이외 시설에 산다고 다 주거 취약계층은 아닙니다. 가령 고시원에 살더라도 경제적 이유가 아닌 다른 이유일 때도 있고 숙박업소라도 호텔에 사는 예도 있으니까요. 그래서 정부 통계에서는 주거 취약계층은 4~5인 가구를 기준으로 해서 연소득이 2,815만 원 이하인 경우만으로 제한하고 있습니다. 물론 그 이상의 소득이 있더라도 빚이 있거나 다른 사정으로 인해서 주거 취약계층인 예도 있겠으나 일단은 정부 통계를 따라가보도록 하겠습니다. 전체적으로 주거 취약계층 가구는 주택 이외 거처 가구의 약 68.5%입니다. 25만 3,000가구입니다. 가장 많게는 고시원에 사는 이들로 총 11만 4,000가구입니다. 그다음이 기타로 10만 7,000가구가량 되는데 쪽방이나 컨테이너, 찜질방, 노숙, 종교시설이나 주민회관, 건설 공사장의 임시 막사, 업소의 잠만 자는 방 등이 해

당합니다. 이들 두 거처는 1인 가구 이외의 가구가 살기에는 적합하지 않은 구조이니 대부분 1인 가구로 볼 수 있습니다. 즉 주거 취약계층의 절대다수가 1인 가구입니다. 세 번째가 숙박업소로 2만 6,286가구입니다. 판잣집과 비닐하우스는 상대적으로 적은 5,618가구로 전체 주거 취약계층에서 2.2%를 차지합니다.

점유 형태를 살펴보면 자기 집인 경우가 4.9%입니다. 대부분 판잣집이나 비닐하우스지요. 전세는 9.9%입니다. 이 둘을 합하면 14.8%네요. 그 외 보증금 있는 월세가 35.7%이고 보증금 없는 월세가 43.0%, 사글세와 연세가 0.8%입니다. 무상으로 사는 곳은 5.6%인데 대부분 주민회관이나 종교시설 등이고 일부 비닐하우스나 컨테이너

구분	전체 가구		주거 취약계층		주거 취약계층 가구 비율
	가구 수	구성비	가구 수	구성비	
전체	369,501	100.0	253,080	100.0	68.5
숙박업소	30,411	8.2	26,286	10.4	86.4
판잣집, 비닐하우스	6,601	1.8	5,618	2.2	85.1
고시원,고시텔	151,553	41.0	114,226	45.1	75.4
기타	180,936	49.0	106,949	42.3	59.1

거처 유형별 주거 취약계층 가구 비율(주거 취약계층 4~5인 기준, 연 2,815만 원 이하)

점유 형태	자가	전세	보증금 월세	보증금 없는 월세	사글세 및 연세	무상
비율	4.9%	9.9%	35.7%	43.0%	0.8%	5.6%

주거 취약계층 점유 형태

거주 이유	통근·통학에 좋은 위치	저렴한 주거비	개인공간 확보
비율	67.8%	46.7%	23.1%

등이 있습니다. 결국 보증금 있는 월세, 보증금 없는 월세, 사글세·연세를 합하면 주거 취약계층의 79.5%, 즉 거의 5분의 4는 세를 내고 살고 있습니다.

이들이 내는 월세는 평균 31.7만 원입니다. 그리고 월평균 공과금 및 관리비는 8.6만 원입니다. 합하면 한 달 주거비용이 평균 40.3만 원인데 이들의 월평균 소득은 130만 원입니다. 소득의 31%를 주거비용으로 지불하는 겁니다. 통계가 나온 2018년 우리나라 소득 1분위 경계가 135만 원이었습니다. 월평균 130만 원의 소득이라면 이들 대부분은 우리나라 소득 1분위에 해당하는 거지요. 역으로 생각하면 1분위가 우리나라 전체 가구의 10%이니 1분위의 20%가 주거 취약계층이기도 합니다. 그리고 통계에 잡히지 않는 주거 취약계층, 즉 주택에 살지만 월세를 밀리고 있는 이들을 포함하면 주거 취약계층은 1분위의 상당한 부분을 차지할 것으로 보입니다.

그런데 이 비용으로 이들이 얻는 전용 면적은 평균 $16.7m^2$로 약 5평입니다. (최저 주거기준에 따르면 1인 가구 최소 면적은 $14m^2$입니다.) 숙박업소는 객실 전용 면적은 평균 $11.7m^2$로 4평이 조금 안 되고 고시원은 평균 $13.5m^2$로 4평 정도가 됩니다. 숙박업소와 고시원 모두 최저 주거기준에 미달하는 거지요. 쪽방은 따로 통계가 없지만 고시원과 비슷한 형태이니 전체 주거 취약계층의 60% 이상이 최저 주거기준에 미치지 못하는 곳에서 사는 거지요.

주거 취약계층은 가구원 수가 1인인 경우가 71.9%로 압도적입니다. 그리고 2인 가구가 19.9%, 3인 가구 5.2%, 4인 이상 3.0%입니다. 장애인 가구원이 있는 가구는 5.7%이고 금융채무 불이행자가 있는 가구는 6.9%로 나타납니다.

주관식 1. "＿＿＿은 철도역을 중심으로 구도심에 위치하고 있으며 일부는 여관 여인숙 등의 숙박시설을 개조하여 임대하고 있습니다. 이것이 다른 전·월세와 다른 것은 보증금 없이 월세나 일세를 지불하며 산다는 것 이죠. 월세 보증금을 마련하기 어려운 이들이 주로 거주하고 있으며 대 부분 1인가구입니다. 노인과 장애인이 대부분입니다."

주관식 2. "주거 취약계층은 가구원 수가 ＿＿＿인인 경우가 71.9%로 압도적입니 다."

1. 다음의 서술에서 올바르지 않은 것을 고르세요.

   ① 통계청의 〈2019년 장래 인구 특별 추계를 반영한 내외국인 인구전망〉에 따르면 2020년 총인구는 5,178만 명이다.

   ② 2040년에는 총인구 5,086만 명 중 내국인이 4,858만 명으로 95.5%를 차지하고 외국인은 228만 명으로 4.5%를 차지할 전망이다.

   ③ 내국인 인구성장률은 2020~2025년에 연 -0.05%, 2035~2040년은 연 -0.34%로 감소세가 확연히 나타날 것이다.

   ④ 내국인 고령 인구는 2020년 16.1%에서 2040년 40.3%로 두 배 이상 늘어나게 된다.

2. OECD의 〈2015년 고용전망 보고서〉에 따르면 OECD 22개국에서 내국인 노동자와 외국인 노동자의 임금 격차가 가장 큰 나라로 언급된 국가를 고르세요.

   ① 이탈리아   ② 스페인
   ③ 한국   ④ 멕시코

3. 우리나라의 불법체류자는 대략 얼마로 추정될까요?

    ① 10만 명   ② 20만 명

    ③ 30만 명   ④ 40만 명

4. 장애인 복지에 관한 설명 중 알맞지 않은 것을 고르세요.

    ① 장애인 복지 지출에 가사보조 서비스가 포함되어 있다.

    ② 장애아동수당은 2022년부터 지급될 예정이다.

    ③ 장애연금, 산재보험, 상병급여 등 현금 급여 비중은 0.40%로 OECD 평균 1.79%보다 훨씬 적다.

    ④ 2017년 현재 한국의 GDP 대비 장애인 복지지출 규모는 GDP 대비 0.6% 수준으로 헝가리의 3분의 1, 스페인의 4분의 1이다.

5. 보기에서 골라 빈칸을 알맞게 채우세요.

〈보기〉 80 62.5 64.8 52.8 92.1

"통계청의 〈2018년 임금근로 일자리별 소득 결과〉를 살펴보죠. 여성은 전체적으로 남성이 받는 임금의 ____%를 받습니다. 전 연령에 걸쳐 임금 소득이 남성에 미치지 못합니다. 그러나 19세 이하는 86.7%, 20대는 ____%로 꽤 근접해 있습니다. 같은 회사에서 같은 종류의 일을 하는데 대놓고 여성의 임금을 적게 주진 않는다는 뜻이지요. 임금 차이가 나는 것은 직종이 다른 것에 기인한 것일 가능성이 큽니다. 그런데 30대가 되면 임금 격차가 벌어져서 ____% 수준밖에 되질 않고, 40대는 ____%, 50대가 되면 ____% 수준입니다. 임신과 출산, 육아로 인한 단절이 가장 큰 이유일 것입니다. 그래서 남성은 전체 연령대 중 40대와 50대가 가장 평균임금이 높은데 여성은 30대가 가장 높은 임금을 받습니다"

6. 유리천장이란 무엇을 의미하는 용어일까요?

불평등한 선진국 대한민국에서

20세기 한국 경제는 엄청난 속도로 발전했습니다. 그 결과, OECD 10위의 경제대국이 되었고, 무역량 또한 세계 6~7위권이며, R&D 투자는 세계 3위를 자랑합니다. 경제구조는 고도화되었으며 그 모습은 각종 첨단산업에서 더 뚜렷하게 나타납니다. 이는 자연스럽게 문화로도 확장되어 K를 접두어로 붙이는 단어들을 양산합니다. K팝, K푸드, K방역 등 다양한 분야에서 한국은 세계에 긍정적 이미지를 보이지요. 21세기 대한민국은 반도체와 민주주의, IT, K팝으로 표상되는, OECD에서도 중견의 선진국입니다.

선진국 대한민국을 누리면서 치열하게 살아가는 20%가 있습니다. 20%의 노인들은 나름 아주 풍족하진 않지만 행복한 삶을 살 수 있습니다. 한 2억 정도 대출을 받아 경기도의 한적하고 교통도 괜찮은 곳에 작은 전원주택과 텃밭을 마련하고 안분지족의 삶을 삽니다. 받은 대출은 서울의 집을 전세 놓은 돈으로 갚으면 되지요. 30년 넘게 꾸준히 부어온 국민연금과 금융기관의 연금보험은 이들이 자식들에게 손 벌리지 않고 노후를 살 수 있게 해줍니다. 주택연금 제도도 있지요. 자신이 살던 집을 담보로 연금을 받고, 사후에 집을 은행에 넘기는 이 제도 또한 이들에게 노후의 평온한 삶을 보장하는 주요한 근거가 됩니다. 이 정도의 은퇴 생활을 누리는 것은 이들이 살아온 삶이 치열했기에 가능한 것이지요. 당연히 누려야 할 권리입니다.

대한민국의 현재를 살아가는 20%의 40~50대가 있습니다. 매년 억대에 가까운 혹은 1억을 조금 넘는 연봉을 받아 그중 2,000~3,000만 원은 미래를 위해 저축하고, 또 2,000~3,000만 원은 자녀들의 앞날을 위해 투자합니다. 이들은 중년이 되었지만 아직도 치열하게 경쟁 중입니다. 대기업의 사무직은 갈수록 비율이 줄고 정리해고와 조기 퇴직은 상시적인 일이 되었습니다. 스스로 경쟁력을 보이지 못하면 도태되는 건 한순간입니다. 그렇지만 나름의 자부심은 있습니다. 자신의 노력으로 전 세계에서 몇 안 되는 민주화도 이루었고, 또한 경제성장의 과정에서도 나름의 역할을 한 세대이지요.

대부분의 이들 가정에서 자녀들도 그들만의 네트워크를 만들어가며 대기업에 취업하거나 전문직이 되면서 부모와 비슷한 미래를 그려나갑니다. 하지만 이들이라고 가만히 기다려서 이런 미래를 얻는 건 아닙니다. 아버지 세대는 대학을 졸업하기만 하면 어디든 번듯한 직장을 잡는 게 어려운 일이 아니었지만 자녀 세대는 학점 0.1점에 목숨을 걸고, 스펙 하나에 자신의 인생을 걸듯 임합니다. 그나마 아르바이트를 하지 않고 그 시간에 전공 공부를 하고, 무료 인턴을 할 수 있는 게 다행이라지만 그래도 그 시간을 치열하게 살아갑니다.

그 이면에는 또 다른 세계 1위가 있지요. OECD 1위의 자살률이 그것입니다. 그 자살률의 대부분은 노인과 중장년층의 자살에 기인합니다. 노인이 많아져서만은 아닙니다. 빈곤한 노인의 비율이 높은 것이 주된 이유 중 하나입니다. 대한민국 노인은 4명 중 1명이 상대적 빈곤율 아래에 놓여 있습니다. 70대가 되면 저 빈곤율은 절반 가까이 치솟습니다. 여성 노인은 70% 가까이 올라가지요. 하루 내내 모아 팔아야 단돈 1만 원이 되질 않는 폐지를 그래도 주워야 하는 이유입니다.

이런 노인들의 모습이 미래인 40~50대가 있습니다. 골목 어귀 1년에 두 번은 간판이 바뀌는, 권리금도 거의 없고 월세도 싼 점포는 가진 돈이 별로 없는 40~50대가 그나마 취약한 희망으로 가게를 열고는 자신의 마지막 돈을 까먹는 곳입니다. 어쩌다 편의점주가 되어도 한 달에 손에 쥐는 돈이라곤 300만 원 남짓. 그것도 주중, 주말 가리지 않고 부부가 카운터를 볼 때 버는 돈이지요. 그래서 주말에 대리기사를 뛰고, 퇴근 뒤 배민 커넥터 혹은 쿠팡 플렉스로 잔돈을 벌기도 합니다. 그 돈이라도 벌어 미래를 사려 하지만 티끌은 모아야 조금 더 큰 티끌이 될 뿐 미래를 사는 황금이 되지 않습니다. 직장에 다닌다고 별

다를 건 없습니다. 한 달 300만 원의 월급으론 자식에게 들어가는 사교육비를 마련하고 1~2년마다 오르는 전세 보증금을 마련하고 나면 65세 이후의 자신의 미래를 위한 준비를 할 틈이 없습니다.

이들의 자녀들 또한 마찬가지입니다. 지방대와 전문대를 나온 이들로선 대기업이나 전문직은 꿈도 꾸기 힘듭니다. 어쩌다 300명이 넘는 직원을 가진 중견기업에 사무식으로 늘어가면 대성공이고, 생산직으로라도 들어가면 그나마 성공한 거지요. 그도 나름대로 중·고등학교를 다닐 때 열심히 공부해서 성적이라도 어느 정도 나온 이들이 가는 코스입니다. 학자금 융자를 받아 대학을 나오고, 젊어 고생은 사서라도 한다고 박박 기는 노동에 익숙해진 이들은 일부는 9급 공무원을 목표로 공부를 하고, 여군이라도 되어볼까 기웃거리고, 그러다 초봉 150만 원, 180만 원의 해고당할 걱정보다 회사가 망할 걱정이 먼저인 곳으로 취업을 하고, 비정규직으로 떠돌기도 합니다.

고졸은 직원 3~4명의 동네 자동차 정비소에서마저 전문대 자동차정비과 출신들과 경쟁을 할 수 없습니다. 한 달 200만 원이 되질 않는 동네 어린이집도 전문대를 졸업하고 보육교사 자격증을 딴 이들만이 갈 수 있는 직장이지요. 온라인 쇼핑몰의 물류센터에서, 휴대폰 판매점의 '폰팔이'로, 일용직 노가다로 전전하는 경우가 많지요. 아니면 오토바이를 하나 사서 '배민라이더'가 되고 '부릉'이나 '생각대로'의 배달 노동자가 됩니다. 그러다 기술을 배우겠다고 용접학원을 다니고, 1종 대형 면허나 중장비 면허를 따기 위해 돈을 모으고 학원에 다닙니다. 하지만 이들에겐 단지 지금만 가난한 것이 아니라 앞으로도 계속 가난할 거란 체념이 배어 있습니다.

여성들은 어떤가요? 서울의 4년제 대학을 나와 대기업에 취업하거나 그와 비슷한 안정된 직장을 가진 20%의 여성들은 30대가 되면서 선택을 강요당합니다. 누군가와 만나서 결혼하고 아이를 가지고 싶다가도 경력단절 뒤의 세계가 너무 뻔히 보여, 결혼과 출산을 포기하거나, 아니면 커리어를 포기해야 합니다. 이들 중 상당수는 비혼의 길을 가게 되고 출산율을 낮추는 비애국자라는 비난을 받습니다.

하지만 그들이 오히려 부러운 이들도 있습니다. 20대와 30대 초까지 부지런히 일했지만 잃을 스펙조차 쌓지 못하는 80%의 고졸, 전문대, 지방 4년제를 졸업한 여성들이 있지요. 이들은 경력단절 이전에 먹고살기가 팍팍해서 결혼과 출산을 다시 생각합니다. 일부는 지금 자기가 겪는 이 삶을 살 게 뻔한 미래의 자식에게 미안해서라도 아이 낳기를 주저합니다.

그러는 사이 젊은이들이 어떻게든 먹고살기 위해 도청소재지로, 수도권으로 일자리를 찾아 떠난 지방은 한 집 걸러 한 집이 빈 채 평균 연령 60세를 바라보거나 넘는 초고령화 사회가 되어버렸습니다. 수도권보다는 지방이, 대도시보다는 중소도시가, 중소도시보다는 읍면이, 읍보다는 면이 먼저 사라지고 있습니다.

결국 20%와 80%의 격차가 더더욱 커지고 있는 현실이 대한민국을 이렇게 만들어갑니다. 태어나는 아이는 없고, 지방은 사라지고, 노인은 삶을 스스로 포기하고, 젊은이는 미래가 없어진 곳이죠.

이 책이 우리나라가 처한 이런 문제를 해결할 그랜드 플랜을 제시할 순 없습니다. 다만 좀 더 평등한 사회로 나가기 위해 해결할 지점이 무엇인지에 대해서만 살펴보죠. 사실 앞에서 대부분 확인되었던 부분이기도 합니다.

먼저 소득에서의 불평등을 줄이기 위해 최저임금을 올리고, 비정규직의 노동권을 확실하게 보호하고, 노동 시간을 줄여야 합니다. 정부의 소득 재분배 기능을 강화하기 위해 소득세 등 직접세 세율을 더 올리고 공공복지 예산을 늘려야죠. 부의 세습을 막기 위해 상속세와 증여세의 세율을 올리고 면제 범위를 축소하면 됩니다.

불평등이 줄어들면 교육 문제의 기본이 해결됩니다. 소득 격차가 적어지면 기를 쓰고 명문대를 갈 이유가 줄어들고 자연스레 사교육도 감소합니다. 부모의 소득 중 교육비로 빠져나가는 비용이 주니 그 또한 좋은 일입니다. 소득 격차가 줄고 국가의 소득 재분배가 더 활발해지면 중산층이 넓어지고 여유가 생깁니다. 그러면 자연스레 출산율도 높아지고, 지방 소멸도 더뎌지겠지요.

이렇게 결론은 쉽습니다. 하지만 이 쉬운 일을 실제로 이뤄내는 과정은 대단히 힘들죠. 그 과정을 제대로 해결하기 위해 정당이 있고, 정치인이 있으며, 시민운동단체가 있다고 믿습니다.

처음 생각보다 책이 길어졌습니다. 확인해야 할 통계 자료가 많았고, 각 지점마다 하고 싶은 말도 많았던 때문이지요. 사실 지금 보시는 책의 두 배 분량의 초고가 완성되었지만 여러 사정상 줄이고 줄인 결과이기도 합니다.

이 책은 공평무사하고 중립적 관점에서 쓰지 않았습니다. 데이터가 보여주듯 기울어진 운동장, 불평등한 땅에서 차별받는 이들의 편에 서는 것은 당연한 일이니까요. 노동자, 그중에서도 저임금, 비정규직, 여성, 이주 노동자들의 데이터를 봤습니다. 쑤시고 저리는 팔다리로 폐지를 줍는 노인, 힘겹게 살아가는 한부모 가정, 허물어져가는 지방이 데이터로 다가왔습니다. 이미 선진국인 대한민국에서 힘겹게 사는 이들이 내내 눈에 밟혔습니다. 제 글이 가끔 감정적으로 되는 부분은 그런 심정이 반영된 결과일 것입니다.

그래서 책을 쓰며 다짐한 것이 주장을 내세우지 말고 데이터가 말하게 하자는 것이고, 데이터를 고를 때도 최대한 객관적인 데이터를 고르자는 것이었습니다. 데이터는 그 자체로는 사실의 일부를 드러내지만 어떤 데이터를 고르는가가 이미 편파적일 수 있기 때문입니다. 물론 가장 객관적인 자료를 반영하여 글을 써도 충분히 현실이 보일 것이라는 믿음이 있었습니다.

원고는 제가 썼지만 원고의 대부분에서 제가 인용한 통계 자료를 모으고 정리하고 제가 볼 수 있게 만든 수많은 이들의 노동이 결정적입니다. 지는 그야말로 이미 있는 재료로 요리를 한 것뿐이지요. 또한 원고가 책이 되기까지에는 많은 분이 같이 힘을 모았기에 가능한 일이었습니다. 또한 이 책 1부는 파쿤도 알바레도 등이 쓰고 장경덕 씨가

옮긴『세계불평등보고서 2018』에서, 3부는 조귀동 씨가 쓴 『세습 중산층 사회』에서 많은 도움을 얻었습니다. 여러모로 힘써주신 모든 출판 노동자분들에게 감사한 마음을 전합니다.

『공정하다는 착각』, 마이클 샌델 지음, 함규진 옮김, 와이즈베리, 2020년

『구보 씨가 살아온 한국 사회』, 김병희 지음, 살림, 2017년

『다중격차, 한국 사회 불평등 구조』, 한신대학교 공공정책연구소 지음, 페이퍼로드, 2016년

『불평등의 세대』, 이철승 지음, 문학과지성사, 2019년

『빈곤이 오고 있다』, 신명호 지음, 개마고원, 2020년

『베이비부머가 떠나야 모두가 산다』, 마강래 지음, 개마고원, 2020년

『세계불평등보고서 2018』, 파쿤도 알바레도 외 지음, 장경덕 옮김, 글항아리, 2018년

『세습 중산층 사회』, 조귀동 지음, 생각의힘, 2020년

『소수자와 한국사회』, 박경태 지음, 후마니타스, 2008년

『우리 사회는 공정한가』, 경제 · 인문사회연구회, 한국경제신문, 2012년

『은유로 보는 한국 사회』, 나익주 지음, 한뼘책방, 2020년

『지방소멸, 어디까지 왔나?』, 유선종 · 노민지 지음, 매일경제신문사, 2018년

『추월의 시대』, 김시우 외 지음, 메디치미디어, 2020년

『통계로 살펴보는 농어촌 주민의 삶의 질』, 송미령 · 노승철 지음, 한국농촌경제연구원, 2014년

『통계로 본 노동 20년』, 이병희 지음, 한국노동연구원, 2008년

『한국사회문제』, 구도완 외 지음, 한국방송통신대학교출판문화원, 2017년

『한국 사회 불평등 연구』, 신광영 지음, 후마니타스, 2013년

『한국사회의 다문화 현상 이해』, 이순배 외 지음, 공동체, 2014년

『한국의 사회동향 2019』, 통계개발원 지음, 통계개발원, 2019년

『한국의 사회 문제』, 김영재 · 신미애 지음, 윤성사, 2019년

『한국의 인구 · 주택』, 통계개발원 엮음, 통계개발원, 2008년

『한국의 인구주택센서스 1925~2015』, 김민경 지음, 통계청, 2018년

『부당세습』, 매튜 스튜어트 지음, 이승연 옮김, 이상헌 감수, 이음, 2019년

불평등한 선진국

ⓒ 박재용 2022

초판 발행   2022년 1월 10일

지은이   박재용
펴낸이   고진
펴낸곳   (주)북루덴스
출판등록   2021년 3월 19일 제2021-000084호
주소   04043 서울시 마포구 양화로 12길 16-9(서교동 북앤빌딩)
전자우편   bookludens@naver.com
전화번호   02-3144-3123
팩스   02-3144-3121

ISBN 979-11-974349-2-1   03300